全国高等院校跨境电商实训教材

KUAJING DIANSHANG
ZHIYE NENGLI YU FAZHAN

跨境电商职业能力与发展

院校主编：李医群
企业主编：于 斌
院校副主编：奚玉芹 栾兰兰 刘 艺

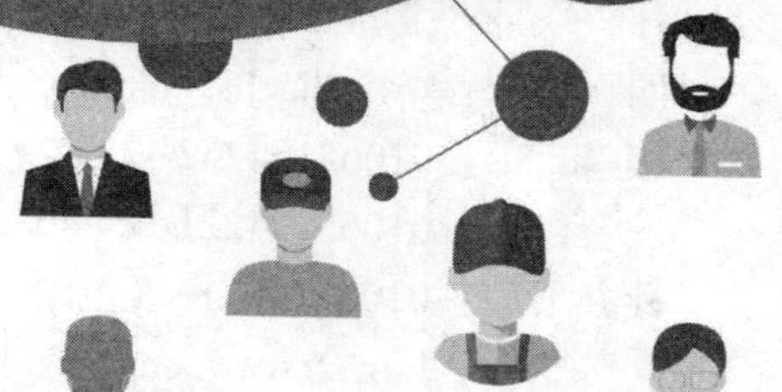

中国海关出版社有限公司
中国·北京

图书在版编目（CIP）数据

跨境电商职业能力与发展/李医群主编．—北京：中国海关出版社，2019.4
ISBN 978-7-5175-0354-5

Ⅰ.①跨… Ⅱ.①李… Ⅲ.电子商务—商业经营 Ⅳ.①F713.365.2

中国版本图书馆 CIP 数据核字（2019）第 056657 号

跨境电商职业能力与发展
KUAJING DIANSHANG ZHIYE NENGLI YU FAZHAN

院校主编：李医群
企业主编：于　斌
院校副主编：奚玉芹　栾兰兰　刘　艺
策划编辑：史　娜
责任编辑：吴　婷
出版发行：中国海关出版社有限公司
社　　址：北京市朝阳区东四环南路甲 1 号　　邮政编码：100023
网　　址：www.hgcbs.com.cn
编 辑 部：01065194242-7532（电话）　　01065194231（传真）
发 行 部：01065194221/38/46/27（电话）　　01065194233（传真）
社办书店：01065195616（电话）　　01065195127（传真）
http://www.customskb.com/book（网址）
印　　刷：北京铭成印刷有限公司　　经　　销：新华书店
开　　本：710mm×1000mm　1/16
印　　张：23.25　　字　　数：416 千字
版　　次：2019 年 4 月第 1 版
印　　次：2019 年 4 月第 1 次印刷
书　　号：ISBN　978-7-5175-0354-5
定　　价：56.00 元

前　言

近年来，面对严峻复杂的国际贸易形势，我国跨境电商逆势增长，开始成为中国对外贸易新的增长点。截至2018年7月，我国已经分三批在杭州、上海、北京等35个城市设立了跨境电子商务综合试验区，旨在于跨境电子商务交易、支付、物流、通关、退税、结汇等环节的技术标准、业务流程、监管模式和信息化建设等方面先行先试，打造跨境电子商务完整的产业链和生态链，逐步形成一套适应和引领全球跨境电子商务发展的管理制度和规则。

随着我国跨境电商行业的快速发展，复合性专业人才的稀缺情况日益突显。而跨境电商企业数量的增长和规模的扩张，极大地刺激了对专业人才的需求；跨境电商商业模式的演进发展，企业管理体系的不断变革，又对专业人才的职业能力提出了更高的要求。

本书以跨境电商职业能力需求为主要着眼点，结合行业发展、岗位分类与技能、商务应用、网络营销、法律政策、职业认证等内容，重点设计了针对跨境电商职业理论、职业实践和职业发展的人才培养和职业培训内容。

希望《跨境电商职业能力与发展》的出版，能有利于企业和高校对跨境电商人才的培养和管理培训，也可以帮助跨境电商从业人员不断提升自身能力和素质，对推动我国跨境电商的快速发展起到一定的促进作用。

本书第一章、第三章、第六章由李医群、刘艺编写，第二章、第八章、第九章由奚玉芹、栾兰兰、沈佳雯、傅馨怡编写，第四章、第五章、第七章分别由王晨、刘静怡、施为编写，第十章由陆凤华、王羿辰编写。

在本书的编写过程中，我们参阅了大量的国内外资料和文献，在此谨向书中参考文献列出的作者表示感谢；同时，也感谢中国海关出版社的信任与大力支持！

由于作者的水平和时间所限，本书的编写上还存在许多不足之处，恳请各位读者指正！

作者

2018年于上海

目 录

职业理论篇

职业实践篇

职业发展篇

职业理论篇

第一章　跨境电商行业发展

【学习目标】

了解我国跨境电商的发展环境、发展新趋势、发展的机遇与挑战等；了解跨境电商的进口模式和出口模式，以及了解跨境数字贸易模式；熟悉并掌握跨境电商 B2B 和 B2C 模式的概念、运营模式、优势及局限性、未来发展趋势；了解并掌握跨境电商进出口代表平台。

【本章重点】

本章主要介绍中国跨境电子商务的发展、中国跨境电子商务的进出口模式和跨境数字贸易模式、跨境电子商务的进出口平台及配套服务平台。

第一节 跨境电商发展

一、跨境电商发展环境

跨境电商发展环境包括我国电子商务市场环境和我国跨境电商市场环境。

（一）我国电子商务市场环境特点

1. 总规模增长

我国的人口数量在全球范围内排名第一，互联网覆盖率接近 49%，远远超过美国互联网用户，同时，我国网购人数逐渐增多，自 2014 年我国的电商交易额超越美国后，一直保持着每年 30%的增长速度。2016 年电商零售总额超过 5 万亿，在互联网覆盖率不到 50%的背景下电商占据 GDP 总额的比例超过 5%，远高于全球平均水平，我国成为全球第一的电商市场，但我国的电商市场依旧存在巨大的开发潜力。

2. 产业集中

我国的跨境电商产业主要集中在服装类和家电类，这两类分别占据大约四分之一和五分之一的跨境电商市场。而从模式上分析，B2C 模式在跨境电商交易中占的比例不断增大，C2C 占据的比例不断缩小，且 B2C 模式的应用范围正在逐渐扩大，因此无论是产品还是产业，我国的跨境电商市场都是比较集中的。

3. 配套产业发展

跨境电商要依靠物流行业和网上支付的支持，跨境电商的稳定发展需要依靠物流行业的不断成长。目前我国获得物流资格的企业达到几千家，物流行业的从业人数接近百万。在线零售企业多数都依赖第三方物流进行商品运输，因此物流业的发展很大程度上得益于电商行业的迅猛发展，我国的物流产业营业额近年来一直在全球排名前三，但物流仓储空间并不多，物流成本也要远超发达国家，物流在管理和设施上比较落后。

（二）我国跨境电商市场环境特点

我国的进出口贸易近年来的增长趋势并不明显，尤其是 2008 年受到金融危机的影响，进出口贸易的增速并不明显。随着人民币升值速度的加快，劳动力成本逐渐上升，进出口贸易的发展受到一定的阻碍。但与此相反，我国的跨境电商产业呈现良好的发展态势，跨境电商的规模不断扩大，在总进出口贸易中占据的比例也在不断扩大，从 2012 年开始正式进入快车道，跨境电商的规模扩张越来越快。

1. 跨境电商出口流向集中

我国产品的出口流向主要是美国、日本、韩国、东盟、欧盟、印度以及俄罗斯。我国跨境电商出口额的四分之三是流向上述国家和地区。出口地除了美国和欧盟外，主要集中在周边地区。

2. 产品和地区分布集中

跨境电商经营的商品通常都是体积小、不易损坏的产品，这类产品进行国际物流运输时可以减轻物流的负担。阿里巴巴的产品交易中，海淘用户购买服装、鞋靴的比例最高，占据 38%；购买营养保健产品、数码家电产品以及箱包配饰产品的用户也超过了海淘用户总数的 30%。跨境电商用户的地区分布与城市的经济发展水平有关，通常来说，东部沿海地区经济比较发达，居民消费水平比较高，而且跨境电商企业比较多。

3. 国家政策的扶持

2015 年，海关调整了跨境进口政策，对通关的流程进行了优化，对跨境电商的产品种类进行了归类，对经营主体和产品进行了备案，并对进出口的商品进行集中申报、放行。在税费方面则是落实跨境电商进出口货物免税政策。跨境电子支付已经获得了政策的支持，国家对境内及境外的银行卡清算机构实施准入管理。

二、跨境电商发展新趋势

近年来，从中国跨境电商的发展方向来看，跨境电商平台服务有所改变，同时，基于大数据的分析、贸易高效匹配、信用体系创新服务、金融和物流配套协同等形成了未来跨境电商的主流发展方向。

（一）跨境电商进一步增长

跨境电商在“买卖全球”的同时，传统贸易不断朝 C2B、C2M 发展。跨境电商通过网络消除信息的不对称和中间环节，市场更加需要定制化服务，企业则提供柔性化生产。由于大数据和人工智能技术的发展，跨境零售与 B2B 模式共同发展，未来几年我国跨境电商空间将进一步拓展。

（二）更加健全的跨境电商服务平台

与传统电商相比，跨境电商在整个交易流程中涉及国际物流、出入境清关和国际结算等，需要与海关等十余个相关政府部门进行业务对接。因此，依托互联网和信息系统，电子数据交换是各地政府建设跨境电商公共服务平台的关键。我国主要有三大跨境电商服务平台：通关服务平台、公共服务平台和综合服务平台。建立健全的跨境电商贸易平台，可实现对跨境电商数据全方位、全过程的监管和资源共享。

（三）大数据的运用

通过大数据及其相关的技术，跨境电商用户的不同特征可以被准确分析出来，进行针对性营销。大数据的运用可以让电商从以销量制胜转变为以数据制胜、从制造变成定制。在现阶段，跨境电商虽然已经可以成功应用大数据技术制造一些便利，但还有很多开发领域可以应用到大数据。

（四）线上线下的融合趋势

线上线下的融合是一种良好的趋势，虽然近年来电商领域发展较快，但大多数销量依旧来自传统品牌，互联网品牌还是处于劣势，因为传统品牌的产品在质量和工艺上经过漫长的历史发展过程，有着互联网品牌的产品无法相比的优势。消费者选择网购的重要原因就是价格优惠，除此之外就是购买体验，在这方面传统品牌有着更好的群众基础。当线上的流量达到了一定阶段，实体店里的产品就会大受欢迎，电商可以将线上流量转变为线下资源。传统品牌则可以将线下资源转变为线上流量，线上线下的融合才是未来跨境电商的发展趋势。

（五）仓储业的迅猛发展

海外仓储已经是跨境电商行业广受关注的话题，我国对商家在海外建仓是支持的。海外仓储就是将商品从境外运到当地仓库，订单发出后，消费者可以在很短时间内收到商品，提升了售后服务水平。对于卖家来说，海外仓储可以转换商品所在地，让商品的曝光率增加；卖家成为海外卖家可以增强自身的竞争力，也可以根据本土的商品价格来提高定价。但海外仓储也有一定的缺陷，如需要注入很多资金，需要完善信息系统和仓储系统，需要和电商平台实现对接及仓库管理和服务等。

（六）跨境电商与供应链深度融合

随着跨境电商的快速发展，跨境电商与供应链的结合更加紧密。为提高企业竞争力、降低物流成本，必须重视跨境电商与供应链的深度融合，创新跨境电商供应链管理机制，提高供给效率，促进跨境电商健康、稳定地发展。

三、跨境电商发展机遇与挑战

（一）行业与政策的依存度过高

早期跨境电商的产品种类相对较少，使得平台受行业及政策影响较大，不利于跨境电商平台的健康运营。以青岛为例，青岛跨境电商海外货源以韩国为主，其海运跨境电商直购进口的“第一单”即来自韩国。但受“萨德事件”的影响，国内消费韩国产品的需求下降，直接影响到青岛跨境电商平台的运营业绩。而政策影响最典型的事件莫过于三部委对跨境电商零售进口税收政策的调整：2016 年 4 月，财政部、海关总署、国家税务总局决定实施跨境电商零售进口税收政策，并同步调整行邮税政策，极大影响了跨境电商园区实施的保税进口模式，对各地跨境电商造成了很大冲击。

（二）缺少严格的行业规范

跨境电商自诞生之日起，假货问题就困扰着跨境电商的发展，影响了跨境电商的形象。假货问题凸显出跨境电商在行业规范方面的问题，如产品进口认证及全程追踪系统的缺失。目前，国内的跨境电商多采取“保税进口+海外直采”的模式，以保证产品来源的可靠性。但是，“海外直采”存在很多问题，如在流转过程中容易混入假货，中小跨境电商平台货源混杂，有的甚至在招商渠道、商品流转过程中铤而走险。

（三）地方型平台运营缺少竞争力

由于政策红利的刺激，跨境电商被称为电子商务最后的“蓝海”，吸引了大量的企业进入。除去原有的电商巨头外，很多物流及快递企业、传统的商贸公司，甚至跨境电商园区等纷纷建立跨境电商平台，积极投入运营。但是，这些新建的平台面临着极大的运营问题。一是存在着“重建设、轻运营”的误区。平台系统开发难度大，很多跨境电商企业投入大量的资金，却忽略了系统的运营，在运营人才储备方面明显不足。二是缺少客户积累，网站流量低。平台由于是新建立的平台，获客成本极高，网站活跃度不高。三是产品结构不合理，难以满足消费者的全面购物需求。由于很多跨境电商平台的货源具有明显的地域特征，极大地影响了消费者的平台使用率。

（四）物流和产业链亟待进一步完善

跨境电商订单多以零售为主，具有金额小、体积小、频率高的特点，一般不采用集装箱海运的传统方式进行运输，而采用国际小包和国际快递，不能兼具运费低和速度快的优点；B2C 外贸企业集货可以产生规模效益和降低运输成本，但管理困难；第三方物流可以让跨境电商平台将主要精力放在主营业务上；海外仓储模式可以有效提高速度，但成本较高。

（五）缺乏跨境电商专业人才

跨境电商作为新兴的对外贸易方式，涉及电子商务与国际贸易等多方面的知识，对从业人员有较高的要求。由于教育部尚未设置跨境电商专业，人才匮乏成了各地跨境电商面临的大问题之一。据中国电子商务研究中心的数据显示，目前，跨境电商企业多倾向于招聘国际贸易专业的人员（70.1%）；尽管国际贸易每年有大量的毕业生，但依然有85.9%的企业认为目前跨境电商人才存在缺口。

（六）信息化水平参差不齐

地区间信息化程度的差异使得我国不同地区跨境电商发展出现了差异。与广州、上海等东部城市相比，中西部地区的信息化水平相对较低。即使在跨境电商较为发达的地区，不同企业之间也存在着差异。不同企业之间信息化水平的参差不齐容易造成企业信息化链条的断裂。而随着各地跨境电商园区内电商企业的日益增多，出入区产品的种类、仓储、物流等各类信息流必须有强大的信息化平台予以支撑。信息化水平的低下，严重阻碍了全流程信息化系统的建设与推广。

第二节 跨境电商模式

近年来，通过降低进口关税、提升通关效率等方式，中国进口跨境电商抓住政策红利快速发展。自新政实施以来，保税备货模式受到很大冲击，而海外直邮业务受到越来越多跨境电商的重视，随着中国海淘用户规模的进一步扩大，未来进口跨境电商平台间的竞争将会进一步加剧。出口跨境电商产品品类不断丰富、市场规模不断扩大，中国制造性价比优势在未来仍将保持，出口跨境电商还有很大发展空间。

一、出口跨境电商

（一）B2B（企业到企业）

B2B模式即Business to Business（企业到企业），如图1-1所示。跨境B2B电商是指国内外贸企业与国外进口企业之间通过互联网平台进行交易、支付结算，通过跨境物流运送商品、完成交易的一种活动。B2B模式在我国起步时间长达十多年，由于前期动力不足，很多企业的电商化程度依旧停留在21世纪初。近年来，爆炸式的订单增长倒逼着上游企业加速电商化转型，以适应激烈竞争的市场环境，再加上现阶段出现的多项利好及国家的政策支持，这使得B2B模式拥有巨大的发展潜力。

B2B模式的优势是市场认可度高，拥有海量的国外采购商。例如，截至

2015 年末，阿里巴巴 B2B 平台的国内供应商数量已达百万级别，且国内采购商有 1000 万家，国外采购商高达 1 亿家，采购商数量远远多于供应商数量，海外买家遍布全球。B2B 平台打造了更完善的供应链服务体系，使得中小企业能够以便利、低成本的方式共享配套资源、提高交易效率，中小企业不再需要实地参展进行产品的推广，极大地节约了推广费用。B2B 平台解决了国际贸易市场中的信息不对称问题，以前无论是买方还是卖方，尤其对中小型外贸企业来说，寻找合适的贸易伙伴，需要耗费极大的成本。

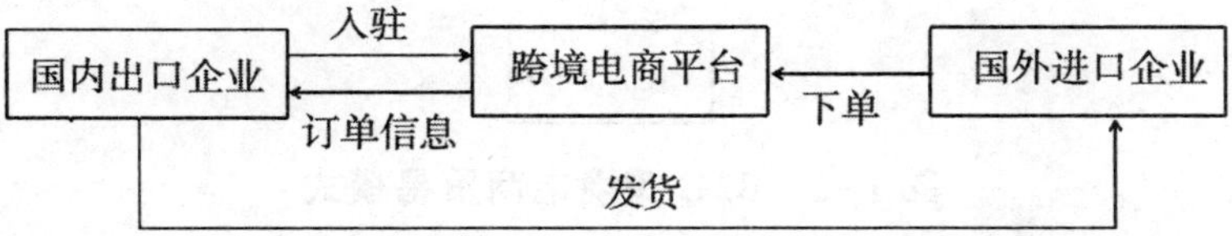

图 1-1　B2B 跨境电商贸易模式

B2B 模式的劣势是出口电商市场竞争激烈，尤其是近两年 B2B 跨境电商处于野蛮生长的探索期，大量的供应商入驻，行业竞争激烈。消费品主要集中在 3C 电子产品、服装服饰、户外用品等热销且利润空间大的品类。工业品主要集中在钢铁、塑料、煤炭等标准化、急需去产能的行业。众多供应商都在 B2B 跨境电商平台上进行销售，平台产品存在大量的替代品，产品同质化现象严重，最后供应商被迫进行价格竞争，导致整个品类甚至整个行业的利润空间被压缩，刺激了假冒伪劣产品的出现。

（二）B2C（企业到个人）

B2C 模式即 Business to Customer（企业到个人），如图 1-2 所示。跨境 B2C 电商是指出口企业与海外消费者之间通过第三方跨境电商平台进行信息发布或信息搜索完成交易的一种活动。B2C 模式下的平台有自营平台和开放平台两种形式。自营平台是指对经营产品进行统一生产或采购、产品展示、在线交易，并通过物流配送将产品投放到最终消费群体的平台。兰亭集势采用自营模式向海外商家销售国内商品，商品以国内婚纱、家装产品、3C 电子产品为主，凭借其在供应链管理和产品推广方面的创新形成了一定的市场规模。速卖通将订单、支付、物流等融于一个平台，帮助国内供应商处理面向全球终端零售和消费者的小额外贸订单，为中小企业增加利润。

B2C 模式下的自营平台有先进的供应链管理，平台直接从产品制造商进货，降低了公司的采购成本，有效缩短了供应链的长度，此外，直接与厂家开展合作也有效降低了销售定制化产品的成本。自营模式的企业运用大数据技术有效降低了商品的库存压力，其库存周转速度领先于同行业者，对大数据技术的运用提高了企业的盈利能力和市场竞争力。这种从厂商直接进货的供应链管理模式会帮助平台更好地与制造商开展合作。劣势是商品品类有限、综合性较弱，相对于综合性平台的流量没那么大。

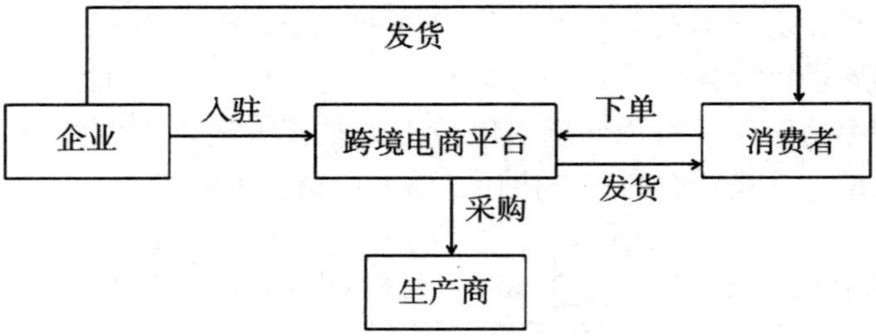

图 1-2　B2C 跨境电商贸易模式

B2C 模式下的开放平台可以帮助中小企业更好地运营跨境电商，打破了传统国际贸易流动性差及沟通不便的障碍，商家也可以通过平台实时了解产品效果和消费者心理，及时改进产品。B2C 模式下跨境电商的发展促进了国际贸易沟通环节的简化，降低了企业从事出口业务的准入门槛，增加了出口额；缩短了跨境贸易的周期，提高了我国对外贸易的质量和效率。这种 B2C 开放平台的劣势在于中小企业没有成熟的供应链管理模式，物流把控力度不强，货物的寄送时间较长且资金周转较慢。平台上的产品品牌影响力不大，只是靠价格吸引客户，但此时物流费用就占据了很大比例，影响了消费者的体验。

（三）C2C（个人到个人）

C2C 模式即 Customer to Customer（个人到个人），如图 1-3 所示。跨境 C2C 电商是指跨境电商平台将国内会员（卖家）提供的商品或服务信息直接向全球发布，并帮助双方完成在线交易，其服务对象主要是个人客户。跨境 C2C 电商基本流程一般涵盖四个步骤：第一步，国内个人卖家在跨境电商平台进行注册，经过认证后，就可将产品或服务在跨境电商平台上进行展示，标示产品、价格、配送方式等信息，海外买家可在跨境电商平台上在线对商品和服务进行筛选后，下单购买；第二步，海外买家需要通过跨境支付机构进行在线支付，由在线支付机构将货款打入国内卖家的海外账户；第三步，完成了线上交易后，国内卖方还需要将产品交付给跨境物流企业进行配送，由物流企业将产品送到出口地海关，同时跨境商务平台将收集到的订单、物流、支付三单信息传输给海关通关服务平台，海关通关服务平台将通关清单汇总申报到通关监管平台进行通关；第四步，由物流企业送达目的国海关，进行入境清关商检后，送达最终的境外买家手中。其中代表性的跨境电商平台有 Wish。

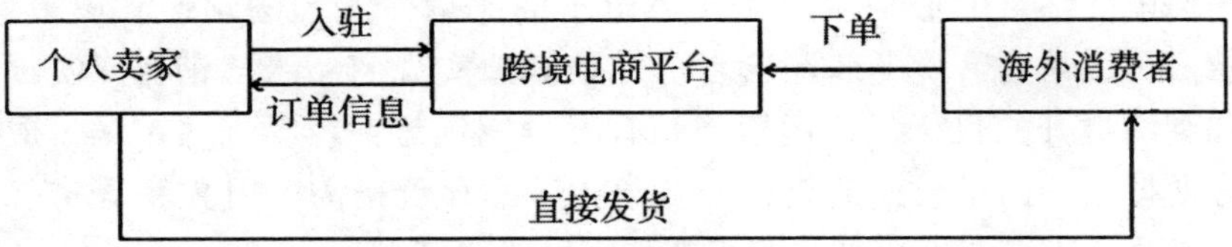

图 1-3　C2C 跨境电商贸易模式

当前 C2C 跨境电商增长速度快，原因在于其具有明显优势。第一，利润空间大，可跳过不少中间环节，实现较短的渠道销售，从而赚取最大利润。第二，直接面对消费者，可以更好地把握市场需求。第三，市场广阔，C2C 模式可不受地域限制。

但 C2C 模式的劣势也很明显。首先，供应链控制弱，有可能存在假货、仿货，且物流较慢。跨境 C2C 电商准入机制宽松，商户的身份由跨境电商平台进行验证，信息来源不完整，商品的质量没有保障。其次，由于跨境电商货物存在小额、高频、分散的特点，很难通过程序复杂、代价昂贵、费时长的传统诉讼程序解决。最后，跨境 C2C 电商产品同质化现象严重。由于价格就是海外消费者考虑的最主要的因素，对于卖家而言，只能进一步压低产品的价格来吸引到更多的客户，同质化引发恶劣的价格战。

（四）代运营

代运营模式是指代运营商直接与企业签约合作，在跨境电商平台上代其运营产品，如图 1-4 所示。典型平台有飞鱼电商、派悦电商、宝尊电商等。代运营网站需要深入了解品牌商的需求，更准确地洞悉市场变化趋势，以更灵活多样的运营手段提升用户的购物体验与忠诚度。

跨境电商代运营作为专业化的电子商务服务业，致力于为客户（企业）提供信息发布、在线下单、信用认证、订立合同、在线支付、物流配送、在线客服和售后服务等部分或全部服务，帮助客户实现信息资源的整合与共享，并最终实现信息流、资金流、商流和物流的整合和高效运转。跨境电商代运营以不同的模式推动相关企业实现出口跨境电商的运营，从而有效解决跨境运营中存在的问题。

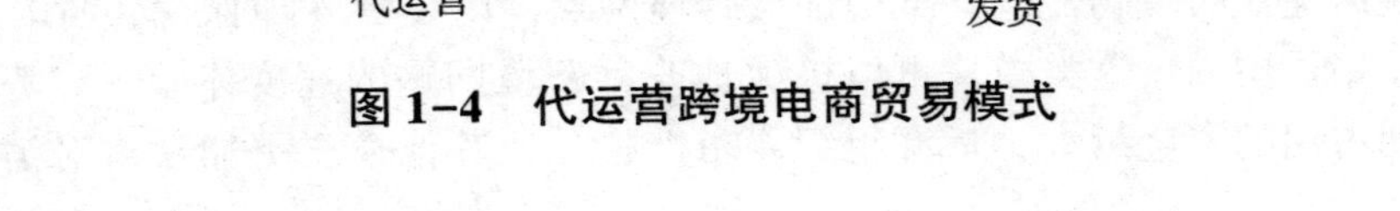

图 1-4　代运营跨境电商贸易模式

跨境电商平台的成功取决于具体电子商务运作流程的顺畅和决策效率，代运营商可以帮助跨境电商经营者更加稳健地实现商品跨境销售、实现企业发展和利润提升的目标。代运营网站有着早期优势：容易进入市场，成本更低，方便搜索。而中长期缺乏核心竞争力，库存价格需实时更新等劣势导致技术要求高，一些早期以此为起点的公司已纷纷转型。

二、进口跨境电商

（一）M2C（生产厂商到消费者）

M2C 模式即 Manufacturers to Customer（生产厂商到消费者），如图 1–5 所示。此模式是指采取平台招商，开放平台让各类国际品牌入驻，例如阿里巴巴引进韩国等国家馆入驻天猫国际，并宣布与 Costco 等超市品牌合作。这类模式的特点是“直销、直购、直邮”。跨境电商平台帮助国外零售产业和国内消费者对接，国外生产厂商直销给国内消费者，国内消费者进行直购。

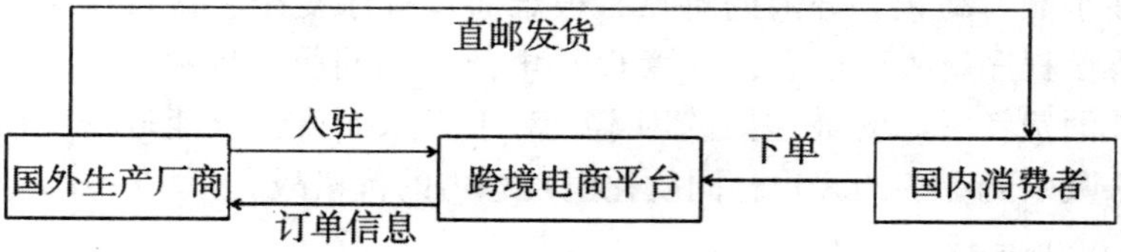

图 1–5　M2C 跨境电商贸易模式

以前国内消费者采用的“海淘”模式存在着很多不足，复杂的购买流程、交流的语言障碍、支付中的货币兑换、商品的转寄物流及 30 天到 45 天的配送时间都阻碍了“海淘”的发展。M2C 模式平台还要求海外商家物流信息可跟踪，对寄送时间也有要求，提高了消费者的购物体验。M2C 模式解决了之前国内消费者跨境购买物品遭遇的语言障碍、支付不便、售后无保障等难题。

但 M2C 模式也存在缺陷。M2C 模式冲击各地批发市场和全国性网上大商城，打乱了价格链，目前社会创造的很大一部分财富消耗在流通环节上，阻碍消费的释放。但如果释放了这些环节，大量经销商和实体店将面临倒闭。

（二）B2C 保税自营+直采

B2C 模式即 Business to Customer（企业到消费者），B2C 保税自营+直采模式如图 1–6 所示。此类模式主要是指由跨境电商平台与自贸区合作，在境内保税区建立跨境物流仓，全面铺设跨境网点，以自营（即保税备货）模式将商品销往国内。这类模式可以极大地改善跨境网购的速度体验。劣势主要是初期占用的资金量大，货源组织要求严格，比其他模式更加注重对消费者需求的掌控。B2C 保税自营+直采模式下的代表性跨境电商平台有京东全球购、聚美、蜜芽。

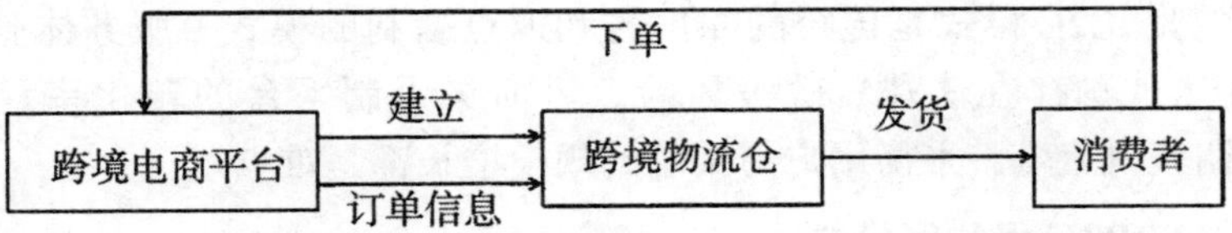

图 1-6　B2C 保税自营+直采跨境电商贸易模式

自营模式是指跨境电商平台直接参与货源组织、物流仓储及买卖流程，采购的商品存储在国内各地的仓库里，平台接到订单后，从临近仓库发货。自营模式分为两种：一种是海外直邮模式，即海外品牌商家在平台开店，商品由海外商家直接发货给国内消费者；另一种是保税进口模式，即平台与海外零售商合作，平台在保税区建立仓库，销售的海外商品提前运至国内，平台接到订单后，将商品从保税区发货给消费者，缩短了邮寄时间。

自营模式在跨境电商业务中占有很大比重，例如自营模式在京东全球购业务中占的比重达 40%。自营模式下的跨境电商平台直接参与货源组织、物流仓储及买卖流程，有效地降低了供应链的成本，对商品售价具有控制权。但自营模式电商平台前期投入较大，导致资金周转困难。

（三）C2C 海外买手制

C2C 模式即 Customer to Customer（消费者到消费者），如图 1-7 所示。海外买手制典型的跨境电商平台有淘宝全球购、淘世界、洋码头扫货神器、海蜜、街蜜，海外买手（个人代购）入驻平台开店，从品类来讲都以长尾非标品为主。

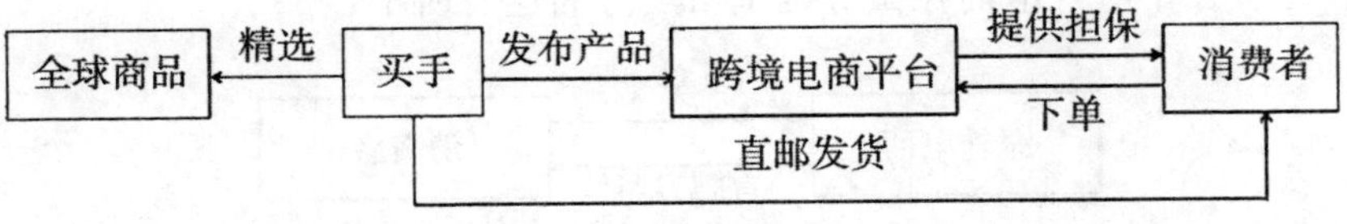

图 1-7　C2C 跨境电商贸易模式

C2C 模式的跨境电商平台拥有海量 SKU（库存量单位），打造逛街式购物体验。从功能上来说，它是一个全球买手的代购平台。买手把自己能够代购的商品发布到跨境电商平台上，消费者通过跨境电商平台下单，买到全球各地的特色商品，平台提供交易担保。同时，有的平台（如洋码头）有直播、粉丝等社交功能，可增强用户黏性及体验。

C2C 模式的买手善于发掘各种各样的特色商品，他们无须备货，可以等消费者下单后再采购。C2C 买手制模式可以在精神社交层面促进用户沉淀，满足正在向细致化、多样化、个性化发展的用户需求。但 C2C 模式还是有它对应的劣势，C2C 模式是传统的靠广告和返点赢利的模式，服务体验的掌控度差，个人代购存在法律、政策风险。目前买手制平台的转化率只有不到 2%，早期获得流量、平衡用户与买手的规模增长都是难点。

（四）B2B2C 保税区模式

B2B2C 模式即 Business to Business to Customer（供应商到电商平台到消费者），如图 1-8 所示。保税区模式是指保税仓备货模式，商家提前从国外批量备货到国内保税仓，待客户下单后，再从保税仓发货给消费者。而 B2C 直邮进口模式是指客户下单后商家直接将货物从国外寄回国内，货物清关后转国内快递进行派送。B2B2C 模式的优势在于便捷且无库存压力，寄送时间大大缩短；劣势在于 B2B2C 借跨境电商的名义实行一般贸易，长远价值堪忧。

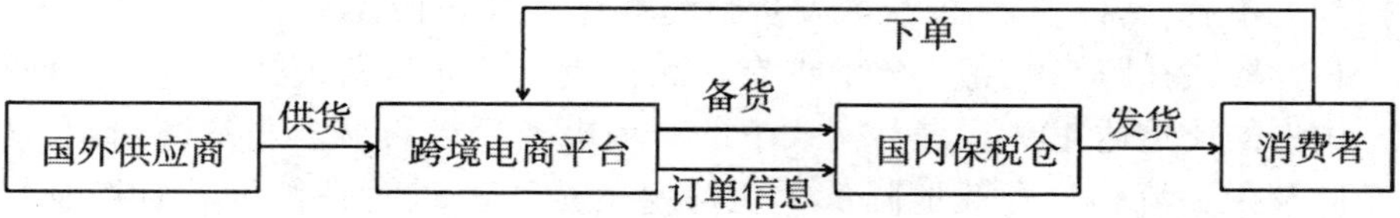

图 1-8　B2B2C 跨境电商贸易模式

（五）海外电商直邮

海外电商直邮贸易模式是指消费者在海外电商平台下单，产品由海外电商平台直邮寄送给消费者，如图 1-9 所示。海外电商直邮平台的典型玩家是亚马逊。海外电商直邮模式的优势在于有全球优质供应链物流体系和丰富的 SKU；劣势在于海外电商在做好本土市场方面还有所不足。

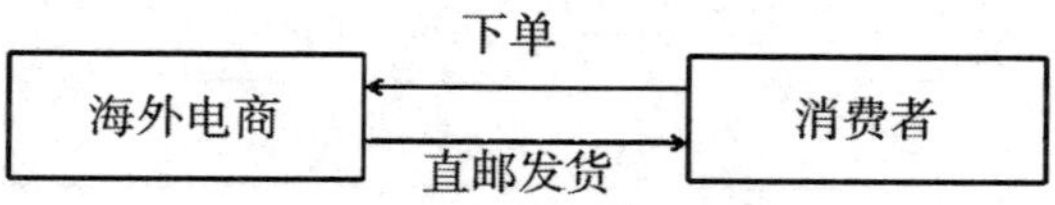

图 1-9　海外电商直邮贸易模式

在税改新政实施后，越来越多的跨境电商平台开始重视海外直邮业务。海外直邮的跨境电商拥有以下三个优势。第一，更加丰富的国际品牌和商品。跨境电商采用多渠道业务战略布局，为消费者精选来自世界各地的丰富的优质商品。第二，更可靠的品质保证。海外直邮的跨境电商将高品质作为自身发展的基石。第三，更便捷的物流配送。在物流方面，拥有成熟供应链管理系统的海外电商平台对物流的把控更加高效。例如，来自中国的“亚马逊海外购”订单在亚马逊美国运营中心只需一小时便可完成处理和发货。这为消费者提供了全程安全、便捷、透明的物流递送服务。

（六）返利导购

返利导购贸易模式（见图 1-10）是指按销售效果分成的一种模式，返利网站通过会员的消费记录获得合作商家的返点，再把返点的一部分留下作为公司盈利，一部分返给消费者。目前形态典型的返利导购玩家有么么嗖、海猫季。返利网站一般会将自身所得佣金的 70%通过现金、代金券或积分等形式返还给消费者。

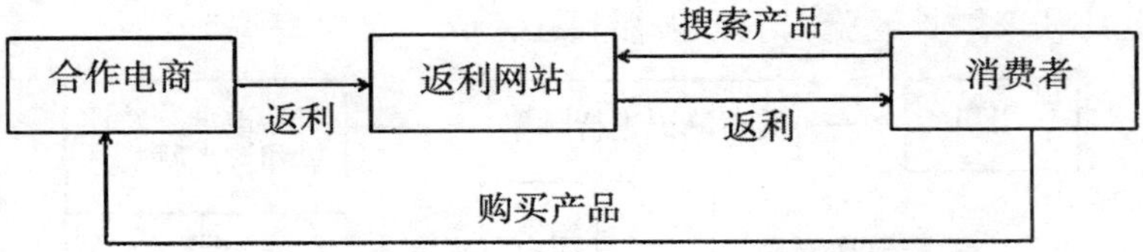

图 1-10　返利导购贸易模式

返利导购的优势在于有更新颖的运营方式，提供更多、更有吸引力的 UGC（用户创造的内容）、PGC（专业生产的内容），且具有议价能力。但这种模式也让部分商家增加了不必要的推广成本。很多消费者会先有购买需求，再通过复制地址的方式去返利网站搜索商品，通过返利网站的入口购买商品，实际上返利网站并没有为商家新增流量。而且这种方式造成了流量的重复计算，商家还要为重复流量付出额外费用。

返利导购网站若只是一味盲从、效仿其他网站，只能以失败告终。返利导购网站需从客户利益出发，做好客户体验，提高客户忠诚度和满意度，比如在消费者购买时提供搭配方案等服务，不仅提高了消费者的购物体验，同时也降低了退换货概率，间接减少了商家的销售成本。

三、跨境数字贸易

（一）eWTP（世界电子贸易平台）

eWTP 即 Electronic World Trade Platform（世界电子贸易平台），是由私营部门发起、各利益攸关方共同参与的世界电子贸易平台。eWTP 可帮助全球发展中国家、中小企业、年轻人更方便地进入全球市场，参与全球经济。

eWTP 的优势在于能够大幅减少贸易成本，降低中小企业参与全球价值链的门槛。通过物流、支付、通关、大数据等方面的创新，通过获得政府的支持，通过和企业界进行合作，小企业在全球化中受益。eWTP 涉及经济、文化等各个方面，想要推进此设想的实施可谓道路异常曲折。eWTP 的实现要基于各国对互联网经济的依托与认识，有想象空间，但并非易事。

（二）内容分享/社区资讯

内容分享/社区资讯贸易模式（见图 1-11）是指用户通过在跨境电商平台上发布笔记进行晒单来获取积分，跨境电商平台根据商品被加入心愿单和被点赞的数据销售相应商品。典型玩家有小红书。小红书以作为购物分享社区起家，以积累的社区数据驱动精准选品，以社区的口碑推荐获得高转化率，同时，针对用户特点不断加强创新型营销，为社区引流。对即将出国的人来说，可以借助这个平台制定自己的购物清单，而暂时没有出国打算的人，可以通过逛社区来增长经验，或者去福利社完成一次“海淘”。

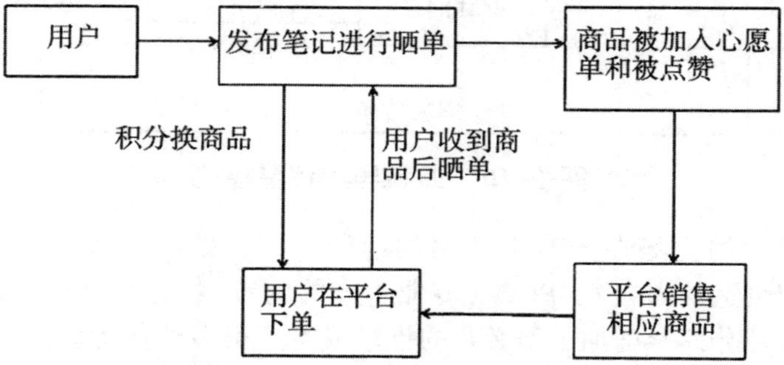

图 1-11　内容分享/社区资讯贸易模式

内容分享/社区资讯贸易模式经历了工具—社区—社区电商的适时转型。该模式的平台以工具型产品起步，以 PGC 为主的购物攻略为基础产生，面向爱好出境旅游及购物的女性用户，为其提供购物指导，主要以去日本、韩国、美国等国旅游的人群为主。接着平台转型为社区型，定位于境外购物的体验分享，面向具有境外购物习惯的女性用户，以“文字+图片”UGC 为主。最后平台转型为社区型电商，为将社区与电商相结合，实行品牌商授权、海外直采、保税仓存放货物的进口跨境电商自营平台模式，实现信息和商品流通闭环。

内容分享/社区资讯贸易平台采用 B2C 自营模式，直接与海外品牌商或大型贸易商合作，通过保税仓库和海外直邮的方式发货给用户。这种模式的优势在于天然的海外品牌培育基地，流量带到社区转化为交易，也有利于提升用户黏度和转化率。此模式的劣势是缺少强大的供应链能力，在物流、支付及售后方面的把控力度不足。

第三节 跨境电商平台

一、跨境电商出口平台

（一）阿里巴巴国际站

1. 阿里巴巴国际站简介

阿里巴巴国际站是阿里巴巴集团创立的全球领先的跨境 B2B 电子商务平台，提供一站式的店铺装修、产品展示、营销推广、生意洽谈及店铺管理等全系列线上服务和工具。

2. 阿里巴巴国际站平台操作解析

阿里巴巴国际站分成 4 个基本的模块：产品模块、推广模块、交易模块、数据支持模块。

产品模块主要包含产品发布和产品管理。产品发布是 B2B 跨境电商平台最基础的功能。产品被卖家发布到国际站的平台上，可以被国外买家搜索并浏览到。

推广模块包括产品排名和外贸直通车（P4P）。排名系统可以让客户更快、更准确地搜索到所需要的产品。客户每次点击时，卖家所需支付费用的规则如下：

$$\text{费用} = \frac{\text{下一名客户的出价} \times \text{下一名客户推广评分}}{\text{自身推广评分}} + 0.1\text{元}$$

交易模块包括询盘以及 RFQ 采购直达。询盘是指买家向潜在的供货商探寻该商品交易可能性的业务行为。RFQ 采购直达是指买家将产品需求发布在平台上，供应商进行报价和磋商。

数据支持模块指的是数据管家。它提供了“诊断中心”“知已”“知买家”“知行情”“专题”等数据来帮助供应商对店铺、产品、交易情况及市场需求等进行分析。

（二）速卖通

1. 速卖通简介

全球速卖通（AliExpress）是阿里巴巴面向海外个人买家的跨境 B2C 电子商务平台，它能帮助中小企业接触终端批发零售商及迅速拓展利润空间。

2. 速卖通平台操作解析

速卖通平台可以分成产品、推广、交易以及数据支持 4 个基本的模块。卖家通过速卖通平台的审核后，可以进入账号后台进行产品发布，具体方法为点击后台上方的“我的速卖通”选项卡，之后就可以点击左侧快速入口中的“发布产品”按钮进行产品发布。对于已发布的产品，还可以点击“管理产品”按钮进行有效管理，在这里可以对产品进行修改、查询、删除等对应的操作。

速卖通平台的推广主要分为橱窗推荐、联盟营销和 P4P 直通车。当买家通过搜索某个关键词或通过类目来到搜索结果页面时，会看到自然排序的结果；而橱窗推荐就是在自然排序的结果下，通过速卖通给相应产品增加排序权限，从而提高该产品在速卖通排序中的排名。

交易模块包括线上国际版阿里旺旺和站内信以及线下订单留言和电子邮箱信息。买家可以通过国际版阿里旺旺即时聊天工具与卖家咨询沟通，也可以通过发送站内信的方式对自己感兴趣的产品询价。

数据支持模块可以在速卖通平台的后台中进行查看，具体方法为在后台“数据纵横”选项卡中选择左侧的“数据报告”按钮，其中，数据报告分为账户报告和商品报告。

（三）兰亭集势

1. 兰亭集势简介

兰亭集势（Light in The Box）成立于 2007 年，是中国整合了供应链服务的在线 B2C 交易平台。兰亭集势涵盖了服装、电子产品、玩具、饰品、家居用品、体育用品等 14 大类，共 6 万多种商品，以国内的婚纱礼服、鞋包饰品、家装用品、3C 产品为主。

2. 兰亭集势平台运营模式分析

兰亭集势为采用自营 B2C 模式的电商企业集合国内的供应商通过平台向国际市场提供“长尾式采购”服务的运营模式。

兰亭集势以国内的婚纱礼服、鞋包饰品、家装用品以及 3C 产品为主。较短的供应链及采购环节极大地缩短了运营成本。针对婚纱礼服这类定制产品，兰亭集势选择直接与生产商合作，与供应商签订供应协议，并组织经验丰富的专家团队进入生产基地，在帮助提高生产商的自身管理能力的同时，又可以在低成本生产的情况下把控好产品质量。搜索引擎营销、社会化营销是兰亭集势主要的营销方式，它们通过这两大营销方式扩大公司市场、吸引新的消费者。兰亭集势其他的营销方式还有展示广告营销、邮件营销以及联盟广告营销。

在跨境物流方面，兰亭集势选择的物流公司主要有UPS、DHL、FedEx、EMS等世界知名的第三方跨国物流公司以及各国当地综合实力靠前的快递公司。通过这些公司，兰亭集势能及时地将产品送至海外买家手中。兰亭集势通过与第三方在线支付平台和全球各大信用卡、借记卡公司以及其他支付商的合作，已为客户提供了一系列丰富的支付方式。海外客户可以使用在全球范围内发行的大部分信用卡（如Visa、万事达和美国运通卡）和借记卡，或Paypal等第三方支付平台的金融工具进行在线支付。

（四）亚马逊平台

1. 亚马逊平台简介

亚马逊公司（Amazon）是网络上最早开始经营电子商务的公司之一，一开始只经营书籍网络销售业务，现在销售的商品包含了范围相当广的其他产品。亚马逊为客户提供数百万种独特的全新、翻新及二手商品，已成为全球商品品种最多的网上零售商和全球第二大互联网企业。

2. 亚马逊平台操作解析

卖家入驻亚马逊平台需要经过比较严格的审核，以亚马逊中国站为例，个体工商户无法注册成为亚马逊平台的卖家，入驻的卖家需要提供有关企业资质的凭证、商品品牌资质或品牌授权书，对于特殊商品还需提供海关进口货物报关单。

产品模块分为产品上传和产品管理两部分。卖家在成功登入后台后可以对自己的店铺以及产品进行管理。产品发布到亚马逊平台后，卖家可以同时在后台查看和管理已发布的产品。

在亚马逊平台的推广模块中，第一类是赞助广告，第二类是头条广告，第三类是产品展示广告。赞助广告使用得最为广泛，在对新产品和关键词的推广和选取中应用得最为普遍；头条广告和产品展示广告只有亚马逊高级卖家的账户才可以使用。

亚马逊的数据支持模块全部都集合在Reports和Performance的页面。Reports页面下又包括Inventory Reports（库存报告）、Order Reports（订单报告）、Business Reports（业务报告）及Advertising Reports（广告报告）四大类型的报告内容。

二、跨境电商进口平台

（一）天猫国际平台

1. 天猫国际平台简介

天猫国际是阿里巴巴集团在2014年2月宣布正式上线的在天猫商城下的

一个子频道，天猫国际主要为国内消费者直供海外原装进口商品。入驻天猫国际的商家均为中国大陆以外的公司实体，具有海外零售资质；销售的商品均原产于海外或在海外进行销售，通过国际物流经过中国海关正规入关。

2. 天猫国际平台运营模式分析

天猫国际为平台型跨境进口电子商务运营模式。天猫国际为商家入驻的平台模式，天猫国际目前入驻商家分为四大类：品牌旗舰店、卖场型旗舰店、专卖店以及专营店。品牌旗舰店是指经营商品属于一个自有品牌或多个自有品牌且各品牌归同一实际控制人的品牌旗舰店铺。在天猫国际中较为常见的为品牌经营方唯一授权开设的品牌旗舰店。

天猫国际的物流模式主要为保税仓与国内快递、物流相结合的方式。天猫国际在国内建立多个保税仓库，提前备货。2013 年 5 月 28 日，阿里巴巴与银泰联合顺丰、复兴、申通、圆通、中通、韵达与相关的金融机构一同组建了“菜鸟网络科技有限公司”。菜鸟物流已经在杭州、广州、宁波三地设立保税仓库，为天猫国际保税备货模式提供强有力支持。

天猫国际接入的支付工具是阿里巴巴旗下的支付品牌支付宝，消费者通过支付宝使用人民币进行支付就能购买进口产品。信用消费贷产品蚂蚁花呗为消费者提供消费贷款产品，并支持 30 天免息服务，消费者可先消费后还款。还有蚂蚁借呗消费信贷，利率较低。余额理财产品余额宝为消费者提供余额理财服务，资金可存入余额宝获得收益，也能被用户用于购物支付。

天猫国际的营销主要依靠购物节促销活动以及新媒体营销。购物节主要是“六一八”“双十一”以及“黑色星期五”等。2017 年，天猫国际“双十一”单日订单占当日全国跨境进口电商订单总数的七成以上。2017 年 11 月 25 日，天猫国际披露“黑色星期五”成绩单，首日成交量就超过上一年“黑色星期五”接连三天成交量之和，年同比涨幅超过 200%。除了购物狂欢节，闪购全球频道每日 9 点更新商品，限时限量，以低价格刺激消费，同时提高用户活跃率和黏性。

（二）京东全球购

1. 京东全球购简介

京东全球购是京东在 2015 年 4 月开启的跨境电商新业务。京东全球购平台首批上线商品超过 15 万种，品牌数量超过 1200 个，商铺超过 450 家，为京东国际化战略奠定里程碑式布局，旨在为用户带来更优质、更多选择的海外商品。

2. 京东全球购运营模式简介

京东全球购平台所有全球购商家均为海外商家，通过建立京东香港平台实现直接与境外全球购商家签约。目前对于知名品牌方（品牌代理方）、知名零售商（连锁百货商场）、知名 B2B/B2C 电商以及有优秀的运营团队及运营基础的优质商家给予优先审核条件。入驻店铺类型主要有品牌店、卖场型旗舰店、专营店、专卖店。

京东全球购的入驻店铺在平台上销售的商品均原产于海外或在海外进行销售，商品从中国大陆以外的国家或地区发出，或从海关监管的中国保税区发出，进行 100%阳光清关，物流信息全程追踪。京东全球购支持多种在线支付方式，除了传统的银行卡支付外，还包括京东金融旗下的京东白条、京东支付，同时也支持微信支付。

京东全球购的物流方式分为京东保税区发货及海外直邮两种。目前京东自营的发货仓有宁波、杭州、郑州、上海、天津、重庆、广州南沙保税区以及香港直邮仓和美国直邮仓等。热销商品存货周转快，一般采用从保税区发货的方式；对于单位价格高、存货周转慢的商品，通常采用海外直邮方式。

（三）网易考拉海淘平台

1. 网易考拉海淘平台简介

网易考拉海购是网易旗下以跨境业务为主的综合型电商，销售品类涵盖母婴、美容彩妆、家居生活、营养保健、环球美食、服饰箱包、数码家电等。网易考拉海购主打自营直采的理念，在美国、德国、意大利、日本、韩国、澳大利亚设有分公司或办事处，深入产品原产地直采商品，保障商品品质的同时省去诸多中间环节，直接从原产地运抵国内，在海关和国检的监控下，储存在保税区仓库。

2. 网易考拉海淘平台发展简介

2015 年 1 月 9 日，网易自营跨境电商平台“网易考拉海购”上线公测，同时网易宣布与中国外运股份有限公司达成战略合作，中国外运股份有限公司将为网易考拉海购提供物流服务。

2015 年 6 月，网易考拉海购宣布成立日本分公司；宣布与 LG、AHC、DRMJ 等 20 余个韩国一线品牌达成官方授权合作。

2016 年 3 月，亚马逊全球物流（中国）与网易考拉海购正式签署合作协议，通过“亚马逊物流+”为网易考拉海购提供仓储运营服务。

2017 年 4 月，网易考拉海购在德国法兰克福成功举办 2017 欧洲招商会，P+M、Eurocomfort Group、Hape、Best 1 MED 四家欧洲知名企业与网易考拉海购在现场签署合作协议。

2017 年 6 月，网易考拉海购在悉尼举行 2017 澳新招商会，与 Caprilac、

Bio-Island、Bubs、Life Space 等多家澳洲知名品牌签订战略合作与授权协议。网易考拉海购成为 2016 年进口澳洲商品规模最大的中国跨境电商平台。

3. 网易考拉海淘平台模式简介

网易考拉海淘平台采取纯自营 B2C 模式，主打自营直采，成立专业采购团队深入产品原产地，并对所有供应商的资质进行严格审核，从源头上杜绝假货，进一步保证了商品的安全性。网易考拉海购已与全球数百个优质供应商和一线品牌达成战略合作。

网易考拉海购主打的自营模式拥有自主定价权，可以通过整体协调供应链及仓储、物流、运营的各个环节，根据市场环境和竞争节点调整定价策略。网易考拉海购不仅要降低采购成本、控制定价，还要通过控制利润率来控制定价，做到不仅尊重品牌方的价格策略，更重视中国消费者对价格的敏感和喜好。

在物流的选择上，网易考拉海购与中国外运股份有限公司、顺丰等合作，采用定制包装箱，让用户享受相对标准化的物流服务。网易考拉海购已建立一套完善的标准，通过与中国外运合作整合海外货源、国际运输、海关国检、保税园区、国内派送等多个环节，打通整条产业链。

网易考拉海淘的支付方式目前支持支付宝以及网易支付（原网易宝）。网易支付是网易公司为方便用户进行网上交易推出的快捷在线支付平台，网易支付为用户提供了多种方便的在线充值、交易管理、在线支付、账户管理、提现等服务。

三、跨境电商配套服务平台

跨境电商在我国经济发展中占据着越来越重要的位置，而跨境电商的发展离不开跨境电商综合服务平台的支持。

（一）跨境电商通关服务平台：海关总揽全局

全国首个统一版海关总署跨境电商通关服务平台于 2014 年 7 月 1 日在广东东莞正式上线运营，这是一个为外贸企业进出口通关提供便利服务的系统平台，旨在统一报关流程。该平台所上传的数据可直接对接海关总署内部系统，节省报关时间，提升通关效率。在跨境电商通关服务平台上，货物通关采用“三单对比”的方式进行监管。“三单”指电商企业提供的报关单、支付企业提供的支付清单、物流企业提供的物流运单。“三单”数据确认无误后即可放行。通过企业数据与海关数据进行匹配，达到监管统计目的。从目前的统一版通关服务平台来看，服务对象主要集中在小包裹的出口领域以及进出口外贸企业的小订单业务。

（二）跨境电商公共服务平台：政府企业面对面

跨境电商公共服务平台由政府投资兴建，其含义具有双向性，一方面在各地政府的职能部门之间搭建公共信息平台，另一方面服务于大众（主要是指外贸企业）。阳光化的外贸环节众多，涉及国税（纳税退税）、外管局（支付结汇）、商委或外经贸委（企业备案、数据统计）等政府职能部门及银行结汇等。传统外贸企业需一一对接，而跨境电商行业多碎片化订单，若每笔订单都重复与职能部门对接将成为极其繁重的工作。另外，政府职能部门之间也需要一个公共区域共享企业上传的数据，并进行数据采集、交换对比、监管等工作。目前，公共服务平台均由各地政府自行建设，并无全国统一版本，服务内容有所差异，界面操作也不同。这些地方性公共服务平台也普遍采用“三单对比”的方式进行监管，“三单”手续齐全并通过监管认可，才可享受正常的结汇退税。跨境电商公共服务平台在政府各职能部门之间形成了一个交集圈，也在政府与外贸企业之间搭建了一座沟通的桥梁。其中以上海跨境电商公共服务平台（单一窗口）为代表。

（三）跨境电商综合服务平台：新兴代理服务

一些传统中小型外贸企业和跨境电商平台个人卖家在面对新出现的监管政策时，有时会产生不适应和紧迫感。而一些大型跨境电商企业在对接政府、海关等部门，处理跨境电商长链条环节出现的问题方面比较有经验，于是孕育出了跨境电商综合服务平台。跨境电商综合服务平台一般由大型跨境电商企业建设，旨在为中小企业和个人卖家提供代理服务，囊括了金融、通关、物流、退税、外汇等方面。目前业内知名的综合服务平台主要有阿里巴巴建设的一达通、大龙网建设的海通易达等。

（四）跨境电商服务平台对比

按照跨境电商服务平台面向的对象不同，支撑跨境电商运行的平台可分为三类：跨境电商通关服务平台、跨境电商公共服务平台、跨境电商综合服务平台，是从三个不同层面出发建设的平台。通关服务平台对应的是海关；公共服务平台对应的是政府；综合服务平台对应的是企业。三个平台之间相互联系，形成信息数据之间的统一交换和层层传递。

三类服务平台按照其服务对象、监管部门以及建设意义的不同，进行总结对比，如表1-1所示：

表 1–1　跨境电商服务平台功能对比

服务平台 / 对比项目	跨境电商通关服务平台	跨境电商公共服务平台	跨境电商综合服务平台
服务对象	传统中小型外贸企业、跨境进出口电商企业	传统中小型外贸企业、跨境进出口电商企业	传统中小型外贸企业、跨境进出口电子商务企业以及卖家
监管部门	海关总署、地方海关	国检、国税、外管局、商委或外经贸委等政府部门及银行结汇等	由企业建设
建设意义	通过企业数据与海关数据进行匹配，达到监管统计目的	在政府各职能部门之间形成了一个交集圈，也在政府与外贸企业之间搭建了一座沟通的桥梁	为中小企业和个人卖家提供代理服务，包括金融、通关、物流、退税、外汇等方面
典型平台	深圳市跨境贸易电子商务通关服务平台	上海跨境电商公共服务平台	一达通

【思考题】

1. 中国跨境电商的发展现状如何？

2. 当今中国跨境电商的发展面临哪些问题和阻碍？

3. 中国跨境电商的市场环境如何？

4. 查阅最新资料，分析跨境电商的未来发展趋势。

5. 跨境电商的进口模式和出口模式主要有哪些？

6. B2B2C 保税区模式与海外电商直邮模式的基本流程是什么？代表平台有哪些？

7. 什么是 eWTP？建立 eWTP 对于中小型企业和对全球经济发展有何益处？

8. 列举具有代表性的跨境电商进口与出口平台。

9. 阿里巴巴国际站主要分为哪几个模块？在推广模块中，与速卖通平台有何异同？

10. 比较阿里巴巴国际站与亚马逊平台的异同点。

11. 跨境电商配套服务平台包括哪些？

12. 比较三类跨境电商服务平台并举出典型代表。

第二章　跨境电商岗位与技能

【学习目标】

本章旨在让学习者了解跨境电商的岗位分类和岗位技能。完成本章的学习，学习者应当熟知跨境电商企业一般分为哪几个部门，每个部门下面需要设立哪些基本的岗位，岗位之间有何区别与联系及每个岗位需要哪些技能和要求。

【本章重点】

本章的学习重点是了解跨境电商的基本部门以及不同部门下的具体岗位分类，知道跨境电商的各个岗位所需要的技能和要求。

第一节 跨境电商岗位分类

对于一家跨境电商企业来说，其岗位分类和大多数其他类型的企业相比，并没有本质上的差别。跨境电商的所有岗位可以被归纳为四大类：产品部、市场部、运营部、技术部。每个部门下又有更详细的岗位划分。而每一个岗位上的相关工作人员各司其职，他们分别为公司的各个部门效力。当然，这些部门并非完全独立，部门之间也需要一定的协作和互助，只有整个企业上下一心，互相配合，才能共同提高公司的整体竞争能力。

一、跨境电商产品部

跨境电商产品部的职责是实现公司的产品战略。对于一家跨境电商企业来说，产品的来源一般有两个途径：一是在本公司直接生产制造；二是通过外部渠道进行获取。在产品生产制造之前，就先需要对所生产的产品进行开发，即设计出所需要产品的具体样式，这就需要产品开发部门配合工作。而如果企业想要从外部渠道获取商品，省去中间制造的环节，则需要采购部门开展相关工作。当然，除了这两个部门，一家跨境电商企业的产品部还需要配备一些员工对商品定期进行盘点和检查。因此，跨境电商产品部职责可大致分为：产品开发、产品采购、产品盘点、产品检查。

（一）产品开发

产品开发指企业通过发明、组合、技术创新等方法研制新产品或是改良原有产品的过程。产品开发主要有五个步骤：需求定位、竞品分析、产品设计、开发测试和迭代。

需求定位：即了解产品的主要适用人群和目标客户，通过用户调研来明确用户需求及用户的使用场景等问题，从而为产品开发后面的步骤打下基础。

竞品分析：所谓竞品分析，就是对要研发的产品的竞品进行分析。比如一家跨境电商企业想要研发一款智能手机，那么该企业可以寻找市场上制造该类智能手机的其他公司，比如苹果公司、华为公司。通过分析这些企业制造的智能手机的优势，甚至总结产品的劣势作为借鉴，从而提高本公司产品的核心竞争力。

产品设计：产品设计是企业产品开发过程中最为核心的步骤，因为它将直接影响到产品最终的设计成效，从而决定产品的外观、功能、用途，以及未来在市场投放的收益率等。好的产品设计能节约生产制造成本，简化制造流程，从而使企业的竞争力大大提升。

开发测试：开发结束后的测试是必不可少的环节。企业需要对所开发的产品进行用户体验调查，来确保产品符合消费者的整体偏好。

迭代：企业还需要定期完成产品的迭代。根据产品的功能，逐步增加和完善。一般迭代周期为一个月或是三个月。

产品开发人员主要负责制订所在公司的产品开发计划，进行产品开发设计以及整合，将产品设计转换成实物，以及进行相关的成本核算和控制。当然，在产品正式开发之前，他们也需要对产品面向的市场进行适当的调研，以确保所开发的产品是有市场需求的。产品开发部门一般由产品开发总经理负责，下面再细分为设计部和生产部（见表2-1）。

表2-1　产品开发的设计部和生产部人员的工作任务

设计部	生产部
1. 负责产品开发设计，制订设计计划 2. 确定产品设计风格、款式、特征 3. 定期汇报设计进度 4. 成本控制 5. 定期与生产部沟通产品设计、打板情况	1. 制订生产工作计划，安排工作计划表 2. 编制工作进度安排表 3. 确保样板按时完成，保证产品质量 4. 定期向设计部汇报工作进程 5. 向设计部反馈有关的问题，并协商解决

设计部和生产部的开发人员需要相互沟通，保持紧密联系。设计部人员需要及时将自己的设计方案和计划汇报给生产部人员来确保产品生产的可操作性，而生产部人员在生产过程中也需要定期向设计部反馈各种问题，以方便进一步修改设计方案，从而完善生产流程，提高生产效率，节约生产成本。两个部门的负责人则需要定期向产品开发总经理报告，产品开发部门需要互相协作，帮助对方完成工作任务。

（二）产品采购

产品采购对于一家跨境电商企业也有着举足轻重的作用。当产品开发部门设计出产品设计方案时，采购部门需要按照他们所需要的原材料进行采购。当然，采购的物品不仅限于原材料，如果一家跨境电商企业缺乏机器或厂房对原材料加工，他们会选择直接从其他地方采购成品进行销售。所谓产品采购，是指企业在充分了解市场情况的前提下，运用适当的采购方法，通过等价交换，获取所需商品的过程。

产品采购的顺序大致是这样的：首先，采购人员需要确定公司所需要的商品，列出清单，并且附上所采购商品对应的规格、数量、性能等基本信息，以方便优化采购流程。其次，需要选择供货商。最好能选择方便议价的供货商，以保证谈判人员在谈判价格时能有谈判空间，为企业降低成本、提高利润率。接着需要采集市场信息，调研该类产品在市场上的价格情况，再与供货商的报价比较、衡量。下一步，采购人员应当要求供货商提供样品，检查样品是否符合本公司的要求。如果采购人员对样品满意，就可以向采购商发出订单，签订合同，要求供应商批量生产确定的产品。在供应商生产的过程中，企业的采购人员也需要定期了解对方的生产进度，以确保对方能够按时交货；最后，当供应商交货时，采购人员需要及时验货，查看有无缺货、漏货。最终采购来的产品就可以投放到市场上供消费者选择、购买。

1. 产品采购专员

产品采购专员主要负责企业所销售商品的采购，他们需要定期制订采购计划，定期与供应商协商以确保销售部门的供货正常。当然，在采购的同时，采购人员也需要及时盘点库存商品是否存在滞留、过期或腐蚀等情况，如果存在这类情况，他们需要及时处理，并且更新采购计划，以免造成进一步的库存浪费（见表 2–2）。

表 2–2 采购专员的具体工作任务

工作任务	具体内容
确保商品采购供应	定期了解各商品部的商品销售状况，如果销售供应不足，需要及时联系供应商补货；反之，如果供应大于销售从而造成库存成本升高，则需适当降低产品的采购速度和数量，以免造成由商品过期或腐蚀引起的浪费
拟订商品采购计划	定期（通常以半个月或一个月为一个周期）制订商品采购计划。采购计划包括商品的性能要求、商品数量、款式、外观，以及对于重点商品的选择。当然，采购计划还需要对供应商进行筛选，以方便接下来的采购活动
具体采购	包括从市场上进行集中采价、与供应商议价、协商具体的采购方案等
商品管理	包括检查各商品部销售情况，发现畅销和滞销商品，处理滞销商品，整理存货、盘点等
协助商品销售	制订商品促销计划、销售特价商品的计划，进行市场行销调查，了解消费者动态及竞争对手的促销措施和经营策略
服务人员的培训	协助培训服务员，让服务员了解商品性能、特点等

2. 产品采购经理

产品采购经理作为采购部门的负责人，需要具备一定的商务谈判能力、语言表达能力、沟通协调能力、组织领导能力以及成本意识。不同于之前所说的产品采购专员，产品采购经理的工作任务并不像采购专员的工作一样细碎烦琐，相反，产品采购经理需要对整个采购部门的整体状况进行宏观上的调控与管理（见表 2–3）。

表 2–3　采购经理的具体工作任务

工作任务	具体内容
审核文件	审核采购人员上交的采购文件，例如：签订的采购合同、协议等，并且负责应付款的审查工作，同时控制采购成本，合理规划采购价格
规划工作	对采购部门的整体工作进行统筹规划，安排采购部门内部人员的具体工作任务，制订完善的采购工作流程、工作程序，组织实施采购
监督工作	监督相关采购人员的工作进度，监督下属是否按照规章制度执行工作任务
管理供应商	设计并改善公司供应商评审认证系统，建立健全供应成本评估体系，保证供应商所供应的货物的质量符合公司的要求。与供应商保持密切联系，最好能和几家供应商建立良好的合作关系，以确保公司长久发展
市场调研	参与实施市场调研，熟悉市场行情
控制成本	编制年度采购计划与预算，拟订采购部门的工作方针与目标，控制采购成本
员工管理	要时刻关注下属的工作进度和情况，及时解决下属在工作中出现的问题。定期听取下属的述职报告，给予他们工作上的建议和意见

3. 采购跟单员

采购跟单员主要负责协助采购专员和采购经理完成采购的相关工作。当采购专员采购物品时，采购跟单员需对此进行全程跟踪，对产品的质量、销售、售后等进行调查和服务，确保所采购物品的流程以及物品质量符合公司的要求（见表 2–4）。

表 2-4　采购跟单员的具体工作任务

工作任务	具体内容
资料整理	向供应商索要发票、相关质量证明文件，整理供应商基本资料；ERP 信息更新及维护
录入信息	根据采购计划，录入制作采购订单及采购合同
风险控制	分析采购交货风险，及时把握各部门的生产能力及供应商的生产状况，确保按时交货；如有问题，能够及早发现并提出有效对策
账款管理	每月与供应商核对账目，确保账款无差错

（三）产品盘点

所谓产品盘点，是指对库存商品的数量进行清查、清点的作业。产品盘点可以帮助企业掌握货物的流动情况（入库、在库、出库），对仓库现有物品的实际数量与保管账上记录的数量相核对，以便准确地掌握库存数量。一般来说，大多企业有两种产品盘点的方式：一是定期盘点，二是临时盘点。当然，无论是哪一种盘点方法，它们的目的都是类似的，就是控制公司的存货，指导日常经营业务，及时掌握损益情况，以便真实地把握经营绩效，并尽早采取防漏措施。

产品盘点主要有以下三个步骤：

（1）盘前准备：公司的盘点作业并非一件简单的事情，相反，它需要大量的前期准备工作。盘前准备的任务主要包括确定盘点计划，盘点的具体时间安排，以及对盘点人员进行相关的培训。除此以外，盘点前还需要准备好相关的工具和资料，例如数据采集器、无线扫描枪、盘点表等。另外，如果企业预计盘点时间耗时较长，还需要发布停业通告，对外宣布暂时停业，进行库存盘点。

（2）盘点过程：盘点过程主要分为预盘和复盘。预盘是一项较为细致的工作，是复盘的基础。在预盘前，需准备一份预盘明细表，便于仓库人员在预盘阶段逐一清点，再挂上盘点单；复盘工作较为单纯，是根据预盘阶段的盘点单去复查。复盘者可以要求被盘点者逐项将商品卸下，深入清点，再记入实际状况，填入单据上“复盘”有关字段内。

（3）盘后工作：盘点过程结束后，需将货架上因盘点需要排列的商品按照原先的陈列方式或陈列原则进行整理，以及对盘点环境进行打扫和清洁。另外，盘点会使一段时间以来积累的作业误差，以及其他原因引起的账物不符等情况暴露出来。当发现账物不符，而且误差超过容许值时，应立即追查产生差异的原因。

1. 库存分析专员

库存分析专员负责库存的监控、分析，并提供库存分析的相关资料。他们也需要优化库存控制系统，从而降低库存控制成本。另外，当库存盘点出现差异时，库存分析专员应对差异原因深入分析，找到相应的解决对策（见表2-5）。

表2-5 库存分析专员的具体工作任务

工作任务	具体内容
库存分析	协助库存分析主管进行库存盘点，分析库存每日的出库、入库情况
库存控制	不断优化库存控制系统，减少库存控制成本，对影响库存的各个环节（销售出库、过账及时性、库存调整等）进行监控
处理物料	分析物料损耗，处理呆滞物料
资料提供	提供库存分析组日报、周报、月报等重要的资料
差异分析	独立进行盘点差异分析，找出差异原因上报库存主管

2. 仓库系统操作员

相较于库存分析专员，仓库系统操作员主要负责库存的数据录入和处理，同时，他们也会负责有关库存的其他工作，例如仓库的整理（见表2-6）。

表2-6 仓库系统操作员的具体工作任务

工作任务	具体内容
数据录入	对每日来货核对数量、质检、上架，定期对在库物料进行盘点，提供数据
数据处理	根据要求，在仓储系统里录入数据，编制盘点报表
仓库整理	库存管理（盘点，严格按照规定进行出入库等），6S工作，粘贴运单

（四）产品检查

产品检查，就是对所采购的产品的质量、性能等进行检测，确保其符合相关的法律法规及确保产品符合公司的要求。产品检查的主要工作人员有质检员和（出口）认证工程师，他们对产品的检查工作有着举足轻重的作用。

1. 质检员

质检员主要负责公司采购订单产品的质量检测，对国外退货和投诉进行分析及产品检测。当发现不良产品后，质检员需要及时联系供应商进行改善，并汇报上级。

2. 认证工程师

认证工程师的工作需要较高的专业性。他们需要参加全国的统一考试，方能就业上岗。出口认证工程师主要负责管理公司相关的认证工作，确保公司的产品开发和采购符合国家法规要求。另外，他们也需要负责产品测试、专业指导和相关审核资料的管理（见表2–7）。

表 2–7　出口认证工程师的具体工作任务

工作任务	具体内容
优化流程	优化公司认证管理及申请等相关流程，确保认证相关工作的专业性和规范性
分析评估	结合产品规划和开发需求，分析评估相关国家及地区最新认证标准和要求，确保产品符合目标国家及地区的法律法规
合规检查	检查供应商或第三方提供认证的合规性和有效性，确保拟出口产品认证齐全且合法合规
产品测试	根据需求组织落实产品测试、认证的收集或申请及进度管理等相关事务
专业指导	指导产品、采购、物流等部门严格按认证要求进行产品的开发、采购和出口
资料管理	建立并管理产品认证资料库，落实认证资料的审核、归档与管理

二、跨境电商市场部

跨境电商的市场部是跨境电商企业营销组织架构的重要组成部分。总的来说，市场部的人员主要负责拉近产品与顾客之间的心理距离，使得公司的营销手段更符合目标消费者的需求以及偏好，从而扩大企业的销售量和提高市场竞争力。一般来说，每个产品都有自己的生命周期，而跨境电商市场部的人员在产品不同的生命周期所侧重的任务点也有所不同。在这里，可以将产品周期大致分为导入期、成长期和成熟期进行讨论。

产品导入期：此时产品还未真正上市，市场部人员需要进行市场调研，即对消费者购买心理行为进行调查，打探目标消费者的需求和偏好。参考以上信息，可以便于制订公司的产品上市规划、产品的价格以及产品在今后各个发展阶段的企划策略。

产品成长期：这个时期的产品质量有了较大提高，市场竞争开始出现，销售量和利润逐步增加，生产与推销成本不断下降，展现出光明的前景。消费者对该类产品也有了初步认识，购买兴趣和欲望日益增强。市场部人员需要侧重建立和完善营销信息收集、处理、交流及保密系统，制订年度营销目标计划以及负责产销的协调工作。

产品成熟期：当产品的销售步入稳定阶段后，市场需求趋于饱和。此时，产品普及并日趋标准化。为了延长产品的生命周期，继续利用该产品为公司获取利润，市场部人员可以对竞争品牌产品的性能、价格、促销手段等进行收集、整理和分析，吸取它们的经验。市场部人员还需对未来的销售进行预测，提出对未来市场的分析、发展方向和规划。

1. 市场部总监

市场部总监作为公司的管理层，对企业的市场营销有着战略性的作用。他们需要把握市场机会，制订市场营销战略计划，并组织下属团队完成企业的营销目标。在实施战略计划的时候，市场部总监要对整个计划的执行进行监督和控制。他们也需协调企业内外部关系，负责企业营销组织建设与激励工作等（见表 2-8）。

表 2-8　市场部总监的具体工作任务

工作任务	具体内容
战略规划	根据公司总体销售目标、业务特点和海外市场需求，制订和执行中长期海外市场和营销战略
制订计划	整合相关资源，制订电商品牌的推广计划。根据公司战略规划，全面负责电子商务板块运作
实施计划	跨境电商的团队搭建、运营、维护及日常管理，制订运营策略、方案，并组织实施，带领团队完成目标
监督控制	对企业市场行为进行监督，对市场需求做出快速反应，使市场营销效率最大化，代表并维护消费者利益
工作激励	负责或参与进行企业文化的建设，做好组织、激励工作

2. 海外营销专员

海外营销专员，顾名思义，就是在国际市场上进行营销的工作人员。由于跨境电商企业的交易通常会涉及多个国家及地区，海外营销专员对于一家跨境电商企业起着至关重要的作用。他们帮助企业了解国际市场的行情，了解海外客户的需求，从而更好地为公司制订产品战略。他们也需要根据不同国家及地区的市场和不同渠道制订不同的营销方案并实施。

海外营销专员不仅需要市场营销方面的能力，更需要对文化差异的领悟能力。了解海外文化是做好海外营销的前提。

3. 店铺营销推广人员

跨境电商的大多数交易在网上达成，许多跨境电商企业也有属于自己的网上店铺。店铺营销推广人员的职责就是通过各种营销手段为跨境电商企业打造一个能够吸引消费者的店铺，从而扩大企业的销量（见表 2-9）。

表 2-9 店铺营销推广人员的具体工作任务

工作任务	具体内容
制订计划	根据公司的销售战略，制订跨境电商店铺产品营销推广计划
网络营销	通过国外媒体、博客、论坛、社交软件、搜索引擎等（例如 Facebook、Google）推广营销，提高店铺点击率、浏览量和关注度
提高品牌形象	从营销角度参与公司产品主推，并将其打造成爆款，提高销量与品牌形象
跟进推广	对所推广的产品的推广成效做出基本判断和评估，及时跟进推广效果
调整	关注和查看推广产品在跨境电商平台的销量及排名情况，如果店铺推广效果不尽如人意，或者没有达到目标，需要对推广手段及时做出相应的调整

三、跨境电商运营部

对于一家跨境电商企业来说，其运营部门的主要职责首先是要对企业的店铺进行管理。店铺运营的前提是知道店铺所销售产品的基本定位，即了解产品的目标客户主要是哪类人群，核心消费市场在哪里，了解了这些信息后，运营部的相关人员才可以以此为基础，对本公司的店铺进行设计、推广及完善。

其次，店铺运营还会涉及产品价格的确定。运营人员需要多方面了解同类产品在市场上的销售情况以及竞争企业对产品的定价。如果价格定得过低，可能会导致企业无法实现收支平衡，甚至产生亏损。但如果价格定得过高，消费者便很有可能流向其他竞争企业，从而导致本企业销量骤减。所以店铺运营管理人员需要找到合适的定价策略，考虑价格所带来的后果以及菜单成本，合理定价。

当然，店铺运营人员还需要对店铺进行设计。这里包括店铺网页的制作和美观设计、产品标题的设计、产品描述、产品买卖条款的制订，以及产品图片的选择。这里网页的设计以及图片拍摄还需要更加专业的人员的参与，在跨境电商技术部的岗位介绍里，将会详细描述。

1. 跨境电商平台运营主管

跨境电商平台运营主管对于跨境电商运营部来说，起到了战略性的指导作用。作为管理者，运营主管需要为公司的运营部门制定中长期的发展战略，及时优化欠妥的管理制度和体系，并且组织、监督下属完成基本的指标（见表2-10）。

表2-10　跨境电商平台运营主管的具体工作任务

工作任务	具体内容
目标管理	根据公司中长期目标规划制订公司发展战略、运营指标、年度经营计划并组织实施，推动并确保营业指标的顺利完成
流程和制度管理	根据公司发展规划，组织对流程和制度进行优化和再造，建立和健全公司的运营体系
经营分析	公司经营数据统计分析、发现问题、组织改善
项目管理	公司级或跨部门项目的规划、组织、推动与落实
其他方面	调查公司在经营管理上存在的问题，并就实际情况提出具体可行方案；策划推进及组织协调公司运营计划，进行计划发展跟踪和策略调整，持续提升运营水平

2. 跨境电商平台运营客服

跨境电商平台运营客服主要负责保持与客户进行良好的沟通。他们需要解决各种客户问题，包括咨询、售后、处理投诉等，预防可能出现的争议，妥善解决各种已出现的争议，最大程度地维护公司利益。另外，电商平台运营客服也负责一些极为琐碎的工作。例如，他们需要把握店铺的运营状态，及时处理订单，定时上传及下架产品，编辑产品并优化商品信息，并且及时处理账号发生的情况，保持账号运营良好。

一般来说，跨境电商平台运营客服需要良好的英文水平，便于和外国客户沟通交流。

3. 跨境电商平台运营专员

跨境电商平台运营专员主要负责店铺基本管理。他们需要对店铺的网页进行设计，编辑网站上的图文信息，并为产品写入适当的标题。他们也负责基本的数据分析，例如，产品上架和下架的时间，产品销量的排名以及波动情况，分析爆款产品的型号与类型等。跨境电商平台运营专员也参与店铺的活动策划和对广告投放的计划制订。当然，他们也需要保证店铺的运营状况是健康的、良好的，保证店铺设计能够满足消费者基本的需求（见表2-11）。

表 2-11　跨境电商平台运营专员的具体工作任务

工作任务	具体内容
网页管理	网站系统、功能、模块、流程的设计；网站模板设计；网站图文信息编辑；网站引擎优化
产品管理	负责产品推广、发布、上架、信息更新，优化关键词，负责安排上传产品，将产品发布至店铺网站
推广计划	负责市场调查分析及竞争对手状况，制订推广计划
店铺完善	完善店铺各自政策与制度，保持店铺的好评率和良好的信用度
客户管理	处理客户订单并跟踪订单进展状况，确保订单按时完成

四、跨境电商技术部

跨境电商技术部人员主要有翻译、平面设计师、摄影师和平台维护专员。他们负责配合其他部门的工作，帮助其他部门的工作人员完成相关的技术工作。作为技术人员，他们需要掌握基本的硬性能力，确保能够完成相应的任务。当然，如同其他部门一样，技术部门也需要相应的管理人员，即技术总监，对整个技术部的战略地位及公司的中长期发展进行宏观调控。

1. 技术专员

如之前所说，跨境电商企业的技术专员主要有翻译、平面设计师、摄影师和平台维护专员。这些岗位通常需要一定的技术水准，甚至需要相关的从业证书。当然，他们的工作要求绝不仅限于岗位名字本身，例如，跨境电商的平面设计师不仅需要相关的美工、图文设计技术，同时也需要具备一定的营销能力。只有将各方面技术结合运用，才能满足消费者的各种需求，为公司获利（见表 2-12）。

表 2-12　跨境电商平台技术专员的工作任务

工作任务	具体内容
翻译	1. 配合运营部、市场部、产品部编辑各推广活动的文案 2. 翻译公司产品的宣传资料和产品说明书资料 3. 接受上级分配的其他工作

续表

工作任务	具体内容
平面设计师	1. 负责按照公司要求及品牌发展，对公司电商、产品品牌等设计类项目的策划、创意设计等 2. 负责公司品牌及产品相关平面设计及优化等工作，包括品牌标签、物料、海报、手册、包装等设计 3. 负责公司电子商务网站设计及美工等工作 4. 负责公司品牌产品图案、色彩和结构设计的一些更改和优化工作 5. 根据公司及部门需求完成其他相关设计工作
摄影师	1. 产品图片拍摄 （1）负责产品各角度图片拍摄 （2）负责产品场景图片拍摄 （3）负责产品模特图片拍摄 2. 抠图 负责选定需要使用的图片，进行抠图 3. 产品视频拍摄 （1）产品使用视频拍摄 （2）创意视频拍摄 4. 公司活动图片及视频拍摄 5. 其他方面的拍摄需求
平台维护专员	1. 负责电子商务渠道客户网络信息的维护和更新 2. 负责电子商务渠道客户订单的处理、分配和跟踪 3. 负责电子商务各渠道网站消费者的沟通咨询

2. 技术总监

技术总监和其他部门的总监一样，负责该部门的管理和发展战略的规划以及实施。他们主要负责技术方面的决策参与，需根据公司的发展状况制订相应技术方面的战略安排，并指导、带领技术部门的相关工作人员实现其所制订的目标。技术总监也需要定期巩固技术部门的核心团队，保证他们的技术水准，同时提升整个技术部门的工作质量（见表 2-13）。

跨境电商技术总监相对来说需要较高的技术能力以及管理的经验。他们需要精通互联网电商技术系统的架构设计、系统分析、软件实现、性能优化及系统安全，并且需有丰富的项目管理经验和产品技术研发经验。当然，企业在招聘技术总监时，通常会优先考虑具有管理经验的应聘者。

表 2-13　技术总监的具体工作任务

工作任务	具体内容
公司决策参与	参与公司高层决策活动，向 CEO 汇报
发展战略规划	根据公司发展战略的要求，主持制订公司技术和产品发展战略规划及企业信息系统的规划，通过技术推动整体战略的实现
团队管理	全面负责技术团队的整体日常运营规划、决策和管理，以实现下达的经营目标
产品技术研究	负责组织研究行业最新产品的技术发展方向和技术架构，保证公司技术的领先性，巩固公司核心竞争力优势
团队建设	负责核心团队和梯队建设，提升团队的工作质量、效率和技术能力，构建稳定高效的技术产品研发团队

第二节 跨境电商岗位技能

在上一节中，已经介绍了跨境电商相关的岗位分类以及各个岗位具体的工作任务以及职责。然而这些信息只是对相关岗位的初步认识和了解，如果想要深入了解一个岗位，甚至想在今后的工作生涯中从事该职业，则必须知道甚至掌握这个岗位所要求的岗位技能。所谓岗位技能，是指掌握和运用专门职业技术的能力。它是按照国家规定的职业标准，通过政府授权的考核鉴定机构，对劳动者的专业知识和技能水平进行客观公正、科学规范地评价与认证的活动。通过各方招聘信息可以看到，跨境电商企业对于人才的需求量很大，尤其是兼具各方面本领的综合性高端人才。根据上一节的岗位分类和跨境电商企业对岗位技能的需求的描述，跨境电商的岗位技能可以基本分为技术、运营和管理。本节将会对这三类岗位技能的具体内容展开详细介绍。

一、跨境电商技术岗位技能

如之前所说，跨境电商技术部门主要有翻译、平面设计师等岗位。这些岗位通常需要较为专业的技能或者需要接受专业的培训。企业在招聘时，也往往会优先考虑相关专业出身的毕业生或者是拥有相关技能证书的应聘者。例如，跨境电商的翻译要求应聘者是语言类专业毕业，平面设计师和摄影师则招聘设计类、艺术类专业的学生，跨境电商平台维护人员则需要具有计算机方面的专业知识。

（一）电子商务平台建设

随着科技的发展和信息技术的进步，人们对于网络的依赖性越来越大，上网的次数也越来越频繁。而跨境电商企业就是依托网络这个载体向广大消费者呈现公司的各种产品以及服务理念。要想达到这个目的，公司就不得不搭建相应的电子商务平台，有效地、低成本地开展自己的商业活动。而拥有电子商务平台建设的人才也是跨境电子商务企业不可或缺的重要资源。

一般来说，电子商务平台建设的目的是由跨境电商企业的运营目标决定的。建设电子商务平台可能是为了推广某件产品，也可能是为销售产品搭建一个渠道，或者是两者兼备。而在真正开始建设电商平台前，确定建设平台的目标是必不可少的一个过程。

在确定好建设目标后，需要选择合适的域名。域名是由一串用点分隔的名字组成的名称，在数据传输时用来标识计算机的电子方位。所谓题好一半文，域名相当于一家公司的网站标题，因此域名的选择也能为商务平台增添光彩。域名的长度最好不要超过六个字母，这样便于用户在搜索引擎里搜索，也便于记忆。

接下来就可以正式开始搭建商务平台。搭建过程需要选择合适的程序语言进行辅助，选择好的语言程序不仅让电子商务平台后期管理更为方便，而且有利于未来电子商务平台的优化和推广。企业还需要相应的平台设计师对电子商务平台进行设计。

搭建任务完成后，电子商务平台就初步上线了。所谓初步上线，是因为它离正式上线还差一个步骤，那就是网站功能的测试和性能检测。相关操作人员需要把程序上传到空间，检测一些基本指标。例如，网站打开的速度是否在接受范围之内，网站里的内容是否出现错乱，平台上的一些功能能否正常使用和操作等。

当一切准备就绪，就需要展开建设电子商务平台的一系列后续工作。例如，企业投入人力、物力对该平台进行推广和宣传，让该平台出现在大家的视野里，并且为人熟知。企业也可以在平台上线后收集一些用户的反馈体验，以便对电子商务平台做后续的进一步提升和修改。

（二）网页设计

上文在介绍的电子商务平台建设时，提到过平台设计，而平台设计中又不可避免地需要对网页进行设计。所谓网页设计，是指使用标识语言，通过一系列设计、建模和执行的过程将电子格式的信息通过互联网传输，最终以图形用户界面的形式被用户所浏览。简单来说，网页设计的目的就是产生网站。简单的信息如文字、图片和表格，都可以使用超文件标示语言、可扩展超文本标示语言等标示语言将其放置到网站页面上。

因此，网页设计者需要具备一定的计算机编程知识，例如 HTML 知识、CSS 知识［级联样式表（Cascading Style Sheet）］、JavaScript 等 Web 脚本知识。在懂得如何运用这些知识的前提下，才能利用一定的网页制作软件设计出精美的网页。常见的网页设计软件有：FrontPage 和 Dreamweaver 等。

网页设计需要遵循几个原则：简洁、精美、实用和主题鲜明。简洁是指网页设计需让浏览者一目了然，能清楚地向浏览者传递信息，方便浏览者寻找到自己想要查看的东西。如果网页设计过于烦琐或者花哨，往往会引起使用者审美疲劳，甚至产生反感，这样就违背了设计者的初衷。然而，简洁并不代表可以忽略细节。

网页设计还需要精美，使得用户能得到美好的视觉体验，不会为一些糟糕的细节而感到不适。另外，网页设计更需要实用。设计者需要根据用户的需求为网页设计各种功能，对不同栏目进行功能规划，并且这些功能必须是简单、易操作的，否则会消磨用户的耐心。最后，网页设计必须要主题鲜明。

（三）外语能力

在《跨境电商专业人才胜任素质模型研究》中，苏曼对 50 家注册在义乌从事电子商务相关业务的企业进行了调查，研究结果发现：外语读写应用能力、外语沟通能力是各企业最为看重的两项能力，它们甚至超过了店铺商品设计能力和客户服务能力在用人单位眼中的重要程度。原因很简单，跨境电商企业经常会与国外企业进行业务往来，而业务往来的基本就是营造良好的沟通氛围和语言环境。企业在招聘员工时通常利用一些证书来识别应聘者的外文水平。拿英文举例，常见的英文水平证书有全国大学生四、六级证书（CET4/6）、雅思（IELTS）、托福（TOEFL）、英语专业四级考试、英语专业八级考试等。

二、跨境电商运营岗位技能

在跨境电商技术岗位技能介绍中，介绍了网页设计和电子商务平台建设的具体操作方法。然而，跨境电商技术部门实则是为运营部以及其他相关部门起到技术支持作用的。如果把电子商务平台建设放在一个更加宏观的环境中来看，就会发现在平台建设之前和之后还有其他的工作要做。例如，电子商务平台策划以及运营管理，这些工作可以被归为跨境电商运营岗位技能。

（一）电子商务平台策划

电子商务平台策划是一项复杂而又高难度的工作。与其说电子商务平台策划是一项技能，不如说它是多个学科的混合体。想要策划出一个好的电子商务平台，需要策划人员具备心理学、美学、市场营销学、网络知识、广告学、财务等多重学科知识。因此，跨境电商平台策划通常需要多个具备相关技能的人才配合完成。

由于电子商务平台策划的复杂性，通常需要分为以下几个步骤：

1. 对平台进行定位

即了解建设这个电商平台的大致目的和方向，以及公司期望利用这个平台达到什么样的效果。对平台的功能进行初步策划，例如支付功能、客服咨询功能、搜索功能、浏览商品功能等。另外，前期的市场调研也可以帮助企业确定平台建设的目标，把客户的需求作为平台策划的出发点，往往可以让策划者更加明确策划方向，为之后的建设工作做铺垫。

2. 平台结构、栏目、内容的构思

在对平台功能进行初步构思后，需要展开具体的平台结构、栏目分类以及内容的策划。策划者需要对平台的不同模块进行详细规划。例如，在网站首页需要什么样的标题、图片和图标，或者在什么地方设置搜索关键词功能。当然，策划者完全可以根据公司的具体情况对电商平台进行个性化设置，前提是要保证策划内容与公司整体利益一致且能有效吸引消费者眼球。

3. 平台建设

策划者需要在策划书中明确地写出平台建设的相关步骤和具体实施方案。一般来说，平台建设可以通过两种方式完成。一是经过第三方平台入驻，二是自建平台。前者的建设方式对于企业来说更加便捷，并且省时省力，所需要花费的人力、物力成本比起后者来说大大减少，但也会受到第三方平台的限制。自建平台的企业可以获得一手资源，并且能拉近和消费者之间的距离，有利于企业的长远发展。然而，在自建平台的情况下，企业需要保持良好的信用，需要建立完善的信息系统，配备完善的物流系统和安全可靠的支付通道。

4. 平台推广

平台建设的策划结束后，需要想办法将该平台投放到市场，并且为人熟知，这就需要平台推广来发挥作用。平台的推广为整个电子商务平台的成功起到推动作用，如果推广工作做得成功，平台的浏览率和关注度就会明显上升，企业也能从中获利。一般来说，平台推广的方式有：利用相关媒体（电视、报纸、海报）进行宣传，利用其他网站宣传（通过百度竞价排名）或者利用社交软件（微信公众号、微博热搜等）。

5. 后期管理

平台建设并不是一个瞬间性的工作，相反，它是一个持续性的工作。所以，其实并没有所谓的建设完成这一说法。即使平台建设暂时完成，这也并不能保证在今后的时间里它不会出现差错或者需要修改、弥补的地方。

（二）运营管理

制订出跨境电商平台策划方案后，就需要相关的人员展开具体的实施。这就少不了跨境电商运营管理了。运营管理人员需要负责对整个电商平台的操作及后续工作进行管控。例如，供应链管理、物流管理、支付系统管理及人力资源管理。

三、跨境电商管理岗位技能

在上一节的岗位介绍中，有许多管理层人员的职责介绍。典型的管理层人员有总监、经理等。他们的职责虽然根据不同部门的情况有所差异，但始终有一个共同点，那就是对部门属下的员工进行管理。

被誉为“科学管理之父”的弗雷德里克·泰罗（Frederick Winslow Taylor）认为：“管理就是确切地知道你要别人干什么，并使他用最好的方法去干。”而诺贝尔奖获得者赫伯特·西蒙（Herbert A. Simon）对管理的定义是：“管理就是制订决策。”好的管理可以为公司节省人力、财力、物力，起到事半功倍的效果，但如果管理不当，例如管理者不能有效地解决一个团体内部出现的矛盾或是摩擦，反而扩大摩擦，则适得其反。

管理人员通常需要管理方面的相关岗位技能。例如，组织能力、沟通与协调能力以及项目策划与实施能力。这些能力将会在下文进行详细介绍。管理分很多种类（见图2-1），例如有行政管理、社会管理、工商企业管理、情报管理等。每个管理大类下面又有很多细分。当然，最为常见的还是企业管理。

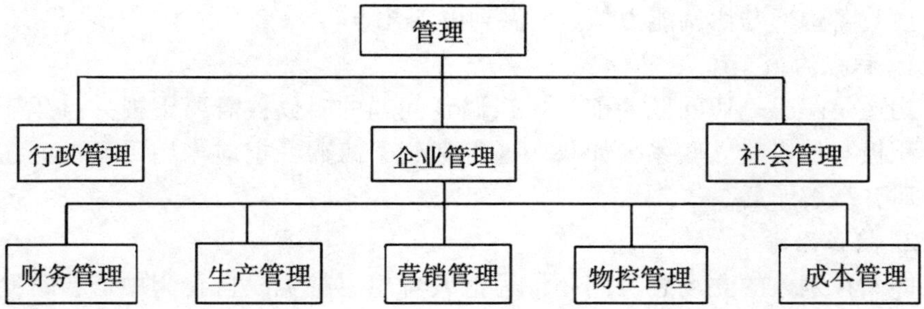

图 2-1　管理的分类

（一）组织能力

组织能力是指公司在与竞争对手投入相同的情况下，具有以更高的生产效率或更高质量，将其各种要素投入转化为产品或服务的能力。拥有强大组织能力的管理者可以高效地将一个团体凝聚在一起，使其朝着一个方向或是目标前进，最终实现公司想要的结果。组织能力有以下几个特质：

1. 独一无二性

不同的企业有不同的管理者，不同的管理者又会因为不同的管理经验拥有不同的组织能力。并且，管理者也需要根据不同公司的文化调整组织方式和方法，使其适应公司的文化理念。

2. 差异性

不同的组织能力能弱化或强化企业在不同层面的表现。好的组织能力能为公司降低管理成本，提高利润。而不好的组织能力则会弱化企业的表现，降低企业在市场上的竞争性。

3. 内部性

组织能力来源于企业的内部，被称为企业的“DNA”。不同企业有不同的组织能力，不同的组织能力决定了它们的竞争力的强弱。

（二）沟通与协调能力

沟通协调是指管理者在日常工作中妥善处理好上级、同级、下级等各种关系，使其减少摩擦，能够调动各方面的工作积极性的能力。在《跨境电商人才的岗位能力与课程体系研究——以上海为例》中，乐飞红通过问卷调研和个人访谈的方式了解到了企业对人才素质的要求。其中，排名第一的人才素质就是合作与沟通能力，而组织协调能力则排名第四，仅次于认真负责的工作态度与学习能力。特别是在当今创新外贸人才培养体系的大局下，不仅要学习专业知识，更需要具备综合素质能力来迎合新时代的需求。

要具备沟通与协调能力，需要做到以下几点：

1. 积极沟通

沟通是解决一切问题的前提。当遇到问题的时候，需要重视并且乐于沟通，积极与他人建立联系。如果沟通上遇到了障碍，也应当用平和的心态解决矛盾，缓解矛盾。

2. 换位思考

即站在别人的立场思考问题，为他人着想。避免以自我为中心，否则容易造成自私的想法，破坏沟通的有效性。

3. 及时反馈

沟通过程中需耐心聆听别人的意见，如果有想法或是补充，及时告知他人，根据实际情况做出一定的反应，这样也会让对方感受到尊重。

4. 沟通渠道

沟通可以是面对面沟通，也可以通过电话、手机在线沟通，当然也可以是用传真或是邮件书面沟通。不同的沟通渠道有各自的优缺点，沟通者需根据实际情况挑选适合沟通场景的渠道，确保沟通有效完成。

沟通协调能力有四个等级划分。从 A-1 级到 A+2 级，沟通协调能力逐步递增，对企业的作用也依次递增（详见表 2-14）。

表 2-14　沟通协调能力的等级

等级	具体内容
A-1 级	平时不注重沟通，遇到冲突与矛盾以强权或回避来解决；习惯自我为中心的思维模式；缺少全方位思考，缺少协调与沟通
A-0 级	了解沟通的作用，与工作中的各方都有比较好的关系；遇到问题与冲突时愿意体谅与理解别人，能及时回复一部分信息；略懂得聆听的艺术，愿意以制度方式明确沟通职责
A+1 级	与工作中的各方保持密切联系与良好关系；能够体谅和理解他人，愿意就具体情况做出调整与妥协；愿意就对方疑问做出及时的回应，确保信息的准确表达；倾向于以制度的形式明确沟通职责；懂得倾听的艺术
A+2 级	企业内部的桥梁，有着卓越的协调能力，能与上下级做好沟通，并妥善处理好关系，促进其相互理解，获得上下级的支持与配合

（三）项目策划能力

管理岗位技能的第三点是策划能力。在上文中，我们已经介绍了管理人员应该具备的组织能力和沟通协调能力。然而，这些对于管理人员来说是远远不够的。如果没有良好的策划方案作为前提，组织和沟通的存在也就没有了意义。策划能力是策略思考与计划编制能力的统称。策略思考又称策略性思考，指的是为达成某种设计，编制具体行动的计划的过程；或为达到某种特定的目的，所需采用的方法论的思考与设计。计划编制是指按照已经确定的方法论，编制具体行动的计划的过程。也就是说，作为一个管理人员，不仅需要对公司的项目进行设计、安排，更需要有组织下属实施该项目的能力。策略思考能力是计划编制能力的前提，计划编制能力又是策略思考能力的衍生。两者需相辅相成，缺一不可。

一般来说，一份完整的项目策划书需要以下几块内容：封面、标题、项目名称、项目主题、开展地点、开展时间、项目目的及意义、项目目标、项目开展、经费预算、主要参与人员等。其中，项目开展是编写项目策划书的重点。下面又具体细分为：项目筹备阶段（包括海报宣传、前期报名、赞助经费等），项目举办阶段（包括人员的组织配置、场地安排情况等）和项目开展后续阶段（包括结果公示、开展情况总结等）。

拓展阅读

现代社会的新型管理方法与理念

战国时期最著名的改革家商鞅曾大张旗鼓地提出：三代不同礼而王，五霸不同法而霸。他告诫秦孝公，欲成霸业，必须变法。IBM 曾对全球 3700 位 CEO 进行调查显示，有 65%的 CEO 表示在未来两年内计划对企业进行大刀阔斧的改革，集中力量对企业的商业模式和运作进行创新。正如韩非所说，“世异则事异”，时代不同了，情况也就不同了。这和商鞅提出的“世事变而行道异也”如出一辙。然而，即便管理者意识到了“事异则备变”的必要性和紧迫性，由于“备”的选择与组织问题，创新道路也是举步维艰。如何进行创新管理？商鞅的一句话值得借鉴：“论至德者，不和于俗；成大功者，不谋于众。”

1. 成本投入

对于企业而言，创新意味着成本的转换。如下图，以组织变革为例，如果企业沿袭原有的组织架构，平均成本的变化趋势用经验曲线 1 表示，可以看到，在经验曲线 1 达到 A 点之后，平均成本的下降空间已经不大了。企业决定在 A 点引进新的管理方法时，平均成本的变化趋势用经验曲线 2 表示。

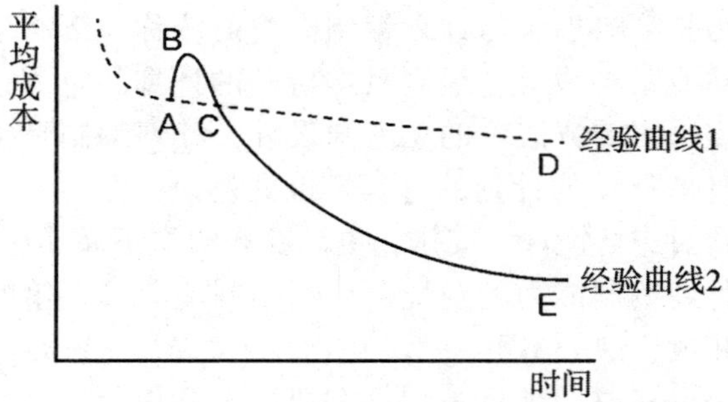

由于转换成本的作用，平均成本从A点开始上升，在B点达到最高值。此后，由于员工对新的组织架构越来越适应，不断积累经验，逐渐发挥作用，平均成本趋于下降，从C点开始，平均成本已经低于经验曲线1所对应的平均成本，新的组织架构的效用显现出来。如图所示，区域ACB代表的是由于新组织架构的采用而不得不投入的转换成本，而区域DCE代表的是由于新方法的采用而带来的成本节约或收益提高。显而易见，收益提高远远高于转换成本，从长远角度看，企业变革极为明智。

但可惜的是，许多企业在创新过程中往往是半途而废，原因在于许多领导者难以承受由于转换成本的存在而导致的平均成本迅速攀升的压力。此时，企业内部各种反对的声音不绝于耳，给领导者施压。

比如企业刚买了一台最新型号的设备，以便替换老型号的设备，由于工人对新机器的性能比较陌生，尽管其效率要远远高于老设备，但在最初的一段时间内，经常性地发生操作问题，实际生产量反而较以前有所下降，这就是设备更新带来的转换成本。如果承受不了这一转换成本，企业可能向设备供应商退货，重新求助于老设备，那么，新设备所带来的诸多好处，包括加工速度更快、质量更加稳定等也就不复存在了。更糟糕的是，企业因此而付出的转换成本也就白白打了水漂儿，而且还需要支付额外的退货费用。

如果领导者顶不住压力，企业可能退回到经验曲线1所确定的轨迹上。一场创新的活动就戛然而止，而这种不良的示范效应又给未来的潜在创新者敲响了警钟，使得他们缺乏创新的决心和勇气。

我们可以看出，创新能否成功的关键是能否给企业带来收益，能否使所有的组织成员从中受益。要使所有的成员受益，创新必须是能增加企业总产出或者增加企业总财富的，在资源总量基本不变的情况下，就必须提高资源的使用效率。想要意识到这一点，还要破除创新过程中的思维障碍。

2. 思维障碍

在中国历史上，在所有的创新者中，商鞅的结局可能是最为悲惨的。但无论他个人结局如何，他的主张却在秦国保留下来。商鞅变法的主要内容有两项，一个是经济上的，一个是政治上的。经济上最重要的是改变土地所有制，“废井田，开阡陌”，土地私有化；在政治上商鞅废除了世卿世禄制度，建立了军功爵位制。而与此同时，东方六国还在沿袭“出身论”“血统论”这种古老的人力资源系统。秦国在推行“战斩一首赐爵一级”的计件工资制度时，东方六国还沉溺于贵族世袭制度中，将大批能人志士挡在门外。六国人说秦国有虎狼之师，但他们却不分析是什么造就了虎狼之师，他们不知道这背后是良田美宅和高官厚禄。

商鞅的政治体制改革打开了平民和农民的晋升通道，得到了他们的拥护，因为农民现在可以获得比以前更多的收入，平民可以靠战功进入军队和政府，这些政治和经济上的受益者是克服守旧派阻力的重要新生力量。由于激励机制的改变，土地、人力资源使用效率的提高，秦国实现了富国强兵。然而，在这个过程中，受损者是贵族阶层，他们的特权、社会地位被削弱了。因此，保守势力向新君主秦惠王嬴驷施压，迫使秦惠王不得不除掉商鞅。

如果说客观存在的转换成本，如引进新设备、更换软件等带来的成本人们尚能接受，毕竟在创新之前，这些通常会被纳入统筹考虑范围之列，那么，人为设置的转换成本经常超出预期的考虑范畴，成为阻碍企业创新成功的巨大障碍，特别是对于经营管理创新而言，更是如此。

相对于技术创新，经营管理创新更多地表现为利益格局的调整和变化。比如一种新战略的推行，必然意味着资源分配重点的重新调整。随着企业战略重点的重新界定，企业资源分配重点也将发生转移，资源将从不符合企业战略发展方向的边缘业务中转移出来，投入到符合企业战略发展方向的核心业务中去。显然，那些利益受到冲击的业务单元一定会想方设法地针对新战略的实施设置障碍。再如，企业组织结构的变革意味着某些职能部门或业务单元将得到加强，而另一些职能部门或业务单元的实力将会被削弱，后者将成为组织结构变革的阻挠者，人为地抬高组织结构变革的转换成本。

在这一过程中，利益受损者的反对声音是最大的，远远盖过了受益者支持和拥护的声音。更糟糕的是，在很多情形下，创新可能带来的利益往往在短期内还很不明朗，即便那些潜在的受益者也可能暂时还意识不到，因为区域 DCE 还未显现出来。因此，在转换成本的作用下，成本的迅速上升很快会导致一场本来策划得很好的创新活动就此夭折。

——摘自《人力资源》2018 年第 3 期

第三节 跨境电商从业人员胜任力

一、胜任力模型建立流程

（一）胜任力定义

“胜任力”这个概念最早由哈佛大学教授戴维·麦克利兰于1973年正式提出，是指能将某一工作中有卓越成就者与普通者区分开来的个人的深层次特征。包括动机、特质、自我形象、态度或价值观、某领域知识、认知或行为技能等任何可以被可靠测量或计数并且能显著区分优秀与一般绩效的个体特征。

胜任力概念包括三个方面的含义：深层次特征、因果关系和效标参考。

1. 深层次特征是指个体潜在的特征，能保持相当长一段时间，并能预示个体在不同情况和工作任务中的行为或思考方式，其基本层面为深层的动机、特质、自我形象、态度或价值观、浅层的知识和技能。

2. 因果关系指胜任力能引起或预测行为或绩效。一般说来，动机、特质、自我概念和社会角色等胜任力能够预测行为反应方式，而行为反应方式又会影响工作绩效（特征、行为、绩效的关系）。

3. 效标参考是指胜任力能够按照某一标准，预测效标群体的工作优劣。效标参考是胜任力定义中一个非常关键的内容，一种胜任力如果不能预测有意义的差异，与参考的效标没有明显的因果关系，则不能称之为胜任力（能制订绩效好坏的标准和差异）。

（二）胜任力模型

麦克利兰提出了一个著名的模型，即“冰山模型”，就是将人员个体素质的不同表现划分为表面的“冰山以上部分”和深藏的“冰山以下部分”。其中，“冰山以上部分”包括基本知识、基本技能，是外在表现，是容易了解与测量的部分，相对而言也比较容易通过培训来改变和发展。而“冰山以下部分”包括社会角色、自我形象、特质和动机，是人内在的、难以测量的部分。它们不太容易通过外界的影响而得到改变，但却对人员的行为与表现起着关键性的作用。冰山胜任力模型素质层级如表2-15所示：

表 2-15　冰山胜任力模型素质层级

素质层级	定义	内容
1. 技能	一个人能完成某项工作或任务所具备的能力	如：表达能力、组织能力、决策能力、学习能力
2. 知识	指一个人对某特定领域的了解	如：管理知识、财务知识、文字知识等
3. 角色定位	指一个人对个人职业的预期	如：管理者、专家、教师
4. 价值观	指一个人对事物是非、重要性、必要性等的价值取向	如：合作精神、献身精神
5. 自我认知	指一个人对自己的认识和看法	如：自信心、乐观精神
6. 品质	指一个人持续而稳定的行为特性	如：正直、诚实、责任心
7. 动机	指一个人内在的自然而持续的想法和偏好，驱动、引导和决定个人行动	如：成就需要、人际交往需要

（资料来源：彭剑锋，《人力资源管理概论》，复旦大学出版社，2004 年版）

其中第 1、2 项大部分与工作所要求的直接资质相关，我们能够在比较短的时间使用一定的手段进行测量，如可以通过查验资质证书、考试、面谈、筛看简历等具体形式来测量。

第 3~7 项往往很难度量和准确表述，与工作内容很少直接关联。只有其主观能动性变化影响到工作时，其对工作的影响才会体现出来。考察这些方面的东西，每个管理者有自己独特的思维方式和理念，但往往因其偏好而有所局限。管理学界及心理学界有着一些测量手段，但往往很复杂，不易采用或效果不够准确。

洋葱模型是在冰山模型基础上演变而来的。美国学者理查德·博亚特兹对麦克利兰的素质理论进行了深入和广泛的研究，提出了“素质洋葱模型”，展示了素质构成的核心要素，并说明了各构成要素可被观察和衡量的特点。如图 2-2 所示。洋葱模型是把胜任素质由内到外概括为层层包裹的结构，最核心的是动机，然后向外依次展开为自我形象、社会角色、知识、技能。越向外层，越易于培养和评价；越向内层，越难以评价和习得。

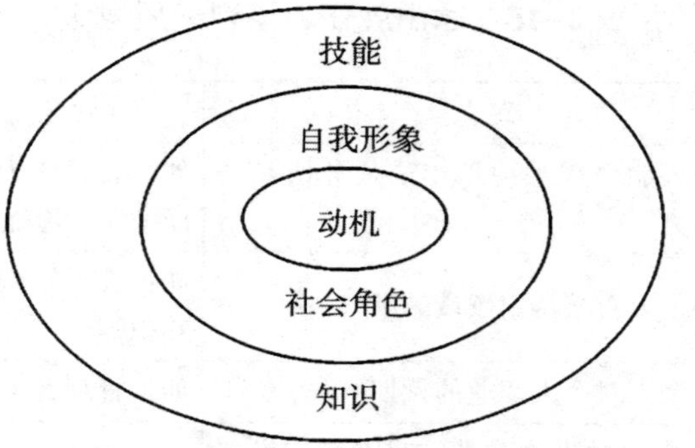

图 2–2　洋葱模型

大体上，“洋葱”最外层的知识和技能，相当于“冰山”的水上部分；“洋葱”最里层的动机，相当于“冰山”水下最深的部分；“洋葱”中间的自我形象与社会角色，则相当于“冰山”水下浅层部分。

洋葱模型同冰山模型相比，本质是一样的，都强调核心素质或基本素质。对核心素质的测评，可以预测一个人的长期绩效。相比而言，洋葱模型更突出潜在素质与显现素质的层次关系，比冰山模型更能说明素质之间的关系。

（三）模型建立流程

要建立一套完整的素质模型通常要花费 2~3 个月的时间。因此，必须确定哪些是企业的关键职位，是值得企业对其进行这样投入的，目的是寻找支撑战略有效实施的核心素质。首先，确定对于企业来说比较关键的职位，定义职位族和管理层级，选择对企业重要或具有独特价值的岗位。在这一阶段可以收集组织结构图、战略执行计划记录，或以对企业高层进行访谈的方式进行。

对于选定的职位，明确绩优标准，制定客观明确的标准与准则，用来衡量哪些绩效是优秀的，什么样的绩效是较差的，从而为该职位所需胜任力的研究提供基础。根据绩优标准与企业员工的实际考核结果，甄选该职位的胜任力模型研究样：一组为具备胜任力但是业绩不够突出的人；一组为绩优人员。其中，绩优人员为 3~6 名，一般人员为 2~3 名。

行为事件访谈法是建立胜任力模型的主要方法，采用结构化的问卷对优秀和一般的任职者分两组进行访谈，通过对比分析访谈结论，发现导致绩效差异的关键行为特征，从中总结并归纳被访对象的思想、情感与行为，继而衡量与评价对方的能力水平，了解与发掘其动机、个性以及自我认知能力等决定人的行为的“素质”特征，通过归并组合标识，形成素质模型。

将通过行为事件访谈获得的信息与资料进行归类，找出并重点分析对个人关键行为、思想和感受有显著影响的过程片段，发现绩优人员与绩效一般的人员处理片段时的反应与行为之间的差异，识别导致关键行为及其结果的具有区分性的素质特征，并对其进行层次级别的划分。

对比不同绩效组的编码，选取有区别性的胜任力要素，定义每个胜任力要素的不同等级。初步形成目标职位的胜任力模型框架，其中包括特定的胜任力要项、每项胜任力的定义、级别的划分以及各个等级行为特点的描述。

由于胜任力模型的开发本身是一个不断证伪、不断完善的过程，因此进行胜任力模型的验证是必不可少的环节。一方面通过与相应职位的任职者及其上级进行讨论，确认胜任力模型中的胜任力要项是否为驱动任职者达成高绩效的关键因素；同时检验对胜任力要项的界定与划分是否准确，是否还有其他重要的胜任力被遗漏，等等。

二、胜任力模型建立方法

胜任力模型的构建方法有归纳法和演绎法。归纳法即通过访谈调研方法，比较目标群体中高绩效与一般绩效者在工作中表现出的不同特质，挖掘并归纳出实现绩效优异所需要的个人素质，进而形成胜任力模型。归纳法是一种古老的方法，麦克利兰当时就是使用这种技术进行建模的，是目前学术咨询界构建胜任力模型的主流方法。归纳法的应用工具主要有工作情境分析、行为事件访谈、焦点小组访谈、胜任力问卷调研、模型编码、数据统计分析等。

演绎法是一个逻辑推理的过程，它主要从企业愿景、企业使命、企业核心价值观及战略推导出目标群体所需要的素质，对这些素质整理加工后形成能力胜任力模型。演绎法的主要方法有战略文化演绎分析、高管访谈、头脑风暴法、专家小组讨论、对标分析。归纳法更多的是基于优秀人员的共性特征，比较适合于从事技术的技能型人才；演绎法更多的基于公司未来的发展要求，比较适合于中高层管理人员。经常的做法是将两者结合起来。

比较常见的胜任力建模方法有行为事件访谈法（BEI）、主题分析法、职能分析法、绩效法、情景法。

（一）行为事件访谈法

行为事件访谈法是由麦克利兰结合关键事件法和主题统觉测验而提出来的，采用开放式的行为回顾式调查技术，通过让被访谈者找出和描述他们在工作中最成功和最不成功的三件事，然后详细地报告当时发生了什么。具体包括：这个情境是怎样引起的？牵涉到哪些人？被访谈者当时是怎么想的，感觉如何？在当时的情境中想完成什么，实际上又做了些什么？结果如何？

对一些细节问题不断地深入追问，然后对访谈内容进行内容分析，来确定访谈者所表现出来的素质冰山下的方面。

它主要以目标岗位的任职者为访谈对象，通过对访谈对象的深入访谈，收集访谈对象在任职期间所做的成功和不成功的事件描述，挖掘出影响目标岗位绩效的非常细节的行为。之后对收集到的具体事件和行为进行汇总、分析、编码，然后在不同的被访谈群体（绩效优秀群体和绩效普通群体）之间进行对比，就可以找出目标岗位的核心素质。

行为事件访谈法对访谈者的要求非常高，只有经过专业培训的访谈者才能在访谈过程中通过不断的有效追问，获得目标岗位相关的具体事件。在国内一般的企业当中，目前尚不具备独立使用这种方法来构建素质模型的条件，主要有以下几个原因：一是过去的考核体系不是很完善，很难区分出绩效优秀群体和绩效普通群体。这对于选取正确的访谈对象以及在不同群体间进行比较等方面难以保证客观性、准确性。二是需要大量的被访谈者，牵涉面比较广，中小型企业无法取得足够的访谈样本，即使部分企业有足够的访谈样本，也需要大量的人力、财力和物力去支持，这从企业投入与回报的评估角度来说可能不令人满意。在实际应用当中，行为事件访谈法更多地使用其简化模式，并与其他方法相结合。简化模式主要保留行为事件访谈的信息收集方法，用于确定素质模型的操作定义和行为描述。

（二）主题分析法

主题分析法的含义通常包含两个方面：一是基于胜任力词典提出的胜任力分类及相关定义与分级，提炼 BEI 访谈中的胜任力信息，对其进行编码与归类整理的过程；另一方面是在通用胜任力词典之外，对 BEI 过程中新出现的、企业个性化的胜任力分析、提炼与概念化的过程。对 BEI 资料进行主题分析的切入点即是在观察 BEI 过程中绩优人员与一般人员对关键事件的描述以及问题的回答存在的差异。主题分析的核心要义就是通过对绩优人员与一般人员的比较，发现决定绩效优劣的关键因素，即从事该职位工作所需要的胜任力。

（三）职能分析法

该方法在英国盛行了近 20 年，主要关注最低限度可以接受的绩效。它关注于实际的工作产出，焦点在工作而不是工作中的个人，通过基于分析的过程，识别出一个职能或工作所要求的产出能力。该方法首先调查职位的工作责任、任务、义务、角色和工作环境，同时抽取、分析出职位的工作职责与关键角色（Key Roles）；然后对可接受的标准或绩效进行描述，根据角色和工作职责确定胜任力单元（Competency Unit）；最后确定胜任力。

职能分析法能够识别一个职能需要的产出能力，但是情景的重要性没有考虑进去，标准集中在个人成绩上，忽视了团队合作的结果。同样，这种方法确定的标准过于静态，忽视了过程的能力，过于关注职能胜任力而忽视了个人的能力和知识。

（四）绩效法

应用绩效法获得胜任力模型主要通过下列步骤：（1）在组织胜任力模型研究中表述关于可能影响到工作、职位、团队或专业变化的外在因素；（2）遵循工作输出的菜单；（3）发展与工作输出联系的工作品质需求的菜单；（4）设计一系列工作胜任力或联系到每一个胜任力的指标；（5）通过工作输出的分析确定一系列工作角色发展；（6）发展胜任力草图。

绩效法可以弥补国内外有关胜任力研究的不足，但是其研究是动态的、跨年度的，实际上，获得这样的数据很困难，所以研究的样本量很少，无法对该领域进行系统有效的研究。

（五）情景法

情景法是把注意力放在影响职位、工作、团队、专业的未来趋势上，强调人们必须知道即将变化的环境是什么、需要什么胜任力。按照这种思路，Thompson 提出了胜任力框架，认为首先分离影响组织、工作、职位或专业的关键变化或趋势；然后针对工作中的变化趋势，结合组织实际情况，确定适应环境变化的组织胜任力；最后根据组织胜任力确定胜任力域（Competence Domains）、胜任力和胜任力要素。

情景法中考虑了不同情景对胜任力的影响，胜任力会因情景的不同而不同，但是情景和胜任力之间的关系还不够明确。

拓展阅读

独特的电子商务基层员工胜任力

第一重要程度：数据分析能力（业务能力）。互联网时代以大数据为特点，即使处于基层的电子商务员工，也应对数据敏感。电子商务平台强大的数据统计功能和众多内容的统计数据库，使得基层员工应能够从数据库中挖掘出顾客的购买行为特征、顾客的需求偏好及顾客的潜在消费价值等重要信息。这也就不难理解，“数据分析能力”为什么能在电子商务行业基层员工胜任力构成因素中位居首位。

第二重要程度：客户服务意识。如今的市场竞争已经越来越重视客户服务，电子商务行业内的竞争尤其看中客户服务。优良的客户服务可以培养顾客忠诚度，树立企业形象，进而提高客户的好评率，这无疑是在增加企业的无形资产，增强企业的软实力，进而巩固企业的市场地位。

第三重要程度：诚信意识。电子商务是在一个虚拟的环境中进行交易的，电商企业必须比传统行业更注重诚信。基层员工是电商企业展示企业信誉度的重要一环，有必要增强基层员工的诚信意识。整个电子商务行业的人员流动率偏大，特别是对于规模一般的电商企业，部分人员只是把某个电商企业作为学习的平台，因此大部分电商企业十分看重员工的忠诚度。

三、胜任力模型的应用

"胜任力模型"在人力资源管理活动中起着基础性的、决定性的作用。它分别为企业的工作分析、招聘任用、加薪晋升、考核评估、培训发展以及人员激励等方面提供了强有力的依据，并将发挥重要作用。

（一）工作岗位分析

传统的工作岗位分析较为注重工作的组成要素，而基于胜任特征的分析则研究工作绩效优异的员工，突出与优异表现相关联的特征及行为，结合这些人的特征和行为定义这一工作岗位的职责内容，它具有更强的工作绩效预测性，能够更有效地为选拔、培训员工以及为员工的职业生涯规划、奖励、薪酬设计提供参考标准。

（二）人员招聘

基于素质模型的招聘能够以企业发展战略为导向，使得那些对企业成功最为重要的素质得到重视，可以使个人素质最大程度地适合于工作和角色的要求，从而在工作中实现高绩效，既能体现企业的长远发展战略，又能确保企业获得合适的员工，因而将素质模型应用于人员招聘中能够确保其有效性。基于胜任力模型的招聘甄选除了采用既定的工作标准与技能要求进行招聘评价外，还要依据岗位胜任力要求考察候选人具备的素质，以便"让合适的人做合适的事"，进而在选对人的基础上，建立基于胜任力的招聘甄选决策流程，构建基于胜任力的人力资源管理系统。招聘体系包含四个完全不同但又彼此联系紧密的过程，即人员的招募、甄选、配置和招聘效果评估。

（三）职业规划

胜任力模型能够帮助组织成员进一步明确素质发展目标，从而更有效地开展职业生涯发展规划，为组织成员指明发展的道路，从而促进组织成员对自己的职业生涯和组织的业务发展负责。员工在现有岗位上的成功并不意味着在另一岗位上也能取得成功和高绩效。胜任力模型可以为员工个人在职业上的发展提供方向和目标。

（四）培训发展

培训的目的与要求就是帮助员工弥补不足，从而达到岗位的要求。而培训所遵循的原则就是投入最小化、收益最大化。各专业序列胜任能力模型建立后，企业可以通过对员工的实际能力与胜任力模型的要求进行比较，发现每一个个体的能力优势和弱项，从而找到组织整体的能力短板，然后有针对性地制订能力培养发展计划，有的放矢地突出培训的重点，杜绝不合理的培训开支，提高培训的效用，以各种培养手段提高个体乃至组织整体的专业能力。基于素质模型，将培训的内容划分为 3 个模块：自我管理模块、人际关系模块和组织管理技能模块。自我管理包含我们运用特定的机制和技能控制和调节思想、情感、行为或者注意力，通过调整自己的心理活动和行为，控制不当冲动，克服不利情绪，积极寻求发展，取得良好适应的心理品质。

（五）人才储备建设

将适当的人员在适当的时候配置到适当的岗位上，并随时为需要的职位储备和输送合格的人才，是组织取得成功的必要因素。利用素质模型界定作为合格人才的具体要求，识别有潜力的可培训对象及其需要加强的方面，并为其提供强化和发展的机会，有利于筹建强有力的后备干部队伍，从而科学系统地建立人才梯队。

拓展阅读

电子商务行业基层员工胜任力模型的应用

电子商务行业基层员工胜任力模型在基层人员选聘时可以起指导的作用，依据模型中各个构面的重要性程度，有侧重地对应聘人员进行各个维度的考核。电商企业在招聘基层人员时可以采用结构化的测试方法，公司应建立笔试题库，而题库应结合胜任力维度“工作动机”“认知”“学习能力”“沟通与合作”“工作意识”等的重要性来设计。此外，电商企业应建立已聘成员胜任力失败档案库，这将在今后的招聘或者培训中强化相应基层员工胜任力的考察。电子商务行业基层员工胜任力模型在人员培训中的应用是灵活的，并不是一成不变地套用胜任力模型来评判一切。人员培训需求的产生应从员工绩效出发，当员工绩效低于正常期望值时，考核其胜任力是否符合正常标准。如果仍然符合，那么公司的胜任力模型需要修正（出现多个此类现象时修改）；如果员工胜任力基本没有符合最新胜任力模型标准，要按照最新标准进行针对性培训，直到其绩效不低于正常期望值。

跨境电商经理人管理胜任力是由基于经理人职位的管理胜任力与基于职业的国际贸易胜任力和电子商务胜任力交叉作用形成的，三者两两交叉又形成了跨境电商职业胜任力、国际贸易经理人管理胜任力、电子商务经理人管理胜任力三种类型的胜任力，这三者共同决定了跨境电商经理人这一工作岗位所需具备的胜任力。

对于跨境电商经理人而言，跨境电商这一特定的行业决定了跨境电商经理人的胜任力特征既同外贸行业有关，也同电子商务行业有关，而职业经理人这一特定的职位也决定了跨境电商经理人的胜任力应与其管理工作相适应。跨境电商对电子商务人才的核心技能体现在外语基础、网络信息技术、文化和法律背景、物流与金融四个方面，而跨境电商交易平台对人才的需求主要是良好的英语口语、外贸规则和网络技术三方面。跨境电商经理人胜任力的构成要素包括通用职业经理人管理胜任力、国际贸易经理人管理胜任力和电商经理人管理胜任力三个维度，每个维度又根据跨境电商这一特殊的行业特性可以细分为若干个胜任能力要素，如图 2–3 所示。

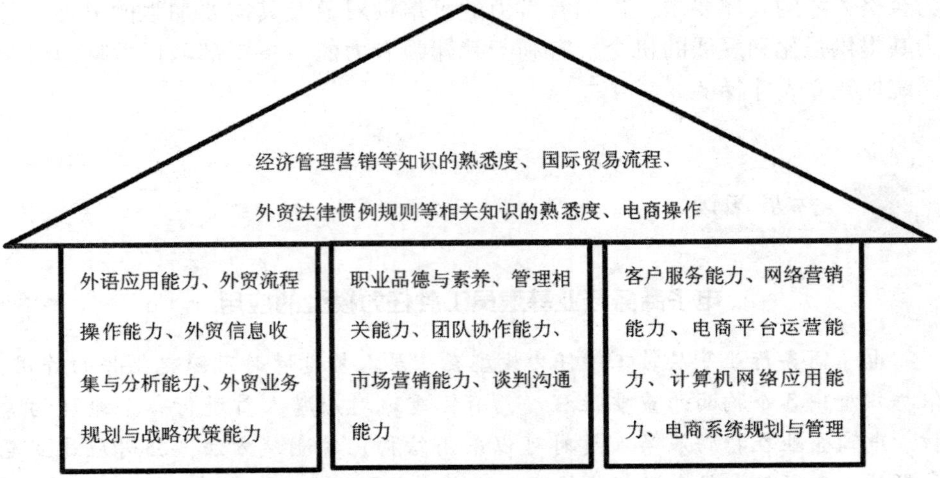

图 2–3　跨境电商经理人管理胜任力构成要素

【思考题】

1. 根据教材罗列跨境电商各个岗位的分类框架，并简单描述各部门主要的工作任务。

2. 参考表2-1，简单阐述跨境电商产品开发的设计部和生产部是如何相互配合、互相协作的。

3. 辨析各部门的经理或总监的工作职责与部门内普通专员工作任务的主要区别以及联系。

4. 寻找一家跨境电商企业，并尝试分析该企业的岗位架构，并与教材中所介绍的岗位进行对照和比较。

5. 尝试将第一节中的岗位与第二节中的岗位技能对应。

6. 上网了解网页设计的各个软件的功能，分析它们的不同点和相同点。

7. 管理的定义有多种多样，请试着用自己的语言定义“管理”，并解释定义的理由或依据。

8. 作为一个跨境电商管理者需要具备哪些岗位技能？为什么？

9. 胜任力的定义是什么？

10. 胜任力模型建立的流程是什么？

11. 有哪些建立胜任力模型的方法？

12. 胜任力模型如何应用？请举例说明。

职业实践篇

第三章　跨境电商法律法规

【学习目标】

通过本章的学习，要求学习者了解我国跨境电商法律法规萌芽、发展和成熟的三个阶段，了解中国跨境电商的政策以及与国外跨境电商法律法规的异同。

【本章重点】

本章主要介绍跨境电商的法律法规，包括我国跨境电商法律法规发展的三个阶段；我国国务院各部门和地方政府出台的跨境电商相关政策，以及国内外跨境电商法律法规的对比。

第一节 我国跨境电商法律法规

随着经济的发展和互联网的普及，电子商务在国际贸易中逐渐占据了重要地位，受到了各国政府部门的高度重视。为了促进与规范电子商务的健康发展，我国国务院、商务部、海关总署等相关部门围绕着信息监管、支付清算、通关、物流、消费者权益保护等方面都出台了相关的法律政策。我国的电子商务领域法律法规的发展经历了三个阶段：萌芽阶段（见图 3-1）、发展阶段以及成熟阶段。

一、萌芽阶段（2005—2008 年）

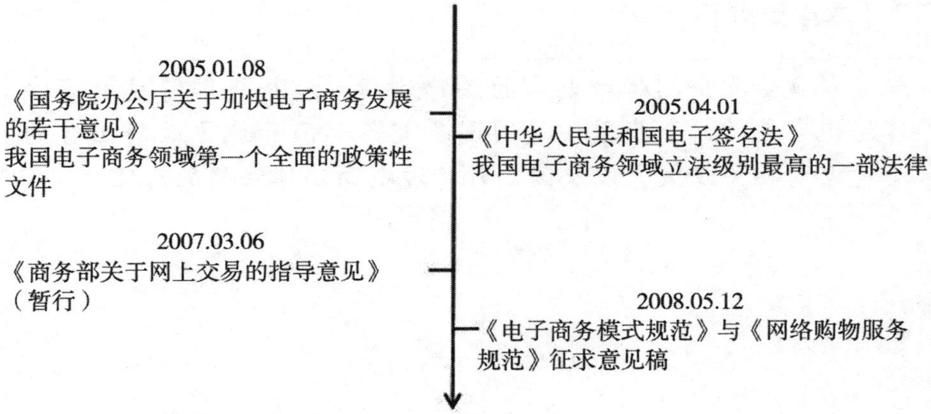

图 3-1　萌芽阶段电子商务主要政策法规时间轴

2005 年至 2008 年，是我国电子商务领域立法的萌芽阶段，2005 年 1 月，国务院办公厅以二号文件颁布了我国历史上第一个专门指导电子商务发展的政策性文件《国务院办公厅关于加快电子商务发展的若干意见》，第一次通过政策性文件的形式阐述了国家对发展电子商务的基本态度，粗略地提出了我国电子商务发展的指导思想和基本原则。这也是我国电子商务领域立法的开端，此后我国有关电子商务的法律法规及政策不断出台，具体见表3-1。

表 3-1　萌芽阶段电子商务主要政策法规概览

发布时间	法律法规	意义	备注
2005.01.08	《国务院办公厅关于加快电子商务发展的若干意见》	第一次通过政策性文件的形式阐述了国家对发展电子商务的基本态度，粗略提出了我国电子商务发展的指导思想和基本原则。这是我国电子商务领域第一个全面的政策性文件	
2005.04.01	《中华人民共和国电子签名法》	我国电子商务领域立法级别最高的一部法律。规范了电子签名行为和电子签名的安全保障措施	
2007.03.06	《商务部关于网上交易的指导意见》	我国首个网上交易的部门文件，为网上交易的健康发展提供了保障。进一步对网上进行的各种交易行为进行了规范	暂行
2008.05.12	《电子商务模式规范》与《网络购物服务规范》	明确了网络购物的各项定义，并且分别对跨境电商的各种商业模式和交易中的纠纷方面进行了细致的规定	征求意见稿

二、发展阶段（2009—2013年）

2009年至2013年，是我国电子商务领域法规政策的高产阶段，法律法规增多，也相对完善。电子商务宏观政策明确，具有中国特色，行业规范也日益丰富，但是仍需完善。该阶段是电子商务领域法律法规的快速发展阶段（见表3-2）。

表 3-2　发展阶段电子商务主要政策法规概览

发布时间	法律法规	意义	备注
2009.11.30	《商务部关于加快流通领域电子商务发展的意见》	该文件明确规定了流通领域的行业规范	
2010.05.31	《网络商品交易及有关服务行为管理暂行办法》	该文件由国家市场监督管理总局颁布，从监管者的角度，明确规定了网络交易双方所具备的权利和义务	暂行

续表1

发布时间	法律法规	意义	备注
2010. 06. 14	《非金融机构支付服务管理办法》	该文件的颁布是为了促进支付服务市场健康发展，规范非金融机构支付服务行为，防范支付风险，保护当事人的合法权益，在一定程度上保障了网络支付的安全	
2010. 06. 24	《商务部关于促进网络购物健康发展的指导意见》	该文件旨在完善电子商务的服务与管理体制，健全法律体系，改善交易环境，拓宽网络购物领域，规范交易行为	
2011. 08. 01	《第三方电子商务交易平台服务规范》	为规范第三方电子商务交易平台的经营活动，保护企业和消费者合法权益，营造公平、诚信的电子商务交易环境，商务部制定了该文件	
2011. 10. 18	《商务部关于“十二五”电子商务发展的指导意见》	该文件是在《国民经济和社会发展第十二个五年规划纲要》等文件的基础上制定的。为了更好发挥电子商务的推动与引领作用，进一步加快商务领域发展方式转变和结构调整，构建搞活流通，扩大消费长效机制，培育参与国际合作和竞争新优势，巩固和扩大应对国际金融危机冲击成果，维护国内外贸易和国际经济合作平稳较快发展，提升对外开放水平等	
2012. 03	《关于促进快递服务与网络零售协同发展的指导意见》	明确了网上交易对企业发展的重要作用，鼓励政府各部门进行联合执法，使相关行业协同发展	
2013. 04	《关于进一步促进电子商务健康快速发展有关工作的通知》	国家发改委、财政部、商务部等 13 个部门办公厅对于电子商务当时发展的状况进行了分析，并且提出相关意见	

续表2

发布时间	法律法规	意义	备注
2013. 07. 25	《国务院办公厅关于促进进出口稳增长、调结构的若干意见》	该文件指出要对跨境电商中有关海关监管、统计、退税及外汇收支等问题进行解决	
2013. 08	《关于实施支持跨境电子商务零售出口有关政策意见的通知》	明确了对电子商务的扶持政策和实施标准，制定了相关部门的职责	
2013. 11. 21	《商务部关于促进电子商务应用的实施意见》	为进一步促进各地电子商务应用，推动我国电子商务均衡发展，针对电子商务发展面临的突出问题，结合电子商务应用促进工作的实际需求，商务部颁布了该文件	

三、成熟阶段（2014 年至今）

自 2014 年开始，我国跨境电商的政策开始不断完善，逐渐成熟，如表 3–3所示。但是法律有一个不断补充完善的过程，我国跨境电商方面的政策法规仍需进一步完善，监管部门和制度的统一协调性还有待加强。但该阶段总体来说跨境电商的法规政策趋于成熟。

表 3–3　成熟阶段电子商务主要政策法规概览

发布时间	法律法规	意义	备注
2014. 02. 08	《财政部、国家税务总局关于跨境电子商务零售出口税收政策的通知》	该文件规范了跨境电子商务零售出口的税收政策	
2014. 08. 01	海关总署公告 2014 年第 56 号《关于跨境贸易电子商务进出境货物、物品有关监管事宜的公告》	该政策将参与跨境网购业务的企业和个人都列入了监管范围，都要将交易信息、支付情况、仓储情况等数据向海关管理平台进行报送	

续表1

发布时间	法律法规	意义	备注
2015. 05. 04	《国务院关于大力发展电子商务，加快培育经济新动力的意见》	该文件基于我国电子商务发展的现状，对电子商务的发展提出了一系列意见。在中国特色社会主义路线下，推动电子商务的发展、加强行业规范，同时对未来的发展方向进行引导，实现电子商务的发展带动经济发展的目标。同时提出降低行业准入门槛，加强行业规范等意见	
2015. 06. 16	《国务院办公厅关于促进跨境电子商务健康快速发展的指导意见》	该文件指出要完善出入境货物、物品的管理，加强对进出口产品的质量监管。该文件还提出对与进出口货物的税收政策进行规范，并且提出对支付结算过程进行管理，推动使用人民币结算。利用财政政策对电子商务行业的发展提供资金支持。建立更为完善的服务体系，规范经营行为。更好地发挥行业组织的作用，在政策推动下更好地开展多边合作	
2015. 07. 15	《质检总局关于进一步发挥检验检疫职能作用促进跨境电子商务发展的意见》	该文件旨在通过构建符合跨境电子商务发展的检验检疫工作体制机制，着手建立跨境电子商务清单管理制度，构建跨境电子商务风险监控和质量追溯体系，创新跨境电子商务检验检疫监管模式，实施跨境电子商务备案管理，加强跨境电子商务信息化建设等途径，促进跨境电子商务的发展	
2016. 03. 24	《财政部、海关总署、国家税务总局关于跨境电子商务零售进口税收政策的通知》	该公告对于跨境电子商务零售进口的税收政策进行了进一步的规范	
2016. 04. 06	海关总署公告 2016 年第 26 号《关于跨境电子商务零售进出口商品有关监管事宜的公告》	该公告以做好跨境电子商务零售进出口商品监管工作，促进电子商务健康有序发展为目的	

续表2

发布时间	法律法规	意义	备注
2016. 10. 12	海关总署公告 2016 年第 57 号《关于跨境电子商务进口统一版信息化系统企业接入事宜的公告》	该文件为提供便利通关服务，就跨境电子商务进口统一版信息化系统的接入提出公告。详细提出了使用细则	
2018. 8. 31	全国人大常委会表决通过《中华人民共和国电子商务法》	该法案奠定了我国电子商务健康发展的基本法律框架，立法涉及电子商务经营主体、经营行为、合同、快递物流、电子支付等多方面，并对电子商务发展中比较典型的问题，都做了比较明确具体的规定	自 2019 年 1 月 1 日起施行

第二节 我国跨境电商相关政策

我国跨境电商政策包括部门政策和地方政府出台的政策。

一、部门政策（国务院、海关总署等）

1. 国务院跨境电商政策

从我国目前已颁布的政策可以看出，各相关部门开展工作的主要目的包括大力支持跨境电商新兴业态的发展、引导跨境电商运营的规范和标准化。目前，我国参与制定跨境电商政策的部门有很多。包括国务院、海关总署、商务部、发改委、财政部、税务总局、工商总局、中国人民银行和国家外汇管理局等部门。

国务院是我国制定跨境电商相关政策的主导者，自 2013 年我国跨境电商蓬勃发展起，国务院已相继颁布各类政策文件，批准设立跨境电商综合试验区，各部门落实跨境电商基础设施以及监管设施建设，优化完善支付、税收、收结汇、检验、通关等过程。海关总署是在跨境电商的流通过程中制定通关政策的主导方，具体措施涉及提升通关效率、规范通关流程、打击非法进出口。同时，商务部、发改委、外汇管理局等职能部委则根据指导意见分别制定相应政策。

从 2013 年至 2017 年，国务院发布的关于或涉及跨境电子商务行业的主要政策包括《关于实施支持跨境电子商务零售出口有关政策意见的通知》《关于支持外贸稳定增长的若干意见》《关于大力发展电子商务加快培育经济新动力的意见》《关于促进跨境电子商务健康快速发展的指导意见》《国务院关于同意在天津等12个城市设立跨境电子商务综合试验区的批复》《国务院关于促进外贸回稳向好的若干意见》《国务院关税税则委员会关于调整部分消费品进口关税的通知》等。

2. 海关总署跨境电商政策

海关在跨境电商监管中起关键作用，在跨境电商政策制定上拥有相当高的话语权。近年来，为促进跨境电商快速发展，海关已制定出台一系列政策。如对跨境电商实行全年365天无休息日监管，货到海关监管场所，力争24小时内办结海关手续。开展跨境电商监管业务的海关，制定了联动工作作业机制、应急预案和全年无休日通关总体工作方案等，加大宣传海关便捷措施的力度，全面落实有关要求，确保电子商务企业充分享受通关便利。

海关总署发布的相关跨境电商政策包括《关于跨境贸易电子商务进出境货物、物品有关监管事宜公告》《海关总署关于增列海关监管方式代码的公告》《关于加强跨境电子商务网购保税进口监管工作函》《海关总署关于天津市开展跨境贸易电子商务服务试点工作的报告》等。

3. 其他部门跨境电商政策

跨境电商行业囊括的内容涉及国家多个部门的业务范畴。除国务院和海关总署外，商务部、外汇管理局等政府主管部门也纷纷出台或参与出台相关跨境电商政策，涉及的国家相关部门包括国家发改委、财政部、工信部、农业农村部、商务部、国家税务总局、国家市场监督管理总局、食品药品监督管理总局、交通运输部、国家邮政局、国家外汇管理局、中国人民银行、银保监会、中央网信办、密码局等多达17个部门。

各个部门从自身所属的业务角度出发，为跨境电商行业出台或参与出台扶持或监管的相关政策措施，这些政策措施的出台给跨境电商行业带来了极大的促进作用。监管的政策也从行业长远发展的角度出发，更好地规范了行业出现的问题。

商务部、质检总局、外汇管理局等相关跨境电商政策包括《外汇管理局关于支付机构跨境电商外汇支付业务试点指导意见》《质检总局关于进一步发挥检验检疫职能作用促进跨境电子商务发展的意见》《质检总局关于加强跨境电子商务进出口消费品检验监管工作的指导意见》《税务总局等5部门关于口岸进境免税店政策的公告》《财政部等关于跨境电子商务零售进口税收政策的通知》《发改委等11部门关于公布跨境电子商务零售进口商品清单的公告》

《质检总局关于跨境电子商务零售进口通关单政策的说明》等。

从上述我国跨境电子商务政策发展的历史进程来看，从2012年8月商务部颁布《关于利用电子商务平台开展对外贸易的若干意见》以来，直到2017年，国家多个重要部门相继颁布相应政策支持跨境电商的发展。从重点关注出口，到开始重视进口，这些政策深入跨境电商的方方面面。大到总体制度、环境建设，例如开展跨境电商综合试验区试点，小到如税收、支付、通关、海外仓等跨境电商的具体环节，各部委都竭力为跨境出口电子商务的发展扫除障碍，力图创造各种有利条件推动其快速发展。但是，在这个过程中也会出现政策不能很好地与实践相结合的现象，比如实施没多久就多次延期的“四八新政”。怎样把理论与跨境电商发展的多方面的实际相结合，以更好地适应现实需求，这对我国政策的制定提出了挑战，是今后改革的着力点。

二、地方政府（13个试点城市）

自2013年我国跨境电商发展起，国务院已相继颁布政策文件批准跨境电商综合试验区，要求各部门落实跨境电商基础设施建设、监管设施，以及要求优化完善支付、税收、收结汇、检验、通关等过程。跨境电商综合试验区的设立要求各城市因地制宜，突出本地特色和优势，着力在跨境电商企业对企业（B2B）方式相关环节的技术标准、业务流程、监管模式和信息化建设等方面先行先试，为推动全国跨境电商发展提供可复制、可推广的经验，用新模式为外贸发展提供新支撑。

（一）综合试验区实施方案发展现状

中国跨境电商综合试验区是中国设立的有跨境电商综合性质的先行先试的城市区域，旨在跨境电商交易、支付、物流、通关、退税、结汇等环节的技术标准、业务流程、监管模式和信息化建设等方面先行先试，通过制度创新、管理创新、服务创新和协同发展，破解跨境电商发展中的深层次矛盾和体制性难题，打造跨境电商完整的产业链和生态链，逐步形成一套适应和引领全球跨境电商发展的管理制度和规则，为推动中国跨境电商健康发展提供可复制、可推广的经验。

2015年3月7日，国务院发函《国务院关于同意设立中国（杭州）跨境电商综合试验区的批复》（国函2015年44号），同意在浙江杭州设立中国（杭州）跨境电商综合试验区。杭州被赋予建立引领全球跨境电商发展的可复制的管理制度和规则的战略使命。

2016年1月15日，国务院发函《国务院关于同意在天津等12个城市设立跨境电子商务综合试验区的批复》（国函2016年17号），同意在天津市、上海市、重庆市、合肥市、郑州市、广州市、成都市、大连市、宁波市、青岛市、深圳市、苏州市12个城市设立跨境电商综合试验区。要求各综合试验区建设要全面贯彻党的十八大和十八届二中、三中、四中、五中全会精神，认真落实党中央、国务院决策部署，按照“四个全面”战略布局要求，牢固树立并贯彻落实创新、协调、绿色、开放、共享的发展理念，以深化改革、扩大开放为动力，借鉴中国（杭州）跨境电商综合试验区建设“六大体系”（信息共享、在线金融服务、智能物流、电子商务信用、统计监测、风险防控六大体系）、“两个平台”（线上“单一窗口”、线下“综合园区”两个平台）的经验和做法，因地制宜，突出本地特色和优势，着力在跨境电商企业对企业（B2B）方式相关环节的技术标准、业务流程、监管模式和信息化建设等方面先行先试，为推动全国跨境电商健康发展创造更多可复制推广的经验，以更加便捷高效的新模式释放市场活力，吸引大中小企业集聚，促进新业态成长，推动大众创业，万众创新，增加就业，支撑外贸优进优出、升级发展。

李克强总理在国务院常务会议上说：“跨境电商综合试验区不是政策洼地，而是制度高地、试验的核心，是监管模式的创新和发展模式的创新。”同时李克强总理指出，积极稳妥扩大跨境电商综合试点，是深化简政放权、放管结合、优化服务等改革的重要举措。他说：“这既可吸引大中小企业集聚，促进新业态成长，又能便利有效监管，对推动‘双创’，增加就业，使外贸更好适应新形势、赢得新优势，具有重要意义。”

目前国务院批准的12个跨境电商综合试验区都已经公布了相应的实施方案，这些城市对综合试验区发展的定位与城市定位整体基本一致，发展目标明确。

2018年7月13日，国务院常务会议决定推动跨境电子商务在更大范围发展，择优选择电商基础条件好、进出口发展潜力大的地方，并向中西部和东北地区倾斜，在北京、呼和浩特、沈阳、长春、哈尔滨、南京、南昌、武汉、长沙、南宁、海口、贵阳、昆明、西安、兰州、厦门、唐山、无锡、威海、珠海、东莞、义乌22个城市新设一批跨境电子商务综合试验区。至此，全国共有35个跨境电子商务综试区。

（二）主要综合试验区发展现状比较

1. 杭州市跨境电商发展现状研究

（1）中国（杭州）跨境电商综合试验区成立背景

我国政府2013年把杭州列为首批跨境电商贸易的试验区，同时杭州也被国家有关部委定为电子商务的示范区。2013年12月杭州市政府和阿里巴巴集团签订了战略合作协议，马云欲打造全球的电子商务总部，希望把总部设在杭州，这是建立中国（杭州）跨境电商综合试验区的基础。

2014 年，浙江省跨境电商发展迅速并取得突破性进展，成为浙江新的外贸出口增长点。依托良好的电商发展环境和丰富的市场商品资源，杭州、金华和义乌等地逐渐成为全省跨境电商出口的先发优势地区。杭州跨境贸易电子商务产业园在全国五个试点城市中率先正式开园运营，金华、义乌把发展电子商务作为政府工作的一号工程来抓，全省跨境电商形成几大战略平台，地区集聚效应优势凸显，其中拥有 47 万家网络经营主体、电子商务交易额居全国城市首位的杭州尤为明显。

2015 年 3 月 7 日，国务院国函 2015 年 44 号批复，同意设立中国（杭州）跨境电商综合试验区。批复提出，要以深化改革、扩大开放为动力，着力在跨境电商交易、支付、物流、通关、退税、结汇等环节的技术标准、业务流程、监管模式和信息化建设等方面先行先试，通过制度创新、管理创新、服务创新和协同发展，破解跨境电商发展中的深层次矛盾和体制性难题，打造跨境电商完整的产业链和生态链，逐步形成一套适应和引领全球跨境电商发展的管理制度和规则，为推动全国跨境电商健康发展提供可复制、可推广的经验。

综合试验区的设立为杭州跨境电商发展带来了新机遇，同时，作为全国首个跨境电商综合试验区，杭州也肩负着国家新使命。

一是制度创新的使命。通过改革创新、先行先试，着力破解跨境电商发展的深层次矛盾和体制性难题，再造适应跨境电商这种新型贸易方式的监管服务制度体系，为全国提供可复制、可推广的经验。

二是稳增长促转型的使命。通过创新“互联网+中国制造+跨境贸易”商业模式，重构生产链、贸易链和价值链，帮助传统企业拓展海外市场，扩大利润空间，建立自主品牌，为新常态下的经济转型发展提供新动力。

三是服务“一带一路”倡议的使命。发挥基础设施互联互通和电子商务的双重便利优势，打造线上线下融合发展的“网上丝绸之路”，构建“一带一路一网”新格局。

四是探索制定贸易新规则的使命。通过先行先试，逐步形成一套适应和引领全球跨境电商发展的贸易制度和规则，抢占全球制高点和话语权。

五是推进“大众创业、万众创新”的使命。通过建立一个为跨境电商发展创造更多便利条件的区域，打造完整的产业链和生态链，为“大众创业、万众创新”提供新的更大空间。

（2）杭州综合试验区的发展

为了支持跨境电商发展，营造公平、便利的贸易氛围，各监管部门积极推出创新举措，推动杭州综合试验区的改革步伐。

作为国家首批跨境电商贸易试验区，杭州精准地抓住了外贸企业的痛点：一般贸易流程设计的海关、税务、商检、金融等监管模式，已难以适应当地跨境电商多品种、小批次、频繁交易的新特征。2015 年杭州跨境电商交易规模 34.64 亿美元，出口 22.73 亿美元，进口 11.91 亿美元，拉动杭州外贸出口增长 5.4 个百分点。为此，杭州综合试验区采取了线上“单一窗口”平台和线下“综合园区”平台（见图 3-2）相结合的方式，建立信息共享、金融服务、智能物流等六大体系，推进跨境电商贸易便利化。

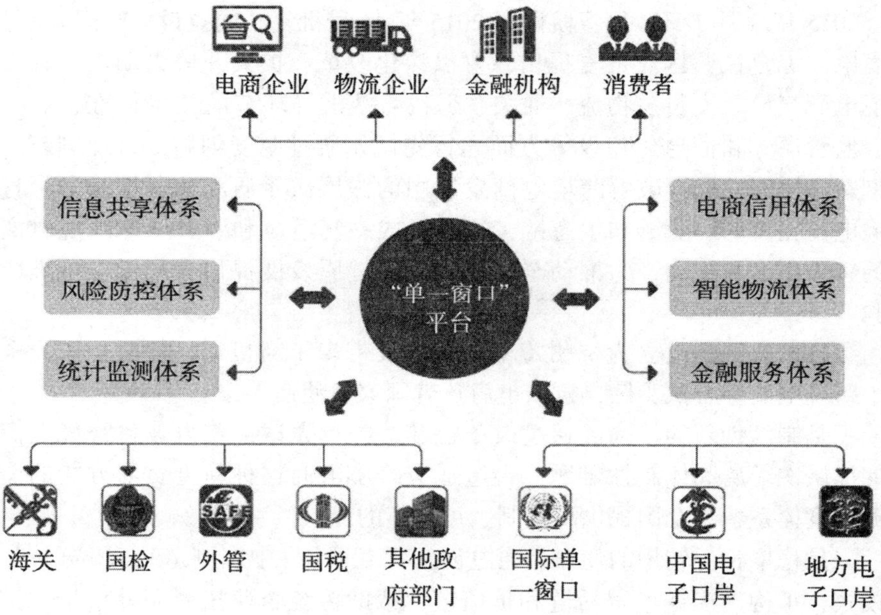

图 3-2　线上“单一窗口”平台与线下“综合园区”示意图

线上“单一窗口”是指通过建立统一的数据交换接口，通过标准和安全规范体系，简化和统一单证格式与数据标准，实现“信息互换、监管互认、执法互助”；实现“一次申报、一次查验、一次放行”，通关全程无纸化。线下的实体园区，杭州已有下城、下沙、空港、临安等 13 个园区建成投入运营。

杭州把发展跨境电商 B2B 作为重大突破口，依托“互联网+跨境贸易+中国制造”，重构企业的生产链、贸易链、价值链。从 2015 年 7 月起，杭州综合试验区推动传统外贸企业和生产型企业上线经营，运用互联网寻找订单，提升价值链，使企业足不出户就可以“卖遍全球”。

杭州综合试验区的发展目标是经过 3 年至 5 年的改革试验，力争把跨境电商综合试验区建设成以“线上集成+跨境贸易+综合服务”为主要特征，以“物流通关渠道+单一窗口信息系统+金融增值服务”为核心竞争力，“关”“税”“汇”“检”“商”“物”“融”一体化，线上“单一窗口”平台和线下“综合园区”平台相结合，投资贸易便利、监管高效便捷、法制环境规范的全国跨境电商创业创新中心、跨境电商服务中心和跨境电商大数据中心。

（3）发展成效

制度创新引领全国。杭州创新推出了多个全国“首个”方案，推出了首个 B2B 认定标准、申报流程和便利化方案，制定了第一个地方性的跨境电商促进条例，推出了第一个跨境电商指数和人才标准，形成了包括 B2C 进口、B2C 出口、保税出口在内的全国最齐全的海关监管模式，成立了首个互联网法院、仲裁联盟和人才联盟，设立了第一家跨境零售商品质量安全风险国家监测中心。

以“六体系两平台”为核心的杭州跨境电商经验在全国得到了普遍推广，依托杭州经验，全国设立了另外 12 个跨境电商综合试验区。同时，杭州积极参与世界电子贸易平台（eWTP）倡议建设。2017 年 5 月，杭州市政府与马来西亚数字经济发展局、阿里巴巴集团签署了三方协议；2017 年 10 月，杭州推出了 eWTP 实验区建设方案。未来 3~5 年，杭州将在数字口岸建设、数字应用、数字监管等方面，继续创新发展。杭州跨境电商综合发展指数近年来几乎每月都处于攀升状态，如图 3-3 所示。

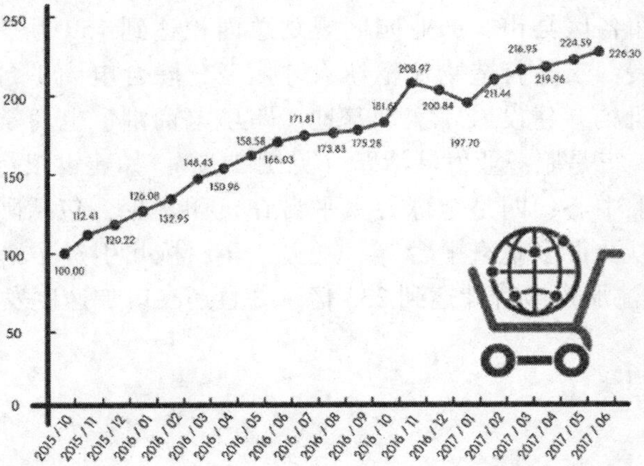

图 3-3　杭州跨境电商综合发展指数（2015. 10—2017. 06）

跨境电商新产业蓬勃发展，规模不断扩大，如图 3-4 所示。杭州一直保持 B2B 和 B2C 齐头并进；外贸新模式新业态层出不穷；大卖家日益增多，年销售额达到亿级甚至几十亿级的大卖家，如雨后春笋一样冒出来。产业集群迅速崛起，如服装、休闲用品、家居照明等。出口、进口双向发力，2017 年杭州跨境电商零售进口达 26 亿美元，集聚了天猫国际、网易考拉等龙头平台。此外，杭州内外贸融合速度越来越快。

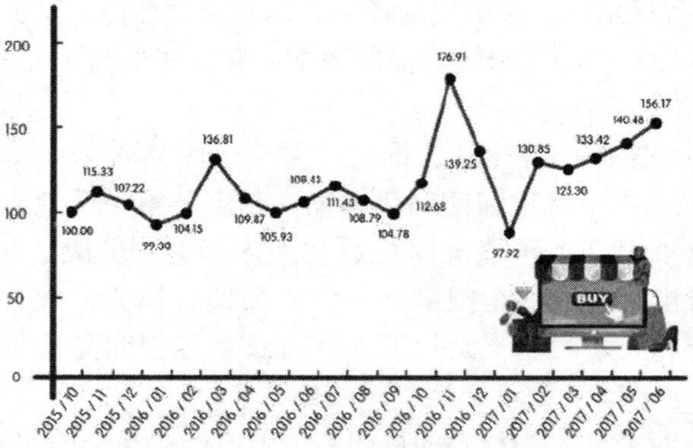

图 3-4　跨境电商新产业规模指数（2015. 10—2017. 06）

综合服务不断优化。杭州综合试验区搭建了全国第一个“线上综合服务”平台，一站式进行报关、报税等，实现所有数据共享。在此基础上，又推出线上综合服务二期大数据平台，收集来自关、检、汇、税的信息，并与阿里巴巴联合，为企业提供无抵押、无担保融资。

生态环境日臻完善。一是线下产业园区加快发展，“一核一圈一带” 13 个产业园区遍布各区县市，产业园区规划总面积达到 159 万平方米，很多园区扩容二期发展；二是打造物流枢纽人才服务，联合电商平台、大学院校以及第三方培训机构，建设人才实训基地、跨境电商港、电商学院，加快杭州物流枢纽建设；三是服务业发展活跃（见图 3-5），如建设银行在杭州专门设立跨境电商金融中心；四是全球各大平台在杭州集聚，包括阿里巴巴、网易考拉、亚马逊以及很多垂直平台等。过去三年，杭州引进了跨境电商产业链企业 1454 家，注册资金合计达到 233 亿，并且还在以加速度发展。

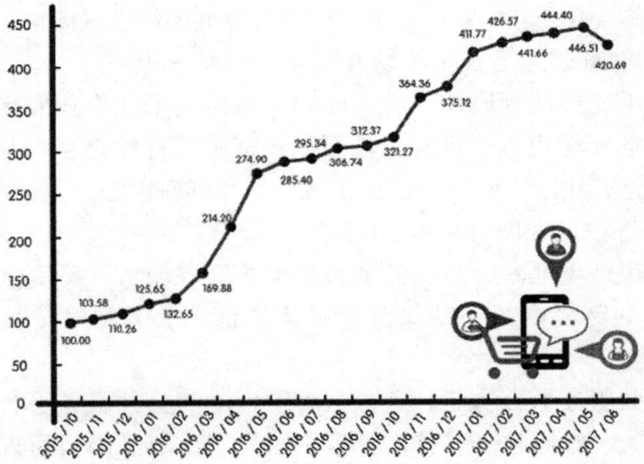

图 3-5　杭州跨境电商活跃集聚指数（2015. 10—2017. 06）

杭州综合试验区在外贸下行、压力加大的情况下，以“互联网+外贸”的形式实现了优进优出，并凸显多方面价值。

一是实现外贸稳定增长，促进传统企业转型升级。杭州跨境电商综试办主任佟桂莉说，从当前外贸面临的困境看，市场订单不足、利润空间小、价值链低端是困扰外贸企业发展三大难题，跨境电商恰是破解难题的有效途径。

二是搭建双创平台，形成全新产业。跨境电商是全新的领域，在物流、金融、代运营等各个环节和链条都有创新的空间。阿里巴巴集团副总裁余涌说，阿里巴巴一直在致力于通过赋能企业的方式形成跨境电商交易的完整闭环和生态圈，而这其中蕴藏着大量新兴产业和机会。

三是推动行政管理方式和制度体系的革新和再造。据了解，杭州以“单一窗口”综合服务平台为核心，建立信息交换共享机制，打通“关”“税”“汇”“检”“商”“物”“融”之间的信息壁垒。同时实行负面清单管理制度，通过信用负面清单和交易负面清单，成功倒逼监管体系改革创新。

但是，杭州在试点建设过程中也发现两大风险。一是受政策影响明显。实施跨境电商新政后，占跨境进口主流的保税进口量速降，即便部分条款暂缓执行，保税进口批次和金额依然下降明显。二是海外一有风吹草动便会传导到国内。如英国脱欧后，杭州下城跨贸园的出口企业立即面临利润下滑、分支机构和海外仓调整等问题。

2. 上海市跨境电商发展现状研究

（1）上海跨境电商综合试验区简介

根据《国务院关于同意在天津等 12 个城市设立跨境电子商务综合试验区

的批复》（国函2016年17号）要求，上海跨境电商综合试验区（以下简称上海综试区）力争通过两至三年的试验改革，形成一套线上交易、线上监管、线上服务、线下支撑的规则体系，适应和引领跨境电商产业发展，建成政府服务高效、市场环境规范、投资贸易便利、资源配置优化、产业特色明显的全球跨境电商运营中心、物流中心、金融中心和创新中心。

（2）上海综试区发展研究和发展规划

第一，建设跨境电商公共服务平台，提升服务能力。跨境电商公共服务平台是公益性的跨境电商一站式监管服务平台，承担数据交互与监管服务功能。

①完善公共服务平台功能。完善上海跨境电商公共服务平台监管与服务功能，保障海关、检验检疫、外汇管理、国税、工商等部门间数据互通和共享。公共服务平台应当为各类企业提供统一明确的标准化数据接口和接入流程。

②对接国际贸易“单一窗口”。优化上海电子口岸资源，实现跨境电商公共服务平台和上海国际贸易“单一窗口”系统与功能对接，为本市跨境电商发展提供支撑。

③健全公共服务平台运营机制。成立功能性的上海跨境电商公共服务有限公司，负责运营上海跨境电商公共服务平台，初期平台运营资金由财政支持。

④提供配套数据服务。充分运用公共服务平台的集成数据，健全统计监测体系，完善风险防范机制，建立跨境电商企业信用数据库。

第二，推进跨境电商园区建设，促进线下线上协同发展。促进跨境电商海关监管区与产业集聚区协同发展，突出示范园区的引领带动作用，形成线上线下相互支撑的发展格局。

①优化园区布局。充分发挥上海综合交通枢纽优势，根据各区域贸易和产业发展特点，形成协同推进、良性竞争、错位发展格局。合理布局出口监管场所和产业园区，将保税进口业务复制推广到本市所有出口加工区（包括保税物流中心B型）。

②完善园区功能。充分发挥园区集聚效用，承接公共服务平台功能，集聚市场主体，完善配套服务，促进线上线下联动发展，支持有条件的跨境电商监管场所兼具进口业务和出口业务功能。

第三，集聚跨境电商企业主体，培育完整产业链培育和集聚跨境电商、跨境金融、跨境物流及其他相关服务企业，形成具有国际竞争力的跨境电商产业集群。

①加快培育企业主体。集聚一批跨境电商龙头企业，培育一批中小型跨境电商企业，鼓励差异化发展。支持国内贸易商、制造商融入境外零售渠道，通过设立“海外仓”，开展B2B跨境电商业务，鼓励各种商业模式创新。

②探索综合金融服务。鼓励跨境电商相关金融服务创新，利用跨境电商信息为具有真实交易背景的跨境电商交易提供在线支付结算、在线融资、在线保险等金融服务。

③完善国际物流服务。完善口岸物流服务通道，支持传统物流资源服务跨境电商。提升跨境物流综合服务水平，支持物流信息化创新。鼓励发展采购物流服务、分销渠道服务等新型跨境物流业务。

第四，完善跨境电商监管制度，促进多种模式协同发展，探索适应跨境电商的商品归类、进出境申报、物流监控、支付结算、风险防范等监管制度，提升跨境电商监管便利化水平。

①创新企业与商品准入制度。对接企业信用公示平台，建立跨境电商企业信用等级，各监管部门按照企业的信用等级，实行分类监管。

②创新海关监管模式。探索对跨境电商零售出口商品实行简化归类，推进清单申报通关模式，支持B2B、B2C等多种出口业务模式落地。进口按照“事前备案、集中申报、分批出区、汇总征税”实施监管。支持快件物流企业系统直接对接公共服务平台，实现“批量申报、实时传输”功能。对所有能够按照规定提供订单、支付、物流电子信息，并通过跨境电商公共服务平台进口符合清单要求的零售商品的，适用跨境电商零售进口税收政策。

③创新检验检疫监管模式。进一步优化跨境电商监管模式，完善“十检十放”，根据进出口货物产地的质量管理水平、生产经营企业的诚信程度、具体商品的风险等级的不同，构建从严到松的监管力度，放行速度由慢到快，构建多层次、分梯度的跨境电商检验检疫监管体系。

④创新税收征管模式。推进跨境电商企业退税办理无纸化，实现无纸化退库。支持跨境电商企业通过上海“国际贸易单一窗口”开展在线数据退税申报等相关业务。

(3) 发展成效

上海跨境电商正步入高速发展期，作为国际经济、金融、贸易、航运中心和社会主义现代化国际大都市，上海具有国际、国内两个市场资源配置功能和与我国经济贸易地位相匹配的国际贸易中心地位，是在中国跨境电子商网络中起枢纽作用的重要城市。城市货物贸易、服务贸易和离岸贸易能级的不断提高，基本形成与高标准国际贸易投资规则衔接的制度体系，为跨境电商发展奠定了坚实的基础。2016年，上海跨境电商公共服务平台共服务1020

家支付企业、跨境电商企业及仓储物流服务企业，平台全年累计订单完成1155万单，交易额约25亿元，同比增幅分别达到500%、600%。据中国电子商务研究中心（100EC. CN）监测数据显示，2017年全年，上海海关共监管跨境电商进口订单1643.7万单，涉及金额36亿元。

随着跨境电商的蓬勃发展，上海海关紧扣“互联网+”时代脉搏，从商品备案、口岸通关、缴税放行三个方面创新机制，推动跨境电商健康发展。

在商品备案方面，上海海关推出商品自动备案模式，对高、低风险商品自动筛选分流，分别实施人工审核备案和系统自动备案，大幅提升整体备案时效。

在口岸通关方面，指导电子商务企业采用“提前申报，货到验放”的通关模式，较好避免了电子商务货物集中到港后因为货量过大而可能引发的申报迟滞问题，帮助电子商务企业节省口岸通关仓储时间及成本。

在通关环节方面，上海海关推出“行邮税担保实时验放”模式，采用电子计征、担保验放、汇总征税的方式，实现逐票实时扣税，将跨境电商包裹的进口通关速度提至“读秒”时代。而在以往，跨境电商涉税包裹需集中扣税，并要在收到国库实收税款回执后才予以放行。

上海自贸试验区保税区域跨境电商平台的进口量已经占到上海全市跨境电商进口量的一半以上，“跨境通”平台已吸引入驻商家400余家，日订单达到1万单以上，上线商品近2万种。在此基础上，上海自贸试验区积极探索建立“产地直达”“前店后库”“保税出口”“进口直销”等业务模式，区域内已形成多元化的跨境电商发展新格局。

2016年3月，上海市商务委、市发展改革委正式批复同意在上海自贸试验区设立上海市跨境电商示范园区。范围包括外高桥保税区、外高桥保税物流园区、洋山保税港区和浦东机场综合保税区等11个海关特殊监管区域。跨境电商示范园区挂牌主体分别为外高桥国际贸易营运中心公司、外高桥物流中心公司、浦东现代产业公司、东航物流公司、自贸联发公司和深水港物流公司。这些建设运营主体均具有相对完善的配套基础设施，具有明确的服务定位，符合上海跨境电商示范园区建设标准，并与上海市跨境电商公共服务平台形成良好的“线上线下”对接机制，能为入驻园区企业提供涵盖商品企业备案、物流通关、对接监管信息等“一站式”的综合配套服务。

3. 南部地区跨境电商发展现状研究——以广州市为例

（1）广州市跨境电商综合试验区简介

2016年1月6日，广州市获批成立跨境电商综合试验区，2016年5月27日，由广东省政府印发的《中国（广州）跨境电商综合试验区实施方案》

（以下简称《实施方案》）正式对外公布。发展目标是经过3~5年的建设，将广州综合试验区（以下简称广州综试区）打造成为跨境电商创新发展先行区、外贸优化升级加速器，将广州市建设成为全国跨境电商中心城市和发展高地。

广州综试区的重点工作和举措是大力实施“互联网+外贸”，引导传统外贸企业借助跨境电商推进转型升级，通过综合改革、集成创新，推动跨境电商公共服务平台和各类特色试点园区融合发展，推进“关、检、汇、税、商、物、融”一体化，形成适应跨境电商发展的新型监管服务模式和制度体系。

（2）广州综试区的发展成效

广州自2016年获批国家跨境电商综合试验区以来，跨境电商进出口发展迅猛。据中国电子商务研究中心（100EC. CN）监测数据显示，2017年广州市跨境电商进出口交易额227.7亿元，比上一年增长55.1%，占全国的25.2%，继续保持试点城市首位。其中进口总值151.9亿元，增长1.5倍，占全国比重为26.8%，全国排名第一。据海关统计，2017年广州海关共监管跨境电商零售进出口清单超过2.1亿份，增长31.7%。

2017年的“双11”高峰能顺利通关得益于2017年广州海关顺利完成了12项综合试验区创新举措，创新开展“去繁就简”7项措施，积极支持打造以南沙保税港区、机场综保区为核心区域的跨境电商产业集聚区建设，此外还得益于唯品会、京东、亚马逊等大型电商平台运作的顺畅。

港澳企业积极参与成为广州跨境电商近期的亮点。就在自贸区成立一周年之际，霍英东之孙霍启文便在南沙开启了“自邮行”跨境商城。该商城以港资建设、港人运营、港货精品为卖点，并引入权威第三方质量认证机构——香港品质保证局（HKQAA）监管，在南沙跨境电商市场独树一帜。资本的进驻恰恰表明了市场对跨境电商的信心，与港澳企业的竞合，有利于推动行业在采购渠道、中间环节、物流服务等方面提升。在两大平台之下，产业链、海外仓和集聚区的建设成为重要抓手。

广州通过海外仓深度整合跨境物流资源，进一步缩短了中国卖家与海外消费者之间的距离，不仅助力卖家提供可与本地实体零售相媲美的一流购物体验，而且释放出更多的跨境商机。目前，广州贝法易集团已经在美国、英国、德国、澳大利亚、加拿大、俄罗斯等国家和地区建立了十大海外仓储物流处理中心及海外业务拓展团队，服务网络基本覆盖国内外活跃的跨境电商地区。

（3）广州综试区的发展经验

广州充分利用自身开放优势，积极采取“互联网+外贸”的发展策略，促进传统外贸企业同跨境电商相融合，在园区内实现转型升级。其成功经验在于优化办事流程，创新服务模式。整合跨境电商所需要的通关、外汇、退税、工商、物流、检验检疫、金融等各个零散环节，变为一体化流程，制订便利化通关申报、物流管理等针对跨境电商的方案。

此外，广州综试区建设“单一窗口”公共服务平台，促使税务、外汇监管部门、工商、海关等数据资源共享，以此减少业务手续，节约耗时，提供申报、查验、放行的一站式、一次性服务。同时，广州综试区试行跨境电商备案制管理，进一步放宽市场准入条件，吸引更多跨境电商企业入驻。

依托南沙自由贸易试验区、白云机场综合保税区等专门从属于海关的监管区域，分门别类建设海港型和空港型的跨境电商集中监管园区。采取将园区加入广州机场海关综合保税监管区的方式，实行“区仓联动”的新型运作模式，使企业能够降低成本，提升跨境电商业务效率，进一步拓展国际市场。加快海外仓建设，使广州跨境电商的商品种类得到拓展，客户对于商品的体验感得到提升。

4. 中部地区跨境电商发展现状研究——以郑州市为例

（1）郑州市跨境电商综合试验区简介

中国（郑州）跨境电商综合试验区（以下简称郑州综试区）于2016年1月6日进入国家综合试点，主要包括以河南保税物流中心为核心区域的跨境贸易电子商务园区，及政府布局发展跨境贸易电子商务的新郑综合保税区、出口加工区、航空一类口岸、铁路一类口岸、邮政口岸等区域。其发展目标是加快构建信息支撑、物流带动、线上线下融合、多部门协调联动、通关一体的跨境电商新型监管服务模式，促进专业跨境电商服务企业、外贸企业、工业企业、中小网商积极参与，第三方跨境电商平台和自建平台相互补充，B2B、B2C、O2O（线上线下）等多种业务模式共同推进，扩出口，促转型，扩进口，促消费。

（2）郑州综试区发展成效

郑州跨境电商的业务量占整个中国13个跨境电商综合试验区的三分之一。出口单量呈现爆发式增长，“买全球、卖全球”格局逐步形成。

2017年全年，郑州综试区检验检疫局共计检验监管跨境电商出口商品1095.7万单，货值5.56亿元，同比分别增加193倍和62倍。从进出口企业使用平台看，河南跨境电商业务基本覆盖了国内外龙头电子商务平台。出口方面，B2B出口多是利用阿里巴巴国际站、谷歌、中国制造网、大龙网、敦煌网、环球资源网等平台，其中全省应用阿里巴巴平台的企业在中西部地区排名第一，应用谷歌平台的企业在全国排名第八。河南省的世界工厂网与谷歌合作，已成为全国最大的装备制造业 B2B 外贸平台。

目前河南跨境电商综试区主要发展方向为 B2B。从数字看，2017 年河南省 B2B 出口 404.2 亿元，占出口总额的 53.0%。同时，郑州海关共监管跨境电商零售进出口清单 9128.7 万票，货值 113.9 亿元，与 2016 年同比增长 59.1%。这表明越来越多的省内企业利用跨境电商拓展出口业务，这也符合国家设立跨境电商综合试验区的导向。随着跨境电商迅速发展，对便利、快捷的海外仓储物流的需求不断提升，河南企业出口愿望强烈。豫企在境外设立海外仓数量超过了 60 家，遍布美国、俄罗斯、澳大利亚以及非洲、南美洲一些国家。

省级跨境电商示范园区蓬勃发展。各地结合产业优势，持续优化跨境电商产业链，加快打造新型工贸一体产业链，培育形成一批跨境电商特色出口产业集群。经省商务厅认定的 21 家省级跨境电商示范园区加快建设，配套设施逐渐完善，集聚效应显著，2017 年，示范园区共入驻各类跨境电商企业 570 家，跨境电商交易额 65.8 亿元。

加快推进“三个平台、七个体系”建设。“三个平台、七个体系”是综试区建设的核心内容。河南初步建立了跨境电商统计制度，与河南出入境检验检疫局建设跨境电商产品质量安全风险监测中心。郑州海关、河南出入境检验检疫局推行跨境电商全程“无纸化”通关，全面实行关检“三个一”，实现企业一次录入、分别申报，关检两方“一机双屏双控”查验、双指令放行；省发改委以建成适应内陆地区国际贸易和国际物流特点，覆盖各种对外贸易形态和主体为目标的“单一窗口”综合服务平台正在有序推进，并印发了《中国（河南）国际贸易“单一窗口”2017 版建设方案》等。人民银行郑州中心支行、河南省银监局引导辖内金融机构推出跨境电商领域特色业务，鼓励、支持跨境电商活动中使用人民币计价结算，部分银行已完成针对跨境电商的金融产品研发，并已投放市场。

（3）发展经验

郑州跨境电商的业务量占整个中国 13 个跨境电商综合试验区的三分之一。出口单量呈现爆发式增长，“买全球、卖全球”格局已逐步形成。郑州的跨境电商已成为郑州对外开放发展的新名片。

河南跨境电商之所以能始终保持领先地位，制度创新是其中关键的一环。2012 年，郑州海关便率先提出了开展网购保税进口 B2B2C 新模式。在这种模式下，电商企业预先将商品存放在保税仓库，待国内订单生成后，企业依规向海关申报，完成清关手续后，商品直接从保税仓发货。通过这样的方式，跨境电商交易实现全流程申报数据可溯源，同时商品的仓储前置，有效降低了企业综合成本，提升了消费者购物体验，提升了业务综合效率，解决了政府管理和市场便利的双重难题，实现政府、消费者和电商等多方共赢。该模式也获得海关总署以及国家层面的认可与采纳，发展成熟后迅速成为全国范围内复制推广的“郑州方案”。

独创的跨境电商“B2B2C”模式，既实现了税收征管、贸易统计、质量追溯等监管，又降低了物流成本、提升了物流速度，达成政府、消费者和电商等多方共赢。同时，郑州在全国首先探索开展“网购保税+实体新零售”模式，实现了消费“全体验”，跨境购物“即买即提”。

5. 西南地区跨境电商发展现状研究——以重庆市为例

（1）重庆市跨境电商综合试验区简介

重庆市成立跨境电商综合试验区（以下简称重庆综试区），将充分发挥三个“三合一”开放平台、“渝新欧”国际铁路联运大通道等独特优势，完善跨境电商交易服务平台，构建物流仓储、检测认证、支付结算等全方位的跨境电商发展生态体系；构建形成服务监管、信息共享、智能物流、信用保障、风险防控、统计监测等适应跨境电商发展的体制机制；加快推进跨境电商与战略性新兴制造业和新兴服务业协调发展，基本建成具有内陆特色的跨境电商综合试验区。

（2）发展现状及规划

据重庆海关统计，2017 年，全市跨境电商进出口及结算 155. 81 亿元，同比增长 20. 93%。其中，B2C 进口试点完成 1117. 5 万单，28. 38 亿元；B2B 出口 12. 92 亿元；订单量达 1500 万单，进出口贸易值达 33 亿元，同比分别增长 63%、60%，重庆跨境电商订单量位居全国第六。

从 2012 年 12 月成为我国第一批跨境电商的试点城市之一以来，重庆正成为越来越多跨境电商企业的集聚地。截至目前，在重庆两路寸滩保税港区、重庆西永综合保税区、重庆铁路保税物流中心（B 型）和重庆南彭公路保税物流中心（B 型），在营跨境电商企业达 102 家，其中包括天猫国际、网易考拉、唯品会、蜜芽、重庆宝妈时光等全国性大型电商企业。

当前，重庆正发挥水、陆、空综合物流优势，面向欧美、东盟等市场的物流通道，构建物流仓储、监测认证、支付结算等全方位的跨境电商发展生态体系，打造西部最大的跨境电商物流基地和进出口商品集散中心。近几年，重庆已在全球布局 50 多家“前展后仓+大数据”的网贸馆，对中国商品进行线下展示，海外商家可实地体验，并在线与中国企业直接洽谈业务。网贸馆的后台是仓库，前台的展会则对中国商品进行融合当地风土人情和消费习惯的场景化展示，让国外商家实地体验。同时，线上约商 APP 可实现 70 多种语言的实时相互翻译，让双方实现直接交流。同时，网贸馆还为中国企业提供“两信一保”解决方案，以及通关、法务等“最后一公里”的本土化服务，让企业免除了后顾之忧。如在莫斯科、华沙等城市建成5个网贸馆，2015年10月，莫斯科网贸馆举行汽摩产品展销会，首日就实现了5亿卢布的成交额。传统外贸的最大痛点在于产业链太长，包括制造商、出口商、进口商、渠道商、批发商、零售商等，海外客户不愿受中间商“剥削”，有着向中国企业直采的强烈愿望。跨境电商B2B虽能实现渠道扁平化，但无法看到商品实物，较难取信海外客户，且双方缺乏顺畅的信息通道，生意往往很难谈成。

未来三年，重庆将在“一带一路”沿线建设100余家网贸馆，帮助国内产业带与海外需求市场对接。重庆将借此进一步打造“双园”模式，即在中国和外国同步打造跨境电商产业园，国内园区打造中国制造出口海外的营销服务中心、物流服务中心、支付服务中心等，国外园区则为中国企业提供“最后一公里”本土化服务，用互联网为中国制造“走出去”搭建起两个桥头堡。

6. 北部地区跨境电商发展现状研究——以大连市为例

（1）大连市跨境电商综合试验区简介

中国（大连）跨境电子商务综合试验区（以下简称大连综试区）依托大连区位、产业、贸易、港口等优势，面向大连及周边区域促消费、稳出口、调结构的重大需求，紧抓“一带一路”建设有利契机，加速构建跨境电商产业生态体系。大连市以跨境电商B2C为突破口、B2B出口为重点，在跨境电商的监管模式、技术标准、业务流程和信息化建设等方面先行先试，通过制度创新、管理创新、服务创新，探索一批可复制推广的经验，实现大连跨境电商率先发展和突破，形成引领东北、辐射东北亚、面向全球的跨境电商发展格局。截止到2020年，大连综试区要建设成为东北跨境电商发展的先行区、外贸转型发展的引领区、老工业基地振兴的示范区和东北亚跨境商品的集散区。

（2）发展成效及规划

2017年，大连市跨境电商综试区建设及跨境电商工作取得了较快发展。跨境电商业务运营模式由B2C、M2C发展到B2C、M2C、B2B三种模式并存，大渔国际水产品平台、商桥网农产品平台、出口时代装备制造平台3家B2B出口平台同期上线，拉动了跨境电商出口放量增长。跨境电商业务渠道从空港快件、邮政小包、跨境电商一般贸易3种渠道拓展为海运直购、保税备货等各种业务渠道并存，监管场所由1个机场空港快件监管中心发展为海运直购东部港区、机场空港快件监管中心保税区和保税备货的出口加工区。线上平台企业由2016年的38家增至82家，跨境电商企业由2016年的400多家增至800多家。跨境电商交易额由2016年的1.73亿美元增至2017年的2.4亿美元，同比增长38.74%。其中，邮政小包出口呈10倍以上的同比增长，日均近2万单，邮资达到年4000万人民币，出口货值约4亿元人民币。

大连实施“跨境电子商务+”战略，通过“跨境电子商务+装备制造”“+浪漫之旅”“+海洋文化”“+农产品”“+水产品”等行动，培育本土知名品牌的竞争优势，推动本土品牌走向世界。同时，大连将在除长海县以外的13个先导区和区市县各规划一个市级跨境电商产业园区，其中，在金普新区打造核心功能区。

大连综试区建设获批以来，大连海关发挥职能作用，不断创新跨境电商监管模式，优化跨境电商进出口作业流程，完善跨境电商相关辅助系统建设，推进跨境电商健康有序快速发展。大连海关开通跨境电商“单一窗口”，实现跨境电商“一点接入、一次递交、统一反馈”，协调相关部门，实施进口“税款担保、集中纳税、代扣代缴”及出口“简化申报、清单核放、汇总统计”等创新，并结合大连市地缘优势，量身定做大连市实施跨境海运直购进口模式，对诚信守法企业给予最大化的通关便利，推出全年无休、货到监管场所24小时办结等举措。海关等部门优质服务带动了跨境电商业务快速发展。2017年，大连海关共接收跨境电商零售出口清单申报10492份，同比增长23.03%，商品总值2936.63万元，同比增长18.94%；接收跨境零售进口申报清单18298份，征收税款约123万元，跨境海运直购进口、跨境网购保税进口业务相继开展。

大连综试区的建设将借鉴国内外跨境电商发展的经验，结合大连实际，围绕建设东北亚国际航运中心、国际物流中心、国际贸易中心、区域性金融中心和现代产业聚集区的目标，因地制宜，突出特色，打造有利于跨境电商发展的新体制、新机制和新模式。

大连综试区进行四个方面创新。创新国内城市综试区之间的联动合作体系。与其他跨境电子商务综试区建立横向联系合作机制，借鉴发展经验，对接业务合作。共享建设资源，实现联动发展。同时，积极推动与国内自贸区等其他政策试验区的交流合作，探索政策衔接机制。

第三节
国内外跨境电商法律法规比较

一、相同之处

世界各国的立法背景和目的不尽相同，然而在主要的指导思想上有异曲同工之处。首先目的都是发展健康的跨境电商市场，着力点是法律领域，要制定合理的法规予以规范指引。国内外立法的共同之处在于，都认识到了市场主体的本性是逐利的，在缺乏法律强制性要求的情况下，一般都会争夺权利而忽视了义务，因此法律条文的重点集中在了义务的规定和归属。法律监管的效力要最大化，同时对市场运行的影响要最小化，方法就是将具体的权责义务落实到具体的个体之上，要求市场主体遵守最基本的行为规范，同时在其他方面则避免由法律法规做出硬性的规定，交由市场本身和交易主体自身去实践和探索。

跨境电商立法还要遵循一般的商务原则：公平原则、平等原则、开放原则以及安全原则。

二、不同之处

发达国家，如表 3-4 所示，尤其是欧洲和美国，对交易主体的法律规定更为细腻，甚至涉及我国法律中不曾出现的交易主体，如中间服务商、电信商和广告商等，这从侧面反映出了发达国家的跨境电商的发展相较于后期的发展中国家更为深入和全面。

表 3-4　我国与国外跨境电商政策法规比较一览

	中国	美国	欧盟
交易主体的划分	我国在电子商务立法方面相对比较落后，在法律上对交易主体的划分仍不够明确	发达国家，尤其是欧洲和美国，对交易主体的法律规定更为细腻，甚至涉及我国法律中不曾出现的交易主体	

续表

	中国	美国	欧盟
关税政策	我国对跨境电商关税问题还是持征税态度的，这也是根据我国国情做出的关税政策选择	美国、日本、澳大利亚等发达国家，积极推行电子商务在全球范围内的贸易自由化，对跨境电商坚持零关税政策的态度，这其中最具代表性的是美国	以欧盟为首的国家持有限关税态度，欧盟在对待跨境电商的关税问题态度上，体现出一定的变化性和发展性
制度确立	我国有关电子商务的制度确立仍在发展的过程中，致力于完善和出台更符合我国国情的电子商务法规政策	美国在与多国签订的自由贸易协定中都增加了电子商务条款，扩大跨境电商范围	欧盟仅对少数产品实施出口管理，进口实行欧盟统一的配额管理制度；在不违背欧盟法规的前提下，各成员国自行决定税收制度

我国的跨境电商虽然规模可观，然而从时间上来看发展刚刚起步，形式尚显幼稚，交易主体的专业化分工刚刚显露出趋势，但远未成熟。这方面的重要表现就是许多交易主体身兼数任，比如交易平台有时专营中间业务，有时则兼营自营业务，这样就在角色定位和功能区分上产生了模糊。因为彼此之间区分并不明显，因此立法时针对特定群体分类立法就存在困难，只能将所有交易主体一视同仁，出台一致的行为规范要求，以适应初级阶段的监管要求。

在关税政策方面，国外大致分为以美国为首的倡导零关税政策的国家和以欧盟为首的倡导有限关税政策的国家两种。

美国、日本、澳大利亚等发达国家出于其在国际贸易中的输出大国和电子信息产业强国的地位，积极推行电子商务在全球范围内的贸易自由化，对跨境电商坚持零关税政策的态度，这其中最具代表性的无疑是美国。美国是电子商务应用最为广泛、最为普及也是最为发达的国家，关税政策的选择也是适应其国情的产物。美国作为商品输出大国，进口国关税壁垒的存在对美国的出口贸易来说无疑是不利的，所以美国一直在世界范围内积极倡导贸易自由化和零关税的政策。

欧盟成员国数量多，并且各成员国之间的经济发展水平呈现较大的差异性，既有德国、法国这样的经济强国、外贸大国，也有爱沙尼亚、拉脱维亚这样的经济发展较为落后的国家。不同于美国一贯坚持电子商务零关税的立场，欧盟在对待跨境电商的关税问题态度上，体现出一定的变化性和发展性。

而对于发展中国家来说，经济基础决定上层建筑，关税制度也从一个侧面直观地反映出一个国家的经济状况。对于发展中国家而言，其经济基础、对外贸易水平以及信息产业技术均远远落后于美国、欧盟等发达国家和地区，在国际贸易体系中处于输入国的地位，如果对跨境电子贸易持零关税、完全开放自由的关税政策，那么发达国家通过跨境电商可以轻易地占领本国市场，不仅对本国的工业产业造成巨大冲击，也会大幅度减少本国的税收收入，最终会使发展中国家在跨境电商直至整个国际贸易领域中与发达国家的差距越来越大，影响到本国经济建设的正常发展。对于我国来说，目前我国的跨境电商蓬勃发展，但仍无法与美国等发达国家相抗衡。因此对跨境电商关税问题还是持征税态度的，这也是根据我国国情做出的关税政策选择。我国追求在顺应世界经济发展趋势的前提下，制定契合我国发展现实的关税政策。

在制度的确立方面，美国在与多国签订的自由贸易协定中都增加了电子商务条款，扩大跨境电商范围。在关税上，规定彼此免除对方的进口关税，促进了美国产品的出口；在服务上，努力消除中小企业使用电子商务的障碍，分享电子商务的公共数据等。德国采用欧盟共同政策，仅对少数产品实施出口管理，进口实行欧盟统一的配额管理制度；在不违背欧盟法规的前提下，各成员国自行决定税收制度。日本取消除农产品之外的所有产品进口关税，并在投资和服务贸易等领域进行广泛跨境合作。新加坡发起跨太平洋伙伴关系协定 TPP，奉行自由贸易政策，进口产品不限制配额，大部分产品无须进口许可证。

三、我国与国外主要跨境电商税收政策对比

随着电子商务的发展，商品交易已不存在任何地理界限，但税收还必须由特定的国家主体来征收，对网上交易如何征税已成为各国亟须解决的紧迫问题。由于发达国家和发展中国家的通信网络技术以及经济发展水平存在着很大的差距，这种差距会造成网络税收较大的利益差别，正是这种利益差别，使各国在对待电子商务要不要征税及如何征税问题上，会采取不同的税收政策。美国主要主张零关税政策，欧盟则采取有限关税政策，而由于多数发展中国家，目前采取传统的商业形式，对于代表最新科技的电子商务方式，持观望态度，所以面对电子商务对税收问题的挑战，多数发展中国家没有自己的方针政策。

图 3-6 列举了国内及国外主要的国家以及组织的关税政策框架，这些关税政策在整体上构成了电子商务的关税政策框架，并且随着时间的推移，在不断完善与补充。

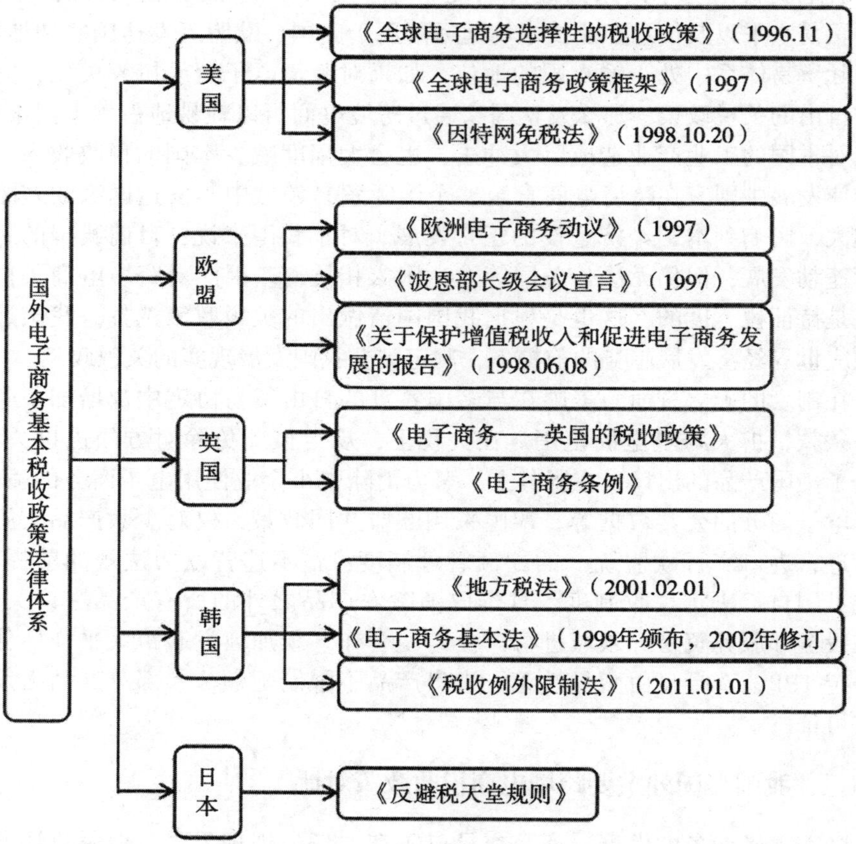

图 3-6　国外电子商务基本税收政策法律体系

（一）世界各国与国际组织对于电子商务税收政策的态度①

1. 美国是电子商务的发源地。电子商务应用面最广、普及率最高，政府从一开始就积极支持从事电子商务的企业，制定了明确的税收优惠政策。从1996 年开始，美国就有步骤地推行网络贸易的国内交易零税率和国际交易零关税方案。1996 年 11 月，美国财政部发表了《全球电子商务选择性的税收政策》，除了税收中性原则以及尽可能与国际税收原则协调的观点外，还明确提出了对网上交易不开征任何新税，并且提出强化居民税收管辖权。1998 年，美国国会通过了《因特网免税法案》，对互联网税收实行缓征 3 年的政策。

① 陆亚如，《关于电子商务税收政策的国际比较》。

2000 年 5 月，美众议院又通过了一项法案，将禁止征收网络税的时间从 2001 年延长到 2006 年。

2. 欧盟于 1998 年 6 月发表了《关于保护增值税收入和促进电子商务发展的报告》，认为不应把征收增值税和发展电子商务对立起来。目前欧盟大多数成员国都实行有限关税制度。欧盟委员会认为，为了保持税收中性，可以不开征新税，但也不能为电子商务免除现有的税负，否则将导致不公平竞争，因此，拟向在互联网上从事电子商务活动的欧洲消费者征收增值税。

（二）我国在电子商务税收政策方面的态度

我国是一个发展中国家，由于硬、软件环境和信息基础设施的不足，电子商务与发达国家相比，还存在很大的差距。一方面网络技术对经济的拉动作用非常大，另一方面我国目前电子商务交易额比重很低，绝对数额很小，所以我国给予了税收倾斜政策，规定对互联网暂不征税。我国电子商务税收政策法律体系如图 3-7 所示。当然，暂不征税或优惠征税并不意味着对这部分征税主权的放弃，为保护税制的权威与公正，我国不会像部分发达国家那样打算对电子商务永久免税，因为电子商务的电子形式并未改变其贸易的特性。一旦条件成熟，如纳税人身份的确认、收入来源地的确认、收入所得的划分、电子现金支付等技术问题得以解决，电子商务税收必将成为我国税收新热点。

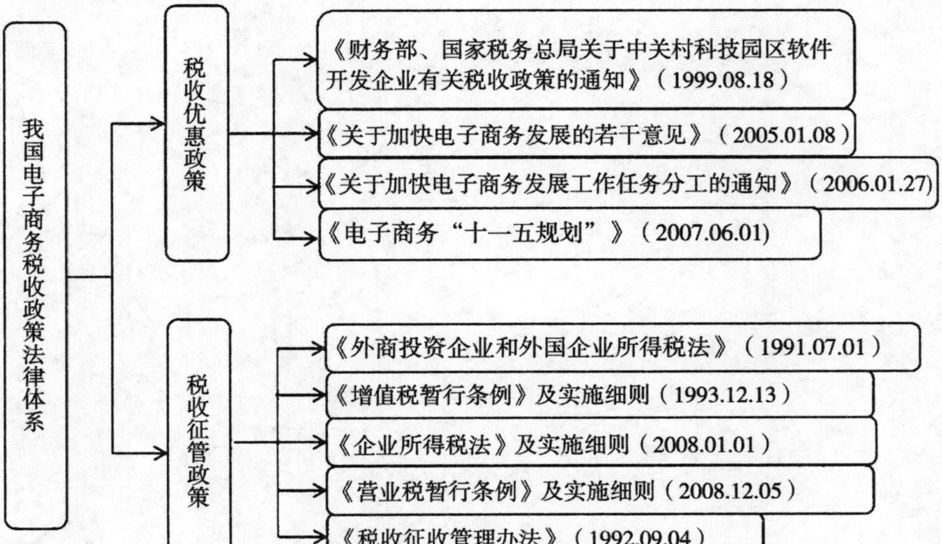

图 3-7　我国电子商务税收政策法律体系

【思考题】

1. 我国跨境电商的政策法规发展经历了几个阶段？

2. 我国与国外的跨境电子商务政策法规的异同点分别在哪里？

3. 我国与国外的跨境电商税收政策有差别吗？

4. 我国目前在跨境电商政策法规中的关注点有哪些？还需要对哪些加以关注？

5. 我国标准与国际标准的差距主要在哪里？有哪些缺失？

6. 我国今后需要在哪些方面加强监管？

7. 我国有哪些部门出台了跨境电商相关政策？

8. 13 个试点城市为促进跨境电商的发展给予了哪些政策支持？

第四章　跨境电商常用的商务英语

【学习目标】

本章旨在让学习者了解跨境电商常用的商务英语。完成本章学习后，学习者应了解跨境电商“贸易前”“贸易中”“贸易后”三个阶段所涉及的大部分常用词汇表达及其含义；会使用上述三个阶段所涉及的跨境电商实用句型。

【本章重点】

本章的学习重点是跨境电商“贸易前”的咨询，店铺、产品介绍；“贸易中”的支付、发货物流、产品质量、报关；“贸易后”的评价、退换货、退款、投诉。这三大阶段的类别所涉及的常用词汇表达及实用句型。

第一节 跨境电商常见词汇表达

一、跨境电商概述

跨境电商是指分属不同关境的交易主体，通过电子商务平台达成交易、进行支付结算，并通过跨境物流送达商品、完成交易的一种国际商业活动。随着 2015 年“互联网+”时代的来临，以跨境电商为代表的新型贸易近年来的发展脚步正在逐渐加快，并有望成为中国贸易乃至整个国家经济的全新增长引擎。而在跨境电商交易中，如果不了解跨境电商专业名词很有可能会导致各类消费问题出现，所以本小节将介绍跨境电商相关的部分专有名词，以快速了解基本的跨境电商常见英语词汇。拓展词汇中涉及的专有名词将逐一给出释义，便于学习者理解学习。

1. 基础词汇

（1） transaction　交易

例：financial transactions between companies　公司间的财务交易

（2） commercial　商业的，商务的

例：a commercial vehicle　一辆商用车

（3） tariff 关税

例：The benefit can be achieved through tariff concessions and “early harvest”. 这种好处可通过关税减免和“早期收益”实现。

（4） custom 海关

例：How long will it take us to pass the customs? 我们要花多长时间才能通过海关?

2. 拓展词汇

（1） cross-border e-commerce　跨境电商

即跨境电子商务，是指不同国境地域的交易主体之间，以电子商务的方式达成交易的一种国际商业活动。

（2） general trade　一般贸易

单边输入关境或单边输出关境的进出口贸易方式，其交易的货物是企业单边售定的正常贸易的进出口货物。

（3） overseas purchase　海外代购

国内买家通过个人或机构在海外市场购买商品，然后通过邮寄、快递或

者直接携带等方式，将商品送到买家手里的行为。

（4）cross border e-commerce comprehensive test area　跨境电子商务综合试验区

中国跨境电子商务综合试验区是在中国设立的跨境电子商务综合性质的先行先试的城市区域，旨在跨境电子商务交易、支付、物流、通关、退税、结汇等环节的技术标准、业务流程、监管模式和信息化建设等方面先行先试，通过制度创新、管理创新、服务创新和协同发展，破解跨境电商发展中的深层次矛盾和体制性难题，打造跨境电商完整的产业链和生态链，逐步形成一套适应和引领全球跨境电商发展的管理制度和规则，为推动中国跨境电商健康发展提供可复制、可推广的经验。

（5）bonded warehouse　保税仓库

保税仓库是保税制度中应用最广泛的一种形式，是指经海关核准的专门存放保税货物的专用仓库。

（6）personal postal articles tax　行邮税

行邮税是行李和邮递物品进口税的简称，是海关对入境旅客行李物品和个人邮递物品征收的进口税。

（7）national inspection　国检

国检是出入境检验检疫机构的简称。指对出入境的货物、人员、交通工具、集装箱、行李邮包携带物等进行检验检疫，以保障人员、动植物的安全和卫生和商品的质量。

（8）customs inspection　海关检查

海关检查是对出入境的货物、邮递物品、行李物品、货币、金银、证券和运输工具等进行监督检查和征收关税的一项国家行政管理活动。

（9）commodity inspection　商检

商检即商品检查，《中华人民共和国进出口商品检验法》规定，进出口商品实施检验的内容，包括商品的质量、规格、数量、重量、包装，以及是否符合安全、卫生要求。

（10）smuggled goods　水货

水货不是指假货，水货是指某国或地区没有经过原生产厂家所指定的销售代理而进行销售的产品。而法律对两者的判定遵循的法律也是不同的，前者被纳入走私罪范畴。

（11）SKU（Stock Keeping Unit）　库存量单位

即库存进出计量的单位，可以是以件、盒、托盘等为单位。

（12）KYC（Know Your Customer）KYC 政策

即充分了解你的客户，对账户持有人的强化审查，是反洗钱用于预防腐败的制度基础。

（13）UPC（Universal Production Code）商品通用条码

扫描后可结账、盘存货物等。UPC 码仅可用来表示数字，故其字码集为数字 0~9。

（14）barter trade　易货贸易

支付结算采用以货换货的方式，即商品经过计价后进行交换，以补充现汇不足的贸易。

（15）bilateral trade　双边贸易

两国之间彼此保持进出口收支平衡的贸易。这种贸易双方各以本国的出口支付从对方国的进口，而不用对对方的出口支付从第三国的进口。

（16）triangle trade　三角贸易

通过协议，在三国之间互相搭配商品保持贸易收支平衡的贸易。它是在两国之间的贸易不能实现平衡时，把两国贸易扩大到第三国关系上产生的。

（17）multilateral trade　多边贸易

三个或三个以上的国家，为寻求相互间的收支在整体上获得平衡，通过协议，在多边结算的基础上所进行的贸易。

（18）issuing bank/issuer　开证行

开证行是接受开证人委托，开立信用证的银行。一般是进口地的银行。

二、询盘

询盘又称询价，是指买方或卖方为了购买或销售某项商品，向对方询问有关交易条件的表示。在跨境电商中，一般多由买方主动向卖方发出询盘。可以询问价格，也可询问其他一项或几项交易条件以引起对方发盘，目的是试探对方交易的诚意和了解其对交易条件的意见。本小节将介绍询盘中的常用词汇，以方便交易双方在询盘过程中准确地表达自己的想法，拓展词汇中涉及的专有名词将逐一给出释义，便于学习者理解和学习。

1. 基础词汇

（1）enquiry　询盘，询价单，询价

例：make some enquiries　做调查

（2）offer　报价，报盘

例：to make an offer　要价，出价

（3）order　订购，订单

例：place an order for sth. 订购……

（4）negotiate　洽谈

例：We have been negotiating for more pay. 我们一直在谈判，争取更高的薪水。

（5）quotation　报价，报价单

例：to invite quotation or offer from the seller　向卖方请求报价

（6）offeror/offerer　要约人，报价人，发盘人

例：The 23rd acceptance shall reach the offeror within the period prescribed in the offer.　第二十三条承诺应当在要约确定的期限内到达要约人。

（7）offeree　受要约人，接盘人，被发价人

例：The notice of withdrawal shall reach the offeree before or at the same time as the offer.　撤销要约的通知应当在受要约人发出承诺通知之前到达受要约人。

（8）firm offer　实盘，固定报价

例：Well, to compensate a part of the loss, as you suggested, may I ask you to make us a firm offer for 50,000 glazed wall tiles C. I. F. , Manila including the risk of breakage, Nov. shipment?　如你所说，为了赔偿一部分损失，可否请你们报给我们一个11月份装船，实盘五万块釉面瓷砖包括破碎险在内的马尼拉到岸价?

（9）counter-offer　买方还价，还盘

例：We hope you will consider our counter-offer most favorably and tell us your decision at your earliest convenience.　我方希望你方能考虑我们的还盘，给出一个最优惠的价格，并在方便的时候，尽早告诉我们。

2. 拓展词汇

（1）Free Alongside Ship（FAS）船边交货

卖方在指定的装运港码头或驳船上把货物交至船边，从这时起买方须承担货物灭失或损坏的全部费用和风险。另外，买方须办理出口结关手续。本术语适用于海运或内河运输。

（2）Free On Board（FOB）船上交货

卖方在指定的装运港把货物送过船舷后交付。货过船舷后买方须承担货物的全部费用、风险、灭失或损坏，另外要求卖方办理货物的出口结关手续。本术语适用于海运或内河运输。

（3）EX Works（EXW）工厂交货

卖方负有在其所在地，即车间、工厂、仓库等把备妥的货物交付给买方的责任，但通常不负责将货物装上买方准备的车辆上或办理货物结关。买方承担自卖方的所在地将货物运至预期目的地的全部费用和风险。

（4）Free Carrier（FCA）货交承运人

卖方应负责将其移交的货物办理出关后，在指定的地点交付给买方指定的承运人照管。根据商业惯例，当卖方被要求与承运人通过签订合同进行协作时，在买方承担风险和费用的情况下，卖方可以照此办理。

（5）Carriage Paid To（CPT）运费付至

卖方支付货物运至指定目的地的运费。关于货物灭失或损坏的风险，以及货物交至承运人后发生事件所产生的任何额外费用，自货物已交付给承运人照管之时起，从卖方转由买方承担。另外，卖方须办理货物出口的结关手续。本术语适用于各种运输方式，包括多式联运。

（6）Cost and Freight（CFR or C&F）成本加运费

卖方必须支付把货物运至指定目的港所需的开支和运费，但从货物交至船上甲板后，货物的风险、灭失或损坏以及发生事故后造成的额外开支，在货物越过指定港的船舷后，就由卖方转向买方负担。另外，要求卖方办理货物的出口结关手续。本术语适用于海运或内河运输。

（7）Cost, Insurance and Freight（CIF）成本、保险费加运费

卖方除负有与“成本加运费”术语相同的义务外，卖方还须办理货物在运输途中应由买方承担所购货物的灭失或损坏的海运保险并支付保险费。本术语适用于海运或内河运输。

（8）Carriage and Insurance Paid to（CIP）运费及保险费付至

卖方除负有与“运费付至（指定目的地）”术语相同的义务外，卖方还须办理货物在运输途中应由买方承担的货物灭失或损坏风险的海运保险并支付保险费。

（9）Delivered Duty Paid（DDP）完税后交货

卖方将备好的货物在进口国指定地点交付，而且承担将货物运至指定地点的一切费用和风险，并办理进口结关。

十三种贸易术语详细图解如图 4-1 所示。

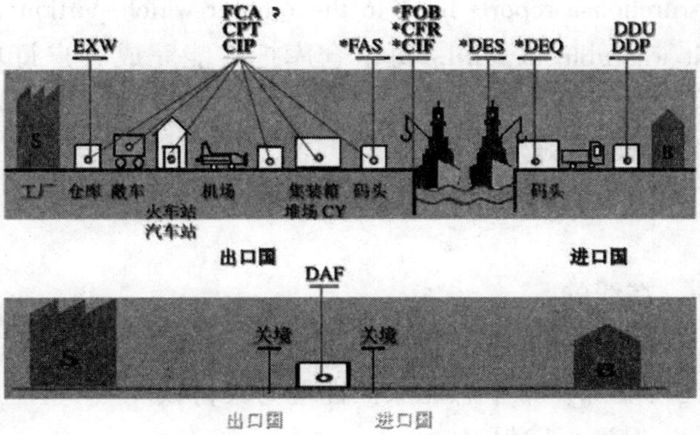

图 4-1　十三种贸易术语图解

三、店铺

跨境电商是新常态下推动经济转型发展的重大战略，是经济发展的新引擎、产业转型的新业态、对外开放的新窗口，而跨境电商利好的落地，也会掀起新一轮的跨境电商创业创新热潮。网上商铺作为跨境电商的一个起点，学习者有必要去了解与开通商铺相关的一些英语实用词汇，本节不涉及拓展词汇，以下为基础词汇。

（1）storefront　店面

例：That small number Wei quoted would presumably fund business with an online storefront and a small amount of goods, which could be sold for proceeds to pay the loan and buy more wares.　据推测，魏提到的少量自有资金或许将用来开设在线店面，以及购置少量货物，这些货物出售后的款项将用来继续提供贷款，以及购买更多的货物。

（2）marketing　销售

例：But what other groups of items do shoppers buy together that are not anticipated by the marketing team? 但是销售小组所没有预期到的购物者想要一起购买的其他成组的商品是什么？

（3）customize　按照顾客的要求制作

例：You can customize the software in several ways. 您可以通过多种方式自定义软件。

（4）demonstration　演示，表明

例：to hold/stage a demonstration　示范

（5）warehouse　仓库

例：Each warehouse reports back to the retailer which portion（if any）of the customer order it was able to fulfil. 每个仓库把它能完成客户订单的那个部分（如果有）的报告返回给零售商。

（6）operate　操作；经营

例：What skills are needed to operate this machinery? 操作这台机器需要什么技能？

（7）online　在线的

例：Say I have an online resource that I want you to symbolically pay for. 比如，我有一个在线资源，希望您能象征性地为其付钱。

（8）ensure　保证，确保

例：We need to ensure the credibility of the market. 我们必须保证这个市场的信誉。

（9）guarantee　保证，担保

例：Goods are sold with money-back guarantee. 售出商品质量不符保证退款。

四、产品及产品介绍

在这个全球经济快速发展、信息快速传递的时代，人们生活水平在不断提高，跨境商品已经成为追求高品质生活的消费者的一个大需求点，所以学习跨境商品的英文说法是很有必要、很实用的。本章将介绍几种商品类别相关的热搜词汇，以及在产品介绍过程中可能会用到的常用英语词汇。在学习过程中将不再列举基础词汇的相关例句，拓展词汇中涉及的部分名词将给出释义，便于学习者学习和理解。

1. 基础词汇

（1）珠宝类热搜词

bracelet　手镯；手链

silver　银

necklace　项链

charm　宝石；链的添加饰品

（2）钟表类热搜词

men-watch　男士手表

luxury watch　名表

wrist watch　腕表

fashion watch　时尚手表

（3）家居与花园类热搜词

party decoration　派对装饰品

dog training collar　驯狗项圈

masquerade mask　化装舞会面具

Christmas decoration　圣诞节装饰品

（4）鞋类热搜词

basketball shoes　篮球鞋　boots women　女靴
ankle boots　短靴，足踝靴　men shoes　男士鞋

（5）服装类热搜词

party dress　派对礼服　swimwear for women　女士游泳衣
underwear　内衣裤　leather jacket　皮夹克
sleepwear　睡衣裤

（6）箱包类热搜词

handbags　手提包　men messenger bag　男士邮差包
shoulder bags　单肩包　wallet　钱包，皮夹
backpacks　双肩背包　tote bags　大手提袋
evening bags（妇女用于晚上正式场合的）女用小手提包

（7）时尚配件类热搜词

sunglasses　太阳镜　belts for men　男士腰带
blanket　毛毯　scarfs for women　女士围巾

（8）手机类热搜词

iPhone X case　iPhone X 手机壳　S9　三星 9
Note X　小米 X　Lenovo　联想

（9）电脑类热搜词

13 inch tablet　13 英寸平板电脑　phablet　平板手机
quad-core tablet pc　四核平板电脑　laptop　膝上型轻便电脑，笔记本电脑
3D printer　3D 打印

（10）消费电子类热搜词

Android TV box　安卓电视盒　atomizer　喷雾器
headphone　头戴式耳机　quad-core TV box　四核电视盒
mini speaker　迷你音响　LCD projector 液晶显示投影仪

（11）汽配类热搜词

car badge　车牌　GPS for cars　GPS 定位汽车
key programmer　钥匙匹配　led light bar　荧光灯型 LED

（12）灯具类热搜词

led bulbs　LED 灯　bulb　灯泡
Christmas lights　圣诞节用灯

（13）户外运动类热搜词

fishing tackle　钓具　fishing rod　钓鱼竿
fishing lure　鱼饵　beanies　毛线帽

（14）安防类热搜词

home alarm　家用气体报警器
IP camera　网络监控摄影机
spy camera　间谍相机
lock pick set　开锁工具
lock pick　开锁器

（15）母婴类热搜词

lace　蕾丝
girls dressed　女孩的裙子
baby clothed　婴儿衣服
baby shoes　儿童鞋子
tutu　芭蕾舞短裙

2. 拓展词汇

（1）design　图案

（2）catalogue　目录

（3）counter sample　对等样品：在实际业务中，如卖方认为按买方来样供货没有切实把握，卖方可以根据买方来样仿制或从现有货物中选择品质相近的样品提供给买方。

（4）pattern sample　型式样品：为了认证目的进行的型式检验。是对一个或多个具有生产代表性的样品利用检验手段进行合格评价。

（5）duplicate sample　复样：指留存的一份或数份同样的样品。

（6）colour sample　色彩样品：指用实物样品来代表商品质量时，仅表示商品色彩方面质量的实物样品。

（7）subject to the counter sample　以对等样品为准

（8）sample for reference　参考样品：国际贸易中卖方向买方提供样品仅作为谈判参考用的，称为参考样品。与成交样品的性质不同，不应作为正式的检验依据。

（9）sales by sample/description/trade mark of brand/specification, grade, of standard　凭样品/说明书/商标和牌名/规格、等级或标准买卖

（10）specification　规格；说明书；详述

五、支付

在我国跨境电商发展的前期，通关物流与相关的结算方式是在线交易的主要支付形式，比如传统的邮政汇款、银行转账以及信用证。最近几年来，伴随电子商务的发展，出现了大批包裹海外仓转运模式和第三方支付平台，信用卡支付、邮政汇款、银行转账等多种支付方式也在不断创新发展中。本小节将介绍跨境电商支付过程中涉及的常用词汇与短语，拓展词汇中涉及的专有名词不再给出具体释义，学习者可自行查阅相关资料，帮助理解和掌握。

1. 基础词汇

（1）payment　支付，付款

例：She fell down on her payment. 她没有如期付款。

（2）dishonour　拒付

例：When this happens，they will dishonour their own promises. 如果这件事发生，他们将会不履行诺言。

（3）discount　贴现；折扣

例：If they want to bombard me with advertising，then give me a discount. 如果他们要对我进行广告轰炸，那么需要给我打折扣。

（4）draft　汇票

例：Do you accept at sight draft or time bill? 你们接受即期汇票还是远期汇票?

（5）promissory note　本票

例：It is obvious today that America has defaulted on this promissory note insofar as her citizens of color are concerned. 然而，今天美国显然对她的有色公民拖欠着这张期票。

（6）cheque　支票

例：The bank cashed his cheque. 银行兑了他的支票。

（7）invoice　发票

例：You can choose an invoice to view and print. 您可以选择查看和打印一张发票。

（8）remittance　汇款

例：A remittance must accompany all orders. 所有订单均须附汇款。

（9）settlement　结算

例：Reynolds started raising the price of premium brands to offset payments to the settlement. 雷诺兹开始提高高档品牌的价格，以抵消支付给结算的费用。

2. 拓展词汇

（1）支付时间

payment in advance　预付（货款）

pay on delivery（P. O. D.）　货到付款

payment by installment　分期付款

at sight　即期，见票即付

payment on terms　定期付款

at. . . days after sight　见票后若干天付款

payment at maturity　到期付款
at... days after date　出票后若干天付款
deferred payment　延期付款
at... days after B/L　提单签发后若干天付款
（2）支付协议相关
payment agreement　支付协定
payment order　付款订单
pay order　支付订单
the bank interest　银行利息
letter of credit（L/C）　信用证
（3）结算方式
payment for（in）cash　现金支付，付现
documents against payment（D/P）　付款交单
payment by banker　银行支付
electronic funds transfer（EFT）　电子资金转账
payment by remittance　汇拨支付
cash on delivery（C. O. D.）　交货付现
cash with order（C. W. O.）　随订单付现
cash against documents（C. A. D.）　凭单付现
demand draft（D/D）　票汇
payment in kind　实物支付
mail transfer（M/T）　信汇
document against acceptance（D/A）　承兑交单
telegraphic transfer（T/T）　电汇
（4）支付额
payment in part　部分付款
payment in full　全部付讫
（5）支付对象
pay... Co. only　仅付……公司
pay... Co. not negotiable　付……公司，不准疏通
pay... Co. or order（pay to the order of... Co.）　付……公司或其指定人
bank card acquiring service　银行卡收单业务
payment service provider（PSP）　支付服务商
（6）拒付

the refusal of payment　拒付

(7) 汇票

clean bill　光票

commercial/banker's bill　商业汇票

documentary bill　跟单汇票

banker's bill　银行汇票

sight bill　即期汇票

commercial acceptance bill　商业承兑汇票

time /nuisance bill　远期汇票

bankers' acceptance bill　银行承兑汇票

(8) 发票

performer invoice　形式发票

recipe invoice　收妥发票

sample invoice　样品发票

certified invoice　证明发票

consignment invoice　寄售发票

manufacturer's invoice　厂商发票

(9) 托收

clean bill for collection　光票托收

collection advice　托收委托书

documentary bill for collection　跟单托收

collection bill purchased　托收出口押汇

uniform rules for collection　托收统一规则

trust receipt　信托收据

六、发货物流

如今跨境电商外贸卖家越来越多，每当做业务开始有订单时，第一个要考虑的问题就是怎么选择快递物流把货发到国外去。一般来讲，小卖家可以通过平台发货，选择国际小包等渠道。但是对于大卖家或者独立平台的卖家，他们需要优化物流成本，需要考虑客户体验，需要整合物流资源并探索新的物流形式。本小节将介绍跨境电商中物流相关常用词汇，拓展词汇中涉及的专有名词不再给出具体释义，学习者可自行查阅相关资料，帮助理解和掌握。

1. 基础词汇

(1) transport/move　运输

例：Meanwhile we must do a good job in transport and communications. 同时我们要搞好交通运输工作。

（2）carriage　运费

例：Lockheed said soldiers will be evaluated to assess the effects of load carriage—with and without use of the HULC exoskeleton. 洛克西德说估计士兵将要参与评价负重运输的效果——包括使用和不使用人类负重外骨骼。

（3）cartage　搬运费

例：D yuan，including the labels fee and cartage charge. D 元，包括标签费和搬运费。

（4）logistics　物流

例：Some cost savings could have been achieved by improving the logistics of loading trucks and shipping packages within each division. 通过在每个部门内部改善装载卡车的后勤工作和运输包装，可以节约一些成本。

（5）trace　跟踪，查询

例：Her book traces the history of towns from the Saxon era to the present. 她的书从撒克逊时代追溯到现在的城镇历史。

2. 拓展词汇

（1）运输方式

to do charter　租船

overseas direct mail mode　海外直邮模式

to transport by sea　海运

to transport by railway　陆运

direct vessel　直达船只

cargo by rail　铁路运输

transport by container　集装箱运输

cargo by road　公路运输

bonded stocking mode　保税备货模式

train-air-truck（TAT）“陆—空—陆”联运

collect direct mail mode　集货直邮模式

（2）运费

cartage note　搬运费率

carriage paid　运费已付

carriage free　免收运费

carload rate　整车运费

carriage forward　运费待付

basic rate　基本运费率

heavy lift additional　超重附加费

A. V.（Ad. Val）　从价运费

over length additional　超长附加费

transportation expenses　运输费用

（3）吨

freight ton　运费吨

weight ton 重量吨

measurement ton　尺码吨

(4) 提单

transport document　运输单据
open/bearer B/L　不记名提单
bill of lading (B/L)　提单
order B/L　指示提单
on board/shipped B/L　已装船提单
long form B/L　全式提单
received for shipment B/L　备运提单
on deck B/L　舱面提单
direct B/L　直达提单
stale B/L　过期提单
transshipment B/L　转船提单
advanced B/L　预借提单
clean B/L　清洁提单
freight at destination B/L　运费到付提单
unclean B/L 或 foul B/L　不清洁提单
freight prepaid B/L　运费预付提单
straight B/L　记名提单

(5) 运输

transportation facilities　运输设备
transportation tax　运输税
transportation insurance　运输保险
transport chain　运输体系
transportation permit　运输许可证
cargo worthy　适宜货运
transportation system　运输系统

(6) 租船

time charter　定期租船
return voyage charter　回航次租船
time charter trip　航次期租
voyage charter　定程租船
single voyage charter　单程租船

(7) 管理

supply chain management (SCM)　供应链管理
inventory management　库存管理

七、产品质量

在跨境电商交易过程中，卖家需要向买家介绍产品的质量，以吸引其购买此产品，同时，买家也需要向卖家询问产品质量相关的信息，以做出最合适的决策。本小节将介绍跨境电商中产品质量相关的常用词汇，帮助买卖双方更清楚、更准确地表达与描述产品质量相关的信息。拓展词汇中涉及的专有名词不再给出具体释义，学习者可自行查阅相关资料，帮助理解和掌握。

1. 基础词汇

(1) first-class　一流

例：Offer it to the first-class houses. 把它寄给一流商行。

（2） sampling　抽样

例：What kind of sampling procedure do you use? 你将采用什么样的抽样程序?

（3） grade　等级

例：How would you grade the assignment? 你将如何为这个作业评分?

（4） standard　标准

例：This piece of work does not come up to your usual standard. 这件作品达不到你们平常的标准。

（5） specification　规格

例：I propose that we use the word specification instead. 我建议我们使用规格说明来代替需求。

（6） trade mark　商标

（7） brand　牌名

（8） particulars　细节

例：He descended to particulars. 他转而谈到细节。

2. 拓展词汇

（1） 质量描述

best quality　最好的质量

common quality　一般的质量

high/superior quality　高质量

above the average quality　超过平均质量

good/fine quality　好质量

standard quality　标准的质量

sound quality　完好的质量

usual quality　通常的质量

better quality　较好的质量

popular quality　大众化的质量

fair quality　良好的质量

uniform quality　始终如一的质量

choice/selected quality　精选的质量

average quality　平均质量

prime/tip-top quality　第一流的质量

fair average quality（f. a. q.）大路货

first-class/rate quality　一流的质量

bad quality　劣质

good merchantable quality　全销质量

low quality　低质量

inferior quality　较次的质量

poor quality　较差的质量

（2） 质量管理

quality clause　品质条款

quality landed　卸岸品质

quality certificate　品质证明书

quality shipped　装船品质

quality of export and import commodities　进出口商品质量

quality as per buyer's sample　凭买方样品质量交货

Fair Average Quality（F. A. Q.） 良好平均品质（国际上买卖农副产品时常用此标准）

quality to be considered as being about equal to the sample 品质与样品大致相同

八、报关

报关是指进出口货物装船出运前，向海关申报的手续。按照我国海关法规定：凡是进出国境的货物，必须经由设有海关的港口、车站、国际航空站，并由货物所有人向海关申报，经过海关放行后，货物才可提取或者装船出口。本小节将介绍报关相关的常用英语词汇，拓展词汇中涉及的专有名词不再给出具体释义，学习者可自行查阅相关资料，帮助理解和掌握。

1. 基础词汇

shipment documents 运输单据
customs declaration（C/D）报关单
ocean vessel 海运船只
description of goods 货品描述
name and specifications 品名及规格
weight 重量
gross weight 毛重
net weight 净重
tare 皮重
quantity 数量
unit price 单价
total total amount 总价
consignor 发货人
consignee 收货人
shipper 托运人
carrier 承运人
notify party 通知方
agent 代理人
shipping agent 装运代理人，发货代理人
insurance agent 保险代理人
freight charges 运费
air freight charge 航空运费
freight rates 运费率
extras 杂费
port of dispatch 发货港
port of departure 始发港
port of 起运地
port of port of loading 装载的货物
shipment 装货港
delivery 交货港
port of destination 目的港
port of discharge 卸货港
port of entry 进口港
port of transshipment 转运港
commodity code 商品编码
country of origin and manufacturers 原产国及生产商
Invoice No. 发票编号
Contract No. 合同编号
B/L No. 提单号
CNTR No. 柜号
S/C No. 销售合同号码
Purchase Order No. 订单号

Certificate No. 证书编号
Art. No. 货号
Case No. 箱号
S/O No. (shipping order) 装货单号
Voy No. 航次
Seal No. 封号
Reference No. 证书编号
Customs Ves. 海关编号
Marks & Nos. 麦头和编号
Container No. 集装箱号

mt (metric ton) 公吨
b (pound) 磅
g (gram) 克
kg (kilogram) 公斤
L (litre) 升
cm (centimetre) 厘米
yd (yard) 码
ft (foot, feet) 尺
sq m (square metre) 平方米
cu m (cubic metre) 立方米

2. 拓展词汇

accepting bank 呈兑银行
accepting house 呈兑行
actual tare 实际皮重
actual weight 实际重量
ad valorem duty 从税价
ad valorem freight 从税运价
advice of shipment 装运通知
air bill lading 空运提单
air freight 空运费
air waybill 航空运单
airport destination 目的地
Art. No. 货号
at sight 见票即付
authorized agent 指定的代理人
banker's bill 银行汇票
bill lading 提单
booking list 定舱清单，装货定舱表
cargo in bulk 散装货
cargo insurance 货物运输保险
cash against bill lading 凭提单付款
cash against delivery 货到付款
cash against shipping documents 凭单付款
cash and delivery 付款交货，货到付款
certificate of origin 产地证明书
certificate of quality 货物品质证书
certificate of quantity 货物数量证明书
chargeable weight 计费重量
clean bill of lading 清洁提单
commodity code 商品编码
condition of carriage 货运条件
confirmed credit 保兑信用证
confirming bank 保兑银行
confirming house 保付商行
consignee's address 收货人地址
consignment agent 寄售代理人
Consignment business 寄售业

九、评价

跨境电商中，用户评价是对商家最直接的一种反馈，从用户评价中，卖家可以获知对于商品、服务、物流等最直接的点评，也能切实了解到店铺的不足之处。对于买家而言，准确、一针见血的评价可以让其他买家借鉴，某种程度上也会影响该店铺的销售。本小节将介绍有关跨境购物后的用户评价的相关词汇。

1. 基础词汇

（1）recommend　推荐

例：Therefore，I recommend against using them. 因此我不推荐使用它们。

（2）appalling　骇人听闻的，令人震惊的；可怕的

例：Your service has been really appalling. 你们的服务态度很差。

（3）match　匹配

例：The two don't match at this point. 这两个实体在此处不能匹配。

（4）fit　适合

例：This coat does not fit me. 这上衣并不适合我穿。

（5）latest　最新的

例：The latest model of this washer is now on sale in your shops. 这种最新型号的洗衣机目前正在你们的商店中出售。

（6）fashion　时装

例：But I still love fashion. 但我依然热爱时装。

（7）wrinkle　起皱

例：Lighter cloths wrinkle easily while those heavy sweaters will fare just fine in the dresser drawer. 较薄的衣物更容易起皱，而那些厚毛衣放在梳妆台抽屉里面就可以了。

（8）attractive　迷人的

例：There will certainly be some repercussions from that，not all of them attractive，but I think that was a net positive. 当然，这无疑会造成一些影响，并不全是那么迷人，但我认为，从总体来说，这一行动带来的成果是正面的。

（9）reliable　可靠的

例：Public tip-offs have proven more reliable than before. 群众举报比以往更加可靠。

（10）inferior　差的

例：They regard anything foreign as inferior，and it's sheer ignorance and narrow minded bigotry that make them so smug and intolerant. 他们认为一切外国的东西都是差的。这种彻头彻尾的无知、狭隘和偏执使得他们如此沾沾自喜、如此缺乏宽容之心。

(11) superior　出众的

例：Not only was our defect rate lower, but the architecture and design were superior. 不仅仅是我们的缺陷率更低了，而且架构和设计也是出众的。

(12) excellent　杰出的

例：This is an excellent quality. 这是一种杰出的品质。

(13) sanitary　卫生的

例：We have discussed our safety and sanitary regulations. 我们已经讨论了安全规则和卫生规则。

(14) durable　耐用的

例：Half of them say they have enough money for food and clothes but struggle to buy durable goods. 他们中的半数人说有足够的钱购买食品和衣服，而在买耐用商品时就显得拮据了。

(15) reputation

例：Since the establishment of our company, it has received universal praise by virtue of good reputation, high quality and perfect after-service. 我公司自成立以来，凭借良好的商业信誉和绝对的质量保证及完善的售后服务，我们得到了全国各地众多客户的高度评价和赞赏。

(16) evaluate　评价；估价

例：Buyer would has 24 hours for checking after he get goods, please confirm and give your suggestion in time. Base on spiteful evaluate, we will cancel the after service! 买家有 24 小时来对收到的货物进行检测，确认并给出自己的评价，基于不合理的评价，我方不负责售后！

(17) virtue　美德；优点；贞操；功效

例：Honesty is a virtue. 诚实是一种美德。

(18) reputation　名声，名誉；声望

例：The quality of this cloth is better than that one's. 这块布的质量比那块布的好。

(19) quality　质量，品质；特性；才能

(20) perfect　完美的；最好的；精通的

例：Improve the service not only includes the hardware, by also covers technology consulting, the company also hopes membership with the perfect service to build customer good evaluation. 完善的售后服务不只包含了硬件，也涵盖了技术咨询。本公司更希望借着完善的售后服务来建立客户的良好口碑。

（21）negative　负的；消极的；否定的；阴性的

（22）feedback　反馈；成果，资料；回复

例：Do you give（him）some of that feedback？你（向他）提供这样的反馈信息吗？

（23）after-service　售后服务

例：The automotive reliability analysis method based on failure information from after-service webs of automobile manufacture is discussed in this paper. 文中介绍了利用汽车制造企业售后服务网络反馈的故障信息来对汽车行进行可靠性评价的方法。

（24）allowance　津贴，零用钱；允许；限额

例：They deducted the cost of the broken window from his allowance. 他们从他的津贴中扣除损坏窗户的费用。

（25）appreciate　欣赏；感激

例：Make sure they know how much you appreciate them，and make sure that your after-sales support reflects this. 明确地让他们知道你很感谢他们，并确保你给予他们的售后服务体现了这一点。

2. 拓展词汇

negative comment/feedback　差评　　internet review　网上评价

online rating system　网上评价系统　　moderate price　价格合适

sheer robbery　纯粹的抢劫（价格太贵了）

十、退换货和退款

跨境电商中，难免还是会遇到退换货、退款的情况，这个时候需要卖家礼貌、妥当地处理客户提出的问题，为以后继续合作、打造良好口碑做铺垫。本小节将介绍有关退换货、退款常见的商务英语词汇，拓展词汇中部分专有名词将给出释义，以便于学习者学习和理解。

1. 基础词汇

（1）charge-back　退款

例：A nominal charge-back fee would apply to the change in quota. 象征性的退费将应用到限额的变化上。

（2）Orecoup　收回，恢复，偿还，扣除

例：Credit card transactions are usually assessed a fee（either to the recipient or the sender）to recoup the transaction fees charged to the mediary. 为了补偿中间

支付平台付出的交易费，信用卡交易往往会被征收一笔费用（向收货人或者发货人）。

（3）fraud 欺诈，诡计

例：She also learned how to deal with Internet fraud. 她还学习到怎样去处理网络欺骗问题。

2. 拓展词汇

（1）产品问题

faulty product 产品损坏　　quality issue 质量问题

wrong size 尺码不对　　shipping problems 寄送问题

lost package 包裹丢失

bogus products 假冒产品：商品在制造时，逼真地模仿其他同类产品的外部特征，或未经授权，对已受知识产权保护的产品进行复制和销售，借以冒充别人产品。

fake or substandard commodities 伪劣产品：指质量低劣或者失去使用性能的产品。

（2）处理方式

return 退货　　refund 退款

money back guarantee 退款保证　　exchange 换货

price adjustment for sale items 减价货品的差价补偿

十一、投诉

在跨境电商中，对待投诉，卖主应该采取谨慎的态度。接收到投诉信或者相关投诉信息后，首先应调查核实情况是否属实，然后再根据实际情况做出相应的答复。切不可在事实不清的情况下，断然否认对方的投诉，更不可对其投诉内容采取轻视、无礼的态度。如果经调查确认投诉内容是与事实相符的，那就应礼貌地答复并承认错误，并表示会尽快采取纠正措施。回复以简洁为宜，澄清事实并说明处理办法即可。本小节将介绍有关投诉方面的常用英语词汇。本小节没有拓展词汇，基础词汇如下。

（1）noteworthy 值得注意的；显著的

例：A noteworthy problem of this library is that these widgets do not have client capabilities. 此库的一个显著问题是这些小部件没有客户端功能。

（2）evaluation 评价，评估

例：Therefore, the critical evaluation need is one of measurement, and this should be the primary goal of the tester in this phase. 因此，关键的评估需求是其

中的一个测量结果，并且这应该是此阶段测试人员主要的目标。

（3）comment　评论

例：Do you have any comment？你对此有何评论？

（4）evidence　证据

例：Let me adduce more evidence. 让我举出更多的证据。

（5）review　回顾；写评论

例：You regularly need to review information about projects and their associated costs. 您经常需要检查项目和它们相关的成本的信息。

第二节 跨境电商实用句型

一、交易前

（一）咨询

在跨境电商中，无论是商家和厂家，还是商家和消费者之间，针对有关贸易条件的咨询都是很有必要的。咨询的内容可涉及价格、规格、品质、数量、包装、装运及索取样品等。咨询可采用口头、书面、电子邮件等形式。为了更好地了解交易双方彼此的情况，双方需要简明、规范地向对方表达想要咨询的项目内容。同样的，在回复对方的咨询时，也需要用礼貌、专业的商务英语。本小节将介绍在咨询过程中可能会用到的跨境电商实用句型。

1. Would you tell us what quantity you require so that we can work out the offer？为了便于我方提出报价，能否请您谈谈贵方需要的数量？

2. We want to know how many pieces you need so we can quote you a best price. 我想知道您想要多少件，这样我们就能给您一个最好的报价。

3. Could you tell us how many containers you will buy a year？您能告诉我们您一年会买多少集装箱吗？

4. May I have an idea of your prices？可以了解一下贵方的价格吗？

5. Can you give me an indication of price？您能给我一个估价吗？

6. Please let us know your lowest possible prices for the relevant goods. 请告知贵方有关商品的最低价。

7. When can I have your firm C. I. F. prices, Mr. Li？李先生，什么时候能得到贵方到岸价的实盘？

8. Will you please tell the quantity you require so as to enable us to sort out the offers? 为了便于我方报价，可以告诉我们贵方所要的数量吗?

9. How long does it usually take you to make delivery? 贵方通常要多久才能交货?

情景模拟

Dear Mr. smith,

We were deeply impressed by your new energy-saving lamp exhibited in your stand at the trade fair on July 8th, 2013. So we would like to import large quantities of this kind of products from your company.

Would you please send us your price list and catalogue of your updated energy-saving lamp, with your earliest delivery date, your terms of payment? It would help us the most if you could also supply some samples.

Look forward to hearing from you.

Yours sincerely,
Chuck Thomas
AE Company

亲爱的史密斯先生:

贵公司在 2013 年 7 月 8 日的交易会上展示的新式节能灯给我方留下了深刻的印象。因此，我方想从贵方那里大批进口此产品。

请贵公司向我方发送一份最新款节能灯的价目表、目录，以及贵方最早的交货期和付款条件。如果贵公司能够提供一些样品，对我方是最有帮助的。

期待您的回复。

真诚的,
查克·托马斯
AE 公司

——情景来源:《跨境电商口语表达》(编著: 创想外语研发团队)

(二) 店铺

跨境电商商家在开通店铺、经营店铺、管理店铺的过程中都需要了解其相关的实用英语表达，以便很好地利用在线店铺相关的权益，并与买家进行沟通。本小节将介绍有关店铺运营管理、店铺介绍相关的实用英语表达。

1. Hello, welcome to my internet shop. 您好，欢迎光临我的网店。

2. Are you being helped? / Are you being served? 您需要帮忙吗？

3. We aim to offer our customers the fashion what they want. To stay in touch with the ever changing trends within our market, we have developed a dynamic and very responsive organization. 我们的目标是迎合我们的顾客的时尚需求。为了与我们市场中不断变化的趋势保持一致，我们已经发展出了一个充满活力和有响应的组织。

4. We realize the most important part of our business is the customer. That why we are focused on delivering an exciting shopping experience and making sure that our high standards of quality, value for money and service are always met. 我们意识到我们业务中最重要的部分是客户。这就是我们强调提供令人兴奋的购物体验的原因。并确保我们的高质量标准、金钱和服务的价值得到满足。

5. Our team is highly dedicated and motivated group of individuals. We are firmly focused on your needs. We hope that with continuous developments and renovation we will focus on bringing our unique experience to shoppers. 我们的团队是具有奉献精神和受激励的集体。我们强烈地关注你的需求。我们希望，随着不断的发展和革新，我们将专注于为消费者带来独特的体验。

6. Customer's satisfaction leads to a high credit of our store and makes us be awarded trophies by DHgate since 2007. You can always trust us when doing business with us. We are looking forward to building a long-term business with you. 客户的满意使我们的商店获得了很高的信誉，也因此自 2007 年以来我们得到了 DHgate 授予的奖杯。

你在与我们做生意时，你永远可以信任我们。我们期待与贵公司建立长期合作关系。

情景模拟

Dear friend,

Thank you for your visiting our store. You can find the products you need in our store.

We are one of the biggest suppliers on Ali-Express. With more than 3 years' experience in the world trade, we are able to provide the best prices, the highest-quality products and the superior services. We inspect our products before shipping them out and provide a one-year warranty for all products. We promise to give you a full refund if the products are not as described.

If there is anything you need, please let us know. We can help you find the source.

If you have any other question, please contact us. We are happy to help you.

亲爱的朋友，

谢谢您光临我们的商店。您可以在我们的商店里找到您需要的产品。

我们是全球速卖通的大供应商之一。有 3 年以上的世界贸易经验，我们能够提供最好的价格、高品质的产品和优质的服务。我们在装运前会检查我们的产品，并为所有产品提供一年的保修期。如果产品与描述不符，我们保证会给您全额退款。

如果您需要什么，请告诉我们，我们可以帮您找到资源。

如果您有任何问题，请与我们联系，我们很乐意帮助您。

——情景来源：《跨境电商专业英语》（主编：王群）

（三）产品介绍

如果说在跨境电商贸易中，开通店铺是造好的框架，那么产品就是跨境电商的血肉。因此，卖家要重视对于产品的介绍。一份精美、全面的产品介绍，将会帮助购买者详细具体地了解到产品的情况，方便其根据自己的需求来选择最合适的产品，也能够在消费者心中树立良好的口碑。本小节将介绍一些在产品介绍过程中可能会用到的跨境电商实用句型。

1. I have a good news to share with you that S07 and S10 have been in mass production. 我有一个好消息要告诉大家，S07 和 S10 型号产品已经投入批量生产了。

2. I highly recommend you this type of headphone. 我强烈推荐您使用这款耳机。

3. This headset use of rotating earmuffs design is colorful and stylish may be more suitable to your client. 这款耳机采用旋转耳罩设计，色彩鲜艳且时尚，可能更适合您的客户。

4. Enclosed our new product catalogue for your ref (reference). If there is any enquiry, please feel free to contact us. 随信附上我方新产品目录，供您参

考。如有任何疑问，请随时与我们联系。

5. We are proud to let you know that our DF610 trendy wireless headphone has received lots of positive feedback from our customers. 我们非常高兴地通知您，我们的 DF610 时尚无线耳机已经收到了我们客户大量的积极反馈。

6. I guess you are busy preparing for new products of the new year, currently BT headset are considered as necessities in people's business life, more and more businessman use wireless headset to talk when on the road or car. 我猜您正忙着准备下一年的新产品，目前 BT 耳机被认为是人们商业生活中的必需品，越来越多的商人在路上或汽车上使用无线耳机交谈。

7. Our factory has launched a new CSR 4.1 Sporty headset, I guess it will probably meet your demand. 我们的工厂已经推出了新的 CSR 4.1 运动耳机，我想它可能会满足您的需求。

8. These are our most recently developed products; they are of the newest designs that can be obtained in town. 这些是我们最近开发的产品，它们是在城镇里能买到的最新的款式。

情景模拟

Dear Mr. Liu,

We are pleased to inform you that we have introduced our new products to the market. Our new brand bathrobes are made of pure cotton. Owing to the carefully selected materials used and the great attention paid to weaving and printing, they possess a very attractive appearance as well as novel designs. They have been generally well-received by customers.

As we guess, you might be interested in our new products, so we attach the latest catalogue and price list. We hope you will take this opportunity for our mutual benefits.

Look forward to hearing from you.

Yours sincerely,

Jim Green

ABC Corporate

亲爱的刘先生：

很高兴通知贵方，我方已经向市场推出了新产品。我们的新品浴袍是纯棉制品，选料考究，纺织和印花工艺严格，款式美观新颖，广受消费者好评。

我方猜想，贵公司应该会对我们的新产品感兴趣，特此附上我方最新的产品目录和价格表。希望贵方能够抓住此次机会促成双方互惠互利的合作。

期待收到您的来信。

真诚的，

吉姆·格林

ABC 公司

——情景来源：《跨境电商口语表达》（编著：创想外语研发团队）

二、交易中

（一）支付

当跨境电商的厂家和商家、商家和买家协商关于支付问题的时候，买卖双方通常需要用到一些专业、地道的表述方式。下文所列举的一些商务英语常用句型，从付款时间、付款方式、付款条件、拒付等方面展现了协商过程中可能用到的表述方式。正确、规范的表达可以帮助学习者更好地表明态度与意图，也有助于协商成功。

1. Payment is to be effected (made) before next Friday; we cannot accept payment on deferred terms. 下周五之前应该付款，我们不接受延期付款。

2. Please protect our draft on presentation. / Our draft will be honored on presentation. 请见票即付。

见票即付是指付款人在“见票”时应付款，即把持票人向付款人提示票据（见票）之时作为到期日，由付款人即刻付款的制度。

3. Our draft No. 13 was dishonored as they were unable to meet it. 我们的第十三号汇票被拒付了，因为他们无力兑付这份汇票。

4. Regarding payment, we have already agreed to use U. S. dollar/remitted the amount by cheque. 我们已同意用美元付款/已将货款以支票汇出。

5. You should pay us the bank interest if the payment is wrongly refused. 如果这笔款项拒付错了，贵方应该偿付我方的银行利息。

6. This equipment will be paid in installments with the commodities produced by our factory; we do not accept any other terms of payment. 这台设备将用我们工厂生产的产品分期偿还，我们不接受其他的付款条件。

7. We have drawn a clean bill on you for the value of this sample shipment and it has been handed to the bank on clean collection. 我们已经开出光票，向贵方索取样品装运的价款，而且已经提交银行按光票托收。

光票是指不随附任何商业单据（如货运等相关单据）的汇票。光票一般用于偿债、赠予、接济、留学支出等。

光票托收指由于光票签章不一定能鉴定，必须寄送国外代收银行才可收到票款，因此目前许多银行外汇部门皆可办理“光票托收”业务，即受顾客委托，将汇票、支票、本票或付款收据等财务单证，寄往国外付款地代收银行并带为向付款人收取票款。

8. We are sending our draft through Bank of China for . 我们将汇票交给中国银行按跟单托收。

跟单托收是指出口商根据合同备货出运后，将跟单汇票或将不带汇票的货运单据签送托收银行，委托代收货款的一种托收结算方式。

9. We will draw a sight bill in favour of the Export Bank Singapore. 我们要开一张以新加坡出口银行为收款人的即期汇票。

情景模拟

Mrs. Wang (A): Well, we've settled the question of price, quality and quantity. Now what about the terms of payment?

Seller (B): We only accept payment by irrevocable letter of credit payable against shipping documents.

A: I see. Could you make an exception and accept D/A or D/P?

B: I'm afraid not. We insist on a letter of credit.

A: To tell you the truth, a letter of credit would increase the cost of my import. When I open a letter of credit with a bank, I have to pay a deposit. That will tie up my money and increase my cost.

B: Consult your bank and see if they will reduce the required deposit to a minimum.

A: Still, there will be bank charges in connection with the credit. It would help me greatly if you would accept D/A or D/P. You can draw on me just as if there were a letter of credit. It makes no great difference to you, but it does to me.

B: Well, Mrs. Wang, you must be aware that an irrevocable letter of cred it gives the exporter the additional protection of the banker's guarantee. We always require L/C for our exports. And the other way round, we pay by L/C for our imports.

A：To meet you half way, what do you say if 50% by L/C and the balance by D/P?

B：I'm very sorry, Mrs. Wang. But I'm afraid I can't promise you even that. As I've said, we require payment by L/C.

王小姐（A）：好吧，既然价格、质量和数量问题都已谈妥，现在来谈谈付款方式怎么样？

商家（B）：我们只接受不可撤销的、凭装运单据付款的信用证。

A：我明白。贵方能不能破例接受承兑交单或付款交单？

B：恐怕不行，我们是坚决要求采用信用证付款。

A：老实说，信用证会增加我方进口货的成本。要在银行开立信用证，我得付一笔押金。这样会占压我的资金，因而会增加成本。

B：您和开证行商量一下，看他们能否把押金减少到最低限度。

A：即便那样，开立信用证还是要支付银行手续费。假如您能接受承兑交单或付款交单，这就帮我大忙了。您就当作信用证一样向我开汇票。这对您来说区别不大，但是对我来说就大不一样了。

B：王小姐，您应该也知道，不可撤销的信用证给出口商增加了银行的担保。我们出口一向要求采用信用证；反过来讲，我们进口也是信用证付款。

A：我们都各让一步吧，货价的百分之五十用信用证，其余的采用付款交单，您看怎么样？

B：对不起，王小姐。即便那样，我恐怕也不能答应。我都说过了，我们要求用信用证付款。

——情景来源：可可英语

（二）发货物流

在跨境电商中，物流运输成本一直是一个令人头疼的问题，卖家需要根据产品的属性、货源、运输时间、运输方式以及计费方式等多方面因素综合考虑来做出最合适的选择。本小节将介绍和物流相关的商务英语常用句型，正确、恰当的英语表达可以帮助卖家在确定发货物流时果断地做出明智的选择。同时，在商家与厂家或买家沟通时，购买方通过规范的商务英语也可以更明确地表述其期望，也有助于双方目标达成一致。

1. As a rule, we delivery all our orders with three months after receipt of the

covering L/C. 一般来说，我们在收到信用证项下后三个月内交清货物。

信用证项下是一种官方书面语，指“凡是本信用证要求的”，或者“此信用证提及的所有内容”。

2. Could you possibly advance shipment further more? If not, we hope that the goods can be shipped promptly after you get our L/C, otherwise we are not able to catch the season. 贵方能不能再提前一点装运？如果不行的话，我们希望货物在收到信用证后立即装运，否则我们无法赶上这个季节。

3. The goods ordered are all in stock and we assure you that the first steamer will make the shipment available in November, and we are confident of being able to ship the goods to you by the end of next month. 所订购的货物都有现货，我们保证第一艘轮船能在十一月装船，我们确信能在下月底之前把货物运到你处。

4. Please see to it that the goods are shipped by PEACE sailing on about October 15th. 请注意货物是在 10 月 15 日左右用和平号（轮船）航班装运的。

5. How long will the delivery take from here to Australia by sea freight? 海运到澳大利亚要多长时间?

6. Please be informed that the shipment of cargo (your purchase order No. 13) was sent yesterday, air bill No. 13. 请告知装运的货物（贵公司第十三号订单）已于昨天发出，空运单据编号 13。

7. In case you don't receive the goods after December 12th, please let us know. 如贵方在 12 月 12 日之后未收到货物，请告知。

8. We will do all we can to fill your order so that the goods will be shipped before October 15th. 我们会尽一切努力来填写贵方的订单，以便货物在 10 月 15 号前装运。

拓展阅读

邮政包裹的一般常见状态：

包裹查无信息“Not Found”(包裹还未上网，官网未更新)

包裹正在运输中“Transit”(包裹还在运输中)

包裹到达待取“Pick Up”(包裹显示已经到达目的地国家)

包裹投递成功“Delivered”(包裹显示投妥，而收件人声称未收到时)

包裹运输过久“Expired”(多为时效延误/目的地国家不能查到投妥/官网不更新状态等)

包裹可能异常“Alert”(多为退件/海关单号有误/损坏/丢失等)

情景模拟

Seller (Mr. Zhang): Is that Mr. Sang Lee? Are you online?

Buyer (Mr. Sang Lee): Nice to see you again, Mr. Zhang. I'm waiting for you here.

Seller: Thanks. We have reached an agreement on the term of payment, what about shipment?

Buyer: That is what I want to confirm today.

Seller: We are doing effort on this matter with local shipping companies. We have a confirmation of price based on CIF Pusan. We know we have the obligations to charter vessel and pay the freight.

Buyer: Clearly. Do you have any information? A rich season of garlic is coming. It's top important for you to effect the shipment earlier.

Seller: We'll do our utmost to deliver the goods at an earliest possible. But the shipment date depends on the L/C opening date reaching us. Please establish the L/C at sight ASAP Yes. The contract tells "Shipment: within 15 days after receiving the L/C at sight" . All are confirmed and I will contact our opening bank tomorrow. We promise to deliver the goods at once after receiving your payment.

Buyer: Another point, we prefer a reefer container for a good temperature control and a good quality guarantee. Could you arrange for this kind of vessel?

Seller: Surely we can. But the price we reached is based on an ordinary vessel. You know reefer container is too expensive and the additional cost will be responsible by the buyer.

Buyer: That's a problem.

Seller: We suggest a half open vessel for air through during transportation. It's a nice choice for garlic product. China is so near to Korea. There is no problem.

Buyer: OK. I agree to use a half open vessel. But attention should be paid that we ordered 500MT of fresh white garlic in one lot. That is to be clear again "partial shipment not allowed" .

Seller: As new orders keep coming in, we are afraid we have not enough stocks to meet your order then. We suggest you accept partial shipment in July and August

250MT each.

Buyer: You know the price of garlic is changing so quickly due to a rich coming season. We have to receive the whole 500MT in one lot. Wish to do your utmost to fulfill the order.

Seller: OK. We will meet your order first to prepare and deliver in one lot in time.

Buyer: Thanks for your cooperation. I'm wondering if it is possible for you to effect shipment before the middle of June.

Seller: Rather difficult for us to do. I think the shipment will be effected at the early July. That is the best we can do.

Buyer: Too late. July is the selling season for this product in our market. If you manage to deliver the goods two or three weeks earlier, everything will be fine and we will be able to catch the selling season. Therefore, the goods must be shipped before June 20th.

Seller: Well, I understand. We have signed many contracts recently. It is really beyond our power.

Buyer: I sincerely hope that you will give our request special consideration.

Seller: OK. We are old friends. We will try our best to arrange for you. We assure you that the shipment will be completed before the end of June if we receive your L/C in time.

Buyer: I appreciate what you have done for me. We're looking forward to receiving your advice of shipment as early as possible. Good luck.

Seller: Good luck. See you.

销售商（张先生）：李桑先生，在吗？

买家（李桑先生）：很高兴又见面了，张先生。我在线等着您呢。

销售商：谢谢您。我们已经达成了付款方式上的一致，那我们的货运方式呢？

买家：这也是我今天想要确定的事情。

销售商：我们正和当地的船运公司努力商谈。我们已经确定了釜山到岸价。我知道我方有义务租赁船只和付运费。

买家：没错。您有什么消息要和我说吗？大蒜销售的旺季就要到了，贵方越早发货越好。

销售商：我们会尽早发货。但是装船期取决于我们拿到信用证的开立期。请见票后尽快开立信用证。合同上说的是“装船期：收到信用证之日起十五日内”。一切都准备就绪，我明天就联系开证银行。我们承诺收到信用证就立马发货。

买家：还有一件事，希望能用冷藏集装箱，控制好温度，保证好质量。这贵方能安排吗？

销售商：当然可以。但我们之前谈好的价格是普通运输船的价格。您也知道，冷藏集装箱价格昂贵，而且由买家来付额外的价格。

买家：这是个问题。

销售商：我们建议用半开放式的运输船，这样在运输过程中就能保持空气流通。对大蒜这种商品来说这是不错的选择。中国离韩国也不远，应该没有问题。

买家：好，我同意。但请注意，我们订的500吨新鲜的白大蒜需要一次装运，不允许“分批装运”。

销售商：因为我们不断有新订单进来，恐怕我们没有足够的存储空间满足您的这个要求。建议贵方接受七月和八月分别装运250吨。

买家：您也知道，旺季要来了，大蒜的价格也在急剧变化。贵方必须一次性给我们装运500吨。希望贵方尽量满足我们的需求。

销售商：好吧，我们会先满足贵方的订单需求，准时为贵方一次性装运。

买家：感谢贵方的合作。我想知道，贵方能否在六月中旬发货？

销售商：这有点难。可能最多能做到七月初发货。

买家：那太晚了。七月已经是我们国内的销售旺季了。如果您能早发货两三个星期就好了，我们也能赶上旺季。所以，请务必在六月二十日之前发货。

销售商：我理解。我们最近生意太多了，真的是无能为力。

买家：我方真诚希望贵方能特别考虑我们的需求。

销售商：好吧，我们也不是首次合作了。我们会尽量帮您安排的。如果我们能及时收到信用证，我保证在六月底完成装运。

买家：感谢您为此做的努力。希望尽早收到贵方发货的通知。祝好。

销售商：祝好，回见。

——情景来源：小e英语

（三）产品质量

无论是跨境电商还是境内电商，产品质量一直都是不变的王道，一家自始至终注重质量的店铺更有可能发展成为百年老店，也会因为其良好的口碑吸引来源源不断的客户。在跨境电商中，卖家可能会面临需要向国外买家介绍产品的要求，这个时候，妥帖、清楚的用语会有助于卖家向买家解释清楚，并在其心中树立良好的形象，以此吸引回头客及增加店铺名声在消费者群体之间的自发传播。除此之外，在与厂家商量有关商品质量的问题时，合适的商务英语也会帮助卖家与厂家构建良好的合作关系。

1. If the quality of your products is found satisfactory, we may place regular orders. 如果贵方产品的质量令人满意，我们可能会定期订货。

2. We sincerely hope the quality of your products is in conformity with the contract stipulations. 我们真诚希望贵方产品质量与合同规定相符。

3. The transferee must see to it that the quality of the product is maintained. 接受转让一方要负责维持产品的质量。

4. Our Certificate of Quality is made valid by means of the official seal. 我们的质量证明书盖公章方为有效。

5. Our quartz technique is well known in the world, and we believe our watches are of fine quality. 我们的石英技术世界闻名，而且我们相信我们生产的手表具有高质量。

6. It's really something wrong with the quality of this consignment of bicycles; we will be responsible to replace the defective ones and are prepared to accept return of the rejected bicycles within a week. 这批自行车的质量确实有问题，我们会保证换掉质量不合格的产品，并将在一星期内接受退货。

7. The colour of the shipment is much darker than that of your previous consignment. Also, we find the goods do not agree with the original patterns. 这批货的颜色比上批要暗得多，同时，我们也发现货物与原式样不符。

8. Have you received the specifications as shown in our catalog? 贵方收到了按我方目录所列的产品规格了吗？

9. The new varieties have very vivid designs and beautiful colors. 新产品图案新颖，色泽鲜艳。

10. We are here to discuss the trade marks of your products. 我们来谈谈贵产品的商标一事。

情景模拟

A：I can promise you that，if you buy our product，you will be getting quality.

B：I've looked at your units，and I am very happy with them. Your goods are all far above standard quality.

A：We spend a lot of money to make sure that our quality is much better. We don't sacrifice quality for quick profits.

B：Well，we're really interested in placing an order under negotiation. We can start the negotiations as soon as you want.

A：That's great. I'm glad we'll be able to do business together. I'll have some quotes ready for you by tomorrow morning.

B：Fine. Also，would you mind if I asked to see a surveyor's report of your products? I may have a few more questions about your quality analysis.

A：我可以向你保证，如果你买了我们的产品，你会得到好品质的商品。

B：我看过你们的单件，我很满意。你们的商品质量高过标准质量。

A：我们投入了大量的资金来确保质量一流。我们不会为了即期利润而有损质量。

B：是的，我方真的很愿意谈判后就订货。你们想谈判的话我们随时都可以。

A：那最好不过了。我很高兴我们能在一起做生意。明天早晨我方将为您准备好一些报价单。

B：很好。还有，您不介意我要求看一下你方产品的检查报告吧，对你们的质量分析我可能还有一些问题。

（四）报关

报关是履行海关进出境手续的必要环节之一。指的是进出境运输工具的负责人、货物和物品的收发货人或其代理人，在通过海关监管口岸时，依法进行申报并办理有关手续的过程。以下将介绍报关相关的商务英语常用句型。

1. Could you tell me my reservation number，please? 你能告诉我我的预定号码吗？

2. Can I reconfirm by phone? 我能电话确认吗？

3. Check it to my final destination. 把它托送到我的目的地。

4. Please fill in this disembarkation card. 请你填写这张入境卡。

5. I have been assigned to negotiate business with you. 公司委派我和你们具体洽谈业务。

情景模拟

Y：Good afternoon，sir. Please wait for a moment.

G：Good afternoon. May I ask what the matter is?

Y：Will you please show me your passport，Custom declaration，invoice and related documents?

G：Of course. Here you are.

Y：（After carefully looking）Your files are very comprehensive，and there is no problem. But your goods belong to the bonded goods，not duty-free goods. Have you payed the duty yet?

G：Yes. But there is one thing I don't understand. Why some goods are bonded goods，while others are duty-free goods?

Y：In fact，every country is like this. Because Custom declaration is one of the most important links of import and export trade，the quality of Custom declaration services relates directly to import and export goods customs passing speed，the enterprise's operating costs and economic efficiency，and the customs administrative efficiency. It's the suppressive part of trade or stimulative part of trade measures a country take to collect duty or not.

G：I understand Customs activities are actually closely related with a country's foreign trade policies and regulations，right?

Y：Exactly. Is this your first time to come to China?

G：Yes. But in fact I wanted to come much earlier. I'm happy that I have the chance finally.

Y：Wish you have a good time in China. You can pass now.

G：Thank you. Bye-bye.

Y：See you.

杨：下午好，先生。请留步。

乔治：下午好。请问有什么事吗？

杨：请出示一下你的护照、报关单、发票及相关文件好吗？

乔治：没问题。

杨：（看过后）你的文件很全面，没什么问题。但这属于保税货物，不是免税货物，你交过关税了吗？

乔治：是的。但我有一点不明白，为什么有的是保税货物，而有些是免税货物呢？

杨：其实每个国家都是这样的。由于报关是进出口贸易的重要环节之一，报关业务的质量直接关系着进出口货物的通关速度、企业的经营成本和经济效益、海关的行政效率。有些需要交税而有些不用交，是国家采取的抑制部分贸易或促进某些贸易的措施。

乔治：我明白了。报关活动其实与国家的对外贸易政策法规是密切相关的。是吧？

杨：正是这样。这是你第一次来到中国吗？

乔治：是的。其实我早就想来了。很高兴这一次终于有机会。

杨：祝你在中国玩得开心。你可以过去了。

乔治：谢谢。再见。

杨：再见。

——情景来源：小 e 英语

三、交易后

（一）评价

跨境电商交易后的用户评价也是很重要的一个环节，从用户评价中剖析出该商铺商品、服务、物流等存在的不足以及具备的优势，可以帮助店家扬长避短，更好地进行跨境电商交易。下面将介绍常用的英文评论语句。

1. It is noteworthy that the evaluation of the success of transactions can get accumulation only as a means of payment through Alipay. 值得注意的是，只有通过支付宝作为支付手段成功交易的评价才能获得累加。

2. The goods supplied by you are below the quality we required. 贵方供应的货物的质量比我方要求的质量要低。

3. I'm very satisfied with the quality of these goods. 对于这些货物的质量，我非常满意。

4. We prefer to resolve disputes by amicable, non - bonding conciliation between two parties. 我们宁愿双方友好、互相谅解地解决争议。

5. You should be responsible for all the losses resulting from the delayed shipment. If you are not preparing to compensate our loss, we susses that case be submitted for arbitration. 你方应对延误装运造成的一切损失负责。若你们不赔偿我方损失，我们建议提交仲裁。

6. We are very sorry to inform you that your last shipment is not up to your usual standard. 贵方运到的最后一批船运产品不符合通常标准，特此奉告。

7. I regret very much we can't accept your claim. 非常抱歉我们不能接受贵方的索赔。

8. We accept the claim you filed for the inferior quality of the goods. 我方接受你方提出的关于货物质量问题的索赔。

9. We wish you can make the disposal of our claims as soon as possible. 希望你能尽快处理我方索赔。

10. We've given your claim careful consideration. We regret for the loss you have suffered and agree to compensate you by ＄5000. Let's settle the claim this way. 我们已经就你们提出的索赔做了仔细的研究。我方对你方遭受的损失深表歉意，同意赔偿你们 5000 美元。咱们这样解决索赔吧。

11. Shall we discuss the arbitration clause now? 我们现在可以讨论仲裁条款吗？

情景模拟

Rowan：There's something you could help me with.

Shirley：Please go ahead.

Rowan：I ordered 5000 lady's coats，but I received the same amount of men's beyond expectation. I think I have to give you a bad rating.

Shirley：I'm awfully sorry，sir. I was informed just now that someone in our company has made a mistake in filling your order. I would apologize to your company on behalf of our company.

Rowan：Can you do anything about the goods mistakenly shipped?

Shirley：Well manage to send you the correct goods as quickly as possible.

Rowan：How long should we wait for? I hope our clients can get them before the New Year's day.

Shirley：We'll try our best to make sure that we ship the goods by the end of the month

Rowan: How about the wrong goods?

Shirley: If you could sell them at the spot price at your end, so much the better.

Rowan: I'm afraid it's not an easy job because the design is not popular in China. But for the sake of friendship, we' ll be glad to help you.

Shirley: Your offering help to sell the goods will be highly appreciated.

Rowan: I saw that some seller has kind of a bad rating to your online shop. And I hope you can be more careful.

罗文：有件事您得帮助我解决。

雪莉：请说。

罗文：本来我订购的是5000件女式上衣，但是没想到收到的却是相同数目的男式上衣。我想我得给你们一个差评了。

雪莉：真是太抱歉了，先生。刚才得到通知，我们公司某人填错了你们的订货单。我愿代表我公司向贵公司道歉。

罗文：货物装错了，您看怎么办？

雪莉：我们将设法尽快把你方的订货运来。

罗文：需要等多长时间？我希望我们的客户能在元旦前收到这批货。

雪莉：我方将尽力确保这批货在这个月发出来。

罗文：错发的货怎么办？

雪莉：如果你们能就地现价销掉，那是最好的。

罗文：恐怕这不是个轻而易举的工作。因为这种式样在中国不大受欢迎。不过看在朋友的面上，我们乐于帮忙。

雪莉：贵方帮助销售这批货物，我们深表谢意。

罗文：我看到一些买家也给了你们差评。希望你们以后能多注意。

——情景来源：《跨境电商口语表达》（编著：创想外语研发团队）

（二）退换货、退款

在跨境电商交易的产品运输过程中可能会出现货物丢失、货运单号无法查询、产品被扣关以及收到的货物与描述不符等情况。一旦出现这样的异常情况，买家就有可能发起退款或退换货协议申请。如果买家发起这类纠纷，商家积极通过站内信与买家进行协商，及时回复买家的询问，尽力安抚，并及时与货运公司联系解决物流方面的问题，如表4-1所示。本节将介绍双方在退换货、退款协商过程中常用到的商务英语语句。

表 4-1　跨境电商交易常见问题

描述不符（Item not as described）		没收到货（Item not received）	
款式或型号不符	Style or model not as described	虚假运单号	Wrong tracking number
颜色或尺寸不符	Size or colour not as described		
数量不符	Quantity not as described	海关扣关	Item held in customs
产品质量问题	Quality problem		
产品破损	Item broken	物流公司问题	Carrier problem
假货问题	Counterfeit		
其他原因	Other（s）	其他原因	Other（s）

1. -If it isn't suitable, can I return it/may I bring it back?

-You can take it back within 3 days for whatever your reason is.

-如果不合适，我可以退货吗?

-三天内无理由退货。

2. -Could I demand a refund, please?

-We only allow you to exchange it for another one.

-我能要求退款吗?

-我们只允许换货。

3. There is something wrong with it. Can I exchange it for a good one? 这个有点质量问题，我可以换个好的吗?

4. You have 7 days to contact us and 30 days to return it from the date it was received. If this item is in your possession more than 7 days, it is considered used and we will not issue you a refund or replacement. There are no exceptions! Shipping cost is bear by both seller and buyer in half. 你有 7 天的时间联系我们，从你收到物品的日期算起 30 天后退回。如果这个物品在你的手中超过 7 天，它会被认为已使用过，我们不会给你退款或更换，没有例外！运费由卖方和买方各承担一半。

5. All returned items must be in the original packaging and you must provide us with the shipping tracking number, specific reason for the return, and your post number. 所有退回的物品必须在原包装中，你必须提供装运单号码、具体的退货理由及你的邮政编码。

6. We will refund your full winning bid amount, upon receipt of the item in its

original condition and packaging with all components and accessories included, after both buyer and seller cancel the transaction from AliExpress. OR, you may choose to have a replacement. 我们将退还您的全部中标金额，在收到货物的原始配件(包括所有的部件和附件）和包装后，在买方和卖方都取消了来自速递的交易后。或者，你可以选择更换。

7. We will bear all the shipping cost if the product (s) is (are) not as advertised. 如果产品不像广告宣传的那样，我们将承担所有的运输费用。

8. 12 months Manufacturer's limited Warranty for defective items (excluding items damaged and /or misused after receipt) Accessories come with a 3-month warranty. 制造商对有缺陷的产品有 12 个月的有限质量保证期（不包括在收到后损坏和/或误用的物品)。附件有 3 个月的保修期。

9. Defective items must be reported and returned within the warranty period (and in the original packaging, if possible) . You must tell us what the defect is and give us your order number. we do not repair or replace items with an expired warranty. 有缺陷的物品（如果可能的话，在原始包装中）必须在保修期内报告和退回。你必须告诉我们缺陷是什么，并告诉我们你的订单号。我们不修理或更换保修期外的物品。

10. If item DOA (Dead of Arrival), buyers can return it in 14 days. We will replace it with new item after we receive DOA item. Please contact us before you sent the item back. 如果物品 DOA（到达目的地)，买家可以在 14 天内归还。在收到 DOA 项目后，我们将用新项目替换它。在你把物品退回之前请与我们联系。

11. If item becomes defective after 3 month, buyers can still send it back. We will contact suppliers or manufacturer for warranty. Buyers might need pay the shipping fee for resend the replaced item. 如果物品在 3 个月后出现缺陷，买家仍然可以将其退回。我们将与供应商或制造商联系以保证质量。买家可能需要支付运费来重新发送替换品。

情景模拟

A：Hi, Can I help you?

B：Hi, I'm calling about a dress I ordered recently. I never received it.

A：I'm sorry to hear that, if you give me your tracking number I can help you find it.

B：My tracking number is FCH657.

A：OK, the status of the package is “delivered” . I'm not sure why you never received it.

B：Well, I've been waiting for the dress for almost a month and nothing ever came.

A：I'm so sorry for the trouble；if you like I could give you a refund or send the package again.

B：I'd like a refund then.

A：你好，有什么能帮您？

B：喂，我打电话是想询问关于最近买的一条裙子，我一直没收到。

A：非常抱歉，能给我你的快递单号吗？我帮你查一下。

B：快递单号是 FCH657。

A：包裹的状态显示“已发出”。不清楚您为什么没有收到。

B：这条裙子我等了大概一个月，但是一直都没收到。

A：非常抱歉给您造成了不便。我可以给您退款或者重新发货。

B：我想要退款。

——情景来源：开言英语

（三）投诉

在跨境电商中，如果产品没有妥投，商家没有及时与买家协商退款，买家就很有可能到平台发起纠纷投诉或者进行信用卡投诉。这时候，商家需要运用准确礼貌的商务英语来回应买家所提出的问题，并妥善解决，以期在对方心中留下良好印象，便于后续继续合作。下面将介绍跨境电商投诉相关的商务英语实用句型。

1. I am writing the letter to complain of an English-Chinese dictionary which I bought in your shop last month when I was in Shanghai on business. 我写这封信是为了投诉我上个月在上海出差时在你们商店买的一本英汉词典。

2. I found dozens of pages of the dictionary were missing. I felt very upset and disappointed. 我发现字典中有几十页丢失了。我感到非常沮丧和失望。

3. I strongly wish that you would change a perfect one and send it to me as soon as possible. 我强烈希望你能把完好的商品尽快发给我。

4. When I took it out of the bag and examined it closely, I found a large hole at the side and one button was missing. 当我把它从袋子里拿出来仔细检查时，发

现在旁边有一个大洞，另外，一个按钮也不见了。

5. At your prices, I expect top quality! 以你们的价格，我期待高质量的商品！

6. I am returning the shirt with this letter and look forward to receiving a full refund of 124 yuan. 衬衫和这封信一起退还，我希望收到 124 元的全额退款。

7. I am writing to apologize for the late delivery of your order P1/746. 我写信是为了为你方订单 P1/746 的迟交道歉。

8. We hope that this revised date is suitable, and we greatly regret any inconvenience that may have been caused. 我们希望修改后的日期是合适的，对给你方带来的不便，深表歉意。

9. We normally pride ourselves on keeping to our delivery dates, but in this case the order was more complex and time-consuming than we had expected. 我们通常为我们的交货日期感到自豪，但在这种情况下，订单比我们预期的要复杂和耗时。

10. Our revised delivery date is now Tuesday, August 21. Our shipment will arrive at your port on September 11. 我们修改后的交货日期是星期二，8 月 21 日。我们的货物将于 9 月 11 日到达贵方港口。

情景模拟

Dear sir/madam,

Thanks for your patience about our issue. We extremely apologize for the inconvenience to you.

We got to recognize that we made a mistake and may infringe the intellectual property rights of others. When we received your email about this issue we have created remove order of our FBA stock to prevent the similar complaint. Now we have send an email to amazonsupport@ ×××. com. at June 15th, 2017 plead them to withdraw the complaint and we have to make a commitment to them: we will never sell this products again in the future and to our behavior made the most sincere words of apology, and we also Cc the email to Amazon, but we haven't received any responded up until now. We will keep our eyes on this issue and I hope that we can find an amicable solution to this issue through the consultation process.

We take the following measures after we got your email:

1. Since we got the Warning Notice of Intellectual Property Rights Infringement about our ASIN: may infringe the intellectual property rights of others, we have remove all the inventory stop selling at first time, now we have deleted this listing now and we no longer sell it again.

2. We have contact the rights owner for retracting the complaints and made the most sincere words of apology, but we haven't received any responded up until now, we will closely watch the reply.

About this issue, we have taken the following steps to help us to resolve the issue and prevent similar complaints.

1. We have checked all the listing detail from title, image, description and bullet point to ensure have no information in misunderstanding. And we are firmly deleting all the listings that could show any signs of conflicts with intellectual property rights.

2. We have establish the professional handling team to take care of listing 100% match on description, images, bullet points, & search terms, etc. Never make more mistakes of the Product Design or Brand.

3. We have organized our own research department to make sure we can sell our own products with our own design & model instead of purchasing from our supplier, to prevent any possible infringement problems on Trademarks & Packages & Design.

4. All of the email or complaint answered and resolve under 24 hours. Provide a good after-sales service.

Hope you can give me a chance again. If there's any other information you need, please feel free to contact us.

Yours sincerely,
Appeal Service

亲爱的先生/女士,

谢谢你对我们这个问题的耐心解释。我们非常抱歉给您带来的不便。

我们必须认识到，我们犯了一个错误，可能侵犯了他人的知识产权。当我们收到你关于这个问题的电子邮件时，我们已经创建了 FBA 股票的删除顺序，以防止类似的投诉。现在我们已经给 amazonsupport@×××. com 发了一封电子邮件。在 2017 年 6 月 15 日，恳请他们撤回投诉，我们必须做一个承诺：我们将不再出售这个产品，对我们的行为做出最诚挚的道歉，我们还抄送邮件给亚马逊，可是我们到现在还没有收到任何回应。我们将继续关注这一问题，我希望通过磋商进程，能够找到一个友好的解决办法。

在收到你的邮件后，我们采取以下措施：

1. 由于我们收到了关于我们的知识产权侵权的警告通知：可能侵犯他人的知识产权。我们已经删除了所有的库存，停止销售，现在我们已经删除了这个清单，我们不再销售它了。

2. 我们已与版权所有人联系，撤回投诉，并做出最真诚的道歉，但到目前为止我们还没有收到任何回复，我们将密切关注回复。

关于这个问题，我们已经采取了以下步骤来帮助我们解决这个问题，并防止类似的抱怨。

1. 我们已经检查了所有的清单细节，包括标题、图像、描述和要点，以确保没有会被误解的信息。我们正在坚决删除所有可能显示与知识产权冲突的信息。

2. 我们建立了专业的处理团队，在描述、图像、要点和搜索条件等方面进行了100%的匹配，在产品设计或品牌上永远不会犯更多的错误。

3. 我们已经组织了我们自己的研究部门，以确保我们可以用我们自己的设计和模型来销售我们自己的产品，而不是从我们的供应商那里购买，以防止在商标、包装和设计上有任何可能的侵权问题。

4. 所有的电子邮件或投诉在24小时内回复并解决。提供良好的售后服务。

希望你能再给我一次机会。如果您需要其他信息，请随时与我们联系。

诚挚地，

Appeal Service

——情景来源：卖家之家

【思考题】

1. 跨境电商贸易前、贸易中、贸易后都包含哪些阶段？

2. 为什么需要了解跨境电商专有名词的英语说法，或者英文专有名词？

3. 思考一下十三种贸易术语，以及它们的交易地点、风险转移界限、运费、保费、进出口报关责任、费用负担、适用运输方式等。

4. 思考有哪几种支付时间和结算方式，以及它们的英文说法。

5. 一个优秀的产品描述有助于买家了解产品并形成下单意识。请为你的一个境外客户用英文写一段尽可能详细的产品描述。

6. 你想要提醒你的一个境外顾客尽快完成支付，请用所学内容，尝试用委婉简洁的跨境电商英语向顾客表明意图。

7. 思考有哪些种类的提单，以及它们的英文说法。

8. 回想/模拟最近的一次跨境网上购物经历，尝试用英文对所购商品进行评价。

9. 回想以往的网络购物，你有没有退、换货的经历？思考如果是跨境网上购物，退、换货过程中的表达方式有什么不同。

10. 回想以往的网络购物，你有没有投诉的经历？思考如果是跨境网上购物，投诉过程中的表达方式有什么不同。

第五章　跨境电商商务礼仪

【学习目标】

在跨境电商的商务活动进行过程中，礼仪是必不可少的一个环节。我们在这一章中，需要掌握跨境电商商务礼仪的内涵；不同情况下的礼仪原则和注意事项，以及各地区的独有文化习俗。了解其作用，熟悉与运用交往过程中的礼仪原则，使跨境电商的商务活动能顺利实施。

【本章重点】

在跨境电商中，我们还需要关注的就是商务礼仪。随着时代的发展和科技的进步，跨境电商更多的是非当面的交流方式，这使其有别于以往普通的商务礼仪。本章中包括了跨境电商商务礼仪的内涵、商务交往中的电话礼仪、电子邮件礼仪、在线沟通礼仪、注意事项，以及各国各地区特有的文化和习俗。熟练掌握商务礼仪，不仅可以使交流过程更为流畅，也可以提高经济效益。

第一节 商务礼仪通则

一、商务礼仪的内涵

商务礼仪是指人们在商务活动中，用来维护个人形象或企业形象，对交往对象表示尊重和友好的行为规范和惯例。也可以说成是人们在商务活动中的礼仪规范和交往艺术，是一般礼仪在商务活动中的运用和体现。和普通的人际交往礼仪相比，商务礼仪有着较强的规范性和可行性，而且与经济效益密切相关。随着商务活动越来越全球化，商务礼仪越来越重要，甚至成为各企业员工必备的知识和技能。

一个人在商务活动中懂得礼仪，有助于他在大众面前树立好的个人形象，给别人留下深刻的印象，从而进一步帮助企业树立良好的企业形象，对于增强竞争力是很有帮助的。

二、商务礼仪的原则

任何事物都有规则，商务礼仪也不例外。隐藏在商务礼仪规范背后的共同理念和宗旨就是商务礼仪的原则，即在操作每一项商务礼仪规范时都应该遵守的原则，同时，也是衡量我们在不同场合、不同背景下的礼仪是否正确并且得体的标准。虽然，商务环境纷繁复杂、瞬息万变，在不同的场合，相同的礼仪有时也会有不同的结果，但是我们依然可以通过了解基本的商务礼仪的原则来应对各种商务环境。

（一）认清主客场

1. 主方保护客方

一般在商务礼仪中，主方为保护者而客方为被保护者。比如说，在接待时，主方往往站在客方的左后方，强调以右为尊的概念；上下楼梯也需注意，上楼梯时主方要站在客方的后面以便保护客方，而下楼梯时，则要站在前方，以免对方不慎跌倒（如图 5-1 所示）；一般情况下要走在客方前面为其引领方向；在转弯处，楼梯间和进出电梯时都应该放慢脚步，耐心等待；在出电梯时应先让客方先出，而进电梯时需主方先进；座次安排等也要体现宾主的区别。

图 5-1　上下楼梯礼仪

以上所说的看似是小事，实则不然。正是这些小细节体现了主人体贴客人的心意，不仅可以反映出个人修养，也可以让客人感受到真诚与可靠。

2. 客随主便

《礼记》中提到了“礼从宜，使从俗”的要求，意思就是依礼行事要适宜，出使的人也要尊重当地的风俗。客随主便是指在商事交往中，客人需要按照主人的或者当地的风俗习惯交往行事。这样的原则使双方在交往时对于遵守何种礼仪规范有了共同标准，从而减少了盲目性和无序性。客方需要暂时放弃自己熟悉的礼仪习惯而去学习新的规范，对于当事人有一定程度的限制。这一项原则实施的条件则是主客双方相互尊重和理解。这样不仅可以体现客人的用心之处，而且可以迅速拉近彼此的距离，使双方的关系融洽，达到事半功倍的效果。

3. 主随客便

主人要根据客人的喜好来招待客人，不能把自己的意志强行加在客人的身上。这一点体现了现代社会中人与人的尊重和理解。

（二）守时守信

时间就是金钱，时间就是生命，遵守时间是对别人尊重的重要体现。在商事活动中，最为重要的就是守信，同时守时也是守信的重要表现，正所谓“言必信，行必果”。这一点不仅能体现对对方的尊重和重视，也可以反映出一个人对于自我的约束力和控制力。所以在商事交往中的每一个人都应该遵守守时、守信的原则，这是对他人起码的尊重。

（三）尊重他人

尊重他人是一个人精神境界的写照，也是一个人文化素养的体现。

1. 珍惜他人的健康和生命

在商务活动的场合较为敏感的事情有两件——抽烟和喝酒。在我国，有很多地方都在推行“拒绝二手烟”的运动，因为被动吸烟对人体的伤害更为严重。出于对他人的尊重，在公共场合，尤其是在有小孩和女士的场所，禁止吸烟，以免危害他人的健康，侵犯他人的生命权。会餐中，如果要喝酒，也要讲究礼貌，酒喝多了必然会伤身，如果酒后驾车或是失去理智更是损人不利己，所以喝酒要分对场合，也不能过度劝酒，点到为止就好。

2. 多用商量语气

在商业会谈的礼仪中，商量是一门艺术。要学会彼此尊重，以营造和谐愉快的谈话环境。当我们在向对方提出要求时，应该多用询问和商量的语气，例如，好不好，可不可以……这样对方就有可以思考和选择的余地。如果直接表达要求，不仅会使对方的意见难以表达，还会加大双方的隔阂。相反，商量语气会使对方感到受到尊重，更容易得到正面的答复，使事情顺利进行，也使交流的氛围更为和谐愉快（见图 5-2）。

图 5-2　会议

3. 避免惊吓他人

言行不能过于唐突，以免惊吓到他人。例如在开会途中，如果笔或纸等物品掉落，不能直接弯下身去取，这样会吓到旁边的人，应该先提醒身边的人“对不起，我捡支笔”，再俯身去捡，特别对于女性，桌子下方是女性隐秘的空间，不可贸然行事。在用餐或讨论时，不能将刀叉、筷子或笔尖锐的一头指向别人，这样会使别人产生恐惧感；外国人普遍认为隐藏双手是一种敌意的表示，所以尽量要将双手露出；向他人问路或与人交谈时，最好不要将手放在衣服或裤子口袋里，因为这样会给人一种轻浮、无所事事的形象。

4. 尊重他人隐私

每一个人都会有自己的空间和不为人知的秘密。所以，在公共场合，应该尽量避免谈论或打听别人的隐私。对于一些较为隐私或易引起尴尬的问题，例如婚姻状况、年薪收入、工作情况、家庭背景、政治倾向、宗教信仰、女性年龄、体重、三围等，都应该尽量避免。如果在与对方谈论时，对方表现出不愿讨论，那么应该及时停止该话题。若是在交谈中知道了别人的隐私，不能幸灾乐祸，更不能到处传播，因为这是非常不道德的行为。

（四）宽容原则

宽容原则是指设身处地地为他人着想，原谅别人的过失。宽容原则集中体现在以下几点。

首先，入乡随俗，尊重一些国家和地区的风俗习惯和宗教信仰。商务人士在实际运用商务礼仪时，要审时度势，入乡随俗，懂得变通。例如，在见面时要握手还是拥抱，用餐时使用筷子还是刀叉，都可以根据场景的不同进行变通。这样可以体现出我们交往的用心之道，迅速拉近彼此的距离，达到事半功倍的效果。其次，就是要理解和体谅他人，正所谓“金无足赤，人无完人”，犯错误总是难免的，对他们不必求全责备。当对方犯了些许小错误，及时提醒更正即可，同时态度也要较为温和，不要让对方感到过分的压力；最后，就是要虚心接受他人对我们的批评意见。即使批评是错的，也要认真倾听。有了过错之后，只有听取别人的批评建议，及时改正才能进步。如果批评并不正确，只要不是出于恶意，就应该抱着有则改之、无则加勉的态度宽容对待。

（五）真诚原则

真诚是做人之本，也是商务人员的立业之道，而虚伪作假是最遭人厌弃的。真诚待人可以广结朋友，拥有众多的同行和友人，与人相处感情融洽，即便有些误会和隔阂，也可以消除；但如果虚假处事，必然无法交到真心的朋友，只会糊弄一时，无法长久。正所谓“人与人相交贵在交心，人与人相知贵在知品，人与人相敬贵在敬德”。只要一个人是真诚的，一定会赢得他人的信任和理解。

（六）适度原则

从哲学的角度上说，“度”指的是一定的事物保持自己质的数量界限，超过这个界限，就会引起质的变化。在人际交往中，也有一个适度的问题，例如待人既要彬彬有礼，又不能低三下四；既要殷勤接待，又要不失庄重；既要热情大方，又不能轻浮谄媚，要善于把握好各种情况下的社会距离和情感尺度。例如，在与人握手时，如果握得太轻，毫不用力，会使人感到被冷淡对待或不被重视，但是如果力度过大，不仅会让人感到不适，还会显得十分粗俗。只有适中的力道才会让人感到热情且真诚（如图 5-3 所示）。

图 5-3 握手

（七）自律原则

自律原则是指在社交中自觉按礼仪的规范去做，不需要别人的提示和监督就可以做到自律和自重，达到“慎独”的境界。自律指的是一个人约束自己的能力，时刻规范自己的言行举止。通过礼仪的教育和训练逐渐建立起一种内心的道德观念和礼貌修养准则。自觉依据规范待人处事就可以和谐愉快地和大家相处，反之就会使人反感，发生冲突。例如在餐桌上胡吃海塞，在宴会上贪杯喝醉大喊大叫，出差随意乱花差旅费，都是完全没有自律意识的行为。

自律原则还反映在细节礼仪上，有的时候一个小小的细节就会成为赢得他人尊重和信任的原因，因为人们往往从细微处观察你的为人和品格。很多时候，一件小事就可以反映一个人的精神面貌和自律程度，决定了事情发展中的态度和行为。

（八）谦和原则

“谦”是指谦虚，“和”是指和善。谦和是一种美德，也是社交成功的必要条件。只有言行举止谦和有礼，才能从别人那里得到尊重和教诲。谦和的人在交往场合表现得平易近人、热情大方，善于与人相处，乐意听取他人的意见，拥有博大的胸襟，有着很强的调整人际关系的能力。当然，谦和并不是意味着一味的退让和毫无原则的妥协。但是，有时候过分的谦虚是不自信的表现，可以说是一种社交障碍，尤其在与西方人的交往过程中，可能会让对方觉得你的能力并不那么强。

拓展阅读

交换名片的礼仪

1. 准备整齐。自己的名片一定要进行精心的准备，当要使用的时候一定要快速地呈现出来。

2. 交换时机。在很多的场合下时机不到，不可硬性地去交换名片，最好在恰当的交换时机，把名片拿出来，再进行一次传递。

3. 先发和后发。可以把名片先给对方，也可以等对方先给你，如果对方的级别更高，则等对方先发名片后再发给对方。

4. 整洁。自己的名片一定要保持整洁，不能出现折痕或者涂抹的现象。

5. 动作细节。名片一定要用双手传递，如图 5-4 所示，名片的字面一定向着对方，让对方拿到手就可以看清。接名片时一定也要站起来用双手。

图 5-4　交换名片

第二节 电话礼仪

一、电话礼仪一般要求

电话是现在人们日常生活中最常见、最普遍的交流工具，这使得电话礼仪在公共关系中显得十分重要。打电话的过程看似十分简单，以至于大部分人都忽略了其中包含的礼仪规范和注意事项。

电话在现代社会中已经无处不在，而跨境电商与电话又难解难分，这就需要我们重新重视电话的礼仪问题。其中最基本的就是一般礼仪的内容，就是无论打电话的人还是接电话的人都必须遵循的要求。

（一）态度礼貌友善

不论是和谁通电话，态度友善、语调温和、讲究礼貌都是必须要注意的。一般来说，从一个人在电话里说话的方式，就可以直接判断出其教养的水平。同时，很多时候，在电话中的态度决定在对方心目中的第一印象。如果态度不够友善，会给之后的沟通和合作带来非常大的问题和隔阂。而友善的态度则能让别人对你的好感倍增，交流环境更为愉悦，从而促进沟通和合作的顺利进行。

（二）传递信息简洁

在现代社会中，信息量十分庞大，同时人们的时间观念越来越强。因此跨境电商中的电话内容需要清楚且简洁，切忌海阔天空地闲聊和不着边际地交谈。对于每一位商务人士来说，时间是最宝贵的要素之一，被浪费了时间的一方不仅会觉得厌烦，还会认为打电话的人是低效率的、缺乏专业素养的，有时浪费的几分钟时间，就有可能使自己或是对方蒙受巨大的损失，这是个人难以弥补的。

（三）控制语速和语调

在跨境电商中，主叫方和受话方的语言有差异是非常常见的现象。因此，控制好语速确保对方能听清楚你在说什么是很重要的；同时，语调尽可能平缓，不能过于低沉或高亢。善于运用语气、语调是打电话的基本功之一，语调需温和，音量应适中，吐字要清楚，语速也要比平时稍慢一些。为了让对方听明白，必要时可以将重要的内容重复一遍。

（四）使用礼貌用语

电话中双方都应该使用常规礼貌用语（见表5-1），切忌语言粗鲁或通话过程中夹带不文明的口头禅。在跨境电商电话交流中，由于双方的语言不同，更需要小心说话，尽量避免使用对方文化中不礼貌的词汇。使用礼貌用语是通话中最基本的要求，如果在交谈中连这一点都没有做到，会让对方感到不被尊重，从而产生不好的影响。

表5-1　电话礼貌用语

不妥当的用语	正确的用语
喂！	您好！
喂，找谁？	您好，请问您找谁？
给我找一下×××。	请您帮我找一下×××好吗？谢谢。
等一下。	请稍等一会儿。
他不在这儿。	他在另一处办公，请您直接给他打电话，电话号码是……
他现在不在。	对不起，他不在，如果您有急事，我能否代为转告？
你有什么事。	请问有何贵事？

续表

不妥当的用语	正确的用语
你是谁啊？	对不起，请问您是哪一位？
你说完了吗？	您还有其他事吗？
那样可不行。	很抱歉，恐怕不能按照期望的办。
我忘不了！	请放心，我一定照办。
什么？再说一遍！	对不起，请您再说一遍。
把你的姓名、地址告诉我。	对不起，您能否将您的姓名、电话留给我？
你的声音太小了。	对不起，我听不太清楚。

二、拨打电话的礼仪

（一）要选择对方方便的时间

首先，不要在他人休息的时间里打电话，早上七点之前，晚上十点之后，午休及用餐时间都不宜打电话；其次，在跨境电商业务交流中，经常要与国外的合作者打电话，就要搞清楚地区间的时差以及各国家地区工作时间和生活规律的差异，尽量不要在休息日给对方打电话谈公事，打扰到别人的休息。如果对方将家里的电话告知给你，也尽量不要往家里打电话谈工作。另外，公务电话不在对方私人时间拨打，同样的，非公务电话也不要在对方通话高峰、业务繁忙的时间拨打。最佳的通话时间有两种：一是对方预先约定的时间；二是对方方便的时间。

（二）礼貌的开头语

在打电话时，需要先说“你好”或“您好”，再自报家门，声音需清晰明快。若是与外国人通话，则是尽量以对方国家的通话习惯礼貌地问好。只有商务电话确认信号良好时，才能对对方开口喊“喂”，其他的场合都不能以“喂”直接称呼对方。向对方问好之后，可以先询问对方，“是否方便接听电话”，以免对方并不方便接听电话，而你已经在不停地说话了。

（三）用声调传达情感

讲话时语言流利，吐字清晰，声调平和，能使人感到悦耳舒适。再加上语速适中，声调清朗，富于感情，热情洋溢，使对方能够感觉到你在对他微笑，并正以一种热情积极的态度通话。这样富有感染力的通话，一定可以打动对方，而且乐于与你通话。同时，对于通话中的不同语言，用声调来传达丰富的情感也可以弥补语言上的不足。

（四）有所准备

打电话前应该做好准备工作，包括整理自己的思路，反复确认打电话的原因、目的、想向对方表达的内容等。在内容比较重要或者内容繁多的情况下，可以先在纸上写下内容概要，防止遗忘、遗漏，或者因为思路被打断而一时想不起。与此同时，最好能考虑到冷场的情况。对于重要的、没有把握的谈话，需要在打电话前考虑一下对方可能做出的不同反应，面对对方的不同反应时自己又应该如何应对，以免在出现出乎意料的反应时乱了方寸，不知该怎么办。在涉及业务的电话中包含时间、数量、价格，有所记录是十分重要的。为了告知自己忘记说的事情，或者忘记了对方提供的信息而重新打电话给对方，会打断对方的工作，给对方带来麻烦，留下不好的印象。干净利落、重点突出的电话交谈能给对方留下好的印象，从而促进进一步的了解和合作。这一点在跨境电商中显得尤为重要，由于语言的不同，在交谈时很容易出现一时不知如何表达的情况，出现意外的情况更不知怎么应对，这就更加需要在拨打电话之前尽可能做好万全的准备。

（五）控制通话时长

在商务通话中有一个原则叫“打电话的三分钟原则”，它是商务人员都要遵守的一项制度。在正常情况下，一次电话通话的全部时间，应不超过 3 分钟。除非有非常重要的问题必须逐字逐句地反复解释、强调，一般在通话时都会有意识地简化内容，尽量简明扼要地说明。一般来说，决定通话时长的通常是电话的发话人。在通话时不能没话找话，不谈正题，东拉西扯。为了节省通话时间，不仅要长话短说，在拨号时也不能出错。在需要总机转接时，应主动告知分机号码，不要等人家询问。如果不清楚分机号码，就提供受话人的姓名和部门。

（六）语言表述要简洁、准确

电话联系时，语言需简洁、准确。通话之前应该做好充分的准备，最好将对方的姓名、电话、主要内容罗列出一个清单，这样可以避免在谈话过程中出现缺少条理、现说现想的情况。请人转接电话，要向对方致谢。电话中讲话一定要务实，最忌讳吞吞吐吐、含糊不清。寒暄之后就可以直奔主题，要说的话已经说完就应该及时终止通话，将电话挂断。不能反复地铺陈、絮叨，这样会让对方认为你做事十分拖沓、不利索、缺少素养。与西方人通话更要注意直奔主题，无须过多铺垫。

（七）举止得体

打电话时要注意举止文明，不要把话筒夹在脖子下面，不要以笔代替手拨号，以免拨错号码。不要趴着、仰着、坐在桌角，更不要把双腿高架在桌子上。话筒与嘴的距离保持在 3 厘米左右，如图 5-6 所示，最好不要把嘴贴在话筒上。此外，挂电话时应该轻放话筒，不要用力一摔，摔话筒的声音很容易引起别人的不适。如果你以为打电话只是听到声音，完全可以忽略姿势、表情，那就大错特错了。你的态度是否诚恳、谦逊，是否尊重对方，你的情绪等都可以通过你打电话的姿势表现出来，对方仅仅通过声音就可以判断你此刻的状态和心态。因此，在拨打电话时，要想象对方就在你的面前，你是在面对面地与对方谈话而不是在电话中交谈，从而保持一种认真的态度和礼节。

图 5-6　礼貌接电话

（八）礼貌的结束语

打完电话应该礼貌地寒暄几句，如“再见”“谢谢”“祝您成功”等恰当的结束语。对于挂断电话的顺序，很多人并不会多加注意，实际上，懂得如何挂断电话这个小小的细节，就可以大大提升个人修养。

在与客户的电话沟通中，无论是谁先打的这个电话，结束时一定要记住一点，永远让客户先挂电话。对于销售人员来说，顾客至上不仅仅在口头上，更应该放在心里。在与上级的电话沟通中，也一定要让对方先挂电话，这是对对方的尊重。假如集团分公司经理给总公司打电话，接电话的是小职员，即使你的职位比他高，但考虑总部和分公司的关系，让对方挂电话更能体现职业修养和领导风范。与异性通电话后，作为男性，在礼节上，理应让女性先挂电话，这显示出对女性的一种关心和尊重。但这也只是针对生活上的朋友之间的谈话。

三、接听电话的礼仪

（一）及时、礼貌地接听电话

当电话铃响起时，要及时去接，不要怠慢，也不要接起电话先说一句

“请稍等”，然后撂下电话半天没有响应。一般而言，铃声是不能超过三声的。如果确实很忙，无法接电话，可以向对方表示歉意，如：“对不起，请过十分钟再打过来，好吗?”

一般在跨境电商的正式交往中，接起电话拿起话筒后的第一句话，也有一定的要求，可以分为三种类型。一是问候语，加公司部门，加本人姓名，是最正式的一种。例如：“您好！××公司××部×××，请讲。”二是问候语，加公司部门，可以用于一般场合。例如：“您好！××公司××部，请讲。”还有一种是问候语，加本人姓名，仅适用于普通的人际交往。例如：“您好！×××，请讲。”在商务交往中，不允许接电话时以“喂，喂!”或者“你找谁啊”开头，尤其是一开口就一直问人家“你是谁啊”或者“有什么事儿啊”等。

（二）自报家门

接起电话后，要马上自报家门。这是一种与人方便、自己方便，且节约时间、提高效率的好方式。

（三）认真倾听，积极应对

接电话时应该认真地听对方说话，而且时不时地对对方所说的话有所表示，比如“嗯”“是的”“好的”“请讲”“不客气”“我听着呢”“我明白了”，等等，让对方觉得你正在认真地听对方说话。一边打电话，一边同身边的人聊天，漫不经心或是答非所问都是对对方的不尊重。

（四）认真清楚地记录

在电话中传达相关事宜时，应该重复要点，如号码、数字、日期、时间等重要及容易弄错、遗漏的信息。应该再次确认，以免出错。另外，还要随时牢记 4W1H 技巧，所谓 4W1H 指的是：When（何时），Who（何人），Where（何地），What（何事），How（如何进行）。在工作中这些信息都是十分重要的，对于打电话和接电话的人有着相同的重要性。同时，要做好电话记录。在跨境电商的不同语言背景下，这一点显得尤为重要。

（五）友善对待打错的电话

如果对方打错了电话，需要及时告知对方，“对不起，您打错电话了”，语气一定要和善，不要表现得很不耐烦或者讽刺挖苦，更不能表示出恼怒的情绪。谅解别人的错误，正确处理打错的电话，有助于提升组织的形象。

（六）正确代接电话

代接电话的礼仪有四个要点：第一是细心。在工作场合接听来电时，有可能出现需要接听的人不在，自己成为代接者的情况，这时要注意以礼相待，及时传达。代接电话时，首先告诉来电者，他要找的人不在这儿，然后再询问对方是谁，所为何事，顺序最好不要颠倒。第二是注意隐私。代接电话时，不要询问对方与所找之人的关系。就算对方要找的人就在附近，也不要大声叫名字。别人在通话时，不要旁听，也不要插嘴，有事需要转达时，也不要将事情扩散出去。第三是记忆准确。对方要找的人不在时，询问对方是否需要转达。如果对方有此要求应照办，并将内容做好记录，以免遗漏。记录的内容应包括通话者单位、姓名、时间、要点、是否要回电话及回电话的时间等。第四是别太深入讲私人问题。在不了解对方身份及动机时，请不要随便说出指定受话人的行踪及其他个人信息，如手机号、家庭电话、家庭住址等。

（七）巧问对方姓名

如果对方并没有及时告知他的姓名，而直接询问上司的去向，应礼貌、客气地询问对方："对不起，请问您是哪位？"在对方没有明确自己的身份时，不要轻易告知对方他所要的信息。

（八）礼貌地挂断电话

挂电话一般由上级、长辈先挂，双方级别相同时，一般由主叫方先挂。挂电话的礼貌不能忽视，如果对方是先挂电话的一方，要先确认对方的电话已经挂断，再轻轻地挂上电话。

第三节 电子邮件礼仪

一、发送电子邮件礼仪

如今，电子邮件已经成为现代商务最重要的交流方式之一。不少商务人士还使用公司域名的邮箱。对于跨境电商来说，电子邮件也十分普及，比较正式、重要的内容都会通过电子邮件进行传达。商务人士用公司邮箱发送的邮件与私人信件有很大的区别，具有职场电子邮件方面的新问题。

（一）关于主题与标题

标题是一封邮件的眼睛，它能起到提纲挈领的作用，通过标题可以看出这封邮件的主要内容，以方便收件人判断出事情的轻重缓急。所以，一定不能出现空白标题，这是最失礼的。标题要简短，不宜冗长，不能太大或太空，要反映文章的主要内容和重要性，绝对不可以含糊不清，例如"×××收"。一封邮件尽可能只谈一件事情，以便日后整理。有时可使用大写字母、特殊字符或标点符号来突出标题，引起收件人的注意。不过不要过于夸张，如运用“紧急”等字眼。在回复别人的邮件时，可根据内容更改标题。

（二）关于称呼与问候

邮件的开头一定要有问候和称呼，这个称呼虽然可以不像普通书信那么正式，但是也要能表现出发邮件人的谦逊有礼。称呼需要拿捏好尺度，在邮件的开头要称呼收件人，这样既显得礼貌又可以提醒对方，这封邮件是面向他的，要求做出一定的回应。在有许多收件人的情况下可称呼“大家”“All”。如果收件人有职位，要以职务尊称称呼对方，如“××经理”，如果不清楚职务，要分清性别，称呼“××先生”“××小姐”。

不熟悉的人不要直接称呼英文名，对于比自己级别高的人不宜称呼英文名，也不能随意使用“Dear ×××”。同时，电子邮件的开头和结尾最好都有问候语，礼貌一点总是好的，这样就算正文中有不妥的地方，对方也会谅解的。

（三）正文

正文简明扼要，行文通顺，如果具体内容真的很多，正文里应该只是做简单的介绍，然后将具体的说明单独写一个文件作为附件发送。如果事情较为复杂，可以用“1、2、3、4、5”的方式列几个段落进行说明，并保证每个段落简短且清晰，因为没有人愿意看没有分段的长篇大论。

正文应行文通顺流畅，多用简单常用的词汇，使内容能清晰地表达出来，要尽量避免晦涩难懂的词语，也不要写让人拉动滚动条才能看完的邮件。在正文中，不要随意用大写字母、粗体、斜体、颜色字体来进行重点提示，这样会影响阅读，过多的标识会让人根本找不到重点。

（四）附件

电子邮件中有时会有内容较多，或者有表格、图片等特殊文件，这时，就需要用到附件功能。使用附件应该要注意，应在正文中提示收件人，这是一封有附件的邮件。附件命名应该用有意义、有指向性的名字，不可以用错误或含糊不清名字。当有多个附件时，正文中应该对附件进行简单的说明。附件数目最好不要超过 4 个，附件过多时可以打包压缩成一个文件。如果附件的形式比较特殊，应该在正文中说明其查看的方式，以免影响其使用。若文件过大，可分为几个小文件。

（五）语言的选择和汉字编码

在跨境电商中，经常会使用外文邮件。如果收件人有外籍人员，应采用英文邮件，若收件人是其他国家或地区的华人，也应该使用外文邮件，由于存在中文编码的问题，中文邮件在其他地区可能显示为乱码。但是，商务人员应该记住，语言只是一种沟通的方式，而不是用来炫耀和锻炼语言能力的。语言上应尊重他人的习惯，给外国人应主动发外文的邮件，但如果对方发了中文的邮件，就没有必要自作聪明地回复外文的邮件了。

（六）署名与日期

邮件的结尾应该带有署名，如图 5-7 所示，也可以适当地加上公司、地址、电话等信息。一般情况下，署名的字体应该比正文的略小一号，在名字的下一行也可以注明日期。但在跨境电商的背景下，有时差问题时，不标注时间也没有太大的问题。

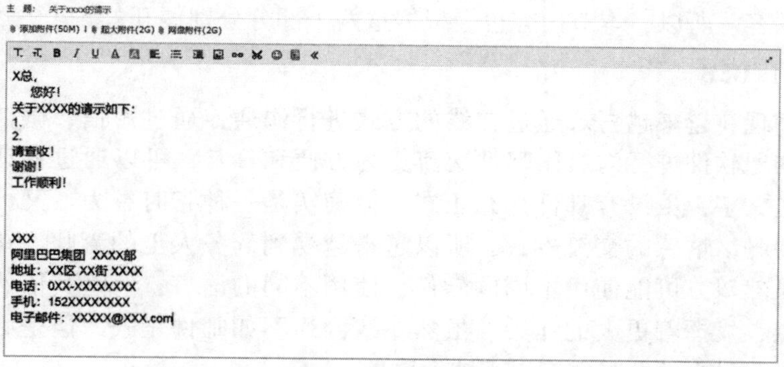

图 5-7　邮件模板

二、注意事项

1. 发送邮件时最好一次把事情说完，不要发完邮件才想起来还有重要的事情没有说，再发邮件补充，这样会给人留下办事毛躁的印象。

2. 发完邮件之后要反复检查，看看语句是否通顺，是否有错别字，特别是英文的单词和语法，仔细检查是否存在错误。

3. 礼貌用语适当多用，例如“请”“谢谢”，这样的词要多次出现。

4. 不提倡使用自动回复，这样很容易被视为无礼，因为它会给人一种居高临下的感觉。

第四节 在线沟通礼仪

一、在线沟通

在当今跨境电商的背景下，主要可以将在线沟通分为两个部分，B2B（business to business）和B2C（business to customer），就是商家对商家，以及商家对顾客。所以，本节内容也会根据这两个部分分别展开。

（一）B2B

人们现在越来越喜欢通过在线的方式进行沟通，通过短信、微信，或其他在线沟通软件进行沟通比邮件交流更为方便和日常，可以通过移动设备向对方发送文字，虽没有邮件那么正式，但确实是一种省时省力，又可传情达意，方便联络情感的交流方式，所以越来越受到商务人士的青睐。在跨境电商中，虽然双方可能使用不同的软件，使用不同的语言，但是其依然凭借方便的优点，发挥着更大的作用。虽然在线沟通不如邮件正式，但是必要的礼貌还是必不可少的，具体有以下注意事项。

1. 即使是在线沟通，落款和称谓依然是不可以省略的。在发送消息时，要在开头写上对对方的尊称，最后落款也要写明发送人的信息，以免对方忘记备注而不知道是谁发来的消息。

2. 在线沟通的正文不必像邮件或者书信一样正式，但是基本礼貌是不可少的。基本的问候语一定要有，同时不尊重、太过日常的词汇也不可以出现。虽然线上沟通比较偏日常交流，言论自由是无可厚非的，但是还是要避免敏感的话题，同时要遵守法律法规和道德原则，所以，要尽量避免讨论政治、宗教、他人隐私等敏感话题，不要给自己和他人带来不必要的麻烦。

3. 在线沟通最大的好处就是可以通过移动设备交流，这样就意味着在如今几乎人人都拥有智能手机的情况下，可以方便、有效率地进行沟通。所以一定要及时回复别人的消息，才可以发挥在线沟通的作用。即使是通知型的消息，也要回复“谢谢!”来告知对方已收到了消息，表示重视。当我们与不同国家文化的人沟通时，这一点尤为重要，在一些文化中，对对方表达足够的尊重是十分重要的。

4. 除了及时回复，发送信息的时间也需要好好斟酌。在与不同地区的人交流时，时差是必须要考虑的因素。线上沟通的时间选择确实是比邮件时间更为宽松，但这并不意味着任何时候都是可以的。相比邮件的商务性，线上沟通有偏商务的内容，也有偏日常的内容。在这两方面的谈话内容在时间选择上应有所区别。商务内容时间选择可以参考前面打电话的时间，因为在线发送消息对方即使马上能收到，但在不方便的时间却会打扰到别人。日常的内容较宽松一些，只要不在他人休息的时间（比如晚上）发送就可以。

5. 如今的科技发展很快，线上沟通的软件功能越来越多。双方不仅可以文字交流，还可以语音信息交流，同时还可以多人建群，方便讨论沟通。这确实很方便，但也有一些新的问题。例如，应尽量避免语音消息。语音消息看似方便，实则太过日常，显得十分随便，而且不尊重他人。日常生活中，经常会遇到不方便听语音的情况，这样就会给别人带来不便。

6. 在进行跨境电商交流时，不同国家的人使用不同的交流软件是很正常的现象。商务人士应该提前了解对方的习惯，以便配合对方，以示我们的尊重。这样不仅节省了时间，还让对方感到十分亲切，展示了商务人士的素养。

（二）B2C

B2C 与 B2B 的不同点就在于，与顾客对话时更要注意礼仪，因为顾客是商家利润的来源。在与顾客交流时，不仅要热情礼貌，更要掌握一些小技巧。

1. 招呼

在面对客户时，商家打招呼一定要快速回复，且要热情礼貌。跨境电商最大的好处就是可以快捷方便地买到国外的产品，如果与客户沟通不及时，顾客马上就会失去购买东西的兴趣，并对商家留下十分不好的印象，影响了以后的销售。并且，在无法保证能快速回复的情况下，尽可能不要使用自动回复。如果自动回复后长时间不出现人工服务，更会使客户感到不满意。招呼时一定要热情洋溢，让对方明显地感觉到商家重视每一份订单，在乎每一位顾客。这样会给顾客留下很好的印象，有很大可能性会再次光临，甚至推荐给身边的人。

2. 询问

一般情况下，尤其是外国的顾客，会很直接地告诉客服他所需要的东西，商家只需确认存货等信息就好。但是，有时外国的顾客会因为语言等问题无法明确地说出自己想要的商品，这时就需要商家细心地询问顾客的需求。这时客服需要做到热心引导，收集信息。先安抚客户，告诉他我们一定可以找到您需要的东西，再对顾客的喜好进行询问。询问时要特别注意礼貌，多用礼貌用语，不要问与主题无关的问题，也不要多做评价。可以尽量多使用封闭式提问，不要让买家感到茫然。当顾客对问题提出质疑时，商家要耐心解释。得到了顾客的答案后要仔细记录下来，因为这是为客户推荐商品的依据，是十分重要的，不能有疏忽。

3. 推荐

推荐的前提就是了解顾客的喜好，然后提出针对性的建议。正常情况下，不应该先给顾客推荐促销款，而是先推荐利润款。毕竟商家还是要以利润为先。在了解买家的心理之后，如果对方要的是实惠的商品，再推荐促销品也不迟。在推荐商品时，要体现专业性，然后给出精确的推荐。推荐词要说明产品的特点和优点，并且要符合客户的需求来体现专业性。不一定要推荐价格最贵的，但是要最适合的。推荐的时候要把握好度，不要让买家感觉到商家不顾顾客的实际情况，只为了自己的利益推荐价高的产品。

4. 应对议价

议价是一个相互了解的过程，通常议价的客户很有可能成为你的老顾客，如果直接下单就结束了交易，沟通就会很少，议一下价，了解一下，一来二去有可能成为朋友。再议价是可以的，但是价格是不能降的，必要时可以争取送小礼物或者优惠券等来代替减价。除了让客户知道线上商城和线下商城是同一个概念之外，还要强调产品的品牌、质量、售后服务和商家的服务，这些就是产品的价值，体现产品的价格所包含的价值。议价的过程其实是交流沟通的过程，这是最体现商家服务态度的部分，在与客户议价时一定要保持冷静，礼貌应对，不论对方态度、要求如何，都要以礼貌的态度回应对方。给对方留下好的印象，才能让对方再次光临店铺。与外国的客户议价时，要根据对方国家和文化来交谈，时刻注意态度。

5. 及时核实

一旦对方下单，要及时确认订单的货物、数量、收货地点等信息。尤其在跨境交易时，很容易因为文化、语言的不同造成误会。这就需要商家一一确认，特别是在数量、收货人信息等方面，可以避免不必要的误会。但是不要反复，一次确认完就可以。确认完之后要记得跟上结束的问候语，例如："感谢您对本店的支持，欢迎您下次再来！"

6. 及时跟进

跟进针对的是虽然拍下了货品却还未付款的情况。在跨境电商交易时，可能会因为各种原因，比如对软件不熟悉等未付款而先拍下了商品。此时作为商家，无须去猜测顾客是意外没有付款，还是正在犹豫是否要买，最好的方法是电话跟进。告知对方拍下的商品正在发货，请尽快付款，当日就可以发出。要让对方感觉你不是一心想让他付钱，而是正在为他服务。

案例分析

多次议价

G：你好，这款产品多少钱？价格可不可以少点啊？

K：您好，很抱歉哦，商城没有办法修改价格的。

G：第一次买你们这个品牌的商品，价格少点的话，以后肯定会经常来购买你家的呀！

K：据我了解，您在购买产品时，价钱确实是考虑的方面，但产品的质量和售后服务才是考量产品好坏的重要因素！我们是××上的官方旗舰店，产品及质量都是有官方保障的哦。

G：但是我觉得你们的价格有点偏高啊，要是能少点就好。

K：不好意思，这个价格真的没办法少哦，商城是不支持修改价格的，真的没办法。

G：那算了，我再逛逛别家的吧。

K：您能确定这次需要多少呢？

G：暂时先买2罐。要是喜欢就继续跟你家合作呀。

K：那您稍等下，我向主管为您申请一下优惠价格，不一定能成功哦，我尽量为您申请吧。您稍等我一下。

K：您好，主管说因为××价格修改不了，可以给您赠送精美礼品一份。这个礼物质量很好的，您看这样好吗？

G：那不为难你了，我这次买了之后，再买的话是不是会有优惠的？

K：嗯，是的。买过且交易成功后您就是××旗舰店尊贵的会员了，再来购买商品，您就可以享受会员价格了。

二、注意事项

（一）回复的时间

跨境电商交易时，双方存在时差是常有的事，如果对方在商家休息时发来了消息，先不要急于回复，需要计算一下两边的时差，在对方方便的时间交流就可以。在对话之前，可以先和对方说明原因，得到顾客的谅解。

（二）使用的语言

双方语言的不同也是跨境电商交易的障碍之一，但是并不是大问题。只需要根据对方所用的语言进行翻译，再发送就可以了。不要自作聪明一直用英文对话，因为在一些国家，英语普及率并不高，顾客甚至不喜欢英语。商家只要最大程度地配合顾客即可。

（三）如何面对老客户

有时，老顾客再来光临店铺，商家全然不知。但如果可以让顾客知道，商家知道他是之前购买过的顾客会给店铺增加很大的好感度。比如，在顾客询问时可以先查一下是否有购买过商品的记录，如果有，可以在成交之际加以询问，如“还是之前的收货地址吗”类似的问题，能让顾客感到很受重视和关注，很好地掌握了他的信息。给顾客一个不一样的购物体验，也能让顾客更好地记住店铺。

（四）售后服务

售后服务依然是电商中很重要的话题。在交易后，如果是商家方的失误导致的问题，需要进行道歉并尽力做出补偿。即使买方远在国外，也要尽量退换货物，或者进行退款等。如果是顾客方的失误，要注意态度，和顾客进行商议，以礼貌的态度、适合的方式解决问题，有时也可以让一步以获得更好的口碑。

第五节 国外市场习俗礼仪

一、国外市场消费习惯

所谓跨境电商，自然是要进入国外的市场。“知己知彼，百战不殆”，我们想要做好跨境电商，首先应该了解他们喜欢什么，或者说他们需要什么，这样我们才可以少走弯路，达到事半功倍的效果。

（一）美国

1. 外贸：美国人做生意的几种个性

美国是世界上经济最发达的国家，国民经济实力也最为雄厚，不论是美国人所讲的语言，还是美国人所使用的货币，都在世界经济中占有重要的地位。英语几乎是国际谈判的通用语言，世界贸易有 50% 以上用美元结算。所有这些，都使美国人对自己的国家深感自豪，对自己的民族具有强烈的自尊感与荣誉感。这种心理在他们的贸易活动中也充分地表现出来。他们在谈判中，自信心和自尊感都比较强，加之他们所信奉的自我奋斗的信条，常使与他们打交道的外国谈判者感到美国人有自我优越感。

美国人的自信还表现在他们坚持公平合理的原则上。他们认为两方进行交易，双方都要有利可图。在这一原则下，他们会提出一个“合理”的方案，并认为是十分公平合理的。他们的谈判方式是喜欢在双方接触的初始就阐明自己的立场、观点，推出自己的方案，以争取主动。在双方的洽商中充满自信，语言明确肯定，计算也科学准确。如果双方出现分歧，他们只会怀疑对方的分析、计算是否出现失误，而坚持自己的看法。

2. 美国人穿搭习惯及买衣服消费金额

美国的衣服和鞋类是比较贵的。稍好的运动绒衣要五六十美元一件，更别说那些高档时装了。可喜的是中国产品，主要是服装和鞋类打入了美国市场，且价格便宜。中国的棉制品、羽绒服和丝绸颇受美国人的欢迎。在服装商店许多中低档服装与鞋类都有“Made in China”的字样，如各类夹克衫、牛仔裤、衬衫，还有各式T恤衫、羽绒服等，都是中国制造的，每件为20~80美元。这些大都是根据美国商人的设计与要求制造的。高档的服装与鞋类大多是欧洲生产的，其中意大利生产的居多。亚洲则是中国台湾地区、中国香港地区与韩国等地生产的居多。

美国人喜欢购置新衣服，也常扔掉旧衣服。所以街上设有商店，专门销售旧衣，有些旧衣论磅出售，一美元一磅。有些跳蚤市场、教会或医院也有不少旧衣出卖。光顾这些地方的多是些低收入者，一般他们也不考虑旧衣会传染疾病这一至关重要的问题了，当然，也有人认为旧衣经过高温洗涤和烘干可以消毒。

3. 了解美国每个月的热销产品有哪些

1月份：冬季服装打折，是服装的销售旺季。2月份：2月14日是美国的情人节，美国人的情人节是园艺产品、时尚饰品、珠宝和手表、箱包礼品的火热销售季节。3月份：美国的春季。春天是服装销售的旺季，3月31日的复活节是园艺产品的销售旺季，家居用品也会在春夏季快速升温，美容化妆产品会随着春季新品到来而强势反弹。另外，户外用品、桌球、水上运营用品在春夏季销售比较火热，礼品销售会随着复活节等特殊节日而火热销售。4月份：园艺产品在4月的美国市场会销售得很好，女鞋销售会随着婚礼需求而剧增。4月也是筹办婚礼的好季节，伴娘礼服或婚礼用品销售得比较火热。

4. 美国有1.31亿人网购，网上购物新习惯已养成

美国《洛杉矶时报》的相关报道：美国零售联合会表示，大约1.31亿美国人，即55%的消费者在今年星期一这天上网购物。在去年星期一这天，大约有1.29亿人参与了网购；去年从感恩节至星期天的四天内，有1.41亿美国人逛实体店或者上网淘货。

5. 美国人的穿搭习惯及买衣服消费的金额

美国人不像英国人那样总要衣冠楚楚，而是不太讲究穿戴。他们穿衣以宽大舒适为原则，自己爱穿什么就穿什么，别人是不会议论或讥笑的。在美国，一般浅的颜色受人喜爱，如象牙色、浅绿色、浅蓝色、浅黄色、粉红色、浅黄褐色。很多心理学家的调查表明：一、纯色系颜色比较受人欢迎；二、明亮、鲜艳的颜色比灰暗的颜色受人欢迎。

美国人最关心的首先是商品的质量，其次是包装，最后才是价格。因此产品质量的优劣是进入美国市场的关键。在美国市场上，高、中、低档货物差价很大，如一件中高档的西服零售价在40~50美元，而低档的则不到5美元。商品质量稍有缺陷，就只能放在商店的角落里，减价处理。

美国人非常讲究包装，它和商品质量处于平等的地位。因此，出口商品的包装一定要新颖、雅致、美观、大方，能够产生一种舒服惬意的效果，这样才能吸引买家。中国的许多工艺品就是因包装问题一直未能打入美国的超级市场。如著名的宜兴紫砂壶，只用黄草纸包装，80只装在一个大箱子中，内以杂纸屑或稻草衬垫，十分简陋，在买家顾客心目中被排在低档货之列，只能在小店或地摊上销售。

（二）欧洲国家

德国人追求质量和实用主义，讲究效率，关注细节。德国人对产品的要求非常高，所以我们的供应商一定要注意提供优质的产品，对货物的情况随时跟踪并及时反馈给买家。他们信守合同，崇尚契约。德国人素有“契约之民”的称号，他们对涉及合同的任何条款都非常细心，对所有细节认真推敲，一旦签订合约就会严格遵守，按合同条款一丝不苟地去执行，不论发生什么问题都不会轻易毁约。所以和德国人做生意，也必须学会信守合同，如果供应商签了合同后，又出现要求更改交货期、付款期等条款的情况，那就是对德国人的大不敬了，这很有可能就是你和这位德国商人的最后一笔生意了。

英国是世界资本主义的发源地，也是最早进行工业革命的国家，而且英国人依然保留着岛国民族的特性，比较保守和内敛，加上君主立宪体制历史悠久，英国人特别注重形式礼仪和按部就班，并且高傲、矜持，尤其是男性，常给人以绅士的感觉。和英国买家做生意时要注意英国买家的性质。很多英国大买家并不是都住在城市里，因为一些有着悠久历史传统的家族企业（如制鞋业、皮革业等）性质的英国商人很可能住在一些庄园、村庄，甚至是古堡里面，所以他们的住址一般都是诸如“切斯特菲尔德”“谢菲尔德”等以“菲尔德（field）”为后缀的地方。所以这一点需要格外注意，住在乡村庄园里面的英国商人很有可能是大买家！

（三）亚洲国家

在亚洲的国家中，韩国和日本是两个电商较为发达的国家，所以下面就以这两个国家为亚洲国家代表讨论这两个国家的消费习惯。

韩国虽然是一个崇尚节俭的国家，但是在如今的韩国年轻人当中却掀起了一股“名品热”。年轻人十分热衷于购买时尚、潮流而且高档次的产品。在韩国，无论是男人还是女人，都认为注重外表不仅是对自己形象的提升，更是对他人的尊重。所以，韩国人往往把产品，尤其是衣着类的样式是否时尚好看作为首要考虑的因素。对于韩国的女生，更是追求美丽的代表，她们的大部分的收入都会用在衣着打扮上。在其他类型产品上，韩国人喜欢一次少量购买。随着韩国单身独居人数的增加，这样的趋势更加明显。他们也更偏爱相对方便而且多样化的速食食品和方便食品。

日本现在拥有 1.3 亿人口，虽然人口不多，但是经济发展程度很高，市场容量大概是美国的 1/4。有数据显示，亚马逊日本站点的流量在所有亚马逊站点中排名第二；日本人均网购的消费金额为 1164 美元，相当于中国人均消费的 2 倍，并且超过了美国人均网购消费金额 1156 美元。日本是一个非常认真的民族，从他们推崇的匠人精神上就可以看得出。这个特点也体现在消费上，他们十分注重产品描述与产品实际状况的符合程度，如果产品描述过于夸大其词，很容易招致买家差评和投诉。因此，在做日本站的产品介绍的时候，一定要仔细推敲文案，对图片也要仔细审核，以免造成投诉。日本人对本土产品的认同率很高，这就要求我们在做产品介绍的时候，尽量贴近他们的需求，比如，用亚裔的模特，产品、包装上使用日文等。日本人的购物习惯是如果这次买了产品感觉比较满意，下次他还需要该产品的时候，他很可能就直接来找买过的这一家买，不去找别人买。因此，要相信在产品和服务上的付出是绝对不会白费的。日本消费者对包装比较讲究，虽不要求过度包装，但会注重包装细节。卖家应该注重产品的外包装，以符合日本的消费需求。还要注意的一点是，日本人普遍英语水平较差，以往就有日本站的卖家因为日语用词不恰当收到警告，还有卖家曾因用英语回复日本客人，收到了买家的投诉通知。

（四）非洲国家

非洲地区在世界范围内较为落后，跨境电商并不发达也不普及，可以说是正在发展中。此时应该抓住时机，占据市场。以下以较发达的南非为例，讨论消费习惯。

在南非，月平均收入在 560~1120 美元的为中高收入阶层，以白人为主，这个收入阶层占南非人口的15%，收入却占本地生产总值的67%。这类消费人群追求生活享受，需要精美的家电用品，跟随欧美的时装潮流，注重产品的设计与品质。

另一类为低收入阶层，月收入在100~560美元，他们占南非人口的85%，收入仅为本地生产总值的33%，食品及住房支出占了其开支的大部分，服装、日用品及家电消费以满足最基本的需要为主，多选用本地产的中低档产品。

南非市场供应充足，档次较高的商品大多为欧洲货，它们虽然价格昂贵，但仍然受欢迎；较低档次的是除日本外的亚洲产品。

南非消费支出结构中以日用品为主。根据1993年统计资料显示：食品、饮料、烟酒支出占37.4%，服装、鞋支出占7.4%，休闲娱乐教育支出占4%，房租支出占6.6%，运输与通信支出占4.6%。

南非市场对轻工、纺织、服装、电子等产品需求量大。纺织服装：本地产的服装只能满足内需的60%，当地对冬夏两季成衣需求量大，进口服装中抢手货有合成纤维夹克衫及裙子、棉制长裤、短裤、棉制短袖衫、衬衫、羊毛或人造纤维运动衫、开襟外套、套头上衣、内衣、运动服等。时装品味趋向欧洲风格。白人对服装需求特点是大方、传统及做工精巧，黑人则要求服装颜色鲜艳夺目，中低档产品较畅销。轻工产品：鞋为黑人的第二大消费品，他们喜欢的品种包括皮鞋、运动鞋和帆布鞋等；钟表类以电子石英表最畅销，20~40美元的中档表较畅销；玩具类以遥控或电动玩具、音乐玩具、建筑玩具及塑胶洋娃娃等进口量最大。其他畅销的产品有人造珠宝、厨房用具、相册、塑料提箱等。本地电子产品只能满足内需的18%，需求量大的产品有计算器、收录机、录像机、微波炉、蒸汽电熨斗、吹风机、烤箱、电子加热器及电动剃须刀等。

二、国外市场礼仪习俗

（一）美国

美国人的见面礼节，可以说是世界上最简单的。在一般情况下，同外人见面时，美国人往往以点头、微笑为礼，或者只是向对方“嗨”一声就可以了。若非亲朋好友，美国人一般不会主动与对方亲吻、拥抱。在称呼别人时，美国人很少使用全称，他们更喜欢直呼交往对象的名字，以示双方关系密切。若非官方正式交往，美国人一般不喜欢称呼官衔，或是以“阁下”相称。大多数美国人不喜欢用先生、女士或小姐这类称呼，喜欢直呼对方的名字。美国人十分讲究“个人空间”，与美国人交谈要保持一定的距离。美国人最喜欢的颜色是白色。由于黑色在美国主要用于丧葬活动，因此，美国人对黑色比较忌讳。美国人最讨厌的数字是“13” 和 “3”。他们不喜欢的日期则是星期五。

1. 社交礼仪

美国人的处事风格，总体上是潇洒浪漫的。他们主张充分地享受生活，凡事都要尽可能地去尝试。在日常相处时，他们大多生性乐观爱开玩笑。跟美国人相处时，若是不明白这点，而是一味地恪守“喜怒不形于色”的中国古训，无形中会使对方与自己拉开距离，甚至让对方对自己敬而远之。

在公共场合就座时，一般让长者和妇女坐在右边，走路时要让长者和妇女优先。

在美国，对任何人，无论在任何时候接受他人的帮助时都要说“Thank you”，否则被视为无礼。任何时候都必须做到礼让妇女、儿童，如帮他们开门、让他们先行等。在任何情况下都不要询问他人，尤其是妇女关于收入、婚姻、年龄等问题；也不要随地吐痰，或在公共场所吸烟；升降梯上要将左侧让出来给有急事的人；不要在马路、走廊上并排行走。

美国人的平等观念非常强，尊重妇女，尊重个人，在与任何人接触时，都要尊重对方的隐私和安全。

在访问前，无论事大事小都要提前预约，在即将到达前也要先通个电话告知。

2. 商务礼仪

与美国人交往时，准时守信是非常重要的。在美国比较流行在早餐和午餐的时间约会，约定好了参加就一定要准时到达。若因事无法参加要提前告知并说明理由。在交谈时，美国人很喜欢表现出幽默、随和、不正式的态度，如果能在交流时经常说几句笑话，或是对对方的幽默做出反应，就会比较容易被接受。

美国人在做生意时，喜欢将是与否分辨得非常清楚。在无法认同对方的条款时，要明确地告诉对方，不要含糊其词、模棱两可，让对方抱有希望。当发生争执时，态度要严肃认真，千万不可表现出随意的样子，如果突然笑起来会使对方更为生气。

在和美国人交谈时，绝对不能将别人的事情拿出来说。因为他们认为在交谈时闲谈第三者，是对他人人格的一种伤害。如果这样做了会遭到别人的蔑视。

美国的商业习惯是每一种商品都要投保，他们是非常重视专利和商标的。

（二）德国

德国是欧盟中人数最多的国家。德语是其公用语，英语只在旅馆行得通。

德国人对于纳粹、宗教、党派之争非常敏感，不宜在谈话中提及。在公众场合窃窃私语会被视为无理的行为。同时，他们对于四个人交叉握手或交叉谈话也比较反感。德国人对黑色、灰色比较喜欢，对于13和星期五非常厌恶。德国的星期天是休息日，商店一律停业。

1. 社交礼仪

德国人十分注意规则和纪律，干什么都很认真。凡是规定好的事情，德国人都会自觉遵守，如果是明令禁止的事情，德国人一定不去做。

德国人这种对待事物的独特风格给人留下了独特又深刻的印象：纪律严明，法制观念极强；讲究信誉，有时间观念；极端自尊，尊重传统；待人热情，注重感情。

德国人在人际交往中非常重视礼节。比如说在握手时，要特别注意两点：一是必须坦然地注视对方；二是握手时间应较长一些，晃动的次数可以多一些，力度也应稍大一点。

德国人在人际交往中的另一个鲜明特点是称呼。对德国人称呼不当，会使对方产生不快。一般情况下，不能直呼对方的名字，要称其全称或仅称其姓。

与德国人交谈时，不要忽略对“您”和“你”的区别，对于熟人、朋友、同龄人才可以称呼“你”，代表地位平等、关系密切。

2. 商务礼仪

在德国，拜访前一定要预约，而且德国人的时间观念很强，约定之后必须准时。德国非常重视休息时间。德国的一些商铺只在星期六开业，银行周末都休息。8月是德国大部分工厂、企业的夏休时间，复活节前后两周也不宜拜访，慕尼黑及科隆嘉年华会期间也应避免拜访，上午10点前、下午4点后，也是不宜预约的。

商务交谈时要尽量说德语，不会说德语的话应携翻译一同前往。虽然德国的英语普及率并不低，但是使用德语会让对方高兴，感觉备受重视，礼仪握手就可以。如果对方的身份比较高，我们必须先伸手，再与之握手。

德国人非常不喜欢死气沉沉、拖拖拉拉、不守纪律和不讲卫生的坏习气。在商务活动中，德国人穿着很是讲究，男士一般穿深色的三件套西服、打领带、穿深色鞋袜；女士应穿过膝套裙或连衣裙，并配以高筒袜，化淡妆。女士在商务场合不宜穿低胸、紧身、透明的上衣，也不宜佩戴过多首饰。在与德国人打交道时，如果没有注重这些方面会被视为待人无礼和不自重。在介绍他人时，一般习惯从老人和女士开始。

德国商人非常不喜欢浪费时间，所以宜先对熟悉的问题单刀直入。如果到家中做客，应带上一束鲜花，但必须是单数，5 朵或 7 朵即可。

（三）英国

英国的全称是大不列颠及北爱尔兰联合王国，简称联合王国或不列颠，统称英国。英国的官方语言就是英语。英国的主要宗教是基督教新教和罗马天主教，教徒占全国人口的近半数。英国很忌讳四人交叉握手，他们认为这样会招致不幸。他们也很注意隐私，不喜欢被过问活动去向、个人习惯和政治倾向。英国人在谈话时，不喜欢距离过近，一般保持在 50 厘米以上。他们还很忌讳打碎玻璃或在餐桌上使水杯任意作响。

1. 社交礼仪

英国人第一次见面时一般都以握手为礼，随便拍打客人是不礼貌的行为。英国的商人恪守信用，答应过的事情一定会全力以赴、不折不扣地完成。

英国人待人彬彬有礼，讲话非常客气，“谢谢”“请”字不离口。所以对英国人讲话也要客气，不论他们是服务员还是司机，都要以礼相待，请对方帮忙时一定要委婉，不要用命令的口吻，不然会遭到冷落。

英国人的时间观念很强，拜会或洽谈，必须提前预约，并且要做到准时，最好能提前几分钟到达。英国人的相处之道是严守时间、遵守承诺，如果因故无法准时赴约，要设法告知对方。

2. 商务礼仪

与英国人做生意时态度一定要保守、谨慎。初次见面或在特殊场合要表达赞同和祝贺时，才会相互握手。

英国的商人们并不喜欢长时间讨价还价，他们希望谈判一至两次就能有结果。除了十分重要的谈判，一般有一小时就足够了。他们有时也会利用午餐时间讨论业务。与英国人做交易时，谈判的策略和方法尤为重要。他们讲究礼节，保持矜持，不会过多地流露感情，因此与英国人会面时要仪表整洁、谈吐文雅、举止端庄。

英国人其实并不善交际，但有时为了生意的需要，也会接受一些必要的应酬。而这样的应酬，也就显得保守而古雅。

在英国，并不流行邀请对方在早餐时间谈生意，一般也不会邀请客人至家中，聚会大都在酒店、饭店进行。英国人的饮宴从某种意义上说，以简朴为主，他们很讨厌浪费和奢侈的人。

在英国正式的宴会上一般是不准吸烟的，进餐时吸烟被视为无礼。同时，他们在穿戴上比较讲究，在会客、拜访或者参加酒会、宴会、晚会时必须要穿西服、打领带。在夏天时，可以不穿西服，只穿短袖，但一定要打领带。英国人更习惯于穿黑色礼服，衣裤也必须烫得笔挺。收到了英国人的款待后一定要致谢，如果能在事后发信函表达谢意则更能引起对方的注意。

（四）韩国

韩国的正式国名是大韩民国，位于亚洲的东北部。韩国的首都是首尔，主要宗教是佛教，官方语言是韩语。韩国人大多珍爱白色，以木槿花为国花。与韩国人聊天时不宜将“韩国”和“韩国人”称为“朝鲜”（或“南韩”）和“朝鲜人”。韩国人的民族自尊心很强，反对崇洋媚外，总是认为韩国的才是最好的。

1. 社交礼仪

在正式的交际场合，韩国人一般采用握手作为见面礼仪。韩国妇女一般不与男子握手，而往往代之以鞠躬或点头致意。韩国人在不少场合也会同时采用先鞠躬后握手的方法；同他人告别时，如果对方是有身份地位的人，韩国人会行礼三至五次。

一般情况下，韩国人在称呼他人时爱用尊称和敬语，习惯称呼对方头衔。

韩国人非常讲究预先约定，遵守时间，并且十分重视名片的使用。

2. 商务礼仪

去韩国进行商务访问的最佳时间是 2—6 月、9 月、11 月和 12 月上旬，尽量避开节日较多的 10 月、7—8 月、12 月下旬。韩国人与不熟悉的人来往时，要有一位双方都熟悉并信任的第三者进行介绍。为了方便介绍，可以事先准备好名片。名片上中英文都可以，但是要避免在名片上使用日文。韩国人不喜欢直接说“不”，有时会用“是”表示否定的意思。

在商务交往中韩国人比较看重感情，只要感到对方有一点不尊重自己，生意就会失败。韩国人重视业务中的接待，宴请一般是在饭店中举行，吃饭时菜必须要一次全部上齐；饭后有时会邀请客人去歌舞厅娱乐、喝酒、唱歌，一般来说不能拒绝，因为拒绝是不礼貌的。

（五）日本

日本的正式国名是日本国，位于亚洲东部。大和族是日本的主体民族，主要宗教是神道教和佛教，其中神道教是日本固有的宗教。日本的国语是日语。樱花是日本的国花。一般来说日本人喜欢白色和黄色，讨厌绿色和紫色。日本人很喜欢送人小礼物，他们觉得注视对方双眼是十分失礼的。

1. 社交礼仪

日本人通常以鞠躬作为见面礼节。在鞠躬的角度、时间的长度、次数等还有其特别的讲究。行鞠躬礼时手中不得拿东西，头上不能戴帽子。日本还有一面握手一面鞠躬致敬的礼节。

在日本民间，送别亲友时往往还会向对方行跪礼。

日本人与他人初次见面时通常要互换名片，否则会被理解为是不愿与对方交往。在交换名片时，一般以身份地位较低或年轻的一方先递给对方，并目视对方自报姓名，以示礼貌。女性的名片一般比男性的小一点。

在交际场合，日本人的信条是“不给人添麻烦”，因此，他们忌讳高声谈笑。但是在外人面前大都要脸带笑容，日本人认为这是礼貌。

2. 商务礼仪

当日本人与外国人会面时，他们通常是向对方鞠躬打招呼，如果还要握手，则感到烦琐。当然，现在年轻一代日本人已经习惯握手这种动作。鞠躬的形式男女也有别：男士双手垂下贴腿鞠躬，女士一只手压着另一只手放在前面鞠躬。

对日本人来说，交换名片是人际交往最简洁又不会使双方感到尴尬的方式。在日本，社会等级非常森严，在使用名片时，要注意以下事项：印名片时，最好一面印中文，一面印日文，且名片中的头衔要准确反映自己在公司中的位置；在会见日本商人时，记住要按照职位高低的顺序交换名片；交换名片时，要把印有字的一面朝上并伸直手，微微鞠躬后，各自把对方的名片接到右手上；接到名片后，一定要研究一下上面的内容，然后说“见到你很高兴”等话，并复读其名；在同交换过名片的日本人再次会面时，千万不要忘记对方的名字，否则对方会认为是受到了侮辱。

日本人对坐姿很是讲究，不管是坐在椅子上还是在榻榻米上。当拜访日本公司时，宾主的会面通常是在会议室进行的，而且，客人一般会先被领到会议室，主人稍迟几分钟来到并和每一位客人交换名片。作为礼貌，客人不能随随便便就坐到贵宾位上，应一直站着等主人进来让座。

日本人在正式场合很注意形象，如果出席日本人的宴会或其他活动，一定要穿着整齐，否则会被认为是不把主人当回事。所以，在拜访期间，要确保有一套整洁的服装在身边随时备用。

礼物在日本社会中尤为重要。在日本，商业性送礼是一类不小的开销，他们在送礼上的慷慨大方有时令人咋舌。赠送礼物时，通常是在社交性场所，如在会谈后的餐桌上。送礼时，要注意日方人员的职位高低，礼物须按职位高低分等级。如果总经理和部长收到的礼物一样，前者会觉得受到了侮辱，后者也会十分尴尬。

此外日本人的严谨是举世公认的，他们参加任何活动都会非常准时。迟到是非常不礼貌的行为。

（六）南非

在非洲进行跨境电商的活动时，既要注意其受到欧洲文化的深刻影响，又要注意到非洲国家或地区的典型地域民族特色。因为非洲整体处在落后位置，所以下面以较为发达并正在发展中的南非为例，介绍非洲的商务习惯和礼仪。

南非有 11 种官方语言，英语和阿非利卡语（南非荷兰语）为通用语言，居民主要信奉基督教新教、天主教、伊斯兰教和原始宗教。南非是世界上唯一一个同时拥有三个首都的国家：行政首都茨瓦内（原名比勒陀利亚）是南非中央政府所在地；立法首都开普敦是国会所在地，是全国第二大城市和重要港口，位于西南端，是国际重要的国际海运航道交汇点；司法首都布隆方丹，是司法机关所在地。南非黑人非常敬仰自己的祖先，他们很忌讳外人对自己祖先的言行失敬。与南非人交谈时，有四个话题不宜涉及：不要为白人评功摆好；不要评论不同黑人部族或派别之间的关系和矛盾；不要非议黑人的古老习惯；不要为对方生了男孩而祝贺。

1. 社交礼仪

南非人把宾客临门视为荣幸，殷勤招待，用咖啡待客是常见的礼节。

南非人喜欢用不同的手势来表达喜怒哀乐：举起和挥动右手并竖起大拇指，双目注视，表示尊重；五指握拳不断挥舞，表示诅咒和谩骂；用拇指和食指掂出“哒哒”的声音，表明对话题很感兴趣或完全同意对方的看法；用手指迅速刮自己的耳朵，表明话不投机或完全不同意对方的看法；用一只手抹另一只手的手背，表示此事与自己无关；两手手掌朝上，表示疑问；用一只手拍另一只手的手掌表示惊异和奇怪；用手指指某人然后张开手掌，举起手左右转动，这是在骂某人傻瓜；用食指朝着某人，表示蔑视或看不起；伸出手并张开五指，或者用手刮别人的鼻子，双方一定有一场激烈的争吵甚至是斗殴。南非人绝不会当众剔牙、摸皮带、拉裤子、脱鞋。

有些南非人行拥抱礼，有些人行亲吻礼，有些人则行独特的握手礼，即先用自己的左手握住自己的右手腕，再用右手与人握手。如果是特别亲热的人，则会先握一下他的手腕再握对方的拇指，最后紧紧握一下他的手。女子相见，双膝微屈，行屈膝礼。送客时，他们往往列队相送，载歌载舞。南非人的姓名大多已经西方化，但仍喜欢在姓氏之后加上相应的辈分。另一个要注意的是绝对不要直呼“Black people”。

2. 商务礼仪

南非的商务礼仪可以概括为“黑白分明”“英式主义”。“黑白分明”是指受到种族、习俗的制约，南非的黑人和白人所遵从的礼仪是不同的；“英式主义”是指在很长的一段历史时期内，白人掌握南非政权，所以白人的商务礼仪尤其是英式礼仪在南非广泛流行。

就目前而言，在社交场合，南非人普遍采用的是握手礼，交往对象的称呼主要是“先生”“小姐”或“女士”。在黑人部族，尤其是农村，黑人则会有不同的礼仪风格。比如，他们喜欢将鸵鸟毛或孔雀毛送给贵宾。

南非商人十分保守，交易双方力求正式。许多生意在私人俱乐部或对方的家中完成。在南非做生意用过于细腻的手段或说话兜圈子常不被人了解，想用这样的方法一般是行不通的，想说的话就要直接说出来。而且南非的黑人对自己的传统情有独钟，不要将别人的意愿强加在他们的身上。

【思考题】

1. 进行会议时有哪些需要注意的商务礼仪？
2. 请拟写一封邮件告知对方会议的事项，包括时间、地点、主题等。
3. 请你为你的美国顾客推荐适合的冬装，包括价格、样式等信息。
4. 若你的顾客想要以更低的价格获得商品，你该如何应对？

第六章　跨境电商网络营销

【学习目标】

通过本章内容，主要应该完成以下学习目标：了解网络营销与传统营销的差异；掌握常用的跨境电商整合营销方法；掌握常见的跨境电商 SNS 平台营销方法。

【本章重点】

以现代营销理论为基础，网络营销结合科技进步、客户价值变革、市场竞争分析等因素，借助网络、通信和数字媒体技术，实现了企业与用户之间理念、产品、服务的交换过程，进而创造了在线宣传活动、传递了客户价值，并有效进行了客户关系管理。本章以跨境电商的两种营销理论为基础，介绍了跨境电商的三种整合营销策略以及五种 SNS 平台营销策略。

第一节 跨境电商营销基础

一、传统营销

传统营销是一种交易营销，强调将尽可能多的产品和服务提供给尽可能多的顾客，经过长期的发展，已经形成比较扎实的理论和实践基础，消费者已经习惯这种固定的模式。消费者在消费过程中有很强的交流性，可以看到现实的产品并体验购物的休闲乐趣。传统营销更能取得大众的信赖。

传统的市场营销策略是由麦克锡教授提出的4P组合，即产品、价格、渠道和促销。这种理论的出发点是企业的利润，而没有将顾客的需求放到与企业的利润同等重要的地位上来。而网络的互动性使得顾客能够真正参与整个营销过程，而且其参与的主动性和选择的主动性都得到加强。这就决定了网络营销首先要求把顾客整合到整个营销过程中来，从他们的需求出发开始整个营销过程。据此，以舒尔兹教授为首的一批营销学者提出了4C的市场营销理论，即消费者的需求、欲望、成本、便利和沟通。

在传统营销模式中，制造商生产出成品后往往通过制造商→批发商→零售商→消费者的营销渠道对外销售产品，产品一般需要经历好几个环节才能到达消费者手中，这样长的供应链不仅降低了产品的时效性，而且增加了产品的成本。

二、网络营销

（一）定义

网络营销产生于20世纪60年代，发展于90年代。网络营销是网络经济时代的一种崭新的营销理念和营销模式，是企业营销实践与现代网络技术相结合的产物，是一种以电子信息技术为基础，以计算机网络为媒介和手段，以新的方法、理念创造并与他人交换有价值的产品以满足自身的需要和欲望的一种社会活动的管理过程。

（二）传统营销和网络营销的差异分析

网络营销作为一种全新的营销方式，与传统营销方式相比，在各营销环节均具有明显的差异，具体分析如下。

1. 营销的市场环境不同

在传统营销中，市场环境是实体的环境，实体的市场环境因微观、宏观因素的影响具有地区差异性、多变性和相关性。对企业而言，市场营销环境通过市场内容的不断扩大和自身因素的不断变化，对企业的营销活动发生影响，同时企业的营销环境依赖于市场环境的正常进行。对消费者而言，消费者面对具体商品，可以通过切实体验，以一手交钱、一手交货的方式实现整个购物体验，购物安全性很高。

在网络营销中，市场环境是在虚拟平台之上的全球市场。从企业角度来看，网络具有超越时间约束和空间限制进行信息交换的功能，减少了市场壁垒和市场扩展的障碍，使企业面对一个更为广阔、更具选择性的全球市场。从消费者角度来看，在网络营销的虚拟的市场中，顾客看到的商品并非实物，而是企业网站对商品的数字化展示，顾客选择产品和购买的过程都是在网络上进行的，消费者面对的是虚拟的不确定市场。

2. 消费群体不同

传统营销和网络营销的销售对象都是消费者，但两种营销模式下的消费群体却有很大的差异。在传统营销中，有购买实力和欲望的现有及潜在消费群体分布非常广泛和分散，消费心理会受到家庭、生活方式、社会层次、相关群体、经济文化等多因素的影响，且具有多变性。传统营销的这一特点使得企业在市场调研、目标定位、确定策略时难度增加，效果又不显著，妨碍市场营销的开展。

根据中国互联网中心 CNNIC 的统计，在网上购物的消费者以具有经济实力的中、青年人为主，具有较低文化水平的网民增加较快；网络消费者因追求物美价廉、时髦奇特、时空便捷的消费心理而形成了特定消费群体，这就使得企业调研的范围缩小，市场的定位更有针对性，营销策略上也更注重消费者的需求，这与传统市场的广范围、难定位、多需求形成鲜明对比。

3. 调研方式不同

市场调研是在市场调查的基础上运用科学的方法对所获资料进行分析、整理，为后续营销策略提供参考的一种活动。在市场中，产品的直接需求者是消费者，所以寻找和了解消费者是市场调研的直接目标。

在传统营销中，企业的调研活动通过市场观察、访谈、电话访问或发放问卷等形式在全社会或者某区域展开，通过这些方式，企业可以较准确地了解消费者的年龄、活动区域等基本信息，从而进行市场推广活动。整个调研活动需要大量人、财、物的投入，从确定问题和目标到提出结论的整个过程时间周期较长，难以进行广泛调研，调研结果不具有整体市场的代表性。

在网络营销中，通过互联网这一新的传播媒介，企业可以在全球范围内对有关产品进行市场调研，并迅速获得关于需求的调查信息和产品的反馈信息，也可以测试网民的不同认知和需求。消费者主动就自己感兴趣的话题参与调研，调研结果较真实，对企业也具有较高的参考价值。整个调研过程成本低、耗时短，便于企业通过网络调研对消费者的行为方式、产品偏好等进行跟踪和反馈。

4. 营销广告不同

营销广告的主要功能是把产品的相关信息通过某种方式传递给消费群体。在传统营销中，营销广告通过电视、报纸、路牌、车体等形式对受众进行听觉、视觉刺激，把信息强加给受众。

在网络营销中，产品信息通过互联网这种强大的信息技术向世界进行全面传播，这种传播方式具有传统媒体无可比拟的优势：沟通双向、成本低廉、传递迅速，集音频、视频和文本为一体使产品信息实现多方位、多角度、深入化和大面积的传递。

5. 营销策略不同

在传统的营销中，企业针对选择好的目标市场利用各种方法形成一个组合的策略，以达成企业的市场目标。这种策略简称 4P's 组合策略，即：产品（Product）、价格（Price）、促销（Place）和分销渠道（Promotion）。该组合强调一次成功和完整的市场营销活动，必须以适当的产品、适当的价格、适当的渠道和适当的促销手段，将适当的产品和服务投放到特定市场。4P's 理论主要是从供方角度来研究市场的需求、变化以及如何在竞争在取胜。4P's 理论重视产品导向而非消费者导向，以满足市场需求为目标。

在网络营销中，消费者的个性化和感性化更加突出，为了解消费者的需求和欲望，企业迫切需要与消费者进行双向信息沟通，以产品为中心的 4P's 理论转向以消费者为中心的 4C's，即：顾客需求（Customer need）、成本（Cost）、购物的便利（Convenience）和沟通（Communication）。该理论针对产品策略，提出关注顾客的需求与欲望；针对价格策略，提出应重点考虑顾客为得到某项商品或服务所愿意付出的代价；并强调与顾客保持双向沟通为主。4C's 理论的思想基础是以消费者为中心，强调企业的营销活动应围绕消费者的所求、所欲、所能来进行，这与网络营销以个性化的消费者为中心的核心一致，与以企业为中心的传统的 4P's 理论有着实质上的不同。

6. 售后服务不同

售后服务是赢得顾客的关键因素。传统营销的售后服务是企业在客户购买产品，并赢得客户后提供多种形式的服务的总称。包括产品运送、安装调试、维修保养、提供零配件、业务咨询、客户投诉处理等内容，还包括对现有客户的关系营销和传播企业文化，例如：建立客户资料库、宣传企业服务理念、加强客户接触、对客户满意度进行调查、信息反馈等。其目的在于提高客户满意度，建立客户忠诚度。在网络环境下，企业在赢得客户、收到货款之前和整个过程中对客户提供的服务包括提供企业网上咨询平台、网上订单处理、送货上门（数字产品可以通过网络传递）等，确保企业随时与消费者进行沟通，了解消费者的需要和对产品的意见。这种接触方式一方面使得顾客对企业比较信赖，另一方面企业也可以及时了解到产品和消费者的信息，以便于及时调整企业的产品策略和促销策略。

7. 营销理念不同

在传统营销中，企业做市场营销的条件是产品供过于求和市场竞争的加剧，因此企业的市场营销目标是更多、更快地卖出自己的产品，所以市场营销的基本理念是销售产品，满足客户需求。

在网络营销中，由于消费者的需求更加个性化，所以网络营销的核心理念从以产品为中心转向了以满足消费者个性化需求为中心，更注重对消费者的满足。网络营销无论从生产到销售都是以消费者的需求为出发点，而且非常注重消费者的个性化需求，强调以消费者的个性化需求带动产品供给。

第二节 跨境电商整合营销

随着 Linkedin、Facebook、YouTube 和 Twitter 等新型互联网交互平台从 2003 年至 2006 年的相继面世，海外买家寻找供应商的途径越来越多。

跨境电商整合营销（Integrated Foreign Trade Marketing）是以跨境电商企业的自有跨境电商营销型网站为核心的营销模式，以国外买家的需求和习惯为基准进行营销渠道整合，保证海外买家能通过多种途径准确获得跨境电商企业的产品信息的一套营销方法。

跨境电商整合营销通过搜索引擎营销、B2B 服务平台营销、邮件营销、社会化媒体营销等网络营销方式，结合传统的国际展会、行业杂志、产品目录等营销方式进行全方位营销，以取得更好的综合营销效果。

根据 2012 年 3 月 Econsultancy① 与 Adestra② 联合发布的报告，全球营销市场中 SEO（搜索引擎优化）投资回报的优评率（31%）和好评率（48%）最

① 著名数字营销与电子商务社区平台。

② 企业级电子邮件营销技术解决方案提供者。

高，有近 80%；电子邮件营销的投资回报优评率（23%）和好评率（47%）有 70%。在这些数字化营销渠道中，按搜索点击付费（PPC）(56%)、联盟营销（44%)、社交媒体（44%)、移动营销（41%)、线下直接营销（36%）和在线展示广告（28%）等好评度都只占了很小比例，在线展示广告投资回报率好评度只占了 28%，远远低于 SEO（79%）和邮件营销（70%）。

图 6-1 展示的这些网站的访问量在全球都是排名前列的，巨大的访问量可以带来相对较高的点击量。因此，在选择营销网站时，访问量无疑是一个重要的指标。当然，如果跨境电商企业经营的是某类商品或针对的是某个受众群或某个地区，则可以选择行业或地区的垂直类网站。

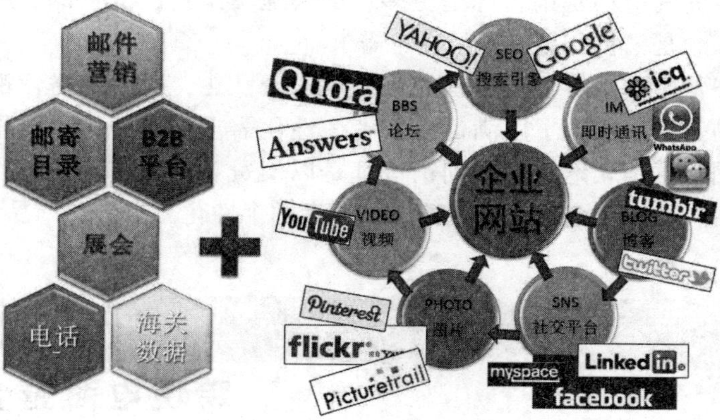

图 6-1　跨境电商整合营销

表 6-1 是作者 2014 年 7 月 4 日通过 Alexa 网站查询的相关网站全球访问量排名情况。作为跨境电商营销，其营销对象是国外的潜在客户，因此，表中排除了排名第 5 位、第 8 位的百度和 QQ 网站。

表 6-1　全球访问量排名前列的部分相关网站

网站	日均 IP（周平均）（万次）	当日排名
Google. com	148740	1
Facebook. com	126570	2
YouTube. com	94950	3
Yahoo. com	49740	4
Wikipedia. org	40110	6
Twitter. com	23970	7

续表

网站	日均 IP（周平均）（万次）	当日排名
Linkedin. com	20940	9
Live. com	17820	10
Amazon. com	18390	12
Pinterest. com	10380	26
Ebay. com	8850	27
Tumblr. com	7980	38
Alibaba. com	3282	74
flickr. com	2631	103
Myspace. com	426	1100
Dhgate. com	39. 9	8809①

一、网站营销

网站营销这里主要指的是网络广告营销。

在网络平台上投放的广告具有传播范围广、信息量大、交互性好、表现形式多样、灵活精准、效果易于统计等特点。

（一）网络广告的价值

1. 品牌推广

网络广告丰富的表现手段为更好地展示产品信息和企业形象提供了必要条件，即使用户浏览而没有点击网络广告同样会在一定时期内对其产生影响，尤其在提升品牌价值方面的效用十分显著。

2. 网站推广

通常出现在网页上的各种横幅广告、关键词广告等都带有“点击这里”的按钮和超级链接，就可能获得尽可能多的有效访问量，其对于网站推广的作用非常明显。

3. 促进销售

网络广告对于销售的促进作用不仅表现在直接的在线销售，也表现在通过互联网获取产品信息后对线下销售的促进。当用户从各种形式的网络广告获取产品信息时，网络广告已成为影响用户购买行为的因素之一，尤其当网

① 一周平均排名。

络广告与企业网站、网上商店等网络营销手段相结合时，这种产品促销活动的效果更为显著。

4. 维系客户

网络广告具有对用户行为进行跟踪分析的功能，为深入了解用户的需求和购买特点提供了必要的信息，这种信息不仅成为网上调研内容的组成部分，也为建立和改善顾客关系提供了必要条件，可以促进顾客关系的改善，同时也提高了品牌忠诚度。

5. 信息发布

网络广告是向用户传递信息的一种手段，不仅可以将信息发布在自己的网站上，也可以发布在用户数量更多、用户定位程度更高的网站上，从而获得更多用户的注意，大大增强了网络营销的信息发布功能。

（二）网络广告形式

1. 旗帜广告（Banner）

最早的网络广告形式，是以 GIF、JPG 等格式建立的图像文件，定位在网页中来表现广告内容；旗帜广告可以是静态的图片或动态的画面，也可以使用 Java 等语言使其产生交互性，并用 Shockwave 等插件工具增强表现力。根据不同尺寸、不同位置，旗帜广告又主要包含横幅、按钮、通栏、竖边等形式，示例参见图 6-2。

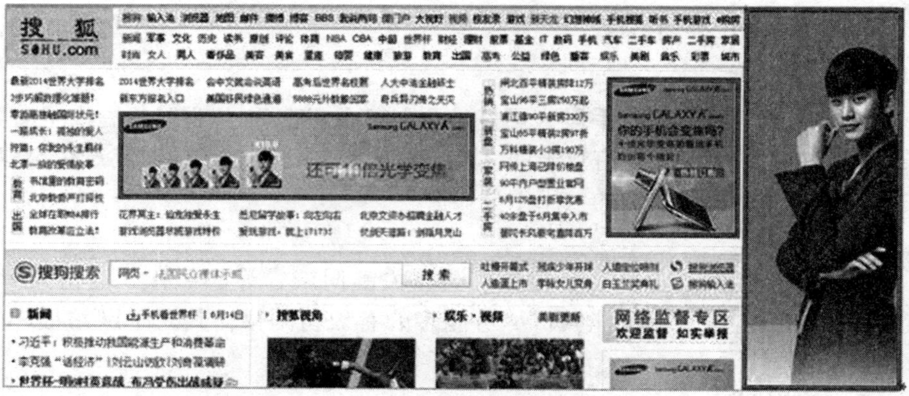

图 6-2　旗帜广告示例

2. 文本链接广告（Text-link）

文本链接广告是以一排文字作为一个广告，通过点击链接进入相应的广告页面（参见图 6-3）。这是对浏览者干扰最少的网络广告形式，虽然简单，但费用低、效果好，能达到软性宣传的目的。

图 6–3　文本链接广告示例

3. 插播式广告（Interstitial AD）

插播式广告是，用户在登录网页时强制插入一个广告页面或弹出广告窗口（参见图6–4）。它们有点类似电视广告，都是打断正常节目的播放，强迫观看。插播式广告有各种尺寸，有全屏的也有小窗口的，而且互动的程度也不同，从静态的到全部动态的都有。浏览者可以通过关闭窗口不看广告，这是电视广告无法做到的，但是它们的出现没有任何征兆，而且肯定会被浏览者看到。

图 6–4　插播式广告示例

4. 富媒体广告（Rich Media）

富媒体广告是，不需要用户安装任何插件就可以播放的整合视频、音频、动画图像，甚至具有双向信息通信和用户交互功能的网络广告形式（参见图6-5）。其特点是容量大、交互性好，拥有更大的创意空间，能表现更多、更精彩的广告内容，可以更好地展现品牌形象，而其高浏览率、高点击率、高转化率，更使其成为网络营销必不可少的形式。

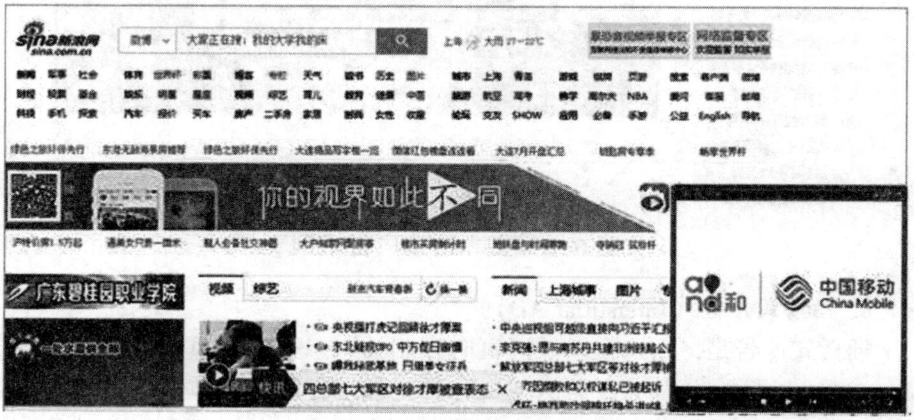

图 6-5　富媒体广告示例

（三）网络广告计价

网络广告的计价方式有很多种，主要包括以下几种：

1. 按展示计费

CPM（cost per thousand impressions）：广告条每显示1000次印象的费用，是最常用的网络广告定价模式之一。

CPTM（cost per targeted thousand impressions）：经过定位的用户的千次印象费用，如根据人口统计信息定位。

两者区别在于，CPM是所有用户的印象数，而CPTM只是经过定位的用户的印象数。

2. 按效果计费

CPC（cost-per-click）：根据广告被点击的次数收费，如通过关键词文本链接的网络广告一般采用这种定价模式。

PPC（pay-per-click）：根据点击广告的用户数量来付费，对广告主不利，很少采用。

CPA（cost-per-action）：不限广告投放量，而是根据每个用户对网络广告所采取的行动收费的定价模式，如获得一个注册用户或者收到一份用户的有效问卷等。

PPL（pay-per-lead）：根据每次通过网络广告产生的引导付费的定价方

式，如广告客户因为访问者通过点击广告完成了在线表单而向广告服务商付费。这种方式常用于网络会员制营销模式中为联盟网站制定的佣金模式。

3. 按销售计费

CPO（cost-per-order）：也称为 cost-per-transaction，根据每个订单或每次交易来收费。

CPS（cost for per sale）：根据销售额来支付广告费用。

二、邮件营销

EDM（E-mail Direct Marketing）营销，也叫电子邮件直投营销，或 E-mail 营销。跨境电商企业可以通过 EDM 建立企业针对不同业务的客户和潜在客户的线上沟通渠道，向客户传递产品及品牌的相关信息，从而来达到促进产品销售和品牌推广的目的。应用 EDM 营销，对企业来说是加深对客户的二次营销，是维护客户对企业产品和服务忠诚度的方法。采用此种营销方式，运营的成本比较低，投放发送广告的效果显著。

（一）建立邮件列表

作为 EDM 营销的第一步，企业要收集到准客户的邮件数据（邮件地址）。跨境电商企业网站的订阅用户、网站会员的邮件地址、网站上具有购买记录的邮件地址等都是企业的邮件列表数据的来源。企业对所收集到的数据必须进行清理，除了删除重复数据，还需要对具体数据按信息来源的不同进行不同的分类整理。

（二）提升邮件本身的质量

1. 设置好发件人和邮件标题，提升邮件的开启率

邮件标题必须简短明确，发件人应表明企业或品牌。标题内容应概括邮件主要内容，包括产品信息、优惠活动、活动时间等。如果能在标题中体现收件人名称将会在一定程度上增加邮件的开启率。每封邮件的主题都不应该重复，否则会被以为是同一邮件的多次发送而影响开启率。

邮件标题中要避免出现疑似垃圾邮件或病毒的单词和符号。例如，“请转相关部门（人员）”“免费”“派送”“优惠”以及感叹号等其他特殊标点。

标题还要尽量体现品牌或产品的信息，尽可能将有独特价值的产品、信息或者给人印象深刻的品牌放置在邮件标题中，即使用户没有阅读邮件内容也会留下一定印象。

2. 邮件内容影响转化率

（1）电邮模板的大小：标准宽区间为 600 像素至 650 像素；高度以不超过 1200 像素为宜，即 2.5 屏。

（2）图片标签：大多数的电邮服务器如 Yahoo、Gmail、Hotmail 等都不会自动显示电邮中的图片，需要用户点击“显示图片”才能看到图片内容。因此，在设计电邮内容时将图文分开，同时图片使用标签。这样能让收件人大概知道电邮的内容，放心打开图片。否则，收件人很可能就直接删除电邮。

（3）此外，可以用文字和背景色块打造邮件的主题，即使图片没有显示，收件人也能清楚了解到邮件的内容。

（4）图片的处理：建议将超过 15K 的图片分割成小图片，以保证顺利下载图片以及下载的时间不会太长。要注意的是，模板不要使用背景图片，有些邮箱或邮件客户端默认是不显示背景图片的。

3. 把握发送时间和频率

（1）发送时间：并不是任何时段都适合发送邮件，要学会抓住客户的作息时间规律并善于分析。选择恰当的时间发送邮件会起到事半功倍的效果。就大部分商务人士而言，大多数会在下班的时间打开自己的邮箱，收件箱的大部分邮件都会被一键删除。而那些刚好在下班期间发出的邮件被开启的概率就会比其他邮件高很多，但如果是面向移动互联网用户的邮件则另当别论。因为手机用户的邮件开启时间可能反而是在晚上的时间。

（2）发送频率：客户的需求量再大也不喜欢天天收到邮件，所以要科学地掌握时间，定期给他们发送邀请邮件、问候邮件等。

（3）发送数量：并不是发送的邮件越多越好，同一个类型的邮件最多不能发给 5 个客户，同一个客户最多可收到两封同样模板的邮件。

三、搜索引擎营销

（一）全球搜索引擎基本情况

跨境电商企业将自己的产品信息展示给国外的进口商的最常用的手段是选择国外进口商通常使用的搜索引擎做推广。除了垂直领域的搜索引擎外，最常用的搜索引擎无疑是谷歌（Google）。

市场研究公司 Net Applications 数据显示，在 2014 年 4 月全球搜索引擎市场份额大战中，Google-Global 以强大的气势排名第 1，份额为 68.65%，遥遥领先其余的搜索引擎，参见图 6-6。

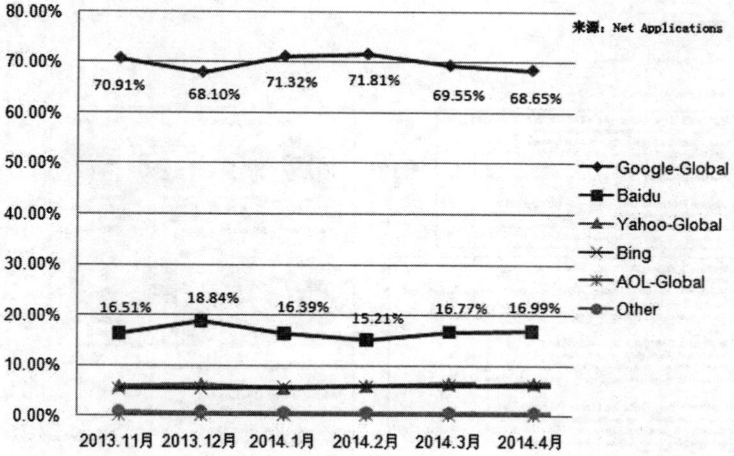

图 6-6　2013 年 11 月至 2014 年 4 月全球搜索引擎市场份额走势图

（二）谷歌搜索引擎

谷歌的搜索引擎对关键字相关信息的展示方式有自然排名和竞价排名两种形式。前者是根据谷歌的搜索引擎排名规则对某个关键字的搜索结果进行排名；后者是谷歌根据广告主的出价和质量得分来进行排名。广告主想要获得自己的信息展示排名靠前的结果，一是通过一定的手段优化自己的信息展示排名；二是通过购买合适的关键字以获得排名靠前的展示机会。

1. 谷歌 AdWords

谷歌 AdWords（谷歌关键字排名广告）是一种在 Google 搜索结果页展示的关键字广告。当谷歌广告用户中的潜在客户通过一定的关键字进行搜索时，广告用户企业网站的页面链接广告将展示在搜索结果页的左上部和右下部，如图 6-7 所示。

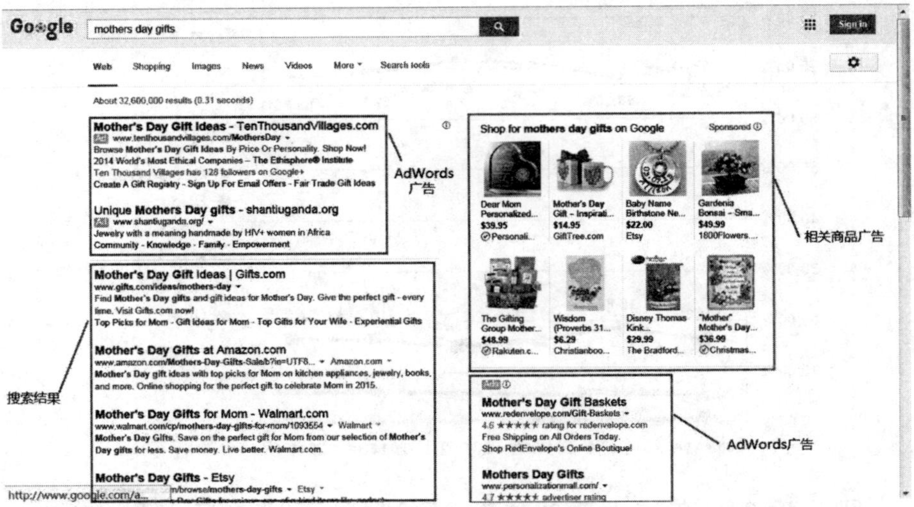

图 6-7　谷歌搜索页面

Google AdWords 采用免费展示、按点击付费的收费模式，即按每次点击费用（CPC）定价。广告用户只需按预定的价格支付点击费用，没有被点击就不用付费。不同的广告用户可以为同样的关键字出不同的 CPC 价格，出价较高的广告通常会被展示在更好的位置。但这并不是绝对的，因为谷歌的排名是根据广告评级系统自动完成的。广告评级是“出价”和“质量得分”两部分综合计算的结果。质量得分取决于关键字的相关性、着陆页（Landing Page）的质量、广告的点击率（已根据广告的网页排名进行了调整），以及其他一些因素。对于不同类型的广告系列，出价和质量得分所起的作用可能略有不同。

谷歌也允许用户按“展示次数”或“转化次数”出价。前者是按在 Google 展示位置（包括谷歌广告联盟成员的网站）定位广告上获得的展示次数（即广告的显示次数）进行付费，展示以 1000 次为一个单位，即千次展示费用；后者是针对交易或注册类网站等，按点击后实际交易或注册等转化成功的次数进行付费。广告用户可以预先将谷歌的广告费用存入指定账户，也可以通过预先设置的银行卡在费用产生后进行自动支付，无须预存到指定账户。

2. 谷歌 AdSense

除了 Google AdWords，Google 广告客户的广告还有机会展示在 Google 广告联盟（Google AdSense）成员的搜索网站、内容网站和其他产品上。利用 Google AdSense，企业可以在全球 Google 和众多合作伙伴网站上推广产品和服务。

Google AdSense 是由 Google 公司推出的针对网站主的一个互联网广告服务。此广告传播程序可自动抓取客户网页的内容并投放到与该客户的受众和网站内容相关的发布商网站上进行广告宣传。只要有人在发布商网站上点击 AdSense 广告，站长就将根据点击量获取相应的收入。对具有一定流量的网站而言，这是一个快速简便地将网站流量转化为收入的方法。

3. 创建谷歌 AdWords 账户

准备成为谷歌 AdWords 广告用户的企业或个人只需拥有一个有效的 Email 地址和网站地址，便可在 AdWords 首页（https：//adwords. google. com/）点击“立即注册”，开始账户的创建，并通过以下 4 步完成 Google AdWords 账户的开立。操作页面参见图 6-8。

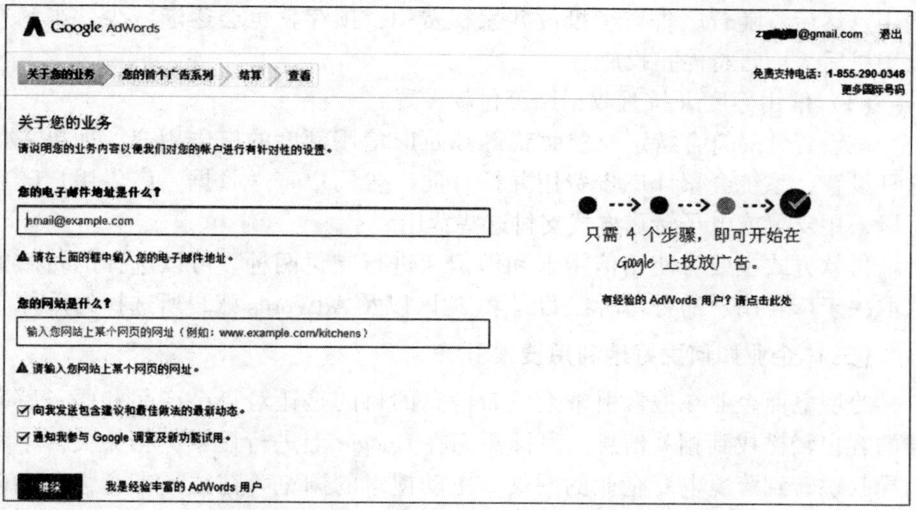

图 6-8 注册谷歌 AdWords 账户

（1）输入 E-mail 地址和网站地址。

（2）输入首个广告系列的基本内容。

需要输入的内容有每天的预算、目标受众群体（含地理位置、投放网络仅仅靠谷歌搜索引擎还是同时包括联盟成员网站、关键字）、设置出价、撰写广告（标题和内容）。

（3）设置支付广告费用的偏好。

首先是选择国家或地区，系统针对不同的地区提供不同的输入界面，要求输入账户类型、付款方式等内容。但针对中国大陆则提示“在完成注册流程后将需要设置结算信息”，而不需要输入任何内容。

（4）确认所有填写的内容，完成注册流程。

4. 谷歌 AdWords 账户付款信息

在完成账户创建后，还需进行账户付款信息的设置，该项设置涉及付款选项和付款方式。付款设置有三个选项：

（1）自动付款设置

该设置在广告投放后，系统会自动向预先设定的银行卡收费。具体来说，系统会在广告投放 30 天之后或者当达到预设的结算起付金额时（二者取其先）自动向预先设定的银行卡收费。广告用户也可以随时进行付款，以便控制结算的费用和时间。

（2）人工付款设置

该设置需要预存广告费用。如果采用此设置，需要在广告投放之前预存费用。然后，随着广告持续投放并累积费用，预存款也会逐渐减少。当预存款用尽后，广告将停止投放。

（3）信用额度（按月收据结算付款设置）

该设置针对符合特定要求而获得 Google 信用额度的广告用户。如果采用这种设置，系统会累计广告费用并按月向广告用户寄送收据。广告用户随后可以采用支票或电子转账方式支付这些费用。

付款方式主要有使用信用卡和借记卡进行支付两种。可以选择的付款方式取决于广告用户的公司所在的国家/地区以及 AdWords 账户所选择的币种。

（三）企业如何更好地利用搜索引擎

跨境电商企业在搜索引擎上发布信息的目的是让对自己产品和服务感兴趣的客户轻松找到相关信息。目标买家在 Google 上进行搜索，相关关键字将引导其跳转到跨境电商企业的网站。主动搜索的浏览者往往是带有强烈意向的客户，因此，搜索结果将带来更多的成交机会。由于每次点击都会增加广告主的成本，因此，要尽可能地避免浏览者误点。浏览者误点的原因往往是广告主的关键字选择不当造成的。因此，需要尽可能地做到精准投放。

企业利益最大化在搜索引擎营销方面主要体现在：①充分利用免费的搜索引擎服务，优化搜索引擎的搜索结果，即进行搜索引擎优化（SEO）；②在购买搜索引擎付费服务时，优化搜索引擎广告的效果，即优化收费流量的性价比。

由于收费流量的效果取决于支付的广告费用，一旦停止购买关键字，新增流量会骤降。因此，从长远考虑，应重点做好搜索引擎优化（SEO）。

1. 做好搜索引擎优化（SEO）

利用搜索引擎做营销的初期，搜索引擎的搜索结果排名基本依据关键字的频率，因此，当时的优化工作非常简单。现在，无论是谷歌，还是百度，决定搜索结果排名的因素有数百个之多，而且为了避免用户利用规则刻意提高排名而影响搜索效果，搜索引擎服务商的排名规则都是保密的。

总体而言，影响排名的因素有以下两个方面：

（1）内部优化状况

被搜索到的网站内部的信息相关性、更新频率、信息布局等。

（2）外部优化状况

外部各类著名网站链接到该网站（反向链接）的次数、搜索引擎所展示该网站链接的点击次数等。

具体如何进行搜索引擎优化（SEO），由于话题太大，本教材不做太多的展开，大家可以参考相关教材。

2. 优化搜索引擎收费流量的性价比

优化搜索引擎收费流量的性价比，需要注意两方面的问题：一是选择精准的关键字和推广对象，以避免无效的点击；二是以尽可能小的差价，排在相同关键字竞争对手的前面。其中对第二点谷歌已经为广告用户做了考虑，在计算广告费用时，谷歌会考虑排在后面的广告的广告评级（以谷歌搜索页上的广告为例，后面的广告是指排在被点击广告之后的第一个广告），并且只会收取超过其广告评级所需的最低出价金额（向上舍入到最接近的分位）。因此，无论广告用户的出价金额是多少，都只需支付超越后一名广告用户所需的最低金额。

（1）提高关键字的质量得分

欲提高谷歌搜索引擎收费流量的性价比，首先是提高广告评级中的质量得分。影响质量得分的因素如下。

关键字的过往点击率：关键字吸引以往用户点击的频率；

显示网址的过往点击率：显示网址以往被点击（不局限于某个关键字）的频率；

账户历史记录：账户中所有广告和关键字的总体点击率；

目标网页质量：网页的相关性、透明度以及浏览的方便程度；

关键字/广告相关程度：购买的关键字与广告的相关程度；

关键字/搜索相关程度：购买的关键字与用户的搜索内容之间的相关程度；

地理位置效果：账户在所定位的区域范围内的成效；

广告在某个网站上的效果：广告在目标网站及类似网站（如果您以展示广告网络为定位目标）上的效果；

目标设备：搜索者使用的设备类型不同，质量得分也不同。

具体的得分情况可以通过点击广告系列标签中的“关键字”标签状态旁边的白色气泡图标查询（参见图 6-9）。

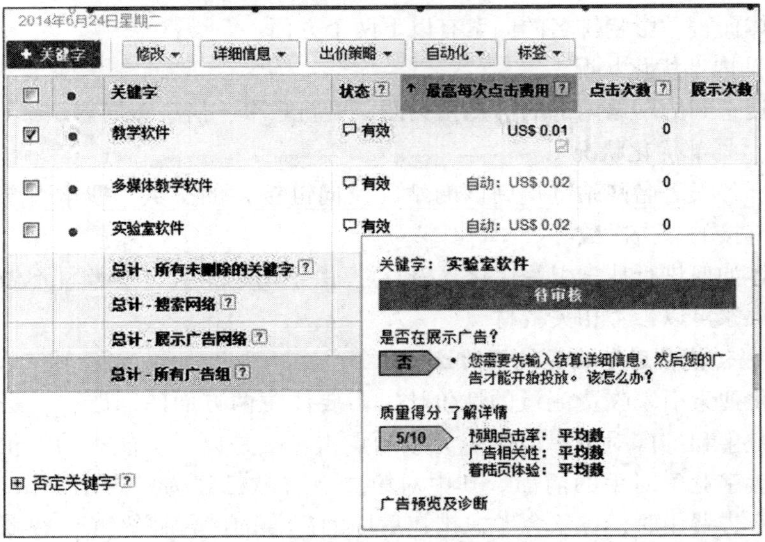

图 6-9　谷歌关键字质量得分查询

（2）优化目标网站

另外，在优化关键字、降低无效点击、防止误点的同时，在目标网站建设方面需要注意：

一是提高网站打开速度。

网站的打开速度是访客对网站的第一印象，如果网站打开很慢的话，还没有完全打开访客就已经关闭页面了，从而导致推广费用居高不下，引流效果却不好。所以应该配合公司技术人员好好检查服务器和网站打开情况，加快网站的打开速度，提高访客的抵达率以优化收费流量的性价比。

二是优化推广页面。

推广页面（着陆页）是访客进入网站的首个页面，也是对网站的第一感觉，如果这个推广页面的结构、设计、内容、排版都很不合理的话，对后期的转化影响很大，收费流量的性价比就会变得很低，所以一定要合理地设计着陆页，对访客进行有效的引导，才能提高转化率，并降低推广费用。

第三节
跨境电商 SNS 平台营销

SNS 是社交网络服务（Social Network Service）的英文缩写。社交型网站为产品营销提供了广阔的渠道，比较初级的方式是在社交网站的页面上做简单的页面广告，这种网络营销效果有限，成本也比较高。而通过用户对产品信息的分析和评价等交互活动，却能够带来比页面广告更加精准，也更加宽阔的营销渠道。

如果说 Google AdWords 的主要功能是在“收割需求”，即广告主通过购买 Google 关键字，对已有购买意图，并在 Google 上搜索产品的用户进行需求拦截，并获取订单；那么以 Facebook 为代表的社交网络上的广告主则是在“创造需求”，因为登录社交平台的用户往往并没有购买意图，而是在与他人交流后才产生了购买欲望。因此，社交网络的广告主的主要工作是要通过激发互动，从互动中增加用户对产品或品牌的好感，并且激发或提升用户的购买意图。

访问量全球综合排名第 9 位（2014 年 7 月 14 日数据）的 Linkedin 也同样可以作为社会化营销的良好媒体。与 Facebook 不同的是，Linkedin 是更加专业的行业社交网站，在搜索选项中，Linkedin 允许用户使用行业和公司进行搜索，即搜索特定行业或特定公司的人。因此，Facebook 更像是下班之后的休闲社交，Linkedin 则工作社交的性质稍多一些。

一、Facebook

目前 Facebook 营销的手段主要有企业 Facebook 专页、吸引关注（赞）、病毒式营销以及 Facebook 广告。

（一）Facebook 专页营销

Facebook 专页营销的目的是为企业网站或活动带来更多的流量和人气。因此，衡量一个企业 Facebook 专页是否成功的标准是该专页的被关注度、用户活跃度以及转换率。为了达到以上目标，应该在以下诸多方面有所作为。

在确定所要创建的专页所属领域和专页名称后，只需经过 4 个步骤就能轻松完成专页的创建（参见图 6-10），因此，创建专页的工作非常简单。

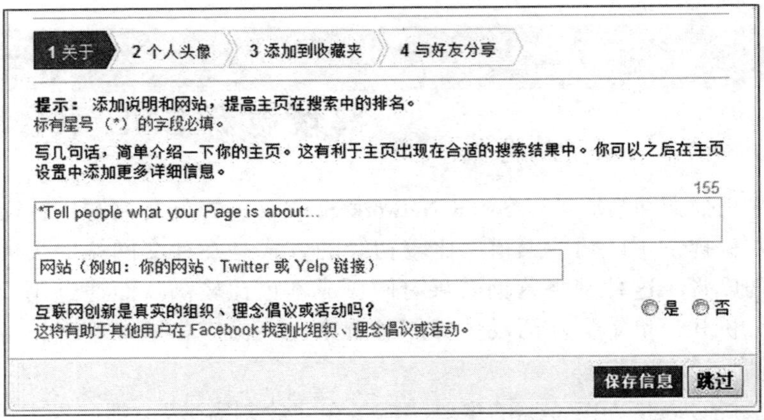

图 6-10 创建 Facebook 专页操作界面

建议经常在专页时间线下的状态栏写点内容以保持专页处于活跃状态。持续更新的信息以及和粉丝之间的经常互动会为专页带来更多的赞（粉丝）。群组功能是社交网站的核心功能之一。为了更好地使用 Facebook，建议建立一些群组，这样可以更好地进行内容过滤，有针对性地进行更高效率的营销。

活跃的企业专页会带来更多的赞（粉丝），以下这些行为可以更有效地增加粉丝量：提醒你的粉丝点击 Like 和 share 按钮；在每篇博客的底部加入 Facebook 和 Twitter 的 URL；更多地针对话题讨论，而不是针对某个特定的品牌/领域；寻求运用照片、比赛、活动、优惠等形式与粉丝互动。用图片和视频可以点亮专页，使页面内容和信息的传递更直观和直接。

自 2007 年 5 月，Facebook 提供开发者平台之后，在 Facebook 网站上出现了大量应用。这些应用的质量良莠不齐，建议找到最能满足专页粉丝的兴趣的应用，利用合适的应用来增加粉丝。除了利用博客，在网络时代，企业可以通过各类社会化媒体平台引导潜在的用户成为专页的粉丝。可以利用个性化优惠码进行促销，或者用些可自设的徽章/标签奖励用户，鼓励粉丝给予专页一贯的支持，以增加用户黏性。千万记住，维持一个已有的粉丝的代价远低于发展一个新粉丝。

（二）Facebook 广告

1. Facebook 广告费用预算

广告组合的预算是企业愿意花费的最大金额。在 Facebook 上做广告的费用取决于受众和预算的多少。预算可以按日设置，也可以按总预算设置。如果采用总预算，设置的金额将是广告组合投放期内花费最大的金额。

2. Facebook 广告设置和生成

Facebook 广告能够帮助企业达到多种不同的广告目的，最常见的广告目的是为企业网站导流量（点击量），即在 Facebook 广告页面建立可以跳转到企业网站地址（URL）的链接（参见图 6-11 中的第三选项）。因此，企业在 Facebook 上创建广告时需要根据自己的广告目的选择相应的目标。具体目标及目的详见表 6-2。

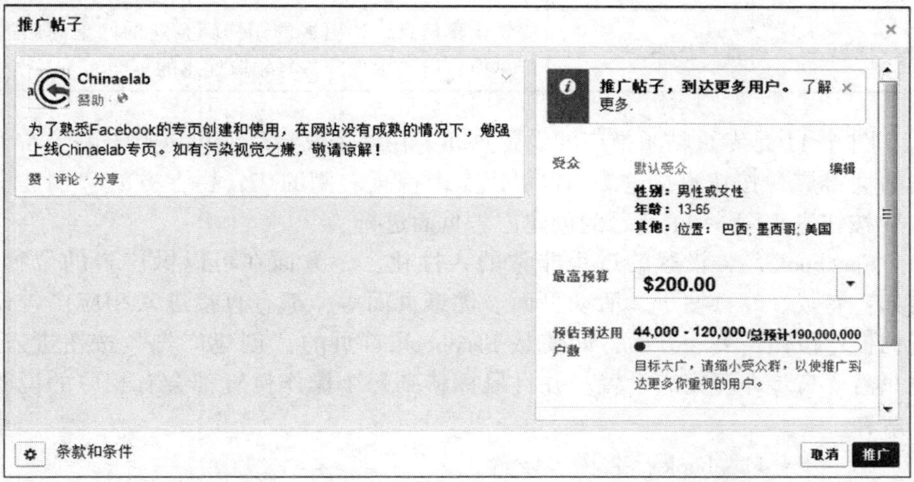

图 6-11 Facebook 专页帖子推广广告设置页面

表 6-2 Facebook 广告目标列表

目标	企业需求（目的）	描述
专页赞	增加企业专页的关注度（粉丝）	帮助企业专页获得更多的赞，增加广告受众，并构建企业的品牌
专页帖子参与度	增加帖子的曝光量	推广企业专页的帖子，增加该帖子在相关用户中的曝光量
网站点击量	增加网站点击量	通过 Facebook 的链接广告吸引更多的用户访问企业网站
网站转换	提高网站转换率	对于有用户注册、交易等网络行为需求的网站，通过 Facebook 广告提高用户由浏览行为到具体网络行为的转换。为了便于跟踪和确认真实的转换行为，企业需要先在网站的特定页面的代码中放置转换像素（跟踪代码片段），然后才能创建广告

续表

目标	企业需求（目的）	描述
应用安装	提高应用安装量	吸引用户安装企业所发布的移动或桌面应用软件
应用参与度	提高应用用户数	吸引用户使用企业的桌面应用程序
活动响应	增加活动人气	发布活动信息，提高响应度，增加企业的活动参与人数
领取优惠	推广优惠	提供优惠信息，让更多的用户到企业的网上商店进行兑换，需要预先准备好领取优惠的页面

图 6-11 是专页帖子推广的设置页面，在帖子发布后，可以点击帖子右下角的“推广”按钮直接进入。也可以点击首页右侧的广告栏上方的“创建广告”按钮进入图 6-11 所示的创建广告页面进行。

Facebook 广告设置的过程非常的人性化，一方面在可以做广告的位置，譬如：专页、专页帖子、活动页面、优惠页面等，都有直接进入相应广告设置的推广按钮；另一方面，即使从 Facebook 首页的“创建广告”按钮进入，也只需要三步即可完成设置。并且鼠标移到每个操作位置都会有相应的说明和解释。

第一步：Facebook 广告内容设置。

登录 Facebook 首页后，点击右侧的广告栏上方的“创建广告（Createan-Ad）”按钮，根据广告内容提示填入外部链接、标题、广告词，还可选择载入图片。如果要对 Facebook 上的内容做广告，可点击图片方框内的链接，然后选择广告内容并填上相应信息即可。广告内容设置要具有吸引力与独创性，特别是在广告的标题上要下足功夫。

第二步：Facebook 广告目标用户和费用设置。

目标用户的设置可根据地点、年龄、性别及兴趣来划分，跨境电商企业在设置时，要结合企业所在行业以及产品属性综合考虑。系统也会对目标用户设置的合理性给出建议（参见图 6-12）。费用预算设置需要确定广告投放期、按天或按投放期确定最大金额，计费方式则可选择按点击量或按展示次数计算。

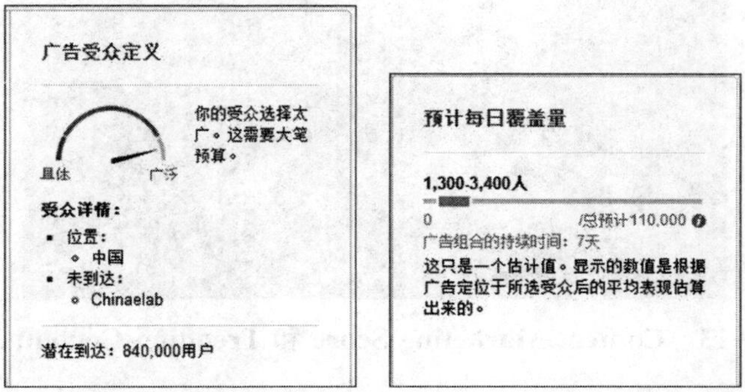

图 6-12　创建广告时对目标用户设置的建议和预计覆盖量

第三步：Facebook 广告生成。

点击页面最下方的“订单预览（ReviewAd）”后，没有问题的话，点击“下单”即可完成广告设置。

Facebook 有一个内置的系统可以对广告展示次数、点击率，并通过点击率进行分析，这样可以帮助用户判断哪个广告资本投资率最高，最适合企业页面。

二、Linkedin

如果说 Facebook 是跨境电商 B2C 推广的大餐，那么 Linkedin 就是跨境电商 B2B 推广的盛宴。不同于 Facebook 的大杂烩，Linkedin 作为专业的商业社交网站，不仅提供“个人主页”，方便个人与其他志同道合的商务人士进行私人交流；同时，Linkedin 还有“公司主页”，帮助企业提升业绩。截至 2014 年 3 月，Linkedin 的注册个人用户数已达到了 2. 77 亿，公司用户（主页）数 300 万①。

Linkedin 非常重视内容营销，企业可以通过发布与专业相关的内容来吸引潜在的客户。为了帮助广告客户进行更有效的内容营销，Linkedin 在 2014 年推出了两个工具：Content Marketing Score 和 Trending Content（参见图 6-13）。前者帮助企业衡量自己内容的有效性和行为，并且可以用同行业数据进行比较分析。当然，光评分不改进毫无意义。所以后者就可以告诉你什么是潮流指向，让你可以紧贴市场动向，发布最合胃口的内容。

① Linkedin 培训视频：Linkedin Learning Webinar - Company Pages（March 2014），https：//www. youtube. com/watch？ v=cfS-hB4nqo4。

图 6-13　Content Marketing Score 和 Trending Content 工具

（一）创建公司主页

登录 Linkedin 的个人主页后，在顶部的导航栏，点击“兴趣（Interest）”下拉图标点击“公司（Companies）”，然后在右侧的创建公司主页下，点击“创建（Create）”按钮。Linkedin 网站支持中文界面，因此，整个操作也可以在中文界面下进行。

在创建公司主页页面时，系统会提示添加公司注册名以及公司的电子邮件地址。注册时，系统会检测递交的邮箱地址显示的服务器是否是公共邮箱服务器，或者和已经注册的公司邮箱服务器是否相冲突。同时，你必须是这家公司的官方代表，才能创建公司主页（参见图 6-14）。

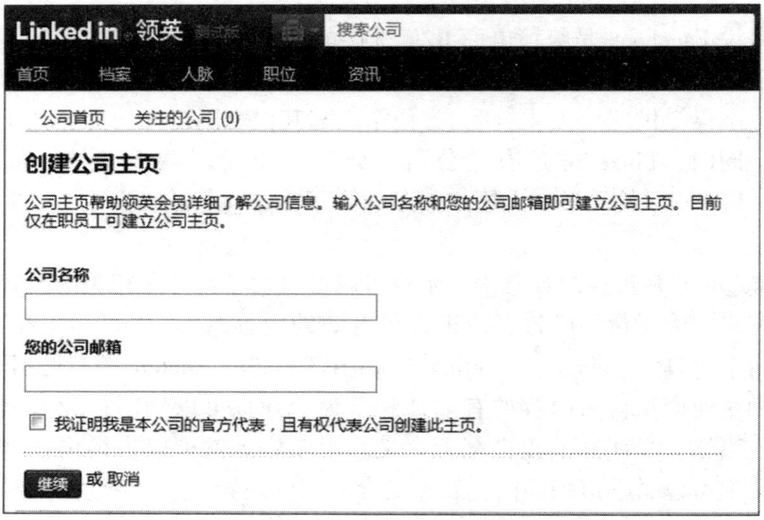

图 6-14　Lindekin 的公司主页创建页面

一旦提交了注册信息，输入的公司邮箱会收到一封确认函。确认该邮件并跟踪链接回到公司主页。

（二）Linkedin 的公司主页的作用

通过 Linkedin 的公司主页可以进行以下操作：针对企业的产品和服务创建个人页面；创建图片幻灯片，并添加公司网址的链接；嵌入 YouTube 视频；刊登工作信息（付费服务）；查看并分析关注过公司主页的访客。

（三）Linkedin 会员种类

Linkedin 会员套餐按用户需求的不同分为“领英高级账户”“征才方案”“求职方案”和“销售方案”四类，每类又包含 3 个不同层次的套餐。其中“销售方案”的 3 个套餐分别是：“销售标准版”“销售增强版”和“销售旗舰版”，每个套餐包含不同的服务内容和年费标准。

（四）Linkedin 广告投放

Linkedin 的广告投放也需要设置广告预算、投放目标和广告形式等内容，但是与 Facebook 的营销对象按地区、年龄、性别和兴趣来划分不同，Linkedin 利用其人力资源信息方面的优势，按“职业头衔和职能”“行业与公司规模”及“资历”来划分。因此，Linkedin 更适合 B2B 营销。

三、Twitter

以 Twitter 作为载体进行营销，带有各种图片和文字的信息容易使客户产生兴趣和共鸣，再加上营销人员的新鲜创意，使得 Twitter 营销的效果越来越受到企业等各类用户的欢迎。跨境电商企业的产品内容 Twitter 被客户或潜在的客户认可，因而进行了信息分享，那么又是一个非常好的口碑营销的案例，这样的案例积少成多，将会给企业带来不可估量的财富。

（一）注册 Twitter 账号

用 Twitter 做推广营销，首先我们需要注册 Twitter 的账号。注册账户非常简单，只需输入用户姓名、邮箱地址、设置的密码和登录用的用户名即可。

（二）快速增加关注者

作为营销目的的账号需要足够多的关注者，因此，接下来就是如何用最短的时间吸引更多的高质量的关注者。所谓高质量的关注者是指和企业营销内容相关的潜在的客户，为了避免引入大量无关的关注者，千万要慎用带有引诱性的关注送礼品或抽奖之类的活动，除非你的目的是发展大量粉丝后，利用该 Twitter 账户替他人做广告并收取营销费用。

1. 使用工具提高效率

Twitter 营销管理工具 TweetAdder 可以帮助使用者找到合适的关注者，在这个软件的 Tweet 搜索（Tweet Search）界面，只要输入搜索的关键字、区域、使用语言等即可搜索出 Twitter 上符合条件的账户，就可以马上或随后关注他，这样有可能对方也会反过来关注你。

2. 利用名人获取关注

Twitter 营销还可以借助名人效应，你可以关注 Obama、Lady Gaga 等名人。当名人在 Twitter 账户发布帖子后要第一时间进行回复，后面会有很多人回帖，你排在前面，会有很多人点开看你。每次你都排在前面，就会有很多人关注你。为了保证关注者的质量，在名人选择上应尽可能注意与本企业产品属性的相关性。

3. 利用相关事件进行营销

热点事件是网民特别关注的，一旦出现，大家都会通过 Twitter 搜索相关信息。因此，如果能够在第一时间抓住热点事件，并和企业产品、品牌进行挂钩或联想，那将是一次很好的博取眼球和增加粉丝的 Twitter 营销机会。前面所举的杜蕾斯便是此类营销的高手。

（三）使用第三方软件管理 Twitter 账户

为了提高 Twitter 账户管理和营销的效率，可以使用第三方软件进行管理和操作。譬如，使用 TweetingMachine，这是一款能够帮那些在 Twitter 上大量发布和接收信息的市场营销和客服人员减负的工具。其具体做法包括：一次性输入内容并设定发布间隔时间后，自动定时发布信息；自动跟踪那些已经跟随了你的人；自动将 Blog 或网站中的内容发布到 Twitter；为 Twitter 账户的私信设定自动回复；每小时按预设的关键字在 Twitter 中搜索符合条件的人并将其加为好友。再譬如 Twilitics，它可以帮你生成短网址，而值得一提的是它的统计功能，在短网址发布后，你可以得到实时统计的点击量，以及是谁、什么时候、用什么浏览器点击等详细信息。据说这项服务还会整合进 Google Analytics 的一些功能，在 Twitter 上进行市场推广的人员可利用其更好地进行分析。

（四）使用 Twitter 精确广告定位工具

2013 年 12 月，Twitter 推出一种新工具，可令广告主更精确地进行广告定位，广告主可向用户发送具有高度相关性的有用信息。比如说，一个酒店品牌想要在 Twitter 上做广告促销，并希望面向那些最近曾上过其网站的旅游爱好者做广告，那么就可通过广告合作伙伴与我们共享浏览器相关信息（浏览器 Cookie ID），然后我们能将这些信息与 Twitter 账号匹配，从而向匹配到的用户发送 Promoted Tweet 信息，向其通知该品牌的促销活动。

四、Pinterest

与视频分享营销更多的是展示与商品相关的故事不同，图片分享营销则直接定位在展示美丽的商品本身。在图片分享营销领域最成功的案例无疑是创办于 2011 年的 Pinterest。

与 Facebook 和 Twitter 依赖社区好友和粉丝关系分享内容不同，Pinterest 侧重“乐趣图谱”，图谱由人们按照话题收集起来的图片组成，而不是依赖“关系”。

Pinterest = Pin + Interest，即把感兴趣的东西用图钉钉在面板上形成图谱。仅一年的时间，Pinterest 的全球综合访问量排名就位列第 38 位，目前已排名第 26 位（见表 6-1）。迅速攀升的流量证明了 Pinterest 商业模式的成功。

（一）Pinterest 的主要元素

Pin：将喜欢的图片钉在页面上。

Repin：当看到自己喜欢的图片时，用户可以将图片再次钉在自己的面板上。

Share：用户可以从一些购物网站和社交网站中，挑选自己喜欢的图片，钉在自己的面板上，与好友进行分享。

Bored：用户可以按照不同的兴趣和主题对图片进行分类。

以上这四个要素可以发挥出网站的巨大传播优势，用户分享的图片可以来自几乎任何途径，当然也包括供应商的产品图片展示，如果企业将需要宣传的信息，以独特的创意嵌入图片和简单的文字描述，被用户分享之后，那么得到的营销效果将不可估量。

（二）建立企业 Pinterest 账户

1. 建立企业 Pinterest 账户

打开 http：//business. pinterest. com，建立企业账户的方式有两种：一是已有个人账户点击“转换按钮（Convert now）”进行转换；二是新建企业账户。填写表格并同意 Pinterest 的服务条款即可完成企业账户的建立。

2. 验证企业网站

将指定下载的验证文件上传到企业网站或将元标记（meta tag）“<meta name =" p：domain_ verify" content =" 0c97d3225ec8740e92ec130eb89c19ec" />”代码嵌入企业网站的首页代码，以验证企业网站。经过网站验证的企业账户让 Pinterest 用户感到是值得信赖的，这样有助于更多潜在客户能找到企业网站。

3. 使用抢眼的主页图片

选择一个抢眼的主页图片，可以使用公司 Logo，让 Pinterest 用户一眼就能认出。图片尺寸为 160 毫米×165 毫米，并写一段 260 字以内的公司介绍。

（三）发布产品信息

1. 创建和管理“公告板（Board）”

创建各种各样的“公告板”展示企业品牌和产品个性。给每一个“公告板”取一个有创意的名字，字数限制在 20 个字符以内，添加能够吸引其他用户关注（follow）的描述，以有效地增加“公告板”的关注者。

2. 在“公告板”中添加高质量的图片（Pin）

在“公告板”中点击“添加（Add a Pin）”，可以添加图片和图片描述。对已添加好的 Pin 进行编辑，如图 6-15 所示，可以添加图片的来源地址，有了图片来源地址，用户就可以直接访问企业网站或企业产品详情页。在同一“公告板”中可以添加多个图片，以充分展示该公告板希望传递的信息或完整的展示产品。

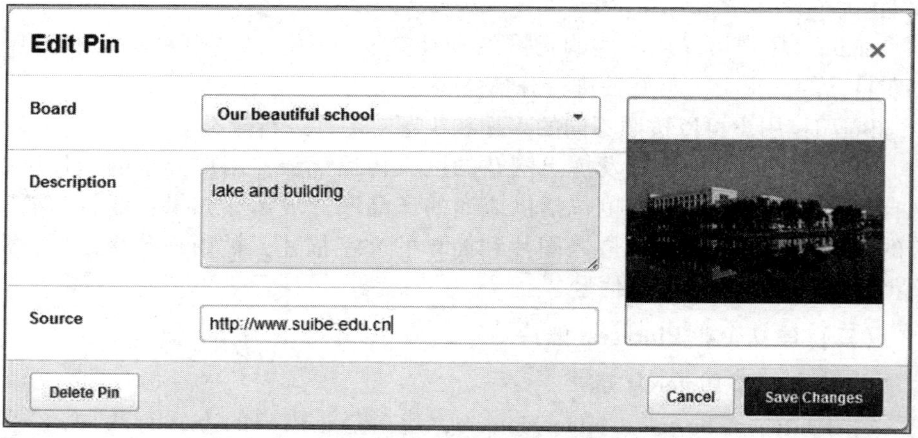

图 6-15　Pinterest 的 Pin 编辑界面

图片（Pin）除了展示企业品牌和产品，Pinterest 建议能够展示产品设计的灵感来源，产品背后的思想、地方、人物和情绪，以更好地吸引浏览者。

（四）Pinterest 推广活动

1. 图片（产品）推广

完成了以上操作，Pinterest 用户就可以浏览到显示的该图片。其他用户可以通过图片上部的各种按钮进行相应的操作。

（1）用户使用“Pin it”按钮可以将该图片转到自己的“公告板”中；

（2）用户使用“Like”按钮可以点“赞”；

（3）用户使用“Visit Site”可以直接访问该图片的来源；

（4）版主可以使用“Edit”编辑该图片信息；

（5）用户可以使用“Send”将该图片分享给“Facebook”“Google+”“Gmail”“Yahoo”等账户的用户或直接通过邮件地址分享给其他人；

（6）用户使用“Share”可以直接分享到自己的Facebook账户。

2. 使用 Pinterest Analytics

使用Pinterest Analytics分析哪些Pins是比较热门的，又有哪些Pins被其他的人Pin了。要进行以上内容的分析，首先必须验证企业网站，并在网站中嵌入“标签”。

3. 推广 Pinterest 账户

Pin你的内容的人越多，就能获得更大的曝光率，要获得更多的Pin，就要抓住一切可以推广Pinterest账户的机会，包括各种网络营销手段。例如添加链接到自己的E-mail列表中，通过Pinterest定期寄发相关信息给可能对你的产品有兴趣的用户。

五、YouTube

YouTube是目前世界上最大的视频分享网站，早期公司总部位于加利福尼亚州的圣布鲁诺。由华裔美国人陈士骏等人于2005年2月15日创立。2006年11月，Google公司以16.5亿美元收购了YouTube。YouTube视频网站供网民上传、观看及分享短片。2012年7月，韩国音乐人朴载相的《江南Style》在YouTube上发行后，在2个月内以每日平均超过900万次的点击量增长，仅用76天就突破了3亿点击数，YouTube的视频传播能力使《江南Style》在短时间内成为风靡全球的神曲。实际上，类似《江南Style》爆红的事件在YouTube上频频发生。因此，视频分享的营销宣传力之巨大可想而知。

（一）利用视频分享扩散产品信息

利用视频进行产品信息展示并不是新概念，视频中包含着比图片更加丰富的信息。从简单的商品介绍，到基本的企业状况展示，都能够给观看者带来更立体的印象。当然，单纯的产品展示并不能带来很好的营销效果，特别是B2B服务平台上的一类商品，对于普通用户来讲根本谈不上兴趣。一个普通的互联网用户根本不会对食品粉碎机的视频介绍产生兴趣，但如果在视频中加入了流行的元素，吸引粉丝的狂热眼球，就另当别论了。

美国Blendtec冰沙机公司从第一款iPhone上市起，每当有iPhone或iPad新品上市都要拍摄一段Blendtec冰沙机粉碎该新产品的视频。自2007年7月在YouTube上传第一个粉碎苹果产品的视频起，所有热销产品，包括iPhone，iPod，iPhone3G、4、4S、5C、5S，iPad，iPadmini等都没有逃过劫难，Blendtec冰沙机公司还拍摄了iPad Mini vs Kindle Fire HD vs Nexus 7和iPhone

5 vs Galaxy S3 等总共 10 多个视频。仅在 YouTube 网站上，2010 年 4 月 5 日上传的 Blendtec 粉碎 iPad 视频就被观看了近 1700 万次，所有这些与苹果公司产品相关的视频累计被观看超过 8000 万次，明显高于该产品的其他视频的被观看次数。在中国，该视频被冠以“触目惊心！iPhone 4S 惨遭搅拌机碎尸”的标题在推广。这样的视频更易得到用户的分享，而在视频中包含的商品信息，甚至仅有的一个网址，都可以在用户的好奇心驱使下，得到巨大的曝光率。即使分享视频的用户根本不是一个潜在的客户，但是通过分享，信息得到了充分的传递，总会传递到目标客户的视线中，这种营销效果是传统媒体，甚至是传统的互联网媒体所无法比拟的。

对于跨境电商企业来说，YouTube 上也是商机无限。不过，跨境电商企业该如何通过这个平台主动找到客户呢?

实际上，已经有大量的商家利用视频的分享和传播能力在进行大量的营销推广。在 YouTube 的搜索栏用关键词“wireless router”进行搜索，然后点击视频发布者的个人信息，上面又会出现一些信息，例如公司网址、联系方式等。

尽管对视频的描述性文字只有标题、描述、标签和链接等简单的内容，但对于营销推广而言已经足矣。只要在相关内容中留下网站地址和联系方式就能够达到营销的目的了。当然，营销效果的好坏，关键取决于内容能否引导来足够的浏览量，并将浏览量转化为企业网站的流量。

YouTube 上视频源的热度反映了 SNS 的传播热度和广泛度，也就是所谓内容的原创性和价值性了。视频的介绍、标签和应用人、发布人的一些资料和情况，都可以用来体现来源（URL、链接文本等），而且一旦具备了转载性，那将对视频的排名起到十分重要的作用。

相对比较适合在视频网站上做广告的产品有计算机、通信、消费类电子产品，以及女性用品，例如化妆品、服饰等，或其他新奇特产品。视频不要太长，以短视频为宜；视频内容方面，不要太无趣，客户不感兴趣的视频内容是达不到推广目的的。还有一个很关键，那就是视频的评论，其负面评论就像淘宝网的差评一样，对视频发布人是一个很致命的伤害，而要避免负面评论的出现，就得保证产品的品质。

YouTube 上还有一个很实用的工具，那就是 YouTube Analytics（分析）。这是个只有在登录状态下才能使用的功能，发布人可以通过这个功能分析受众的特征、流量的来源以及黏度，通过这些分析可以去不断完善视频的质量。

如果在网店的商品详情页放置视频链接按钮，直接链接到 YouTube 上该产品的视频文件，那么其营销效果应该是 1+1>2 的典型案例。

（二）YouTube 的广告模式

除了利用免费分享视频达到营销效果外，跨境电商企业如果需要也可以在视频网站上发布广告，推广企业的产品和形象，或者利用广告推广已上传的视频，通过视频再推广企业和产品。

YouTube 的广告模式主要有以下五种：

1. 展示广告（横幅）

展示广告（横幅）（参见图 6-16）可以在网站上除首页之外的任意区域投放。横幅广告会以 300 毫米×250 毫米的大小显示在精选视频右侧和推荐视频列表的上方。

图 6-16　展示广告（横幅）

2. 视频内重叠式广告位

视频内重叠式广告（参见图 6-17）是显示在视频下半部分的透明重叠式广告。

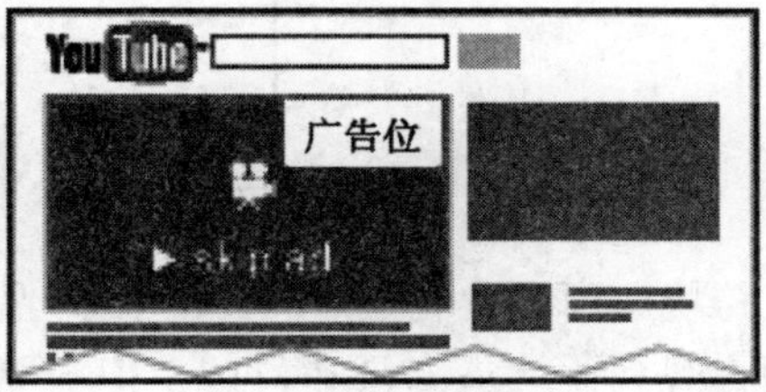

视频内重叠式广告位（左）　可跳过的插播广告位（中）

不可跳过的插播广告位（右）

图 6-17　视频内重叠式广告

3. 可跳过的插播广告

可跳过的插播广告是在主视频播放前、播放过程中或播放完毕后插播的视频广告，其长度通常在30秒，在播放5秒后允许跳过（参见图6-17）。

4. 不可跳过的插播广告

不可跳过的插播广告是可以在主视频播放前、播放过程中或播放完毕后插播的视频广告，观众必须先看完广告后才能观看所选的视频。不可跳过的插播广告的长度相对比较短（参见图6-17）。

5. TrueView 展示广告

TrueView 展示广告展示在正在播放的视频旁边，或者展示在与目标受众群体匹配的网站上（参见图6-18）。

图6-18　TrueView 展示广告位

跨境电商企业利用 YouTube 给产品或者品牌做推广，给跨境电商企业带来的直观利益就是流量和口碑，但流量和口碑并不是全部，企业产品和服务的品质才是维系客户的关键，YouTube 只提供渠道！

【思考题】

1. 跨境电商传统营销和网络营销分别有什么特点？

2. 跨境电商网络营销优于传统营销的地方有哪些？

3. 除了课本里介绍的网络营销方式，你还知道哪些跨境电商网络营销方式？

4. 网站营销有哪些优点与缺点？

5. 网络广告的价值体现在哪些方面？包括哪些主要形式？计价方式有哪些？

6. 电子邮件营销的基本条件是什么？简述其实施要点。

7. 对比分析搜索引擎营销的主要方法及应用。

8. 简述几种主要的 SNS 平台营销方式。

9. 如果你是某小型玩具公司的跨境电商营销人员，你会选择哪些营销方式？请简述理由。

第七章　跨境电商业务谈判技巧

【学习目标】

本章旨在让学习者了解跨境电商谈判规则。通过本章的学习，学习者应了解跨境电商谈判中的肢体语言和基本谈判礼仪；了解跨境电商谈判策略的制定方法；了解跨境电商谈判的基本步骤；了解谈判中涉及的常用技巧和常见的谈判风格。

【本章重点】

本章的学习重点是跨境电商谈判概况；谈判肢体语言的运用；跨境电商谈判策略及谈判的基本步骤和业务谈判技巧。

第一节 跨境电商谈判基础

跨境电商通过电子商务平台进行交易和支付结算，并通过跨境物流送达商品。尽管互联网和多媒体的发展使得商务谈判趋于日常，交易谈判过程也日趋便捷化，但许多传统的线下商务谈判（Off-line Business Negotiation）仍有极其重要的地位，在产品推广、价格磋商和协议达成等重要商业行为中仍影响深远，甚至能直接决定交易成功与否，影响企业利益。

本章主要讲述 B2B 模式下双方的面对面谈判技巧。跨境商务谈判本质是谈判代表之间的交流，是人和人直接的对话，而人带来的除了他习得的知识与技巧，还带来了其文化熏染后的思维方式和行为习惯，而容易被人忽略的后者一般隐藏在谈判语言和谈判礼仪中。

一、谈判语言

谈判是一场语言艺术的较量。跨境电商业务谈判是一个对企业交易的商品或服务等相关问题互相磋商、交换意见、寻求解决的途径和达成协议的过程。跨境电商业务谈判的最终目的是在双方平等自愿的前提下达成有效的商业协定，使得双方从交易中获益。通常，企业各派出谈判代表站在不同立场，能有效地兼顾各方利益，谈判最后达成双赢的结果需要每一位谈判者的共同努力。如何在尊重对手的基础上为己方谋取更大的商业利益成为商业谈判的重点，而语言的合理运用是其中的关键。

（一）语言行为

语言行为按其表达特征可分为专业语言、法律语言、外交语言、文学语言、军事语言等。

表 7-1　常见语言分类及其特征

分类	定义和功能	特征
专业语言	有关跨境电商谈判内容的一些术语，如产品谈判中的供求市场价格	简单明了、针对性强
法律语言	跨境电商谈判所涉及的有关法律规定用语，可以明确谈判双方的权利、义务、责任等	规范性、强制性和通用性

续表

分类	定义和功能	特征
外交语言	弹性较大，既可说明问题，还能为进退留有余地，但过分使用会使谈判对方感到缺乏合作诚意	模糊性、缓冲性和幽默性
文学语言	富有想象力，正确使用时既可以生动明快地说明问题，还可以缓解谈判的紧张气氛	生动活泼、优雅诙谐、适用面宽
军事语言	带有命令性，可以起到坚定信心、稳住阵脚、加速谈判进程的作用	简洁自信、干脆利落

在跨境电商谈判过程中，谈判双方要把自己的判断、推理、论证的思维成果清晰、准确地表达出来并获得谈判成功，需出色地运用语言技巧。在陈述客观事实时，从对方的角度阐述问题，如在卖方说明价格时，可以向对方说明大量订购将使对方获得更大的折扣，这使对方感受到被尊重。更多的谈判技巧来源于谈判实践，不同的谈判者根据经验法则形成自己的谈判习惯，需具体问题具体分析。

语言背后是说话的语境，以我国和日本为代表的很多亚洲国家是高语境（High Context）国家，语言中有很多隐形信息，常见许多字面含义与实际含义不符的情况，需要谈判双方基于环境理解和感受。有些谈判者喜欢援引经典语句和案例，需要双方有共同的教育背景或语言习惯才能理解，有时会因翻译问题产生误会。而不少西方国家则偏好快速、直接、简洁明了的谈判，语言本身的重要性在这些国家更高。

副语言（Para Language）包括说话时的音量、语速、停顿等，通常和语言结合在一起，给听者语言外的感受。沉默是一种典型的副语言，以“此处无声胜有声”的行动表达耐心，对谈判结果急功近利的一方则会先破冰让步，而沉默的一方则为自己争取了更多利益。特别注意，不同国家的人对音量、语速、语调、语气等认知有差异，事先调查对方的谈判副语言有助于谈判场上己方的从容不迫。

（二）非语言行为

非语言行为，有时被简单理解为肢体语言，是指在交往过程中人们利用声音和动作进行沟通的行为，在跨境电商业务谈判中占据很重要的分量。根据安德逊（1991）定义，非语言行为可以被划分为时间学（Chronemics）、空间学（Proxemics）、身势学（Kinesics）、体触学（Haptics）、外表（Physical appearance）、目光学（Oculesics）、副语言、嗅觉学（Olfactics）。其中常见的身势学、空间学、目光学和体触学被学者广泛接受并定义为肢体语言（Body

Language)。

为了简化和便于理解，可以将肢体语言理解为手势、身体移动、面部表情、眼神接触、形体姿势和沟通距离。这些肢体语言在不同国家的含义有时大相径庭，在跨境电商谈判中，应避免错误地使用肢体语言而产生误会。

表 7-2　常见肢体语言在世界不同区域的使用

	亚洲	北美	中东	欧洲
眼神交流	少	适中	多	中到多
身体接触	少	少	多	中
沟通距离	大于 90 厘米	30~90 厘米	0~30 厘米	0~90 厘米
中途打断	极少	允许	允许	允许

表 7-2 中列举了常见肢体语言在世界不同区域的使用，但这还应根据具体国家和合作对象具体分析，男性谈判人员在与女性谈判人员交流的时候应考虑性别因素，避免失礼冒犯对方。

肢体语言和面部微表情近年来越来越受到谈判人员的重视，语言难以辨别真伪，但表情往往反映出人的真实态度。谈判时往往需要双方在较小的空间内完成大量业务问题的探讨，需要极强的注意力，当谈判者的注意重心放到谈判内容时，身体姿态就难以控制，真实的想法将暴露无遗。因此，在谈判场上应保持一定的紧张心态，防止身体语言暴露谈判底牌；也切忌过于紧张，被对方的动作吸引，影响自己的判断和表达能力。

在跨境电商谈判过程中，语言行为和非语言行为都可以维持和调节相互间情感的沟通，起到相辅相成、互为补充的作用。谈判场上常见的肢体语言和面部表情包括：皱眉表达不解或不满；单侧唇上扬表示不屑；眉毛下垂表示愤怒；眉毛轻抬、下巴微收为惊讶；语句反复、生硬上扬表示说谎。一个不经意间的动作、一个豁达宽容的微笑，都能使某一陷入僵局的谈判，顿时峰回路转。

案例分析

中国与马来西亚跨文化跨境电商谈判

中国桂林风情旅行社邀请马来西亚一家旅行社洽谈一笔跨境电商业务，

经双方约定于某日上午十点在桂林榕湖饭店进行洽谈。风情旅行社派车接马来西亚旅行社代表来榕湖饭店进行洽谈。由于他们是第一次到桂林，对桂林的美景流连忘返，以致路上耽搁了时间，晚到了一小时，后来在商讨价格时，因双方提出的交易条件与价格相差较大，中方代表有点不悦，谈判中失去耐心来了情绪，说话声音过高，且在条件与价格方面不肯做出让步。而马方代表年纪较大，认为中方代表的言语举动对他们不礼貌、不尊重。在享用午宴过程中，中方代表为了增进双方感情拿出接待贵宾的专用酒——茅台，并极力劝说马方代表饮用；又由于中方忽略了马来西亚旅行社代表是穆斯林，在午宴中点了青菜，但忘记嘱咐厨师不要用猪油来炒，被马方认为没有诚意，生气地离开了，致使谈判陷入了僵局。

争论点一：马方在约定时间后一小时抵达，这体现了双方在时间观念上的差异，中方作为东道主，事先应预留对方参观的时间，尽量避免谈判时间过于紧密。

争论点二：马方认为中方代表的言语举动对他们不礼貌。在长幼次序的尊重方面，中马其实是比较一致的，此处中方代表在谈判中失去耐心带来的情绪是着火点，中方谈判代表的心理素质有待提高。

争论点三：中方好饮酒，谈判桌上少不了酒，但马方不这么认为，极力劝酒可能导致马方不适，是不恰当的行为。

争论点四：中方已经注意到了马方代表是穆斯林，避开了猪肉类食品，但防不胜防，遗漏了猪油，这其实是细节上的疏忽导致的。

重点剖析：在本案中，中方由于谈判不顺且双方在价格方面意见分歧较大而说话声音过高，此非语言行为使马来西亚代表认为中方不尊重马方代表，使谈判走向僵持的局面。由此可见，在谈判前事先了解对方的非语言行为的习惯，掌握并有针对性地使用某些非语言技巧，这对推动跨境电商谈判的顺利进行有事半功倍的效能。

结论：本案可以充分说明跨境谈判的两国文化认同存在差异，要在谈判中避免这种差异所引发的问题需要大量的信息检索和适应，因此在谈判前查阅跨文化交流方面的相关资料是十分必要的。

——整理自《外贸业务探讨》（2011 年第 9 期第 5 篇）

除了双方谈判团队的非语言行为存在文化差异外，同一谈判团队内部的非语言行为也会影响谈判。若进行有效配合，如辅助谈判人在旁应和“对”“没错”“是这样”等表同意，有时上半身前倾以示感兴趣，眼睛看己方首席谈判官同时点头。相反地，身体后靠表示不悦或游离谈判外。如果己方首席谈判官在发声时，团队的其他成员四顾左右、心神不宁，或窃窃私语，就会减弱己方首席谈判官在对方心目中的话语分量，影响对方的理解。

二、谈判礼仪

（一）着装

着装决定了谈判双方见面的第一印象，反映人的性格和修养。合适的服装能树立良好的谈判形象和企业形象，同时帮助谈判者建立自信心。谈判代表应着正装出席谈判，若谈判地点选在宴会厅或高尔夫球场则另当别论。跨境电商谈判代表在谈判前应注意自己的仪容、仪表，包括服饰和发型，穿着应干净、整洁、得体。男士应保持清洁，刮好胡须，穿熨帖的西服并佩戴领带；女士应着正装，不宜太性感，不宜穿细高跟鞋，不宜涂抹颜色艳丽的口红，不宜喷洒气味浓重的香水。特别在宗教信仰的国家，要注意其服饰的特殊性。

男士西装一般以深色为主，单排两粒扣系第一个扣，单排三粒扣系中间或上两粒扣，双排扣应全系，坐下后可将扣子解开，防止皱褶。西装上摆不宜过长，不要穿燕尾服去谈判现场。衬衫一般为浅色，不宜过薄，袖子略长于西装，领口高于西装，下摆束于裤腰内。领带选择箭头领带，颜色与西装衬衫和谐，可用领带夹固定。西裤裤长不能卷边，如图 7-1 所示，站立时裤长应到鞋帮高度，注意选择深色袜子。皮带 3.5 厘米左右宽较合适，金属扣不宜过亮。皮鞋宜干净，最好打上鞋油。

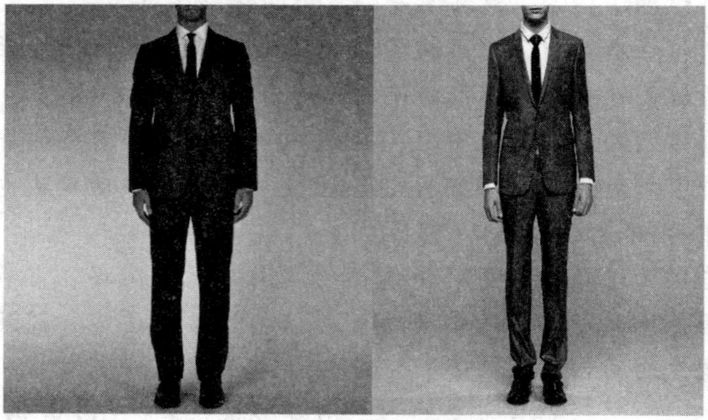

图 7-1　男士西装合适裤长（左）和过长裤长（右）

女士套装首选裙装，裤装也可。裙装时袜子以肉色长筒袜为宜，如图 7-2所示，不可以有抽丝。裙长在膝上 5 厘米左右。首饰少于三件，要同质同色。配饰注意质地优良、款式简洁大方、与服装相配。

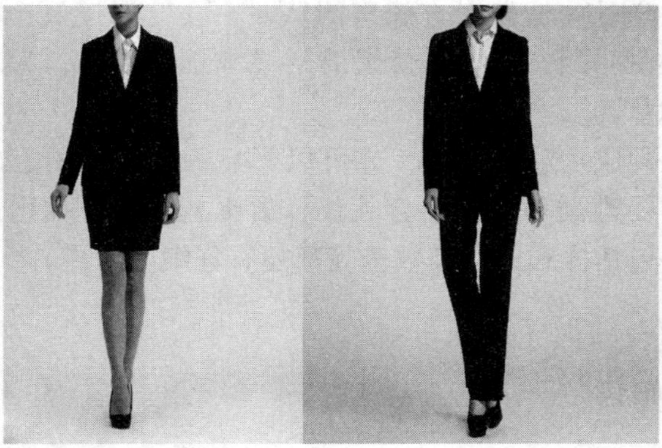

图 7-2　女士裙装（左）裤装（右）

（二）见面与问候

谈判见面注意会面时间，正式的谈判建议提前十分钟到达约定地点。如果是酒会或谈判期间的非正式会面，则可根据国家习惯区别对待。在日本要恪守时间，在南欧和南美等国家则可以滞后到达。通常可以携带代表企业的小礼物（如钢笔等）赠予对方。

谈判双方见面和问候时应遵循两国都适应的礼节。握手是目前国际间最常用的礼节，在进行点头礼、贴面礼等礼节时应充分考虑国情和谈判对手的临场反应，不要冒犯对方，也不要令对方尴尬。一些特别的见面问候礼通常与文化差异联系在一起：在印度双手合十鞠躬是有礼的表现；日本人常互相鞠躬以示礼貌；土耳其男女间亲吻脸颊表示问候；巴西已婚女性在对方双颊各亲吻一次，未婚则可以追加一次亲吻。

在问候和称呼对方谈判人员时注意基本礼貌。初次见面不可直呼其名，应加上先生/女士等以示尊敬，熟悉后可以适当简短称呼。若在西方国家，记得不能记混对方的姓和名。在印度和墨西哥等地，头衔非常重要，为表示尊重可以在对方姓名前加称其职位。

（三）签字礼

签字仪式一般是谈判达成结果时进行的，它代表了谈判双方就交易达成共识，是郑重的场合。双方签字时出于平等关系的考虑，选择并列或对面的形式，首先签署己方保留的文件，再签署对方保留的文件。签署完毕后交换文件、鼓掌、拍照，以祝贺双方谈判的成功。

（四）迎送礼仪

迎送是谈判会晤的开始和终结，成功的谈判往往有令人满意的接待仪式和令人愉悦的欢送礼。迎接对方谈判团队时，会遭遇接机、相互介绍、住宿安排、行程规划等问题，需要接待组的耐心和细心部署，为之后的谈判队伍见面打下良好的基础。

欢送是在谈判成功后进行的，亦可以彰显一个企业的态度和管理者的素养。饯别宴会上要遵循基本的宴会礼仪、餐桌礼仪等，如赠送鲜花，但要注意花束的选择，包括样式、包装数量等都要有仔细的考量。

拓展阅读

各国的礼物选择

赠礼的时间和礼物的价值都有讲究，如在日本，商务礼物应在年初（1月1日）和年中（约6月15日）赠出，初次见面可以另算。在阿拉伯和法国等地区，不能赠送太贵重的礼物，否则有贿赂之嫌。美国认为马蹄铁是好礼物，合适的礼物选择有助于跨境电商业务谈判的有效进行。

在俄罗斯，花束应以奇数赠出；在巴西，紫色不是合适的礼物选择；法国人忌讳仙鹤作为礼物，因其与愚蠢同音；英国视白百合为不祥之花；日本认为狐狸代表贪婪；拉美国家将手帕认作悲伤的象征；澳大利亚人相信兔子会带来不幸；基督徒因坏女巫的诅咒而厌恶黑猫。

很多礼物的忌讳和谐音、宗教、习俗相关，魔鬼常常就隐藏在细节之中，这些送礼的技巧数不胜数，最好的办法是在每一次谈判前做好针对性的准备工作。

第二节 跨境电商谈判策略

一、谈判准备

（一）外部环境分析

1. 天时地利，缺一不可

跨境电商活动常受政治、经济等政策的影响，在谈判前，应充分了解世界贸易基本规则和对方国家或地区的法律和贸易政策，对于初次合作的企业应给予特别关心。跨境电商避不开关税和配额、许可证等非关税壁垒，充分了解关税制度有助于合理避税。技术和服务贸易相关的《合同法》《专利法》和《商标法》也应被引起重视。随着近年来我国知识产权保护意识的提高，技术和服务贸易的相关法律和条例也在逐步完善，常常更新，企业应时常关注政策动向，避免因无知而违法。无论多么强大的企业或产业，都首先受到法律和贸易政策的制约，谈判必须在基于法律条例的保护下进行才会是有效的，这也是保障企业利益的必要条件。

跨境电商涉及两国，必然会有经济环境的差别，在进行贸易谈判前应关注对方国家的经济市场现状，了解其相关产业的股市波动、行业近况等经济背景。有关市场的信息还包括市场分布情况、地理位置、运输条件、市场容量、与其他市场的经济联系等。同时，社会环境包括人们的消费需求和偏好、产品竞争和销售渠道等，这些也非常重要，以免发生不投其所好、门庭冷落的情况。在涉及外汇市场的交易中，企业应注意收集外汇管制政策、汇率浮动、进出口银行营运等相关信息，避免金融操作的失误被人有机可乘。

在一些技术型产业，如 SEMI 大半导体等科技含量高的行业，可适当参考技术人员的背景知识，对谈判对手给予技术评估，对照本企业进行优缺点评估，从而获得相关的机遇与挑战信息。通过专利发明查询、联系科研机构、参加博览会和广交会、阅览前沿期刊和杂志等方式都可获得珍贵的科技信息。在科学技术领航经济发展的当今，这些重要的技术信息将决定谈判过程中双方话语权的分配，以及面对不同合作方应采取的谈判态度。

出于企业社会责任（CSR）的考虑，在选择合作方时，环境因素也应被纳入考量范围。企业履行社会责任，通过技术革新可减少生产活动各个环节对环境可能造成的污染，同时也可以降低能耗、节约资源、降低企业生产成本，从而使产品价格更具竞争力。环保的理念有助于企业长期发展，在消费者中也能建立更好的口碑。如果一个企业为了追求自己的利润不惜破坏环境，违反社会公德和环境法，对社会产生持久的负面的外部性的影响，那么我方应谨慎选择其作为合作伙伴。

2. 知己知彼，百战不殆

在谈判前，应广泛收集谈判对手的信息，了解对手的意图和打算，以便制定对策。谈判对手的基本情况包括对方的法人资格、资信状况、法定地址、本人身份、经营情况及行业内的地位。外商还必须出示法人资格、本人身份证明，以及经银行认可的资信证明。这些作为谈判的基础性资料，谈判团队都应该事先掌握。这些信息也可以避免企业因与皮包商、骗子客商等合作而损失公司利益。

除此之外，身为谈判者，了解谈判对手中首席谈判官的情况也十分必要，了解其年龄、学历、经历、个性爱好、家庭成员、价值观念、风俗习惯等都可以有效地帮助谈判的顺利进行。如能力所及，还应试图了解谈判对手的意图和打算：了解谈判对手对这次谈判的准备工作、主要意图、基本目标、最高或最低标准、退让幅度等谈判关键，将这些收集到的资料分类整理后可供谈判人做参考，以做到知己知彼，不打无准备之战。

对以上的信息进行整理后，企业可以进一步对双方谈判实力进行评估，得到双方的谈判优势和劣势。表 7-3 展示了谈判实力的几个判别维度。博弈论认为，信息和谈判成本构成了谈判实力，我们进一步将谈判实力分为以下几个维度，这些维度可以根据不同行业进行维度或权重的随机调整。

表 7-3　谈判实力维度

双方处于的竞争市场	竞争越激烈越被动
双方对市场行情的理解程度	了解越多越主动
双方企业的信誉和市场影响力	影响力越大越主动
双方对谈判时间因素的反应	时间越受限越被动
双方的谈判能力和技巧的应用	技巧越高超越主动

来源：作者整理

ABC 公司在其他多个维度中占据优势，但在时间受限上处于明显劣势，如图 7-3 所示。根据“木桶效应”，DEF 公司可以重点打击贸易时间因素，使 ABC 不得不在其他方面给予让步。当然，如果追求太多利益而导致双方失衡，ABC 公司也被逼无奈放弃谈判、拒绝交易，则双方都不能从贸易中获益。

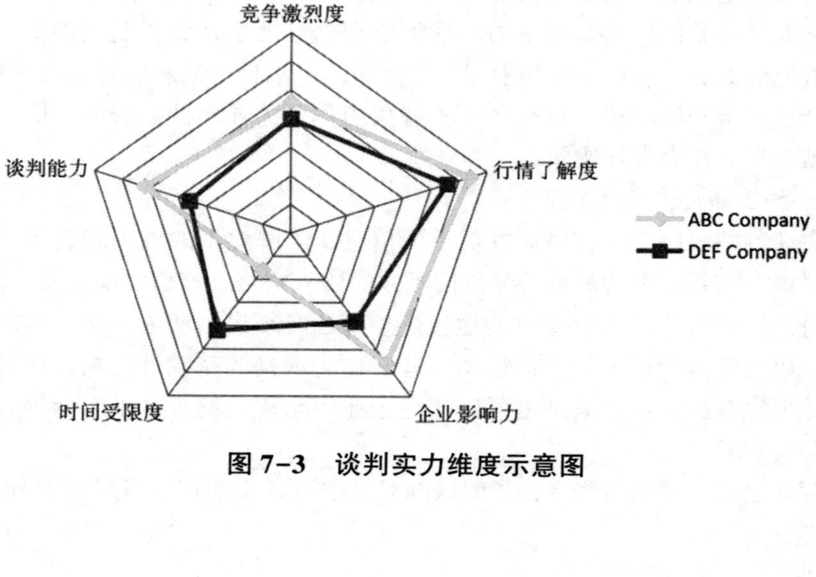

图 7-3　谈判实力维度示意图

案例分析

吉利并购沃尔沃

2010年3月28日，在瑞典哥德堡，中国浙江吉利控股集团有限公司与美国福特汽车公司正式签署了收购沃尔沃汽车公司的协议，获得沃尔沃轿车公司100%的股权及相关资产。吉利用18亿美元换回的不仅有沃尔沃轿车的9个系列产品、3个最新平台的知识产权、境外工厂和员工，还有福特公司提供的支持、研发人才和全球经销商网络和供应商体系。吉利并购沃尔沃的难度可谓是中国海外并购成功案例中最高的，因为吉利与沃尔沃在品牌、技术、管理水平等各个方面，都存在着巨大差距。为什么吉利能够成功地完成这次收购？其复杂的背景因素值得分析。

1. 金融危机带来的机遇

2008年下半年美国的次贷危机，迅速蔓延为全球金融危机。在此背景下，许多外国的资产价值被严重低估，这正是中国企业利用海外并购走出国门的大好时机。通过海外并购，中国企业可以用较低的成本，获取到梦寐以求的汽车国际品牌、核心技术和国际营销渠道。这是中国实现技术跨越的一个捷径，可以迅速提高中国汽车产业的软实力。

2. 福特是战略性出售沃尔沃

福特出售沃尔沃是基于战略目标的选择。为应对2006年福特创下的有史以来最严重亏损（约127亿美元），福特公司CEO穆拉利决定执行“一个福特”的战略，其具体措施之一就是削减品牌，缩减福特的车型数量，将经营重点放在强有力的福特自有品牌上。福特是战略性出售，可以降低成本、减少债务、改善财务状况，而非财务性出售，并不会因为财务状况的好转而更改出售决定。

3. 吉利基于对自我战略的坚持

吉利为了实现“最安全、最环保、最节能的好车，让吉利汽车走遍全世界”的战略目标，提出了将核心竞争力从成本优势重新定位为技术优势和品质服务。为了突破自我发展的壁垒，吉利坚持内外兼修的原则。对内通过引进外部高级人才来加强核心能力的建设，完成自主知识产权的研发与制造，改进生产工艺流程，完善生产质量管理，加强管理体系建设。但吉利短期内在品牌、技术、国际化市场、产品质量等多个重要维度下难以获得质的提升，面对不利于自身长远发展的现状，吉利将并购战略放到了全球，通过缜密准备，实现了“蛇吞象”式的并购，为企业实现战略目标打下了基础。

4. 并购的前期准备充分

吉利在并购前期掌握了并购过程中出现的风险，从专业人才的聘请、政治风险的防范，资金的融资渠道到工会的调解方面都做了充足的准备。吉利的董事长李书福早在2007年就开始着手准备收购沃尔沃，与福特总部进行过多次协商。吉利坚信福特是出于战略性出售，并聘请了庞大的外部专业收购团队来进行辅导与协助。如并购事务顾问洛希父子公司、法律事务顾问富尔德律师事务所、财务事务顾问德勤会计师事务所、汽车公司整合咨询顾问罗兰贝格公司等。

5. 并购后的整合方案符合各方利益。由于福特十分关注沃尔沃内部人员对此次出售的满意度以及出售后沃尔沃是否可以摆脱困境，吉利收购后的整合运营方案最大限度地满足了福特的上述要求。吉利允许沃尔沃内部保留单独的运作体系，不干涉沃尔沃的运营管理，保留高管团队，且对工会承诺不转移工厂和不裁员。除此之外，吉利规划了沃尔沃未来的发展：一是通过采购沃尔沃设置在中国工厂生产的零部件，以降低采购成本；二是扩大销售规模，摊薄整车成本。通过详尽的成本测算，准确地预测出沃尔沃只需在中国扩展5万辆就能实现35万辆的全球销售而全面扭亏。

（二）内部计划的制订

1. 制订谈判计划

首先确定谈判目标：必须达到的目标（Minimum Target）、可以接受的目标（Acceptable Target）、最高目标（Maximum Target）。这为谈判人员明确了谈判的方向和退让的幅度。

谈判议程是影响谈判效率的重要一环。议事日程的安排要与谈判发展过程紧密相连，根据谈判的不同阶段在时间上做出不同的安排。通常谈判议程要安排得尽量紧凑、效率为先，同时又不能给予双方太大压力、兼顾公平。可以选择先难后易，即由重要问题谈起，也可先易后难，逐步进入谈判节奏。设计谈判议程要兼顾双方的利益和习惯，留有余地，应结合谈判双方的国情和谈判习惯进行综合考虑。

紧接着要确定谈判人员和谈判时间、地点。谈判时间的安排应充分考虑：谈判的准备情况、谈判人员的身体情况（跨境谈判容易忽略）和情绪状况、谈判的时机、谈判对方的情况等。特别注意要尊重对方，在充分征求对方意见的基础上，选择双方都能接受的时间进行安排。最好选择在本方熟悉的环境谈判。

2. 谈判人员的选用

由于谈判工作在企业交易中的重要性，谈判人员往往应具备较高的个人素质和集体精神。通常企业需要的谈判人员应是智慧而负责、独立能力强、临场反应机敏，同时具备相当的交涉力的人。优柔寡断、过于自信或自谦、表达能力弱、容易变节的人都不适于跨境电商业务谈判。

谈判人员应具备良好的职业道德、健全的心理素质、合理的学识结构和较高的能力素养。谈判是人与人的交流，是己方与对方谈判人员的一场博弈，意志力、自制力和协调力都是优秀的谈判官必须具备的素养。善于运筹帷幄的谈判官能团结和稳定整个谈判团队，机敏善辩的谈判官能在谈判场上压制对手并争取到更大利益，创新思维能力强的谈判官能在逆境扭转局势、出奇制胜。

谈判队伍的规模通常不超过 4~5 人，这有助于队伍的责任分配、互相交流和谈判外的彼此扶助。队伍一般由专业技术人员、商务人员、法律人员、翻译人员和记录人员组成。谈判队伍的组建是运用谈判小组战略战术的基础。首席谈判官要监督谈判程序，掌握谈判进程，听取专业人员的建议和说明，协调谈判团队成员的意见，决定谈判过程中的重要事项，最终代表谈判队伍签字，向企业汇报结果并对谈判负责。

监督和激励也不可缺失。谈判者掌握重要的企业商业机密。企业可以通过现场直接接触的监督、通信、定期集会、工作报告等对谈判人员进行监督。其他自动监督工具包括报酬计划、地域分派、销售配额、费用控制或销售分析方法等。谈判者需要激励：一般分为内在报酬和外在报酬。内在报酬是指精神方面的报酬；外在报酬是指物质形式的奖金或实物等。

3. 设计谈判方案

精心设计谈判方案。分析双方现有的谈判手牌，可事先精心设计出若干个谈判方案和谈判策略，以供备选。谈判如同一场风云变幻的诡谲棋局，胜负随时可能逆转，占领上风时不可骄躁，处于劣势时要沉着冷静。设计方案时应注意以下几点：一是要预测对方的方案，并提出应对的方案；二是坚持互惠互利的原则，使方案切实可行；三是谈判过程中要吸收对方的意见，及时调整修改方案并注意保密。

4. 模拟谈判

重要的商事活动中，每个细节都可能决定成败，一个小小的失误就可能令企业蒙受数百万的损失。因此，很多企业或学院会安排模拟谈判活动，以此来训练谈判官们的谈判能力，并在实景模拟中发现更多的问题以布置更周密的计划，从而提高谈判的获胜率。

很多成功谈判的实例和心理学研究成果都表明，正确的想象练习不仅能够提高谈判者的独立分析能力，而且在心理准备、心理承受力、临场发挥等方面都有裨益。在模拟谈判中，谈判者可以反复扮演自己和对手，从而熟悉实际谈判中的各个环节。这对初次参加谈判或对谈判项目陌生的谈判人来说尤为重要。

二、谈判类型

（一）货物贸易谈判

货物贸易谈判是跨境谈判最早产生、最普遍存在的形式，进出口双方就有形商品的交易进行谈判，涉及的贸易壁垒主要是关税和配额。出于非经济性的贸易保护，国家可能会设立关税升级制度，谈判人员应细心计算交易的成本收益。特别注意的是，在劳动密集型产品谈判交易时，应关注“反倾销”“反补贴”，避免已经形成的合约不具备法律效力。

货物贸易的商品可以是同质的，在跨境谈判中产品的规格可以从国际标准化组织（ISO）制定的质量标准明细中获得参考，有规可循。由于商品是同质的，往往伴随着较激烈的竞争（不否认垄断产业的可能），价格因素是货物贸易谈判考量的核心因素，通常谈判的时间较短，程序也比较简单，主要关注点集中在商品质量和价格。

异质的货物贸易常见于垄断竞争市场，除了价格因素，品牌效应、消费者偏好等也应被纳入考虑范畴。如有能力，买方应调查卖方的货物生产情况，可以提出实地考察、工厂参观等，要警惕“以次充好”“借壳上市”等行为。

（二）技术和服务贸易谈判

随着第三产业的蓬勃发展，大多数发达国家的国内第三产业比重已超过70%。全球一体化在经济、科技、文化各个方面渗透进人们的生活，不可避免地，技术和服务贸易谈判需求与日俱增。与货物贸易相比，技术和服务贸易的谈判更为复杂。

技术贸易商会可以为谈判双方提供信息，技术商品不像物质商品那样可以大批量生产，从而更容易受制于时间、空间和人员方面的因素，造成技术生产与消费的分离，因此，技术贸易谈判中沟通信息就显得格外重要。

技术贸易常伴随技术转让范围、专利使用、纠纷解决方法等问题。如今很多发达国家对高技术的国际转让实行保护主义措施，严格控制本国先进技术外流。他们主要通过投资法、工业产权法、外汇管制法和反垄断法等对向外技术转让加以管理和控制，以安全为理由，严格限制对外国的技术转让。

技术贸易谈判周期通常受到政府和外交等非关税壁垒管制，涉及的法律问题日益复杂。世贸组织的《与贸易有关的知识产权协议》，通称 TRIPs 协议是目前国际上最重要的知识产权保护的相关协议，结合了伯尔尼协定、华盛顿条约等多部知识产权法，就“版权和商标”“集成电路布图设计”“未披露信息”“保护产权和贸易制裁”等常见问题做出了规定。

拓展阅读

贸易、新技术竞争 倒逼中国经济转型升级

一是愈发激烈的国际贸易之争对我国贸易领域既是挑战也是机遇。一方面，传统的贸易理念适用空间会缩小，在新的贸易规则、产业行业标准及技术、质量、环保等方面会造成很多困难，也会使我国贸易在外部需求疲弱的影响下雪上加霜。另一方面，我国可利用外部压力倒逼国内加速调整产业、产品结构，在技术上创新、在工艺上提高、在环保效能上加强，对我国经济结构的转型升级是难得的机遇。

二是新技术的竞争将成为经济增长的突破点。全球新一轮科技革命正在兴起，科技创新正加速推进，并广泛渗透到人类社会的各个方面，成为重塑世界格局、引领经济增长的主导力量。我国如能在这波竞争中占据一席之地，在航天、核能、高铁及“互联网+”等领域发挥优势并占领国际市场，将对国内社会经济和科学研究发展产生巨大的推动作用。

面对来自 TPP 和 TTIP 的战略挤压，未来需扩大与主要贸易伙伴签订双边或多边自由贸易协定，并与“一带一路”倡议密切结合。

——摘自国家统计局《2015 年世界经济回顾及 2016 年展望》

服务贸易分为四类模式：跨境交付（Cross Border Supply）、境外消费（Consumption Abroad）、商业存在（Commercial Presence）和自然人流动（Movement of Personnel）。在服务贸易中，文化因素有更重要的地位。由于服务贸易的交易主体在各企业的估值有较大差别，成交也存在一定偶然性，很多数据也难以统计，如服务贸易中的自然人流动一类就不纳入国际收支平衡表计算范畴，因此服务贸易在数据的获取上存在较大的误差。

跨境交付是较类似于货物贸易的一种类型，服务提供商通过网络等媒介将服务直接传递给消费者，40%以上的服务贸易以这种形式完成。在 B2C 模式下，这种交易方便快捷，如网课出售，常常只通过第三方交付平台即可完成支付和消费，较少受到贸易壁垒的影响。企业间的跨境交付主要包括电信业、银行业、法律中介、教育咨询等。其中经典案例就是我们熟悉的离岸外

包（Outsourcing）。

案例分析

“世界办公室” 印度的外包产业

印度每年承接了全球服务外包市场近一半的业务，其中承接的软件外包业务约占全球软件外包市场的三分之二。因此印度被形象地称为“世界办公室”。印度的外包产业都是以跨国公司软件设计等信息技术服务业务为主，业务范围涵盖信息技术、金融、制药等。

印度所具备的优势显而易见，如人力资源丰富、劳动力成本较低、英语普及、信息技术发展较早等。印度作为发展中国家，通过服务外包行业创造了更多的就业机会，赚取了大量外汇，也促进了服务业的快速发展，其促进软件和服务外包行业发展的经验值得后来者借鉴。

印度高度重视人才的培养，形成各种金字塔式的人才培养机构，其课程设置围绕企业需求，紧跟最新技术发展动向。与此同时，在政府政策的扶持下，行业中介组织在产业发展中发挥了至关重要的作用，印度全国软件和服务公司协会（NASSCOM）是印度软件和服务外包行业的贸易组织和商会，其通过促使成员采用世界一流的管理手段、建构维持最高的质量标准，进而拥有了全球竞争力。

另外，知识产权保护为产业发展创造了良好环境。为适应国际软件外包潮流秩序，印度政府以强有力的法令政策与环境支持，出台了一系列法规为其保驾护航。

——整理自《看世界》（2015 年第 12 期）

境外消费是指消费者前往提供商所在国进行消费，典型案例的境外旅游消费，约占整个服务贸易的 15%。在 B2B 的情况下，谈判双方的交付和消费行为都在服务提供商所在国完成，这使得谈判过程中东道方占据主场优势，但同时也可能由于激烈的竞争面临买方市场。

商业存在是指一国在外国的附属机构，如在国外开设分公司或子公司等，在整个服务贸易中占比与跨境支付齐平。许多大型的跨国企业在各个国家都有自己的商业分布。在与涉及商业机密（Commercial Secret）和技术诀窍（Know-how）较多的企业谈判时，谈判对手往往会倾向于进行绿地投资（Greenfield Investment），这时被投资国可以在谈判允许的范围内说服对方进行并购和收购（Merge and Acquisition），后者可以为企业争取更大的收益，也能从合作中汲取企业管理、商业运行的宝贵经验。涉及整个企业的合并和收购时，谈判团队要特别重视，对每个细节都要慎重考虑，注意产业动态和未来波动趋势，把握谈判时机。另外，谈判团队中负责资产评估的队员应特别重视企业商誉（Goodwill）、无形资产等的评估。

自然人流动是指服务提供商跨境来到消费者所在国提供服务，规模占整个服务贸易的5%以下。这是由于自然人流动的壁垒是最严格的，服务商入境受到市场准入、签证程序、国民待遇选择等重重难关。再者，虽然不少自然人流动具备暂时性和个体性的特征，发达国家政府还是谨防外来劳动力的进入影响本地就业情况：在菲律宾，大约有20万人长期在国外提供服务，其国外汇款大致占菲律宾国民生产总值的10%，而这些“菲佣”散布在亚洲甚至世界各发达国家，代替了很多发达国家的本国就业者。同时，发展中国家和转型期国家也担心这会导致一定程度上的人才流失（Brian Drain）。特别值得一提的是，自然人流动代表着国际间劳动要素的流动性，一旦开放程度提高，会对世界价格和两国贸易价格谈判带来很大的冲击。

服务贸易是否存在第五种模式也被积极探讨，若服务出口是国内的中间服务输入，它们被整合到一国的商品出口中去，此时的海关估价和企业间价格谈判将面临新的问题，即不能用传统货物标准来衡量此类商品，否则就会偏离现实。在2018年的中美贸易摩擦中，特朗普宣称，将考虑对中国商品追加1000亿美元关税。特朗普政府还指出，2017年美中间贸易逆差高达3752亿美元。但从服务贸易数据来看，美国在旅行、运输、知识产权、保险等领域拥有大额的对华贸易顺差，而且增长迅速。从2006到2016年的十年间，美国对华服务贸易顺差额增加超过30倍，2016年达到了557亿美元，占中国服务贸易逆差总额的23%，美国已成为中国服务贸易逆差最大的来源国。

拓展阅读

跨境电商向服务化发展

跨境电商将由流量争夺转向服务体系的竞争。跨境电商上半场市场红利巨大，竞争点主要集中在前端环节，以提高销量、抢占更多市场份额为主。随着该市场进入了下半场，跨境电商企业及相应的服务商不断向产业链的其他环节延伸，本地化的服务体系变得更为重要。

据易仓科技的海外仓调研报告可知，有25%以上的卖家投诉服务商的错发、漏发、库存不准等，其中被卖家投诉最多的是服务商的客服响应速度和专业知识，而平均每个卖家有10万的滞销库存，有的甚至达到几百万，由此可见跨境电商的本地化服务是其扩展海外市场的难点，也是竞争力所在。

由于国内电商竞争格局的特殊性，即淘宝和京东巨头垄断市场80%以上的份额，相应的服务商资源也依托于平台形成了集聚效应。

以淘宝为例，从2003年淘宝成立初始就由内生需求催生了部分电商服务产品或交易的出现，伴随着电商平台交易规模的快速扩张，电商服务业的需求与日俱增。

加之“大淘宝战略”提出以及平台自身服务生态体系的不断完善，阿里巴巴建立了旗下服务产品体系非常完善的服务商城。但相比而言出口跨境电商的服务市场更为复杂，也较为分散，仍有较大的发展空间。

跨境平台更多，销售方式更复杂，服务商多以卖家为中心。不同于国内电商的竞争格局，跨境电商市场份额尚未形成巨头垄断，因此目前B2C出口跨境电商的服务格局也尚未形成集聚规模，服务商分层效应也较为明显。跨境电商综合服务企业，如越域网，旗下针对eBay、AliExpress、Wish不同的平台均建立了越域传媒、越域数据、越域大卖等互联网平台，从出口分销、大数据分析、媒体等多维度综合服务跨境出口电商企业。

跨境电商平台自建服务生态体系已成为其未来战略重点。随着亚马逊、wish在全球电商市场份额的逐步扩张，其资源整合能力的提升也成为主要竞争力之一，面对平台商家以及自营品牌在扩大市场份额的过程中内生的大量服务需求，亚马逊和wish纷纷推出了自身平台的服务体系。

例如，亚马逊全球开店“制造+”项目中推出的服务团队，可以为企业提供全方位服务和运营支持，包括制造商运营实践分享和培训、企业ERP系统与亚马逊系统对接所需的技术咨询、国际运输物流解决方案、仓储规划及支付解决方案推荐等。

同时从技术服务商出身的wish也推出Star Factory项目，可以为工厂类卖家提供分销渠道以及代运营团队，并让此类商家在此过程中逐渐转型B2C业务，同时wish今年也在不断完善其平台规则以及跨境物流等服务业的布局，逐渐打造其具有竞争力的服务生态体系。

——来源：行业报告研究院《阿里电商案例剖析》

与技术贸易类似，服务贸易同样涉及复杂的法律问题。1993年12月关贸总协定“乌拉圭回合”谈判结束时，《服务贸易总协定》（GATS）达成，于1995年正式生效。在著名的“安提瓜诉美国赌博案”中，安提瓜方便快捷的赌博体系和美国人好赌的个性，让美国人成了安提瓜赌博业的常客。20世纪90年代后期，美国人不论男女老少，经常在休闲时间登录这个赌博系统，弹指之间大量赌资源源不断外流，美国政府开始警觉。美国倚仗自己超级大国的身份，对世贸组织的《服务贸易协定》熟视无睹，设法打压与安提瓜之间的贸易，先后修改或通过了《有线传输法》《旅游法》《非法商业赌博法》，有八个州也先后通过法令，禁止以安提瓜的方式进行赌博活动。这些法令颁布之后，直接影响了安提瓜的赌博业。1999 年，安提瓜赌博业收入跌到 GDP 的 10%。

但是，美国在《服务贸易协定》的承诺表中已经承诺开放此类赌博业，而政府法令在实际上却违背了这个承诺；这些法令也违反了《服务贸易协定》第二条关于最惠国待遇、第六条关于国内规则等联合国条约，最终受到了世贸组织的制裁。强如美国尚不能在贸易问题中对法律掉以轻心，身为经济旋涡中的企业家和谈判官更是应该认真研读国际商法和贸易政策，以确保谈判的有效性，减少后期贸易摩擦的可能。

拓展阅读

积极推动市场开放谈判

我国政府成功地通过多个多边和双边贸易谈判并签订协议，取得了扩大服务贸易的很大进展。具有代表性的三个协议是：北美自由贸易协定、GATS 和与贸易有关的知识产权协议；美国利用有关中国加入世界贸易组织的谈判，迫使中国开放服务市场；美国迫使日本改革保险服务部门，达到了可以进一步向日本出口金融服务的目的。

进入 21 世纪，美国对外经济关系中的双边自由贸易协议则演变成对外贸易政策的一项主要战略。迄今，美国已经签署的、正在商谈的或处于倡议中的自由贸易协定（FTA）有 20 项。美国贸易的竞争优势在于服务业、高新技术产业。美国自由贸易的签署国、正在进行贸易协议谈判的国家及优先选择的谈判对象多为发展中国家或地区。与美国相反，它们在服务业和高新技术产业上均处于劣势地位。在自由贸易中强调服务贸易等领域的开放，并使之成为准入美国市场的基本条件，使得美国获利更多。在美国的自由贸易协议中，一方面对自己的优势领域，如服务贸易、电信、电子商务、农产品等，强调对方的市场开放，要求把政府采购纳入协议框架之中；另一方面，在自己的劣势范围，如轻工、纺织等一般制造业部门，则注重所谓的劳工、环境标准，给发展中国家的进入制造障碍。

（三）投资谈判

一般的企业双方的货物和服务贸易谈判即当期生产的商品与服务的买卖，属于国际收支平衡中的经常项目（Current Account）；而投资谈判通常是对外投资和国内外资的结算，属于资本项目（Capital Account）。外商直接投资（Foreign Direct Investment，简称 FDI）指外国投资者在我国境内通过设立外商投资企业、合伙企业，与中方投资者共同进行资源的合作勘探开发，以及设立外国公司分支机构等方式进行投资。这一类谈判没有交易对象，是企业间的直接资金往来，对于信息采集和谈判技巧的要求更高。

投资的类型很多，按国民经济分有农业投资、工业投资、商业投资等；按投资对生产影响可分为生产性投资和非生产性投资。无论哪种类型的投资，在谈判过程中都应注意投资回收期、利率、风险、利润等经济因素，以及参加投资谈判双方的素质、投资起止等因素。

谈判队伍中的商务人员必须业务熟练，了解谈判对手在项目利益方面的期望指标，分析、计算修改中的谈判方案所带来的收益变动，并为首席谈判代表提供财务方面的意见和建议。

（四）劳务谈判

劳务谈判通常不在企业间进行，而多见于企业和应聘员工之间。劳资关系（Industrial Relations）中的谈判双方代表是劳方和资方：劳方是以劳动力交换收入的劳动者；资方是以企业人力资源部为代表的雇佣者，用资本购买劳动力。谈判内容包括且不限于双方的基本权利和义务、工作内容、劳动时间、工资和加班费、食宿交通、休假、保险金、企业福利等。

另一种劳务谈判是国际间的对外劳务合作，指组织劳务人员赴其他国家或地区为国外的企业或机构工作的经营性活动。如派遣员工出国培训，人力资源管理的谈判代表应尽量细化通勤要求和补贴等条款，这些详细的细则也能让员工感到受到重视，在异国仍具有安全感。

三、谈判步骤

本小节内容以两国跨境货物贸易谈判为代表，详细列述谈判的常见程序和步骤。一切谈判都需要充足的事先准备，包括对对方企业和谈判代表的信息搜集和整理，形成一定的谈判方案，而具体的谈判内容常涉及以下几个部分。

（一）询盘与还盘

询价（Inquiry）是一场跨境电商业务谈判的开始，也是一笔成功交易路上的第一块鹅卵石。当一个企业对另一方的商品产生兴趣时，会询问其产品的详细信息和报价单。这就如同消费者在街上看到了心仪的商品而询问店员价格。询价是投向竞争市场湖面的一颗石子，激起了涟漪，而湖面下还隐藏着产品质量规格、装运条款、付款方式的暗流。在国际贸易实务中，询价与卖方的还价也被称为询盘与还盘（Counter-Offer）。

询价的过程可能是在商品展销会上一次口头的询问，可能是线上的一封邮件，也可能是朋友间介绍的客户无心插柳，但对于卖方，要认真对待每一位潜在客户，不能因忽略细节而丢失了谈判和交易的机会，在每一次询盘与还盘中都要以礼相待，展现出企业的风采。

一般卖方在询盘与还盘中有机会展示企业产品的质量和用户的口碑，可以不着笔墨地介绍自己企业的优势和亮点，投买方所好，抓住交易的可能性。良好的第一印象能促进交易的进行，应准备合理的定价单，考虑好价格优惠的可能性，同时给买方预留考虑的时间。

如果是已经合作过的企业可以适度寒暄，企业间的友好交流和一定阶段的往来能维持企业间的友好关系，为长期合作打下基础。

拓展阅读

传统商品定价策略

1. 同价销售和价格分割：实体商店常见统计标价的“十元店”“五元店”，这种定价法免去了消费者讨价还价的过程，被很多年轻人喜爱。价格分割是指用较小的单位报价。例如，茶叶每公斤10元报成每50克0.5元，大米每吨1000元报成每公斤1元，等等。但在跨国贸易中由于商品往往大量订购，这两类定价方法都不被提倡。

2. 高价：这通常取决于产品质量和公司在市场上的垄断实力。产品质量越好，越受到消费者欢迎，或竞争越少，垄断实力越强，定价越趋于高位。

3. 非整数法：这种定价法在生活中非常常见，是由于人们的视觉被长串数字吸引，下意识认为价格降低了很多，而事实上商家却并没有失去多少利润，是心理效应的绝妙运用。在企业间也并不鲜见，单价￥16.99的茶叶看起来更接近于￥16而非￥17，哪怕稍加计算，也基本达成一个非整数，这令人产生一种低价的错觉。

4. 弧形数字法：“8”与“发”虽毫不相干但宁可信其有，不可信其无，满足消费者的心理需求总是对的。据国外市场调查发现，在生意兴隆的商场、超级市场中商品定价时所用的数字，按其使用的频率排序，先后依次是5、8、0、3、6、9、2、4、7、1。

5. 价格歧视（分级法）：华裔法国企业家林昌横生财有道，在制定产品销售价格时，总是考虑顾客的购买能力。例如，他生产的皮带，就是根据法国人的高、中、低收入定价的。低档货适合低收入者的需要，定在50法郎左右，用料是普通牛、羊皮，这部分人较多，就多生产些；高档货适合高收入者的需要，定在500~800法郎范围内，用料贵重，有蟒蛇皮、鳄鱼皮等，但是这部分人较少，就少生产些；有些独家经营的贵重商品，定价不封顶，因为对有些人来说，只要是他喜欢的，价格再高他也会购买的，所以中档货就定在200~300法郎。

“双11”网上购物节定价策略

“包邮”作为网上购物最常见的优惠活动方式之一，为消费者省去了邮费的烦恼。在“双11”活动期间，会出现买满×元商品的消费者，赠送×年包邮卡此类的优惠。

限时或限量打折，增加了消费者的紧迫感和购买欲，“双11”活动当天配合时间节点推行限量抢购能达到饥饿营销的效果。

“双11”预热期间，有些商家使用收藏送礼的方法提升商品权重，当天购买金额最高的客户送一份大礼，这促进了消费者的购买欲望。

满减在电商日常运营中的作用是提升客单价和商品的连带销售率。作为消费者也实实在在享受到了优惠。很多“双11”当天的满减活动就设计成：折后满499减100，满999减300，满1299减500等。

在消费者购买了商品后，赠送一定数额的优惠券或代金券促使用户下一次继续消费的行为，可以在短期的未来提升消费量，常设置为20元、50元、100元等限额优惠券。

（二）产品规格

在实物贸易中，规格（Specifications）是不可缺少的谈判内容，通常购买一方会提出样品的需求，对产品的基本规格、样式、数量等限定要求。即便没有，卖方也可主动提出，既方便对比、免去了可能的质量不满意问题，又能帮助买方直观地接触产品。样品可能是以试订购的方式，也可以是卖方赠送的，这需要依据具体企业的财力和商品特殊性考量。

定制商品的产品规格非常严格，往往要求草图的多次修改，建议谈判队伍中增加专业设计师的参与。数量也是交易的重要条件，很多企业都会对商品有“量大从优”的价格规定。许多国家法律规定，交货数量如果大于或小于合同规定，买方有权拒收。在规格商议时，谈判双方要注意进口国的产品标准，如我国的食品与药品监察局所列的众多标准就与其他国家不同，在选择客户时要注意产品质量是否符合买家所在国或区域的标准。

案例分析

海淘——产品为核心

跨境电商最核心的问题还是产品，大多数海淘用户更担心的仍是假货问题。据中国电子商务投诉与维权公共服务平台案例库大数据显示，像小红书、丰趣海淘、洋码头、达令、菠萝蜜等跨境网购平台，都存在被用户投诉疑似售假的问题。

在跨境电商谈判中，产品质量应始终排在首位。若商家进货渠道不明确，或商家自己造假，甚至伪造报关凭证，就绝不值得建立合作关系。其他行为包括虚假宣传，假洋货拉到国外走一圈就成了海外产品；此外也有产品质量不合格、以次充好的现象存在。

tt 海购的核心竞争力就是正品。因为采用的是“直邮+自营+品牌商”合作的方式，B2B2C 模式可以保证产品渠道的真实性，但可能在产品价格上优势不明显。

“网站可以保证不赚钱，但是绝对不会赔钱卖。”对于产品的价格，tt 海淘负责人向华梁表示：“tt 海购做的是品质电商，面对的是对价格相对不敏感且追求品质的精英人群。再有，海购是一个成熟的市场，tt 海购要打精细化运营路线。”

——整理自中国电子商务研究中心“tt 海购强势入局”

（三）价格术语

跨境电商价格谈判是非常重要的，也是最频繁的，因此国际上专设了国际贸易术语（Trade Terms）。

表 7-4 《国际贸易术语解释通则》（Incoterms 2010）

第一类：适用于任何运输方式		
CIP	Carriage and Insurance Paid	运费/保险费付至目的地
CPT	Carriage Paid to	运费付至目的地

续表

DAP	Delivered at Place	目的地交货
DAT	Delivered at Terminal	目的地或目的港的集散站交货
DDP	Delivered Duty Paid	完税后交货
EXW	Ex Works	工厂交货
FCA	Free Carrier	货交承运人
第二类：适用于海运和内河运输		
CFR	Cost and Freight	成本加运费
CIF	Cost, Insurance and Freight	成本保险费加运费
FAS	Free Alongside Ship	装运港船边交货
FOB	Free on Board	装运港船上交货

其中，国内习惯将 FOB 译为离岸价，CIF 译为到岸价，这是最常用的两种贸易价格术语。例如：卖方出价“It is US $ 65.00 per carton CIF London.”这句话的意思是伦敦到岸价每箱 65.00 美元。实际上，FOB 中的离岸是以船舷为界进行责任划分和风险转移的。价格术语细则需要谈判者的细心审核，确保每一个环节都能找到清晰的责任归属，避免出现意外后产生争议。报价时有很多讨价还价和折中的技巧，需要谈判者针对企业的商品交易实务给出方法。

（四）包装运输

国际贸易中包装是非常重要的，因为商品往往经过长途跋涉方能到达目的地，好的包装能保障货物安全，令买家满意。包装分为运输包装（Packing）和销售包装（Packaging），它不仅有利于保护货物的使用价值，也有利于实现和增值货物的价值。在货物的包装方面，谈判双方一般主要就包装材料、包装方式、包装标志和包装费用等方面进行磋商。

运输包装又称“外包装”“大包装”，是为保护商品数量、品质和便于运输、储存而进行的外层包装。货物贸易中，除少数散装货外，绝大多数货物需要包装。危险品、易爆品、易碎物品、防潮商品等需要特殊外部环境的商品，谈判双方应就包装外的包装标志如“小心轻放”“保持干燥”等做出明确规定，这些细节稍不注意就可能在运输途中造成商品质量的损失，而这些损失若在合同中没有规定，货交承运人是不负责的。

在国际货物贸易中，谈判人员还应注意了解有关国家或地区对包装的规定和偏好：如美国、加拿大、日本等国对进口货物严禁用稻草、木丝、报纸作为包装垫衬物；伊斯兰国家忌用猪和类似的动物作图案；英国人视孔雀为祸鸟；巴西、叙利亚忌用黄色；法国、比利时忌用墨绿色等；另外有些国家对进口货物的标签内容也有明确的规定。

销售包装又称内包装或小包装，是直接接触商品并随商品进入零售网点和消费者或用户直接见面的包装。销售包装要适应商品市场竞争和满足多层次消费要求，因此少不了改进与创新，很多企业为此特别设立产品包装部门。销售包装的设计和应用需要双方谈判确定，对于图纸修改、制作周期、容差范围等进行详细讨论，这决定了商品最终流向消费市场的命运，买方应在谈判中特别重视这一点。

运输，看似简单实则复杂，是货物贸易实务中最容易产生差错的地方。货物运输往往是海运、陆运、空运等多种途径的集合，对于不同的商品、不同的时限、不同的风险承担能力，谈判时应给出至少两种以上的运输方案，以备不时之需。安全起见，很多企业拒绝分批装运和转运，只接受直达的班轮运输，这要求买方预留充分的装运时间，以确保到货日期控制在约定时间内。注意商品的信用证、进出口清关手续等运输文件要及时传送，避免延误约定的装运和收货时间。

（五）付款方式

付款（Payment）方式是跨境电商中又一大重要的谈判主题。在不同的支付条款下，尽管表面支付的价格总额不变，但对买方的实际支出和卖方的实际收入却可能有很大影响，所以，谈判各方都应努力争取对自身有利的支付条件。货物贸易中的支付手段分为现金结算和非现金结算（Non-cash Settlement）两种。目前的跨境电商大多数采用非现金结算，并应就采用的票据如汇票（Draft）、本票（Promissory Note）、支票（Cheque）等做出明确规定。

支付时间的早晚影响到交易双方的实际收益和风险分担，须根据自身资金周转状况商定具体的支付时间，以免日后出现枝节。对分期付款，须明确首付时间及金额和之后的分期次数及各期的时间与金额；对延期付款，应约定具体的付款时间和进度。

在国际货物贸易中，还涉及以何种货币计价和支付的问题。一般应选择兑换比较方便、币值也较稳定的货币作为计价和支付货币。由于普遍实行浮动汇率制度，在出口谈判中选用汇率呈上浮趋势的“硬货币”，进口谈判中选用汇率呈下浮趋势的“软货币”，则为有利。

货物贸易中涉及的支付方式主要有汇付（Remittance）、托收（Collection）和信用证（Letter of Credit，简称 L/C）三种，每种方式又有多种具体形式。简而言之，汇付是最亲密的支付手段，只有最互相信任的贸易合作伙伴才会使用；托收是企业间隔着一个银行的付款方式，委托银行作为一座桥梁构建双方的交易平台；信用证是最安全的付款方式，进出口商间隔着两个银行，彼此信任自己的所在地银行，而银行之间再进行经济活动，本质上是与贸易本身无关的。

不同的支付方式为双方带来的收益和风险也不同，谈判中应结合双方实力对比、对方资信状况和贸易惯例选择合适的支付方式。

拓展阅读

汇付、托收和信用证

1. 汇付依靠商业信用，指不同国家间的某企业向另一方转移资金，也就是说，某一银行，即汇出行（Remitting Bank）应其客户的要求，将一定货币金额转移至其海外分行或代理行，指示其付款给某一指定收款人。汇付包括信汇（Mail Transfer，简称 M/T）、电汇（Telegraphic Transfer，简称 T/T）和票汇（Demand Draft，简称 D/D）。

2. 托收同样依靠商业信用，指债权人（出口人）出具债权凭证（汇票等）委托银行向债务人（进口人）收取货款的一种支付方式。出口方应严格审查客户资信，贸易术语应争取使用 CIF 或 CIP，以避免货物在途中发生损失，导致买方不接受单据和货物。采用 CIF 或 CIP，卖方尚可向保险公司索赔。如争取不到上述贸易条件，卖方可投保卖方利益险，以弥补以上损失。

托收可分为光票托收（Clean Collection）和跟单托收（Documentary Collection），后者又分为付款交单（Documents against Payment，简称 D/P）和承兑交单（Documents against Acceptance，简称 D/A）。付款交单，即出口商的交单是以进口商的付款为条件，指出口商将汇票连同商业单据委托银行代收款项时，指示银行只有在进口商付清款项后才能将商业单据交给进口商。付款交单又可分为即期和远期付款交单。承兑交单对于出口商的风险更大一些，主要是多承担了进口商的违约风险。

3. 信用证依靠的是银行信用。许多初次合作的企业为了确保交易安全，都会选择信用证付款。信用证付款虽然安全，但流程复杂（具体见图 7-4），成本也更高昂。

信用证之所以复杂，其原因是信用证涉及的法律上的主体较一般的合同要多得多。一张信用证至少涉及三个主体：开证申请人、开证行、受益人。一经开出，信用证就成为独立于买卖合同之外的另一种契约，不受买卖合同的约束。信用证交易中，银行受信用证条款约束，仅凭与信用证规定相符单据付款。

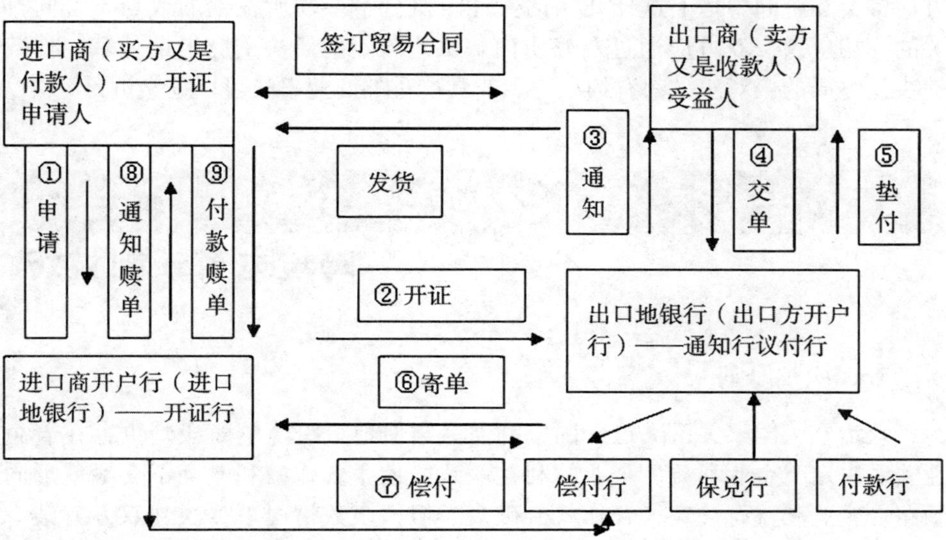

图 7-4　信用证流程

（六）保险理赔

保险理赔其实是两部分谈判工作，一次理想而成功的贸易合作需要企业间关于的保险条款的签订，但只有在出现装运、支付等问题时才涉及向保险公司理赔的谈判。

保险的目的是为了保障货物的安全和被保险人的利益。保险的费用可根据本节之前谈及的价格术语来判断由谁承担，另外按照国际贸易惯例，附加险的保险费由买方负责。与保险相关的投保行、险种、保险金额等信息在合同中都应写明，以便出现问题后进行索赔。

常见的国际贸易险种包括平安险（F. P. A.）、水渍险（W. P. A.）和一切险（All Risks）。一切险包括一般附加险，特别附加险则需另外购买。

一般附加险包括偷窃提货不着险（T. P. N. D.）、淡水雨淋险（F. W. R. D.）、短量险、混杂险、渗漏险、串味险、钩损险、锈损险、包装破裂险等。特别附加险则包括罢工险、战争险、交货不到险、进口关税险等。

出口货物保险金额和保险费可按以下公式计算：

保险金额=CIF 价格×110%（投保加成）；

保险费=CIF 价格×110%×保险费率。

其中加成10%是作为国外买方的费用和预期的利润。

如果出现跨国贸易问题，首先应考虑友好进行协商。为表诚意，谈判双方通常会在合同中写上这样几句话：凡因执行本合同所发生的或与本合同有关的一切争议，双方应通过友好协商解决。若不能解决，应申请仲裁，仲裁裁决是终局的，对双方都有约束力。非常严重的商业事故可以提交诉讼。

第三节 跨境电商谈判技巧

一、谈判原则

政治上，国家关系决定于国家利益，类似地，跨境电商谈判也存在着企业关系决定于企业利益。企业的利益一致能催生合作，利益互不交融就形同陌路，企业利益有冲突，合作就会破裂。但大多数情况下，谈判双方就某一项目谈判往往既存在相同的利益基础，又在次要问题上存在矛盾。

谈判的根本原则就是认清自己代表的立场和背后的企业利益，这是认识和处理谈判问题中的底线，不能坚持这一原则就会在谈判中一让再让、一退再退，结果只可能是失败的。在这基础上，协调利益应放大双方的共同利益，缩小利益冲突。

信誉至上是谈判中非常重要的原则，“人无信难立，买卖无信难存”，谈判者应言而有信，行必有果。良好的信用能给谈判对手以信任感，从而使双方消除疑虑和分歧，尽快地达成一致。如果没有信用，彼此之间相互猜疑，无疑将破坏谈判中的合作气氛，使谈判陷入困境，最终可能导致谈判破裂。

谈判应秉持“对事不对人”的原则，把人与事分开处理。由于谈判的主体是人，谈判进程难免受到谈判者个人的感情、要求、价值观、性格等方面的影响。如果将对人的不满情绪带入对问题的解决上来，那谈判双方就无法合理地探讨问题的解决方案，谈判内容只会变成对谈判者个人的问题的谈论，这样不仅会降低谈判的效率，还可能影响双方长期合作的关系。在谈判中要注重建立和维护双方的友好关系，把争论和冲突的焦点集中在“事”上，所攻击的是“问题”的本身，而不是“人”本身。当对方提出方案和建议时，要从对方的立场出发考虑提议的可能性，理解或谅解对方的观点、看法。在谈判过程中，应尽量多阐述客观情况，避免责备对方；认识、理解自己和对方的感情，善于忍耐、倾听，注意交流。在听到谈判对手不理智的论调时，要控制情绪、理智应对，以理服人。

事实原则是被人们普遍接受的谈判原则之一。事实是不以人的意志为转移而客观存在的，具有客观性、直观性，有时候能比数据、资料等更具说服力。在谈判过程中，当向对方介绍关于自身实力的某件事实后，对方一定会以最快的速度去验证。一旦所说的经验被证实是真实可信的，对方对企业的信任也就油然而生了。这也同时要求己方在运用事实、显示实力时一定要遵守规则，做到实事求是，绝不能言过其实。在谈判中口气小一点，多留些余地，反倒会使陈述的事实更具说服力。

除了以上的基本谈判原则外，谈判的技巧运用也在跨境谈判实务中起到了至关重要的作用，善于使用这些谈判技巧有助于达成自己的谈判目标。

（一）低球技术（Low-ball Technique）

低球技术实际上是一种推销术，具体做法是，先提出一个小的要求，对方接受这个小的要求后马上提出一个对方要付出更大代价的要求，这要比直接提出较大要求更易于为人们所接受。

除了跨境谈判，低球技术在其他商业活动中被广泛运用，如在流行的会议行销中，推销员总是先向顾客展示较低价位的产品，在赢得顾客的认可后，立即推销高价位的产品。推销高价位的产品才是真正目的，前边的小商品不过是“敲门砖”，当顾客决定购买高价位商品后，前面的低价位产品甚至可能被推销员作为赠品重新处理。

（二）登门槛效应（Foot-in-the-door Effect）

在一般情况下，人们都不愿接受较高、较难的要求，因为它费时费力又难以成功，相反，人们却乐于接受较小的、较易完成的要求，在实现了较小的要求后，人们才慢慢地接受较大的要求，这就是“登门槛”效应对人的影响。

有时人们会发现这种方法的确是个达成己方谈判目标的好办法，尤其是用于和不太熟悉的客户打交道的时候，偶尔使用一次成功率还是挺高的。明代洪自诚也曾谈到这个问题，他在《菜根谭》中说：“攻人之恶勿太严，要思其堪受；教人之善勿太高，当使人可从。”

低球技术与“登门槛”效应有些相似，同为两步式渐进策略，但有两个明显的区别。第一是两步时间联系的区别。“登门槛”的两步操作中间有时间间隔，而低球技术的两步操作是紧接在一起的，没有较长的时间间隔；第二个区别在于两步要求的性质方面。“登门槛”效应的两步要求之间没有直接的联系，而低球技术的两步要求则是直接相联系的。

（三）留面子效应（Door-in-the-face Effect）

与“登门槛”效应相反，留面子效应是指人们拒绝了一个较大的要求后，对较小要求接受的可能性增加的现象。为了更好地使对方接受要求，提高对方的接受的可能性的最好办法，就是先提出一个较大的要求，这种方法被称为“留面子”技术。

往往在报价的时候先开出一个客户不能接受的“天价”，然后当客户砍价的时候再逐渐降低价格，结果就是令人满意的双赢。对于销售方来说，最理想的结果就是双赢，客户买到了自己满意的东西，而销售方也完成自己的谈判目标，这样双方的合作才会更长久。所以，谈判时要学会利用“留面子效应”，让对方能够高高兴兴地“上当”。当然，同时还要记得，谈判者一开始叫的“高价”不能随便降低，要提高客户的期望值，从而赚取更高的利润。

拓展阅读

《孙子兵法》与跨境电商业务谈判

中国的《孙子兵法》名扬海内外，英文译名为《战争的艺术》（*The Art of War*），在一些管理学和谈判学的专业书籍中常被引用。《孙子兵法·计篇》中说：“兵者，诡道也。”其意指行兵作战，要领在于诡诈。孙子根据敌我双方的情况，设立了十二种战术，包括：能而示之不能，用而示之不用，近而示之远，远而示之近，利而诱之，乱而取之，实而备之，强而避之，怒而挠之，卑而骄之，佚而劳之，亲而离之。最终实现“攻其不备，出其不意”的效果。这种思想是启示我们在跨境电商谈判中时刻保持清醒头脑，弄清对方企业和己方的合作态势，有针对性地采取措施。

这十二种战术在跨境电商业务谈判中有着非常实用的效果，但需要依据实际灵活运用。例如“能而示之不能”表示不清楚对方实力时，先隐藏自己的实力，让对方对自己形成错误的判断，在摸清对方实力后再出击。这可用于准备不够充足时的商业谈判，直接在谈判场上逐步拉锯到对方的底线。当对方准备充分、实力强大时可以采取暂停谈判的方式，待准备充足后再与对方谈判。在很多经典的谈判中用到此计谋，当感觉自己处于明显劣势时，巧妙地暂停谈判可为自己争取时间。如果知道对方是心浮气躁的人，可以采用怒而挠之的计谋，利用激将法，刺激对方的自尊心和虚荣心，使其失去理智，从而达到谈判成功的目的。

《孙子兵法》谋略在跨境电商业务谈判的各个阶段都发挥着重要作用。灵活运用《孙子兵法》的智慧可以使谈判者在谈判开始就牢牢把握主动权。在谈判过程中当处于优势时，灵活运用《孙子兵法》，可以使谈判者顺势而下，主动出击，取得最大利益；处于劣势时，可以使谈判者稳住阵脚、沉着应对，利用奇正之变，逆转形势；当谈判陷入困境时，可以使谈判者灵活变通，打破僵局，出奇制胜。《孙子兵法》作为谈判的谋略，可以帮助我们取得预期的谈判目标，但是它也不是随心所欲，随便什么情况下都能运用并获得成功的。因而我们应在实践中应不断积累经验，总结失败教训，以便更好地将《孙子兵法》谋略运用于跨境电商业务谈判中。

二、谈判风格

谈判风格是指谈判人员在谈判过程中建立在其文化积淀基础上通过言行举止表现出来的与对方谈判人员明显不同的关于谈判的思想、策略和行为方式等的特点。在跨境电商业务谈判中会遭遇不同国家的谈判团队，这些不同国家的谈判人员常有自己特殊的谈判风格，但也不能对此产生刻板印象，要进行详尽的资料检索和情报整理。

一般情况下，谈判桌上所遇见的日本谈判人员往往有很强的集体意识，其谈判团队内部有坚定的意志，在言语上非常讲究礼仪也很耐心，常常需要做好打持久战的准备；美国谈判人员往往自信心强，谈判切中要害，重视法律和效率，不喜欢谈判过于冗长；德国谈判人员则以严谨著称，谈判计划性强，考虑问题很周密，守信用，对个人关系比较严肃。

以上的各国谈判风格其实和我们对其的基本印象相距不大，总的来说，除了国别，我们将谈判风格分为以下四大类。

（一）内向谨慎型

内向谨慎型的谈判者在做决定时非常审慎，时刻都小心行事，注重细节，在谈判中常抱有怀疑的态度，有时要花比较长的时间思考利弊。他们愿意倾听各方的意见，也不断修改自己的决定，但他们确定的事情一般很难更改。根据 MBTI 职业性格测试分类，他们很可能是 INTJ 专家型性格。INTJ 型性格的人思维严谨、有逻辑性、足智多谋，他们能够看到新计划实行后的结果和生活中转变为真实物质的理论体系。面对内向谨慎型的谈判者，要尽可能地向其提供完整的信息，获取对方的信任，表达自己对待谈判的真诚的态度。

在谈判中要尽可能地保持耐心，如果你试图催促对方的答复，他们很可能会怀疑这次交易的可信度，会延长更多的时间思考。如果你的产品比他们目前所使用的性能更佳、价格更低，按照常理，对方一定会放弃与原供应商转而与你合作。但内向谨慎型的谈判者却不会那样做，他们会持怀疑的态度与你接触，对你进行全盘考查后才会决定。

在与他们接触的过程中，你会感到非常的轻松，因为他们会和你谈一些双方感兴趣的事情，他们比较看重长期的合作并十分愿意同你交朋友，这类人士很难拒绝别人的要求，但不喜欢人家强迫他们做出决定，在一些事情上由于缺乏果断可能会延误战机。但不可否认，他们每一次的决定都是理性的，基本不存在疏漏。另外与众不同的特点是，他们是双赢谈判的支持者，更愿意看到双方各有所得的结果，不会太在意谈判的输赢，只要在主要问题上达成一致，其他事情都可以商谈。

所以当你面对内向谨慎型的对手时，可以尝试多谈一些谈判以外的事情，时刻充满诚意，让对方喜欢这种谈判方式，切记一定不要急于求成，留出一定的时间让对方思考。内向谨慎型的对手相对更容易妥协与让步，只要你耐心地与他们交流，总会有一些事情会被你改变。

案例分析

阳光刺眼

有时候，在和谈判对手你来我往之间，内向谨慎型的谈判者常会感到自己置身于不利处境中。他们明知对手是故意设计的，用来干扰和削弱己方的谈判力，却“不好意思”戳穿。比如，座位阳光刺眼，看不清对手的表情；会议室纷乱嘈杂，常有干扰和噪声；疲劳战术，连续谈判；并在己方疲劳和困倦的时候提出一些细小但比较关键的改动让人难以觉察。

更甚的是，利用外部环境形成压力。例如，我国知识产权代表团首次赴美谈判时，纽约好几家中资公司都“碰巧”关门，忙于应付所谓的反倾销活动，美方企图以此对我代表团造成一定的心理压力。

遭到“阳光刺眼”策略时，谈判者应该立即提出拉上窗帘或者更换座位。而内向谨慎型的谈判者经常会碍于面子，默默忍受，没有即时提出，导致被外部环境所影响，减弱了谈判力。

（二）外向果断型

顾名思义，外向果断型谈判者的办事风格直接、果断，这与内向谨慎型的谈判者几乎完全相反。当你听到对方说：“就这样吧，你再让一个百分点，我们就成交，马上签合同。”毫无疑问，他一定属于外向果断型。

不要试图与外向果断型的谈判者聊天来改善谈判气氛，因为他们认为谈判应该直截了当，任何与谈判无关的话题均为废话，简直就是在浪费时间，所以谈判人员要小心过多的寒暄与过分的热情，他们并不习惯这种谈判方式。外向果断型的谈判者不会在意对方的感觉，也不会顾及面子，缺乏人情味，只关心生意的进展。当谈判出现分歧时，他们会毫不犹豫地拒绝你，如果交易能够满足对方的需要，他们也会立即做出决定。

有的外向谈判者灵活而率直，能够轻易地看出任何情况中的缺点，乐于出于兴趣争论问题的某方面。他们有极好的分析能力，是出色的策略谋划者。也有的外向果断者对谈判的理解有一定的局限性，他们认为所谓谈判就是用尽各种办法使对方输，自己赢得可能得到的一切利益，在每一次谈判中都能够取胜，他们从不相信双赢谈判的存在。在每一次谈判中，他们都会对某一个问题争论不休，而不是通过创造附加价值把蛋糕做大。在他们眼里，价格是谈判中最重要的环节，其重要性高于一切，所以在谈判中他们会不停地压价，不顾交易破裂的危险。这些外向谈判者喜欢谈判，更喜欢"赢"的感觉，在每次谈判后都会保持一段兴奋与激动的状态。

如果对方是第二类谈判者，他们很有可能是ENTJ型的人，这类谈判者有时会急于做决定，他们过于客观地对待谈判，结果没有时间去体会感情，如果你尝试用"关系"这一典型的中国式谈判方法，将很难取得胜利，不妨尝试"以柔克刚"，用细腻温柔的女性化谈判法去潜移默化地感染对方，将谈判控制在自己的节奏中，不要陷入对价格的争吵不休。同时在他们自大和快速判断的时间里寻找漏洞，使用一些技巧会让谈判事半功倍。对于ENTJ型的人本身来说，偶尔放慢脚步可以给他们机会来收集所有相关的数据，并可以将实际情况与自身立场仔细地考虑清楚。比较粗心直率，无耐心并且不敏感，不妥协并且很难接近是他们的缺点。

在谈判中与外向果断者针锋相对显然是不明智的，那样只会把事情变得更糟。通常他们会在某个议题上争论不休，并且一定要分出胜负，价格是最常见的谈判焦点，也许你的报价已经低于业内的平均价格，但他们绝不会就此罢手，还会努力地压低价格。当遇到这样的局面时，建议在第一次报价时适当地调高价格，利用一定的谈价技巧，增加谈判空间，在正式谈判中做出多次让步，虽然从结果上并没有损失，但你让对方认为他们赢得了谈判。如果在每次谈判后对方都有很好的感觉，那么他们一定会期待与你下一次的谈判。

（三）理性判断型

理性判断型的谈判者在谈判的过程中会习惯性地使用电脑和计算器。他们对数字非常敏感，常常不允许任何模糊的数字出现在谈判中，否则很有可能会终止谈判。同时他们还会花费大量的精力和时间去收集所有的相关信息，并加以深入分析，对未来的发展趋势了如指掌。他们喜欢掌控细节，对每一个环节都会反复推敲，对每一阶段所要完成的程度会体现在文字上。总之，如果你没有充足的前期准备，建议不要贸然与理性判断的谈判者开始谈判。

与理性判断者谈判前你要准备足够的资料和数据，对谈判的进度也要进行有效的规划，在谈判期间，他们会用大部分时间向你提问题，哪怕一个简单的事情也会刨根问底，他们只有在数据齐全的时候才会做出决定，而不会被情绪或关系所左右。他们的谈判风格一成不变，谈判方式过于僵硬，有时候会对某个问题过分固执，反而会影响谈判的进展，这时需要你去引导对方共同创造价值。

在谈判场上遭遇理性谈判者是非常棘手的。首先谈判的结构是非常重要的，如果己方掌握的信息不能从理性角度说服对方谈判代表，就要适当采取“迂回战术”，外圆内方，掌握主动。通过搁置策略可以先解决谈判中的小问题，为解决重要问题做好铺垫，表达谈判的诚意，尽量不要纠缠在同一个问题上，否则很有可能面临僵局。

理性谈判者同时具有内向谨慎型的敏感细腻，做决定时小心翼翼、步步为营，又不会像外向果断型那般直率浮躁。他们是天生的谈判准备者，不易被激怒，几乎找不出任何弱点，然而在谈判场上，气势和气质也会向对方施加压力，如果在关键问题上采取“速战速决”的方式，快速出击，打得他措手不及，有时会有奇效。

谈判队伍中思维敏捷又口才佳的谈判者适合与理性谈判者对垒，在对方忙着按计算器的时候抛出一个又一个话题和原因，晓之以理，动之以情，只要对方的节奏被打乱，愿意放下手中的电脑，就等于成功了一半。如果手边有合适的数字不妨引用进谈判，当然不要因此露了马脚，否则在数字专家的面前要大刀容易人仰马翻，最后得不偿失。

（四）言简意赅型

跨境电商业务谈判在很多人看来是非常正式、紧张的场合，因为时间短、任务重，内容又涉及双方企业的利益分配，言简意赅型的谈判者语言凝练，在谈判中遣词造句往往稳、准、狠。

一颗珍珠放在地上，我们可以轻松地发现它，但是如果倒一袋碎石子在上面，再找起珍珠就会很费劲。同样的道理，我们人类接收外来声音或视觉信息的特点是：一开始专注，注意力随着接收信息的增加，会越来越分散，如果是一些无关痛痒的信息，更将被忽略。

言简意赅的谈判者语言简练而针对性强，常在对方大脑处在最佳接收信息状态时表述清楚自己的信息。如果要表达的是内容很多的信息，比如合同书、计划书等，这类谈判者往往在讲述或者诵读时语气进行高、低、轻、重的变化，比如，重要的地方提高声音，放慢速度，也可以穿插一些问句，引起对方的主动思考，增加注意力。

这是一种值得学习的谈判风格，节省时间，提高双方的谈判效率。为此，在重要的谈判前应进行模拟演练，训练语言的表述、突发问题的应对等。在谈判中切忌模糊、啰唆的语言，这样不仅无法有效地表达自己的意图，更可能使对方产生疑惑、反感的情绪。在这里要明确一点，区分清楚沉稳与拖沓的区别，前者是语言表述虽然缓慢，但字字经过推敲，没有废话，而这样的语速也有利于对方理解与消化信息内容，在谈判中非常推崇这样的表达方式。在谈判中想靠伶牙俐齿、咄咄逼人的气势压住对方，往往事与愿违，多数结果不会很理想。

【思考题】

1. 跨境商务谈判的本质和目的是什么？
2. 跨境商务谈判中的语言可分为哪几类？
3. 语境在商务谈判中有什么作用？
4. 为了简化和便于理解，可以将肢体语言理解为哪几类？
5. 肢体语言和面部微表情在谈判中起到什么样的作用？
6. 商务谈判中男士和女士应分别注意哪些着装礼仪？
7. 谈判实力可分为哪几个维度？分别如何影响商务谈判？
8. 在谈判前的内部计划制订阶段如何选用谈判人员？如何组成谈判团队？
9. 联合国对国际服务贸易做出了哪些规定？
10. 跨境电商业务谈判时进出口双方一般偏好选用什么样的支付手段？
11. 谈判的技巧运用在跨境谈判实务中起到了什么样的作用？有哪些常见的谈判技巧？
12. 在跨境电商业务谈判中，各国谈判风格有什么差异？

职业发展篇

第八章 跨境电商职业认证

【学习目标】

本章旨在让学习者了解跨境电商职业发展的认证。通过本章学习，学习者应了解跨境电商职业资格认证的规则，理解其必要性和考试方法；对自己的跨境电商职业生涯有所规划。

【本章重点】

本章的重点是了解中国跨境电商的现状以及我国现阶段跨境电商师的职业资格认证，知道跨境电商的相关职业规划和管理。

第一节 跨境电商职业资格认证

一、职业资格认证的必要性

（一）大背景

1. 对外贸易是促进中国不断发展的必要因素

自从中国在2001年加入WTO以来，随着经济全球化的不断发展，中国深入对外开放，在平等互利共赢的基础上积极同世界各国开展经济贸易合作。经过多年的发展，中国的进出口总额从2001年的42183.62亿元，上升至2015年的245502.93亿元，占当时国内生产总值（GDP）的5.3%。中国对外贸易的发展，使中国跻身“贸易大国”的行列，提升了GDP，推动了中国的繁荣与进步。因此，扩大对外贸易是中国现今，也将是未来持续发展的目标和机遇之一，中国将长期走对外开放路线，努力发展成为大国。

而近年来，中国对外贸易量不再上升，甚至出现了下降的趋势。在2016年，中国进出口额仅占国内生产总值（GDP）的4.5%，同比下降8%。这与中国现今的发展目标已经发生了偏离，传统的对外贸易模式让对外贸易陷入了瓶颈期。

2. 跨境电商成为对外贸易的发展契机

近年来，电子商务不断发展，已然成为对外贸易中最重要的方式。跨境电商的出现，改变了传统对外贸易的方式，带来了“无形、可匿名、即时、无纸化”的工作方式，使对外贸易企业贸易成本降低，工作效率提升。据数据显示，2016年中国跨境电商交易规模达6.7万亿元，同比增长24%。同时，即时便捷的电子交易模式也给客户带来了更好的交易体验，提升了自身企业在全球同行业之中的竞争力，从而扩大了中国在国际市场中的贸易规模和份额。

所以，中国应当顺应着电子交易模式不断普及的趋势，抓住机遇，加快发展跨境电商，使之成为替代传统外贸模式、进一步扩大中国对外贸易的契机。

（二）瓶颈与困境

跨境电商本身就涉及多个领域的内容，比如电子商务、国际贸易、国际经济法、国际金融等，具有一定的复杂性和多元性，所以这个行业对于其从业人员无论在技术方面，还是在专业知识抑或是在语言等方面都有极高的要求。在外贸企业从事跨境电商的员工，必须精通电子商务的计算机技术，熟知对外贸易的相关流程，掌握相应的网络术语以及外语，同时还要具备一定经济法和会计知识。跨境电商需要的是专业复合型人才。

而在跨境电商快速普及的进程中，中国的人才市场往往无法满足外贸企业对于这种专业复合型人才日益增加的需求。据《中国跨境电商人才研究报告》显示，仍有 85. 9%的企业认为目前跨境电商人才存在缺口，有 17. 6%的企业表示找不到合适的人才，而剩下的 82. 4%的企业则表明有相关职员，但是这些人才满足不了企业的需求。

总体上来说，原因有两个：一是我国跨境电商起步较晚，还处于摸索阶段，精通于这一领域的人才匮乏，导致专业课程和培训体系的设置都不够合理和完善，致使相关从业人员难以满足外贸企业的需求；二是我国现阶段没有相关的标准衡量求职者的业务能力，就好比教师的“教师证”、厨师的“厨师证”，跨境电商这一领域没有相应的标尺，导致外贸企业很难分辨人才是否能够胜任这个岗位、满足需求，从而在这种人才供不应求的情况下，中国的跨境电商领域发展缓慢，达到了瓶颈。

（三）跨境电子商务师的兴起

由于专业人才的匮乏、缺少相应的标尺，外贸企业人才不济，致使跨境电商行业和对外贸易发展缓慢，甚至止步不前，培养跨境电商行业人才成了我国未来发展的突破口和机遇，是扩大对外贸易必不可少的条件。

为此，国务院在《关于大力发展电子商务加快培育经济新动力的意见》[国发（2015 年）24 号] 中明确指出应积极培养跨境电商人才，提升对外开放水平。我国工业和信息化部设立了跨境电子商务师职称，建设了跨境电子商务专业技能培训网，培训学生成为跨境电商专业人才，并且考量考生是否具备利用信息技术从事跨境商务活动或相关工作所需的专业知识和技能，从而向外贸企业输送人才。

跨境电子商务师是指为分属不同关境的交替主体搭建贸易通道，通过电子商务平台达成交易、进行支付结算，并通过跨境物流送达商品、完成交易等国际商业活动的专业复合型人才。

“跨境电子商务师往往需要在 Internet 开放的网络环境下，基于浏览器、服务器应用方式，实现跨境交易。该项目的申报人员在具备基本的计算机与网络应用知识的基础上，须具备电子商务基本业务流程、网络营销、电子支付、电子商务安全、国际贸易实务、国际结算、国际贸易单证、电子口岸、报关、报检等能力。该专业人员是整个国际商业活动的具体承担者和执行者，

是互联网交易体系不可或缺的专业人才。”（来自跨境电子商务专业技能培训网）

二、职业资格认证单位

（一）国家认证单位——中华人民共和国工业和信息化部和中国跨境电子商务专业委员会

1. 中华人民共和国工业和信息化部

中华人民共和国工业和信息化部，是国务院直属部门，其主要职责有拟订实施行业规划、产业政策和标准；监测工业行业日常运行；推动重大技术装备发展和自主创新；管理通信业；指导推进信息化建设；协调维护国家信息安全等。

在2012年5月23日~25日，商务部、工业和信息化部为响应《电子商务“十二五”发展规划》的号召，组织信息化推进司、中小企业司在深圳市召开“全国电子商务和物流信息化推进大会暨全国中小企业信息化和产业集群两化融合推进大会”。这次会议着重表明：加快推动电子商务，是现阶段推进经济领域信息化的重要内容，是工业转型升级的关键环节。近年来，我国电子商务保持了持续快速发展的良好势头，各地区、各行业的电子商务发展取得了引人瞩目的成就，尤其是跨境电子商务领域，扩大了外贸额和交易量，具备了持续发展的良好基础。

由此，国家工业和信息化部将发展重心放在了跨境电子商务领域，开创了中国跨境电子商务的平台，推动跨境电子商务领域的发展，并且鼓励更多的年轻人进入这个领域，成为跨境电子商务领域的专业复合型人才，为中国跨境电子商务领域注入新的活力，为中国外贸事业以及外资企业做出贡献。

2. 中国跨境电子商务专业委员会

中国跨境电子商务专业委员会、中国跨境电子商务协会（筹）是专门从事电子商务、跨境电子商务基础研究与跨境业务综合实践的专设机构，总部在北京，各地设有联络代表处。

中国跨境电子商务专业委员会定位于整合全球跨境电子商务顶尖人才、资本、技术和商业模式，并深入展开研究和具体实践。该机构已经成为国际跨境电商产业链的重要影响力量，为政府、企业、广大会员、国际组织提供高端、高效的智力、技术、方案、人才、金融及服务，为跨境电子商务试点、试验区、政府机构、各参与主体提供有力支撑和服务保障，为中国培育跨境电子商务人才和搭建平台，扶持了一批跨境电子商务行业的领军企业和代表人物。

为响应国家对于跨境电子商务人才的号召，中国电子商务协会与中国工业和信息化部合办了全国跨境电子商务考试，开放了中国跨境电子商务的平台，专门负责为国家输送跨境电子商务领域的专业复合型人才。

如今的中国跨境电子商务专业考试，是中国目前为止最权威、最官方的跨境电子商务领域考试。从理论知识到实际操作技能，跨境电子商务考试培养的不仅是拥有丰富的电商和国际经济知识的人才，更是可以直接上岗的综合型人才。而近年来，由于官方教材多年未更新，跨境电子商务专业考试的内容慢慢趋于陈旧，甚至部分教材内容已不适用于当下这个年代。所以，想要报考中国跨境电子商务专业考试的学生，理应自行了解当下中国电子商务的发展方向以及国际经济市场的新动态。

（二）企业单位认证——国家服务外包人力资源研究院和阿里巴巴网络技术有限公司

1. 国家服务外包人力资源研究院

国家服务外包人力资源研究院（National Human Resources Institute for Service Outsourcing）是由国家教育局、商务部联合发文，于 2009 年依托清华大学这个平台设立的国家级研究院，是国家解决人力资源问题的智库。

研究院的主要职责是结合国内外服务外包等新兴服务业的产业现状及发展趋势，在产业用人需求和产业人才能力大数据分析的基础上，建立国际化、开放性、企业创源的行业人才标准和认证体系。聚集国内外优质产业资源，开展产业公共服务和产业人才教育相关工作，通过产业研究和决策咨询、产业先进经验总结和推广、人才培养模式创新和全国就业网络搭建，辅助政府决策，催化企业转型，推动院校改革，最终实现“五者”的角色定位——企业转型催化者、院校改革推动者、政府决策辅助者、人才标准制定者和产业资源聚合者。

作为一门新兴的科学，服务科学对我国现代服务业的发展起着至关重要的意义。研究院致力于研究服务科学新专业方向和新学科的形成和发展，加快“服务科学”由概念转化为现实生产力的速度，推动我国现代服务业健康、稳健地发展。

为此，研究院已在跨境电子商务、软件服务外包、呼叫中心三个产业领域完成了研究，建立了这三个领域的人才标准及认证体系，并在产业界和教育界进行了应用实践和落地推广。

2. 阿里巴巴（中国）网络技术有限公司

阿里巴巴（中国）网络技术有限公司是全球企业间（B2B）电子商务的著名品牌，是全球国际贸易领域内最大、最活跃的网上交易市场和商人社区，由马云于1999年在杭州创立。

阿里巴巴集团经营多元化的互联网业务，包括促进B2B国际和中国国内贸易的网上交易市场、网上零售和支付平台、网上购物搜索引擎，以及以数据为中心的云计算服务，致力于为全球所有人创造便捷的网上交易渠道。如今其旗下有多个知名品牌，如淘宝网（个人网上交易平台）和支付宝（第三方支付平台），都在持续地发光发热，为中国的电子商务事业做出了巨大的贡献。“倾听客户的声音，满足客户的需求”是阿里巴巴生存和发展的根基，而这些服务在很大程度上是建立在技术过硬并且有一批专业人才的基础之上的。

所以，阿里巴巴最近对于跨境电子商务领域的专业型人才求贤若渴。为培养出更杰出的跨境电子商务领域的专业复合型人才，阿里巴巴也成为了相应考试的认证单位，并且得到资格认证者，也将更有可能作为高端人才被阿里巴巴所聘用。

为促进“一带一路”倡议下跨境电子商务的健康快速发展，推动我国开放型经济发展升级，解决跨境电商人才紧缺问题，清华大学国家服务外包人力资源研究院联合阿里巴巴集团，基于研究院多年在人才标准及认证领域的深入研究，以通过教育部科技成果鉴定的《应用技术型人才标准及认证体系》为基础，结合阿里巴巴集团跨境电商领域急需紧缺人才培养的工程，在全国范围内开展了跨境电子商务师认证项目。认证项目对跨境电子商务领域的人才从知识、能力和素养三个维度进行测评，对人才达到的水平进行评价，核发对应级别的认证证明，为产业界快速识别人才提供参考依据，并引导跨境电商人才向产业需要的能力结构靠拢，实现高效的学习。

拓展阅读

1. 国家单位认证——国务院国资委国际商务职业资格认证（ICPC）【国际电子商务师】

国务院国有资产监督管理委员会商业技能鉴定中心是经国务院机关事务管理局和中编办批准的行政事业单位。其业务范围包括“商业特有工种职业技能鉴定标准、特有工种考评员资格标准和技术等级标准或岗位规范拟定，商业特有职业技能鉴定”的职能。国际商务职业资格认证办的主要职能是负责国际商务职业（执业）资格认证体系、考试体系和培训体系的建设；培训教材的指定、编印、出版、发行；负责各项目在全国范围内的组织实施，发展、设立和管理省市等级别的管理中心；推进各项目与国际、国内有关机构实现学分或成绩互认、转移和证书互认的工作；国际间相关领域的学术交流等。

国务院国有资产监督管理委员会商业技能鉴定中心的功能主要是开展国际相关专业人才的培训、测评、考核，向外企或者国企的相关岗位输送专业复合型人才，保障企业人才的质量，提升企业办事的效率和成功率。同时，它也负责调研国家的各领域专业人才的需求及发展状况，为国家人才政策研究提供参考数据，并且及时改革和调整相关考核和认证的标准和要求，保障中国人才市场具有新鲜活力。

目前，国际商务职业资格认证开设国际物流师、人力资源管理师、国际电子商务师、礼仪（礼宾）师、国际品牌策划师等19项职业资格认证项目。所颁发的职业资格证书具有国际权威性，可以在全国乃至全世界通用，是各大企业的招聘相关岗位人员的主要参考之一。

2. 国家单位认证——中国电子商务协会

中国电子商务协会，于2000年在北京成立，是与电子商务有关的企事业单位和个人自愿参加的非营利性的全国性社团组织。按照“公正、团结、服务”的原则开展工作，在政府管理部门和从事电子商务的企业、事业单位及个人之间发挥着纽带和桥梁的作用，促进了我国电子商务事业的发展。

电子商务协会协助政府部门推动电子商务的发展；进行与电子商务相关业务的调查和研究，为政府部门制定相关法律法规和政策提供参考建议；开展电子商务国际交流与合作，组织推广国际、国内电子商务技术及应用成果，举办国际、国内技术交流活动及项目洽谈会；开发信息资源，编辑出版电子商务书刊及声像资料；为会员提供相关法律与法规指导；开展信息化人才及电子商务培训；组织专家在电子商务及其相关领域开展咨询服务；完成业务主管单位和政府部门授权委托及会员单位委托的工作事项。

为贯彻中央领导的指示，推动专业技术人才队伍建设，构建符合我国国情的电子商务职业技术人才培养体系，中国电子商务协会决定依托“营造邮电教育—智慧电商人才培养项目”在全国范围内开展电子商务师专业技能（水平）评价认证工作。

中国电子商务协会承办了中国电子商务师的资格认证考试，为中国电子商务领域人才设立了一个评估的标杆，为中国外企输送专业复合型人才。

三、职业资格认证需具备的条件

根据跨境电子商务专业技能培训网显示，只要是报考中国跨境电子商务师，都应满足以下两个条件之一：具有完全民事行为能力的中华人民共和国公民；取得合法来华身份、年满十八周岁的外国来华人员。

除此之外，标准跨境电子商务师共分为三个等级：跨境电子商务员、助理跨境电子商务师、跨境电子商务师。

1. 跨境电子商务员（具备以下条件之一者）

在本专业工作岗位见习工作 1 年以上，经本专业正规培训达规定标准学时数，并取得毕（结）业证书者；取得经教育行政部门和劳动保障行政部门审核认定的、以中级技能为培养目标的中等以上职业学校本专业毕业证书者；相关专业的中等以上职业学校的在读学生。

2. 助理跨境电子商务师（具备以下条件之一者）

在本专业岗位工作 1 年以上，经本专业正规培训达规定标准学时数，并取得毕（结）业证书者；取得跨境电子商务员、电子口岸操作员、电子单证员、国际贸易单证员、国际贸易业务员、加工贸易报审员等国际贸易相关证书者；相关专业的高等以上职业院校在读学生。

3. 跨境电子商务师（具备以下条件之一者）

在本专业岗位工作 3 年以上，经本专业正规培训达规定标准学时数，并取得毕（结）业证书者；取得助理跨境电子商务师、电子单证师、助理国际贸易单证师、助理国际贸易师、加工贸易报审师等国际贸易相关证书者。

备注：（1）可通过国际贸易相关证书获得跨境电子商务专业考试的申报资格。

（2）标准学时数及其分配见表 8-1 。

表 8-1 跨境电子商务专业培训规定标准学时数及其分配

	学时分配		总学时数
跨境电子商务员	基础知识	16 课时	160 课时
	网店开设与维护	32 课时	
	商务信息处理	40 课时	
	客户服务	40 课时	
	跨境作业操作	32 课时	
助理跨境电子商务师	基础知识	32 课时	200 课时
	网店搭建与管理	48 课时	
	网络营销	64 课时	
	网上交易	24 课时	
	跨境作业运营	32 课时	

续表

	学时分配		总学时数
跨境电子商务师	电子商务网站功能内容设计	40 课时	200 课时
	网络营销	60 课时	
	电子商务网站运营管理	68 课时	
	跨境作业管理与策划	32 课时	

拓展阅读

1. 中国电子商务师

根据国家制定的《电子商务师国家职业标准》，电子商务师的职业定义是利用计算机技术、网络技术等现代信息技术从事商务活动或相关工作的人员。

标准中国电子商务从业人员水平共分为四级：电子商务员（国家职业资格四级）、助理电子商务师（国家职业资格三级）、电子商务师（国家职业资格二级）、高级电子商务师（国家职业资格一级）。报考资格见表 8-2。

表 8-2　中国电子商务师报考条件

	报考资格（具备下列条件之一者）
电子商务员职业资格证	取得高中或职高学历的学生
	取得高中或职高毕业学历的电子商务相关职业社会在职人员
	取得经劳动保障行政部门审核认定的、以中级技能为培养目标的中等以上职业学校电子商务相关职业（专业）毕业证书者
助理电子商务师职业资格证	电子商务相关专业的大专或高职毕业生 取得电子商务相关专业大专以上（含大专）毕业证书者
	取得大专或高职毕业证书的电子商务相关职业社会在职人员
	取得电子商务员职业资格证书后，连续从事电子商务相关职业工作 1 年以上的在职人员
	取得经劳动保障行政部门审核认定的、以高级技能为培养目标的高等职业学校电子商务相关职业（专业）毕业证书者

续表

	报考资格（具备下列条件之一者）
电子商务师职业资格证	取得本职业助理电子商务师职业资格证书后，连续从事本职业工作两年以上，经本职业电子商务师正规培训达规定标准学时数，取得毕（结）业证书者
	取得本职业助理电子商务师职业资格证书后，连续从事本职业工作五年以上者
高级电子商务师职业资格证	取得本职业电子商务师职业资格证书后，连续从事本职业工作三年以上，经本职业高级电子商务师正规培训达规定标准学时数，并取得毕（结）业证书者
	取得本职业电子商务师职业资格证书后，连续从事本职业工作六年以上者
备注	高中或职高学历的学生必须首先申请电子商务员职业资格证；大专或高职及以上学历的学生无须取得电子商务员职业资格证，即可申请助理电子商务师职业资格证。 若已是社会在职人员，申请电子商务师等职业资格认证，必须拥有高中或职高及以上的毕业学历，并且正在从事电子商务相关工作。取得高中或职高毕业学历的电子商务相关职业社会在职人员必须首先申请电子商务员职业资格证；取得大专或高职毕业证书的电子商务相关职业社会在职人员无须取得电子商务员职业资格证，即可申请助理电子商务师职业资格证。 从助理电子商务师职业资格证到电子商务师职业资格证，再到高级电子商务师职业资格证，是“层层递进”的关系，不可跳级逾越

2. 国际电子商务师

国际电子商务师，是指利用计算机网络等现代信息技术从事商务活动或相关工作的人才，即融IT与商务于一身的高素质复合型国际人才。

国际商务职业资格认证考评委员会按等级划分为助理国际电子商务师、中级国际电子商务师、高级国际电子商务师三个级别。报考资格见表8-3。

表 8-3　国际电子商务师报考资格

	报考资格
助理国际电子商务师或国际电子商务师（具备所列条件之一）	大专以上学历，在相关行业连续半年以上实践、实习经历（提供学历证书原件、复印件和单位证明原件）
	中专学历者，相关专业（电子商务、计算机及其应用、通信工程、电子信息工程、商务管理、营销等）毕业，从事相关行业连续 1 年以上实践、实习经历。非上述专业，须在相关行业连续实践 3 年以上（提供学历证书原件、复印件和单位证明）
	在校学生（含自学考试）大专层次以上相关专业（同上）学生报考必须已学习本专业两年以上。其他非相关专业学生报考须按国际电子商务师（CIECS）教学大纲经系统培训 80 学时（培训学校结业证书或证明）
	持有电子商务等相关职业资格证书的人员（证书原件、复印件）
高级国际电子商务师（同时具备所列条件）	相关领域工作或从事研究、教学 5 年以上
	具有学士以上学位或中级以上职称、资格
	两位以上教授或当地培训中心推荐
	在国内外刊物（含知名专业网站）发表相关文章两篇以上

第二节　跨境电商职业资格认证考核

一、职业资格认证考核内容

（一）考察内容

1. 跨境电子商务员

通过本级别专业理论知识学习和操作技能训练，培训对象能够掌握电子商务的基本知识、网店开设与维护、商务信息处理、客户服务的基本技能、跨境作业操作。

（1）基础知识（表 8-4）

表 8-4　跨境电子商务员的基本知识

电子商务基础知识	电子商务定义
	电子商务种类
网络浏览与搜索	Internet Explorer 浏览器的使用
	网络搜索及常用搜索网站

（2）操作技能训练（表 8-5）

表 8-5　电子商务员操作技能训练

网店开设与维护	理论知识	在第三方平台上开设网店
		网店开设和网店功能
	技能实训	在第三方电子商务平台上开设网店
		网店维护
商务信息处理	理论知识	商品信息操作
		网络广告的发布
		商品分类
		电子邮件列表与群发邮件的应用
		网络问答、论坛、RSS、邮件订阅等工具的使用方法
		网络营销基本概念
	技能实训	网络信息收集整理
		商品信息操作
		商务信息发布
客户服务	理论知识	物流基础知识
		仓储与配送
		售前咨询
		售后服务
		订单操作
		网上支付

续表

客户服务	技能实训	售前咨询
		订单操作
		支付操作
		配送操作
		售后服务
跨境作业操作	理论知识	贸易术语
		报关管理及对外贸易管制
		外汇管理
	技能实训	报关作业流程

2. 助理跨境电子商务师

通过本级别专业理论知识学习和操作技能训练，培训对象能够掌握电子商务的基本知识、网店搭建与管理、网络营销、网上交易、跨境作业运营。

（1）基础知识（表 8-6）

表 8-6　助理跨境电子商务师的基本知识

商品学知识	商品的基本概念
	商品质量
	商品标准
	商品分类
	商品保管
	商品包装
电子商务相关法律法规	电子商务交易安全的法律保护
	电子商务参与各方的法律关系
	电子商务主要法律机制的构建与完善
	合同法
	广告法

（2）操作技能（表 8-7）

表 8-7　助理跨境电子商务师的操作技能

网店搭建与管理	理论知识	网店搭建基础知识
		网店日常管理
		顾客消费心理
		库存控制与配送
		客户服务
	技能实训	店铺管理
		商品信息管理
		配送管理
		客户服务管理
网络营销	理论知识	网络市场调研
		网络广告
		网站推广
		站内营销
	技能实训	网络市场调研
		网络广告的发布与管理
		网络促销
		群发推广
		网络软文推广
网上交易	理论知识	网络采购
		电子合同
		电子签名及身份认证
		电子支付
	技能实训	网上采购
		电子合同处理
		网上支付

续表

跨境作业运营	理论知识	贸易术语
		报关管理及对外贸易管制
		出入境货物检验检疫
		外汇管理
	技能实训	报关作业流程
		一般进出口货物的报关操作
		出入境货物检验检疫报检操作
		出口退税知识操作

3. 跨境电子商务师

通过本级别专业理论知识学习和操作技能训练，培训对象能够掌握电子商务的基本知识、电子商务网站功能内容设计、网络营销、电子商务网站运营管理、跨境作业管理与策划。

技能操作（表 8-8）

表 8-8　跨境电子商务师技能操作

电子商务网站功能内容设计	理论知识	网站功能设计
		网站内容设计
	技能实训	网站栏目、布局、交易流程设计
		制订信息管理方法、网站内容的组织
网络营销	理论知识	网络推广
		网络促销
		产品策划
	技能实训	营销文案、短信、促销邮件撰写
		制订网络广告投放、网络社区营销方案
		经营数据分析
		制订网络促销方案
		制订产品策划方案

续表

电子商务网站运营管理	理论知识	经营数据分析
		会员推广
		客户服务管理
		物流管理
		网站安全管理
	技能实训	访问行为数据、消费者数据、消费行为数据、进行商品数据的整理和分析
		制订网站会员管理制度和积分奖励计划
		制订网站客户服务工作流程、客户营销计划，设计和执行客户服务满意度调查
		库存管理、物流配送的流程设计
		制订网站安全管理、运营数据安全、交易安全管理策略
		制订信息内容的审核和筛选规范
跨境作业管理与策划	理论知识	贸易术语
		报关管理及对外贸易管制
		出入境货物检验检疫
		外汇管理

（二）考试形式

考试由理论知识考试和技能操作考核两部分组成。理论知识考试采用闭卷上机考试，以及在相关考点进行纸质考试的方式；技能操作考核采用上机操作和远程机考的方式，由两名考评员组成考评小组，根据考生实际操作结果和综合表现，参照统一标准评定得分。两部分考核都合格的考生通过本次考试。

理论知识考试：时间 60 分钟，总分 100 分，考试得分 60 分（含）以上者为合格。

技能操作考核：时间 90 分钟，总分 100 分，考试得分 60 分（含）以上者为合格。

1. 理论知识考试

理论考试大致分为两个板块：选择题（含多项选择题）以及判断题。主要考查学生对于跨境电子商务领域的理论知识和基础知识的概念理解清晰程

度和掌握情况。(详细需考内容，见书后的考试大纲)

针对跨境电子商务领域专业考试的理论内容和基础知识大致包含以下几个方面：商品学知识（商品的基本概念、商品分类标准、商品管理、商品包装等)、网店的开设和维护（网页浏览与搜索、网页开发与编写、售前售后服务、广告并且营销等)、物流相关知识（仓储、配送等)、消费者权益保护相关法律、电子商务相关法律法规（电子合同、电子支付等)、贸易术语（报关管理及对外贸易管理、出入境货物检验检疫、外汇管理等)。详细内容请参考考题内容。

2. 技能操作考核

技能操作考试主要是针对考生上机操作实战能力的考核，主要考察考生对跨境电子商务综合业务分析、理解、处理等能力。

针对跨境电子商务领域专业考试的操作技能考核主要包含以下几个方面：网店网页的开发和设计（页面开发、栏目设计布局、拟订网页内容等)、网络营销（营销文案和策划撰写、拟订相关产品的市场营销方案、相关网络案例和数据分析等)、网店运营（拟定网店管理模式，相关数据进行分析、处理和管理，设计库存物流的流程模式等)、网店服务管理（售前咨询、售后服务、订单操作、支付操作等)。详细内容请参考考题内容。

二、职业资格认证考核过程

跨境电子商务师考试时间由全国跨境电子商务专业技能培训考试管理办公室下达年度考试计划，承办机构根据年度考试计划在相应的考试时间段内选择适当的考试时间，并且自行申报、确定考试时间。考生可根据每个考点相应的考试时间进行考试申请。

一年中，上半年和下半年分别都有一场考试。大致考试时间见表 8-9。

表 8-9　跨境电子商务专业考试大致时间

		纸质试卷考试		远程机考	备注
上半年	考试报名截止时间	4 月中上旬（4/10）	5 月中上旬（5/10）	5 月下旬（5/29）	括号内为 2018 年上半年具体考试时间
	开放练习时间			5 月中上旬到 5 月中下旬（5/10 9：00-5/29 17：00）	
	考试时间	4 月下旬到 5 月上旬（4/21-4/30）	5 月下旬到 6 月上旬（5/25-6/10）	6 月中上旬（6/8 和 6/10）	

续表

		纸质试卷考试		远程机考	备注
下半年	考试报名截止时间	10 月中上旬	11 月上旬	12 月上旬（12/1）	括号内为 2017 年下半年具体考试时间
	开放练习时间			11 月（11/6 9：00–11/30 17：00）	
	考试时间	11 月下旬到 12 月上旬	11 月中下旬到 12 月上旬	12 月中旬共两批（12/10 和 12/17）	

（一）考试报名

1. 官网报名

考生可以在跨境电子商务专业技能网上，填报考试申请表。考生需填入相应的考生信息（姓名、身份证号）并且选择报考项目、报考地区和考试服务站（点）。具体考试申请表样式见图 8–1。

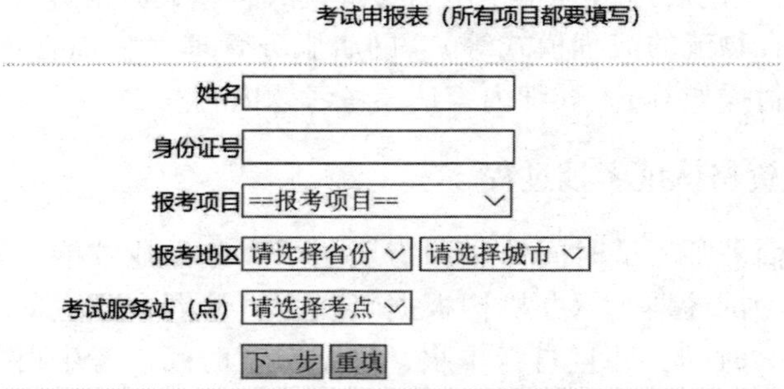
考试申报表（所有项目都要填写）
姓名
身份证号
报考项目 ==报考项目==
报考地区 请选择省份 请选择城市
考试服务站（点） 请选择考点
下一步 重填

图 8–1　跨境电子商务专业考试申报表样式

备注：

目前在全国内，跨境电子商务专业考试地区和服务站（点）并不普遍，仅在中国的某些省市设立了考点，考生应慎重选择报考地点。

跨境电子商务员：广西壮族自治区、海南省。

助理跨境电子商务师：北京市、福建省、广东省、海南省、辽宁省、陕西省、天津市、浙江省。

跨境电子商务师：广东省、江苏省、陕西省、天津市。

考生可根据自身情况，选择离自己较近的考点，并且提前安排自己行程，前往考试站点。

2. 通过合作高校和合作培训机构报名

以下所有内容都基于官网报名流程：

①打印考试申请表。考生应在跨境电子商务专业技能网上下载考试申请表，并进行打印，在规定位置粘贴符合标准的报名照。

②缴费确认。考生应携带身份证复印件、学历证明复印件，以及已打印好的考试申请表，前往申请时所填报的考试服务站（点），确认自己已填的信息，并且进行缴费。

具体缴费金额见表 8-10。

表 8-10　考试需缴费金额

	理论考试	技能操作考试
跨境电子商务员	120 元/次	160 元/次
助理跨境电子商务师	160 元/次	220 元/次
跨境电子商务师	280 元/次	400 元/次

③领取准考证。考生应携带身份证，前往相应的考试服务站（点），领取准考证。

④参加考试。第一是纸质试卷考试：考生应携带相关证件（身份证、准考证），前往相应考点参加考试。纸质理论知识考试采用答题卡答题模式，考生答题必须使用 2B 铅笔及签字笔。考生需按要求填涂（写）答题卡，确保填涂规范、信息无误；第二是远程机考考试：考生在输入相关信息时，应确保信息无误，并且确保周围环境适宜考试，网络连接良好，不会中途掉线。切勿在网吧中进行考试。

⑤网上成绩查询。考试结束后由考试管理办公室组织专家统一阅卷，考试日后 45 个工作日内公布考试成绩，考生可在跨境电子商务专业技能网上查询考试成绩。

⑥领取证书。考试日后 60 个工作日内，全国跨境电子商务专业技能培训考试管理办公室向相应考试服务站（点）分发考试合格者资格证书。考生应在收到信息之后，前往相应的考试服务站（点）领取跨境电子商务专业职业资格证书。

第三节 跨境电商职业生涯设计与管理

一、跨境电商职业培训与发展

在“一带一路”倡议的大背景下，跨境电商的意义与作用更加凸显出来。据有关部门统计数据显示，我国跨境电商交易额增长，一直保持在30%左右。随着消费升级和海淘电商平台的普及，我国跨境电商交易规模继续扩大，交易规模达到6.3万亿元，仅海淘用户规模就已达到4100万人次。为了应对跨境电商不断发展的趋势，跨境电商企业需做好内部员工培训与发展工作，为员工职业生涯发展做好规划，提高企业的竞争力，促进企业健康快速地发展。员工培训是有计划、有组织的学习，其目的在于使员工的知识、技能、态度乃至行为有所改善和进步，从而使其发挥最大的潜力以提高工作绩效；通过职业生涯规划，可以帮助员工进一步获得职业发展。

（一）员工培训计划

员工培训是企业人力资源管理与开发的重要组成部分和关键职能，是企业人力资源资产增值的重要方法，也是企业效益提高的重要途径。做好计划是新员工培训成功的基本保证，员工培训的方式、方法是多种多样的，不同的方法适用于不同的个人、不同的问题，其产生的效果、花费的成本也各不相同。为了避免员工培训仅流于形式，达不到培训效果，员工培训必须在实施之前根据企业自身的具体情况和新员工的特点，制订详细的规划，对培训的内容、方法选择、形式、时间、负责人、费用做出详细的计划，并对执行的过程进行监控。

培训内容要有针对性，目的是基础性培训或是专业性培训。基础性培训是指企业文化、企业战略、组织架构、企业流程、人事福利制度、安全消防知识等通用性知识，这一般是对新员工进行的集体培训，主要是让新员工了解有关企业的基本背景情况，使员工在了解企业历史、文化、战略发展目标、组织结构和管理方式的同时，了解工作的流程与制度规范，帮助员工明确自己工作的职责、程序、标准，并使他们初步了解企业及其部门所期望的态度、规范、价值观和行为模式等，从而帮助员工更快地适应环境和新的工作岗位，更好地规划职业生涯，提高工作绩效。专业性培训是指基于岗位的工作职责、工作流程、工作内容的培训，专业性培训需要按其所在部门、专业的不同分门别类地进行。

培训方式要有灵活性，在设计培训形式上，可以结合员工的年龄、教育背景、从事工作特征和培训内容等不同，采取灵活的方式。主要包括：拓展训练，主要是培训员工的团队精神；在职培训，提升员工的专业知识和积极性；座谈交流，使老员工与新员工充分接触，相互交流，促进新员工的健康成长。

（二）员工培训方法

随着人力资源管理的快速发展及竞争的加剧，企业越来越重视对员工的培训。然而，在投入了大量的人力、物力、财力之后，却发现员工培训的效果总是不尽人意。员工培训的投入产出率直接影响着企业的利益。如何提升员工培训效果，提高员工培训转化率，尤其是员工培训方式的选择是人力资源管理中至关重要的一步。以下是几种常见的员工培训方法。

1. 讲授法

属于传统模式的培训方式，指培训师通过语言表达，系统地向受训者传授知识、教授经验的一种培训方法。在企业培训中，经常开设的专题讲座就是采用讲授法进行的培训，适用于向群体学员介绍或传授某一个单一课题的内容。培训场地可选用教室、餐厅或会场，教学资料可以事先准备妥当，教学时间也容易由讲课者控制。这种方法要求授课者对课题有深刻的研究，并对学员的知识、兴趣及经历有所了解。

培训技巧是要保留适当的时间进行培训人员与受训学员之间的沟通，用问答形式获取学员对讲授内容的反馈。其次，授课者表达能力的发挥、视听设备的使用也是提高效果的有效的辅助手段。讲授法培训的优点是同时可实施于多名学员，不必耗费太多的时间与经费。其缺点是由于在表达上受到限制，因此受训学员不能主动参与培训，只能从讲授者的演讲中，做被动、有限度的思考与吸收。本方法适宜于对本企业一种新政策或新制度的介绍与演讲、引进新设备或技术的普及讲座等理论性内容的培训。

2. 角色扮演法

指在一个模拟的工作环境中，参加者扮演某种角色，借助角色的演练来理解角色的内容，模拟性地处理工作事务，从而提高处理各种问题的能力。适用的对象为实际操作或管理人员，由受训学员扮演某种训练任务的角色，使他们真正体验到所扮演角色的感受与行为，以改进自己原先的工作态度与行为表现。

多用于改善人际关系的训练中。人际关系上的感受常因所担任的职位不同而异。为了增进对对方情况的了解，在职位扮演法训练中，受训学员常扮演自己工作所接触的对方的角色而进入模拟的工作环境，以获得更好的培训效果。采用职位扮演法培训时，扮演角色的受训学员数量有限，其余受训学员则要求在一边仔细观察，对角色扮演者的表现用“观察记录表”方式，对其姿势、手势、表情和语言表达等项目进行评估，以达到培训的效果。观察者与扮演者应轮流互换，这样就能使所有受训者都有机会参加模拟训练。

3. 案例研究法

指为参加培训的学员提供员工或组织如何处理棘手问题的书面描述，让学员分析和评价案例，提出解决问题的建议和方案的培训方法。与讨论法不同：此类研讨不单是为了解决问题，而是侧重培养受训学员对问题的分析判断及解决能力。在对特定案例的分析、辩论中，受训学员集思广益，共享集体的经验与意见，有助于他们将受训的收益在未来实际业务工作中思考与应用，建立一个系统的思考模式。

在正式培训中，先安排受训学员有足够的时间去研读案例，引导他们产生身临其境、感同身受的感觉，使他们自己如同当事人一样去思考和解决问题。案例讨论可按以下步骤开展：发生什么问题、问题因何引起、如何解决问题、今后采取什么对策。适用的对象是中层以上管理人员，目的是训练他们具有良好的决策能力，帮助他们学习如何在紧急状况下处理各类事件。

4. 工作中学习法

是外企非常提倡的学习方法。任何理论学习、课堂教学，只有在实践中应用才会有切身体会。员工在工作中遇到了问题，可以马上向别人请教，或者找资料学习，通过问题的解决，成为自身的经验积累。另一方面，管理者通过有意识地给下属一些具挑战性的工作，可以锻炼下属的特定能力。外企通过短期出国工作的形式，使中高层经理更深地理解跨文化交流的特点和跨文化管理的重要性。通过委派跨部门的临时项目（如六西格玛质量改善），可以提升中层经理的跨部门沟通和项目管理的能力。

5. 工作指导法

这种方法是由一位有经验的技术能手或直接主管人员在工作岗位上对受训者进行培训，如果是单个的一对一的现场个别培训则称为师带徒员工培训，这也是企业最常用的“师傅带徒弟”员工培训。负责指导的教练的任务是教给受训者如何做、提出如何做好的建议，并对受训者进行鼓励。

6. 工作轮换法

这是一种在职培训的方法，指让受训者在预定的时期内变换工作岗位，使其获得不同岗位的工作经验，一般主要用于新入职的员工，尤其企业在招聘管培生时，会采用轮岗形式。工作轮换法是一种通过有计划、有策略地安排员工轮换和担任不同工作，进一步观察员工的优势、劣势和发展潜力，锻炼、培养和提升员工多种工作技能的培训方法。该方法的优点有：促进员工了解企业各环节工作内容；有利于改善部门间的沟通协作；能深入发掘员工的工作特长和发展潜力；有利于全面人才的培养。

7. 网络培训法

指通过计算机网络进行培训的方式。企业通过内部网，将文字、图片及影音文件等培训资料放在网上，形成一个网上资料馆、网上课堂供员工进行课程的学习。这种方式由于具有信息量大，以及新知识、新观念传递明显的优势，更适合成人学习。

网络培训法能为新员工提供正确的公司及工作岗位信息，鼓励新员工的士气，让新员工了解公司历史、政策、企业文化，提供讨论的平台。可以减少新员工初进公司时的紧张情绪，使其更快地适应公司，明白自己工作的职责，加强同事之间的关系，培训新员工解决问题的能力及提供寻求帮助的方法。

（三）管理人员培训

管理人员通过下属完成工作，做各种决策、分配资源、指导别人的行为以达到工作目标。企业的中高层管理者队伍的素质和管理水平直接关系到企业的执行力，关系到企业的生存发展。当企业规模逐渐扩大或企业停滞不前时，都需要快速提升中高层管理人员的管理能力，以带动整个团队的成长。而现实工作中，中高层管理人员多数没有经过专业的管理培训，很多人是从业务或技术骨干直接走上管理岗位，靠摸索来积累管理经验，也会由于缺乏基本的管理知识而造成失误，给企业带来时间、金钱和机会的损失。

对中层管理人员进行培训，可以为其提供胜任未来工作所必需的经验、知识和技能，使他们能够适应不断变化的环境，进而面对复杂的具体问题；使企业的宗旨、使命、信念、价值观和企业文化得到顺利传达，并真正在企业员工中发扬光大；培养个别骨干分子成为企业未来高层管理者的接班人。

与高阶层管理者的培训相比，对中层管理人员主要应该侧重进行业务上的培训，同时也要向他们传递相关的管理新知识，新理念，使他们更好地理解和执行企业高层的决策方针，更高效地计划、组织、领导和控制企业的日常经营职能，实现企业从理想的目标向现实的业务产出进行顺利转换。

管理培训的方法在设计上应更多地建立特定的学习和发展机会来提高潜能员工以及整个组织的领导能力，管理培训的目的是帮助管理者获得更加宽泛的技能来引领和促进组织的有效性，相较于普遍的员工培训，管理人员的培训方法有以下几种。

工作轮换：工作轮换是管理人员培训常用的一种技术，通过安排受训者到企业的各个部门去学习，以扩大他们对整个企业各个环节工作的了解，找到适合自己的管理方式和管理领域。

敏感性训练：在培训教师指导下进行的旨在提高参加者对自己行为以及他人行为洞察力的训练。敏感性训练要求参与者在训练中公开表达情感，对态度和行为进行坦率而公正的讨论，努力达到高人际敏感性的目的。

多样化培训：通过对参与者的典型的交流方式、不同员工的相似性和差异性的认识、对弱势群体的管理、管理风格等方面的了解，通过全体讨论的方式，达到提高管理者的知觉性、知识水平、理解力的目的，以引起态度转变和技能的提高。

评价中心可以评测管理人员的能力和潜力，从而可以进一步进行管理、培训、开发。这是一个结构化的测量方法，用以测量领导相关的知识和技能，通过这种方法可以选拔管理者。评价中心有多种技术，包括公文筐练习、商业游戏和无领导小组讨论等。

拓展阅读

亚马逊员工培训

亚马逊公司公布2017年第三季度财报，营收437亿美元，每股利润52美分，云业务收入达45.8亿美元，营收同比增长34%，高于市场预期。生产、财务、销售，企业的成功终归于对人力资源的优秀管理。

亚马逊的员工培训计划从未将员工视为一名“员工”，而是一个成长中的人才，它的创始人兼CEO贝佐斯总是把员工培训看作是发展员工个性和能力的一种方式，他屡次强调培训是要将员工的个性和亚马逊团队的“群性”平均对待的。在亚马逊的那些灵活的小团队里，不同性格、不同教育背景、不同人生阅历的人在一起为了同一个目标而努力和奋斗，他们各自的工作态度和工作能力在同一个团队中呈现，并凝聚成团队的力量。

对亚马逊公司来说，成功是团队的成功，但它来自每一个员工的努力，团队的成绩大小直接取决于每一个员工的综合素质的高低。因此，贝佐斯在培训员工的时候就坚持要把培养员工的个人能力放在首位。培养人才，贝佐斯认为时时要明确的一点是，无论采用什么样方式的培训，亚马逊要传达给每一个员工的不只是技能上的培养，更多的是一种文化和精神上的融入，是一种能力和思想。特定的技术或是操作程序不过只是外在的东西，员工要了解到的还是亚马逊的整体理念，从而在其中发挥自己的能力和个性。

贝佐斯曾经提到自己的员工培训计划，就是要用培训来提升员工的幸福感，这种提议让很多人难以置信。贝佐斯却很是欣赏自己的这项提议，当今社会竞争如此激烈，很多人在工作中体会不到自己的幸福感，自然也就不愿意投入更多的热情到自己的工作中去，为此，贝佐斯提出了自己的幸福培训计划，目的是为了提升员工的幸福感。如此不可思议的计划，贝佐斯给出的解释是，丰厚的薪水、轻松的工作量、无穷的假期都不代表员工的幸福感，从以往的一些调查数据统计来看，在美国，最有幸福感的员工认为自己的幸福是来自一流的员工激励机制、充足的福利和完善的职业发展计划，还有工作和生活的绝妙平衡。于是，贝佐斯开始用心去配置和提高这方面的水平，通过幸福培训来让员工感受到幸福，重拾工作的热情。这次培训计划启动之后，亚马逊在长达4年的时间内预先支付培训课程与书籍费用，这其中的费用就占去了全部培训费用的95%。亚马逊推出这项培训计划拟向自己的计时员工每年支付2000美元，培训课程包括护士、飞机维修或电脑辅助设计等市场热门需求的职业技能。

此外，亚马逊还表示公司已经和美国劳工统计局合作，着重挖掘社会上最需要且薪金最高的工作，让员工融入这些行业的培训中去。该项计划一上马就有很多人指出，亚马逊是不是在为自己的裁员计划做准备？贝佐斯针对这种说法予以了否认，他指出，此次培训的目的主要是为了让员工保持幸福感。亚马逊负责全球客户业务的副总裁戴维·克拉克说："长期、投入和热情的员工是亚马逊完成人们所期待的高水准客服工作的关键。"同时，他也表示，"如果人们在自己的职业生涯中有其他的选择，我们只希望他们实现这个目标，从长期来看，这对大家都好。"无疑，这项培训不仅是为了员工个人的幸福着想，更多的还是对亚马逊信誉提升的一种周全考虑。授人以渔，亚马逊长久以来始终在激烈的竞争中能够稳坐第一把交椅，员工的培训理念和员工综合素质的提高功不可没。贝佐斯不似从前一般只是简单地向自己的员工传授个人经验，而是要设法提高整个团队的学习能力，进而在这个基础上提高每个员工的综合素质，把团队建设成学习型的团队，亚马逊也因此迎来事业上的又一个辉煌。

——资料来源：http：//www.hrsee.com/？id=652

二、跨境电商职业生涯发展规划

（一）职业生涯管理

职业生涯（Career）是一个人一生所有与职业相关联的行为与活动及相关的态度、价值观、愿望等连续性经历的过程，也是一个人一生中职业、职位的变迁及职业目标的实现过程。员工的职业生涯关乎员工的个人发展与企业的发展，是实现个人目标及企业经营目标的保证。员工培训始终是企业管理的一部分，同时也是企业人力资源管理的重要环节。通过对员工的培训，使其综合素质和工作能力能够满足企业现在及将来经营管理的需要；企业通过职业生涯管理，使员工能够获得职业满足。

制订员工职业生涯规划，可以帮助员工找到适合自己的工作，实现人岗匹配。分析、定位是职业生涯规划的首要环节，它决定着个人职业生涯的方向，也决定着职业生涯规划的成败。了解自己的优势和职业倾向，可以通过可靠的量表工具的测量，评估职业倾向、能力倾向和职业价值观，这是职业生涯规划的基础。根据测评结果的各项指标，以及自身的学历、经历、能力，了解一个人的内在、外在优势，并且把这些优势整合在一起，促进职业进一步发展，作为职场上打拼的核心竞争力。通过规划，可以制定出今后各个阶段的发展平台，并且拿出攻占各个平台的计划和措施，了解所在的市场状况、行业前景、职位要求、入行条件、培训考证、工作业务、薪酬提升、行业英语等，并进行详细的指导，从而使自己的薪水和职位得到提升。

（二）职业生涯设计

个人职业生涯设计是指个人在掌握自己职业兴趣、爱好、特长的前提下，并在认真分析自己性格、能力、特点和内外部环境因素的基础上，结合自己所学专业及知识技能结构，以实现个人发展的成就最大化为目的而做出的行之有效的安排。

1. 自我评估

职业生涯的自我评估是个体自知的过程，也是个人制订职业生涯规划的前提。员工可以通过各种测试得到测评信息，确定自己的职业兴趣、价值观、性格倾向等，以确定什么样的职业比较适合自己和自己具备哪些能力。测评方法很多，尽可能选择比较有权威性的测验。

按照霍兰德人职匹配理论，人格分为六种类型，每一种类型都有自己的特点和长处，也有一定的短处，每一种人格都会对应相对适合的职业。霍兰德的人职匹配理论通过人格分析，可以帮助人寻找较为适合自己的职业。

六种类型如下：

现实型——R 型，也称实际型。此类型人群喜欢从事机械性的工作，能够独立钻研业务、完成任务，长于动手并以“技术高”为荣，其不足之处是处理人际关系能力较差。

调研型——I 型，也称调查型、研究型。此类型人群喜欢从事思考性、智力性、独立性、自主性的工作。这类人往往有较高的智力水平和科研能力，注重理论。不足之处是不重视实际，考虑问题偏于理想化，领导他人、说服他人的能力较弱。

艺术型——A 型，此类型人群喜欢通过各种媒介表达自我的感受（如绘画、表演），其审美能力较强，感情丰富易冲动，不顺从他人。不足之处是往往缺乏文书、办事员之类的具体工作能力。

社会型——S 型，也称服务型。此类型人群喜欢与人交往，乐于助人，关心社会问题，常出席社交场合，对于公共服务与教育活动感兴趣。不足之处是往往缺乏机械能力。

企业型——E 型，也称决策型或领导型。此类型人群性格外向，直率、果敢、精力充沛、自信心强，有支配他人的倾向和说服他人的能力，勇于冒险。不足之处是忽视理论，自身的科学研究能力也较差。

常规型——C 型，也称传统型。此类型人群喜欢从事有条理、有秩序的工作，按部就班、循规蹈矩、踏实稳重，讲求准确性，愿意执行他人的命令、接受指挥，而不愿独立负责或指挥他人。不足之处是为人拘谨、保守，缺乏创新。

2. 组织与社会环境分析

在进行自我评估之后，进一步要对组织和环境进行分析。根据职业生涯类型的不同，可以做不同程度的分析。职业生涯规划类型有：①短期规划：两年以内的职业生涯规划；②中期规划：2～5 年内的职业生涯规划；③长期规划：5～10 年内的职业生涯规划；④人生规划：时间跨度可达 40 年左右。短期的规划比较注重组织环境的分析，长期的规划要更多地注重社会环境的分析。

分析内外环境因素对个体职业生涯发展的影响，如社会环境、组织环境、个体在环境中的地位，个人在组织中所拥有的优势和劣势。在制定个人的职业规划时，要分析环境条件的特点、环境的发展变化情况、自己与环境的关系、自己在这个环境中的地位、环境对自己提出的要求，以及环境对自己有利条件与不利条件，等等。只有对这些环境因素充分了解，才能做到在复杂的环境中趋利避害，使你的生涯规划具有实际意义。环境因素评估包括组织发展战略、人力资源需求、晋升发展机会等。

3. 目标设定

职业生涯目标的确定包括人生目标、长期目标、中期目标与短期目标的确定，它们分别与人生规划、长期规划、中期规划和短期规划相对应。首先要根据个人的专业、性格、气质和价值观及社会的发展趋势确定自己的人生目标和长期目标，然后再把人生目标和长期目标细化，根据个人的经历和所处的组织环境制定相应的中期目标和短期目标。

4. 行动规划

把目标转化成具体的方案和措施。这一过程中比较重要的行动方案有职业生涯发展路线的选择、职业的选择、相应的教育和培训计划的制订。

5. 职业生涯评估

影响职业生涯的因素有很多，有些因素的变化可以预测，有些难以预测。要使职业生涯计划有效，就必须根据不断变化的个人需求和现实环境，不断地对职业生涯的目标与计划进行评估与调整，如重新选择职业、修正目标等。

（三）员工职业生涯规划下的员工培训

员工培训主要是企业围绕自身业务开展的需要，通过各种形式针对员工开展有目的和有计划的训练与培养活动。现代企业人力资源管理认为，职业生涯管理在培训中有非常重要的内容，其目的是协助企业员工制订一系列职业生涯规划和帮助实现职业生涯发展的一个过程。职业生涯管理主要包括组织管理和自我管理两个方面，从组织的角度，其目标是有效利用人才，充分挖掘人才潜力，更好地服务于组织；从员工个人角度，其目标是满足员工个人发展的需要，实现自我价值。两者之间的关系其实是满足企业和员工两者之间需要的一个动态过程，最终使组织不断发展、员工个人不断成长。

员工培训可以调动企业员工内在积极性。基于职业生涯管理的企业员工培训，将企业培训的需要与员工职业生涯规划相结合，在满足企业需求的同时，为员工设计了一个符合自身特点的职业发展路径，调动了员工参与培训的积极性和主动性，激发了员工学习和提升能力的意愿，使得员工愿意更好地掌握知识、技能，提高工作效率，更加认同企业的文化和价值观等，更好地服务于企业。

员工培训可以增强企业价值创造力。基于职业生涯管理的企业员工培训，将会使得员工对培训产生认同，并且认真投入到培训之中，培训的效果也得到大幅度的提升，员工的潜能和创造力也能得到最大化的挖掘。作为企业价值创造力的重要来源，员工的潜能和创造力的提升相应也会影响和增强企业的价值创造力。

员工培训可以实现企业人力资源开发和合理配置。基于职业生涯管理的员工培训，企业可建立一个融合企业发展需要和员工职业发展规划的培训体系，引导员工持续进行能力提升，使企业人力资源得到充分的开发；同时企业可根据人才需要和员工特点，实施多元化的培训，构建合理的人才梯队，帮助企业快速建立人力资源库，为企业的发展提供人才保证。

最后，员工培训还能使企业更好地留住和吸引人才。基于职业生涯管理的企业员工培训，将会使员工的尊重需求得到一定程度的满足，增强员工间的情感和归属感，员工期望的自我发展愿望也得以持续地实现，逐渐使其对工作充满期望，可以最大限度地留住人才并且吸引优秀人才加入企业。

拓展阅读

3M 公司的员工职业生涯管理体系

3M 公司的管理层始终尽力满足员工职业生涯发展方面的需求。从 20 世纪 80 年代中期开始，公司的员工职业生涯咨询小组一直向个人提供职业生涯问题咨询、测试和评估，并举办个人职业生涯问题公开研讨班。通过人力资源分析过程，各级主管对自己的下属进行评估。公司采集有关职位稳定性和个人职业生涯潜力的数据，通过电脑进行处理，然后用于内部人选的提拔。

公司的人力资源部门可对员工职业生涯发展中的各种作用关系进行协调。公司以往的重点更多地放在评价和人力资源规划上，而不是员工职业生涯发展的具体内容。新的方法强调公司需求与员工需求之间的平衡，为此，3M 公司设计了员工职业生涯管理的体系。

1. 职位信息系统。根据员工民意调查的结果，3M 公司于 1989 年底开始试行了职位信息系统。员工们的反应非常积极，人力资源部、一线部门及员工组成了专题工作小组，进行为期数月的规划工作。

2. 绩效评估与发展过程。该过程涉及各个级别（月薪和日薪员工）和所有职能的员工。每一位员工都会收到一份供明年使用的员工意见表。员工填入自己对工作内容的看法，指出主要进取方向和期待值。然后员工们与自己的主管一起对这份工作表进行分析，就工作内容、主要进取领域和期待值，以及明年的发展过程达成一致。在第二年工作中，这份工作表可以根据需要进行修改。到年底时，主管根据以前确定和讨论的业绩内容及进取方向完成业绩表彰工作。绩效评估与发展过程促进了 3M 公司主管与员工之间的交流。

3. 个人职业生涯管理手册。公司向每一位员工发放一本个人职业生涯管理手册，它概述了员工、领导和公司在员工职业生涯发展方面的责任，还明确提出公司现有的员工职业生涯发展资源，同时提供一份员工职业生涯关注问题的表格。

4. 主管公开研讨班。为期一天的公开研讨班有助于主管们理解自己所处的复杂的员工职业生涯管理环境，同时提高他们的领导技巧及对自己所担任之各类角色的理解。

5. 员工公开研讨班。提供个人职业生涯指导，强调自我评估、目标和行动计划，以及平级调动的好处和职位晋升的经验。

6. 一致性分析过程及人员接替规划。集团副总裁会见各个部门的副总经理，讨论其手下管理人员的业绩情况和潜能。然后管理层层层召开类似会议，与此同时，开展人员接替规划项目。

7. 职业生涯咨询。公司鼓励员工主动去找自己的主管商谈个人职业生涯问题，也为员工提供专业的个人职业生涯咨询。

8. 职业生涯项目。作为内部顾问，员工职业生涯管理人员根据员工兴趣印发出一些项目，并将它们在全公司推出。

——资料来源：http：//www. hrsee. com/？ id=48

【思考题】

1. 为何要设立中国跨境电子商务资格认证考试？
2. 中国跨境电子商务职业资格认证考试报考条件有哪些？
3. 中国跨境电子商务师基本职责有哪些？
4. 中国跨境电子商务资格认证考试在什么时候？
5. 中国跨境电子商务资格认证考试的形式有哪些？具体怎么考？
6. 员工的培训方法有哪些？
7. 常见的管理人员培训方法有哪些？
8. 怎样进行职业生涯规划设计？

第九章　跨境电商求职与招聘

【学习目标】

本章旨在让学习者了解人力资源管理领域的专业知识，通过本章的学习，学习者应了解职位分析方法、职位评价方法，招聘工作流程、招聘渠道的选择及招聘选拔方法。

【本章重点】

本章的学习重点是跨境电商领域的人才招聘，运用人力资源管理的职位分析、职位评价方法和招聘选拔技术，完成职位的人才招聘工作。

第一节 跨境电商职位分析与评价

一、职位分析方法

随着社会经济的不断发展，市场竞争变得越来越激烈，尤其在 21 世纪，企业对人才的竞争更达到白热化状态，要想在激烈的市场竞争当中谋求长远发展就必须要做人力资源管理工作。随着互联网的快速发展，在国家万众创业、全民创新指导方针的带动下，跨境电商成为许多企业开发新市场的重要手段，跨境电商新领域的人力资源工作应该受到更多关注。人力资源管理的核心是实现人职匹配，首先，做好职位分析、职位评价工作，再进一步进行选拔和招聘工作。

职位分析（Job Analysis）也称工作分析，是人力资源管理工作的一项最基础的工具和方法，是以组织的战略目标为导向，并采用科学有效的方法，对特定职位的工作性质、内容和职责权限、任职资格等工作信息进行系统性分析的过程。

职位分析主要从两个角度进行：一是职位本身；二是员工任职资格的研究。职位分析的实质就是区别一项工作与其他工作的差异，其目的就是为组织内每份工作制订一份全面的并符合组织需要的职位说明书，同时形成职位分析报告。职位说明书能够应用于人力资源管理的所有功能模块，具体包括：招聘录用、绩效考核、薪酬管理和培训与开发等模块；职位分析报告则是通过职位分析，发现企业经营管理过程中所存在的问题，对组织的有效性诊断提供依据。

（一）职位说明书

职位说明书也称为岗位说明书或工作说明书，是对企业职位的职位目的、职责权限、任职资格和考核评价内容等给予的定义性说明，是指导性的管理文件。职位说明书主要包括两个部分：职位描述和任职资格，职位描述又包括核心内容和选择性内容。

（二）职位分析报告

职位分析报告的作用是通过职位分析发现组织与管理上存在的问题，以及为这些矛盾和问题提供解决方案。具体包括组织结构与职位设置中的问题与解决方案、流程设计与流程运行中的问题与解决方案、组织权责体系中的问题与解决方案、工作方式和方法中的问题与解决方案、人力资源管理中的问题与解决方案，如图 9-1 所示。

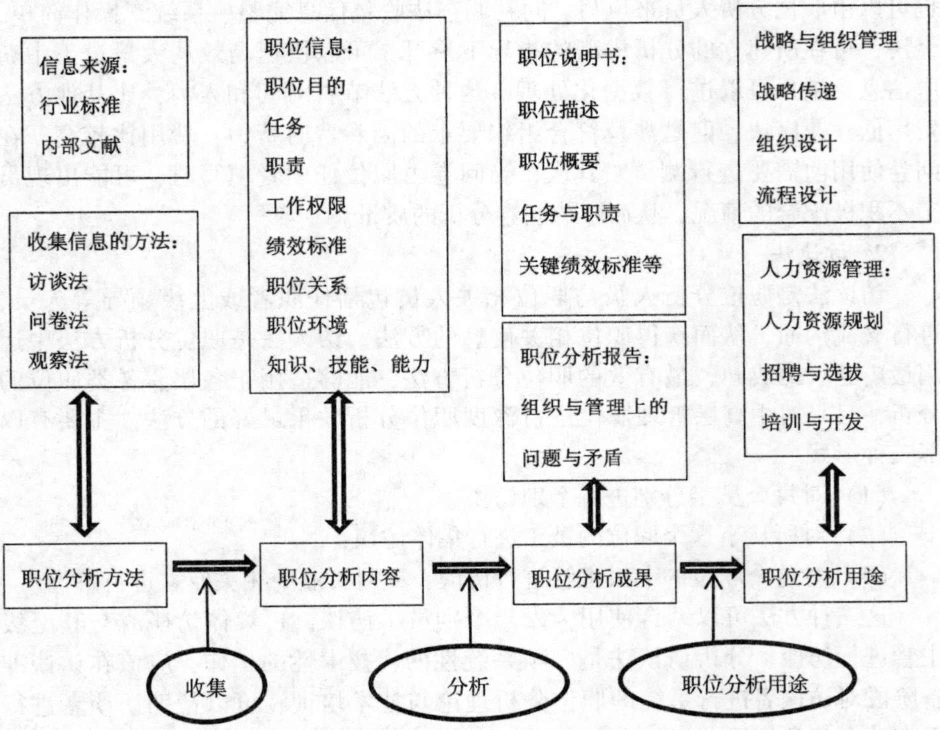

图 9-1　职位分析系统模型

（资料来源：高艳，《职位分析与职位评价》，西安交通大学出版社，2012 年版）

在职位分析的实践中，根据职位分析导向、分析对象的差异，形成了一系列不同的职位分析方法，按照结果可量化程度可以分为定性分析方法和定量分析方法。目前国内职位分析常用的主要以定性分析方法为主，包括访谈法、问卷法、文献法、工作日志法、观察法等。这几类方法具有灵活性强、易操作和适应范围广等优点。

1. 问卷法

问卷法采用书面的形式，以问答的方式，通过职位任职者或职位相关人员单方面信息传递进行收集职位信息的方法。职位分析问卷法分为定量结构化问卷和非结构化问卷。定量结构化问卷一般采用封闭式问卷，遵循严格的逻辑体系，分析结果可通过对信息的统计分析加以量化，形成对职位的量化描述或评价；非结构化问卷能根据不同组织性质、特征进行个性化设计。

在实践中，职位分析专家会开发出大量不同形式、不同导向的问卷，满足职位分析的不同需要。收集职位分析信息的问卷可以由职位任职人员填写，也可以由职位分析人员来填写。问卷调查法收集信息完整、系统，操作简单、经济，可在所建立的分析模型的指导下展开，可以快速高效从大量员工中获取信息，结果可以进行数据化处理。这种方法节省时间和人力，比其他方法费用低、速度快；但是涉及符合组织要求的问卷费时费力，费用比较高，在问卷使用前需要进行测试。其次，当问卷由职位任职者填写时，可能出现员工不积极配合的情况，从而影响问卷分析的质量。

2. 访谈法

访谈法是职位分析人员与职位相关人员包括任职者或上级领导等人员，进行交流沟通，从而获得职位相关信息的方法。访谈法是职位分析方法中运用最广泛、最成熟、最有效的职位分析方法，能够适用于各层、各类职位的分析，且是对中高层管理职位进行深度职位分析效果最好的方法。主要有以下三种形式。

（1）对每个员工分别进行个别访谈；

（2）对所从事这个职位的员工进行集体访谈；

（3）对这个职位的上级主管进行访谈，或对行业中相关专家进行咨询。

这三种方法可以结合使用，先与个别员工访谈，再集体访谈或与其上级主管进行访谈。分析访谈法是一项系统性的、技术性的工作，应该在访谈准备阶段对访谈者进行系统的职位分析理论与技术培训，可以帮助访谈者进行更有效合理的访谈分析。表 9-1 详细列举了访谈法的实施步骤：

表 9-1 访谈法实施步骤

步骤	具体内容
第一步	初步了解信息： 1. 检查现有文件，形成工作的总体概念：工作的使命、主要任务和作用、工作流程。 2. 准备一个初步的任务清单，作为访谈的框架。 3. 为数据收集过程中涉及不清楚的主要项目作一个注释
第二步	进行访谈： 1. 首先选择一个主管或有经验的员工进行访谈，因为他们了解工作的整体情况以及各项任务是如何配合的。 2. 确保所选择的访谈对象具有代表性

续表

步骤	具体内容
第三步	合并工作信息： 1. 工作信息的合并是把以下各种信息合并为一个综合的职位描述：主管、任职者、现场观察者、有关工作的书面材料。 2. 在合并阶段职位分析人员应该可以随时获得补充资料。 3. 检查最初的任务或问题清单，确保每一项已经被回答或确认
第四步	核心职位描述： 1. 核实阶段要把所有访谈对象召集在一起，确定在信息合并阶段得到的工作说明书的完整性和精确性。 2. 核实阶段应该以小组的形式进行，把职位描述分发给主管和工作的承担者。 3. 职位分析人员要逐字逐句地检查整个职位描述，并在遗漏和含糊的地方做出标记

（资料来源：郑晓明，《职位分析手册》，机械工业出版社，2006 年版）

访谈法适用范围广泛，适用各种职位，并且是面对面的交流沟通，可以让员工更好地理解问题，并进行清楚的回答。企业借机可以和员工进行沟通，改善人力资源部门和员工之间的关系，让任职者了解职位分析的作用（访谈内容见表 9–2）。但员工可能会认为职位分析是变相的绩效评估，会有意无意地夸大职位的重要性，有可能会把某些不属于他的信息或工作职责写上去。除此之外，访谈法需要占用的时间比较长，工作量比较大，在实际执行过程当中可以和问卷法结合使用。

表 9–2　跨境电商专员职位分析访谈提纲示例

序号	问题
1	请您用一句话概括您的职位需要完成的主要的工作内容和要达成的目标
2	请问与您进行工作联系的主要人员有哪些？联系的主要方式是什么
3	您认为您的主要工作职责是什么？请至少列出 5 项职责
4	对于这些职责您是怎样完成的，在执行过程中碰到的主要困难和问题是什么
5	请您指出以上各项职责在工作总时间中所占的百分比重（请指出其中耗费时间最多的三项工作）
6	请您指出以上工作职责中最为重要、对公司最有价值的工作是什么

续

序号	问题
7	组织赋予您的最主要的权限有哪些？您认为这些权限有哪些是合适的，哪些需要重新界定
8	请您就以上工作职责，谈谈评价这些职责是否出色地完成，标准是什么
9	您认为在工作中您需要其他部门、其他职位员工为您提供哪些方面的配合、支持与服务？在这些方面，目前做得好的是什么，尚待改进的是什么
10	您认为要出色地完成以上各项职责需要什么样的学历和专业背景？需要什么样的工作经验（类型和时间）？在外语和计算机方面有何要求？需要具备哪些能力
11	您认为要出色地完成以上各项职责需要具备哪些专业知识和技能？需要什么样的个性品质
12	请问您在工作中自主决策的机会有多大？工作中是否经常加班？工作繁忙是否具有很大的不均衡性？工作中是否要求精力高度集中？工作负荷有多大

（资料来源：彭剑锋，《人力资源管理概论》，复旦大学出版社，2004 年版）

3. 文献分析法

文献分析法主要指搜集、鉴别、整理现存的与工作相关的文献资料，并通过对文献进行研究，获得职位信息，对职位进行系统性分析的方法。文献分析法是一项经济且有效的信息收集方法，一般用于收集工作的原始信息，编制任务清单初稿。

信息来源包括内部信息和外部信息：

（1）内部信息包括《员工手册》《公司管理制度》《职位职责说明》《绩效评价》《会议记录》《作业流程说明》《ISO 质量文件》《分权手册》《工作环境描述》《员工生产记录》《工作计划》《设备材料使用与管理制度》《作业指导书》等。

（2）外部信息主要指其他企业职位分析的结果，这些资料可以为本企业的职位分析提供参照。为了保证所收集到的信息有较强的适用性，在收集信息的时候应该注意两点：第一，目标企业应该与本企业在性质上或者行业上具有较高的相似性；第二，目标职位应该与本企业典型职位有较高的相似性。

通过对这些宝贵的原始资料的分析，可以对职位进行初步评断，并为后续工作的深入打下良好的信息基础。但因无法验证原始资料的真伪，可能会让错误多余的信息影响职位分析的结果。

4. 观察法

观察法是指职位分析人员在工作现场进行观察、沟通、记录，直接收集职位信息的方法。观察法适用于工作内容比较重复稳定的工作，多运用在体力劳动职位分析，聚焦在容易直接观察到的因素，比如体力要求、工作环境等方面。观察法主要有直接观察法、自我观察法，通常和访谈法结合使用，在直接观察记录的基础上由员工进行后续补充，保证信息的完整性。

职位分析人员能够比较直接和深入地了解职位要素，观察的资料比较真实，适用于工作内容主要由身体活动来完成的工作。相对来说，该方法不适用于脑力劳动比较多的职位，不便于观察分析。观察法对于部分员工来说可能会难以接受，尤其是注重个人隐私的员工。

5. 工作日志法

工作日志法是任职人员根据工作顺序，实时、准确记录自己的工作内容与活动，然后对职位分析研究的方法。日志的形式可以是不固定的，也可以是组织提供的统一格式，由职务分析人员设计好详细的工作日志单，让员工按照要求及时地填写职务内容，按时间顺序记录工作过程，然后进行归纳、提炼、总结，从而取得所需工作信息。

在进行职位分析时，工作日志法一般与其他方法结合。职位分析人员通常会将企业已有的工作日志作为问卷设计、准备访谈或对某一项工作初步了解的文献资料来源，为其他职位分析方法提供信息支持。需注意的是，工作日志应该随时填写，比如以 10 分钟、15 分钟为一个周期，而不应该在下班前一次性填写，这样是为了保证填写内容的真实性和有效性。

工作日志法获得信息具有以下特点：

（1）单向信息。由职位任职者自行记录职位信息，获得信息是单向的。

（2）结构化。工作日志表一般都是结构化设计，便于员工理解和填写，获得的也是结构化的信息。

（3）详尽性。在完成工作以后逐日及时记录的，具有详尽性的优点。

（4）失真性。工作日志法是由工作任职者自行填写的，信息失真的可能性较大。任职者可能更注重工作过程，而对工作结果的关心程度不够。运用这种方法进行职位分析对任职者的要求较高，任职者必须完全了解工作的职务情况和要求。

（5）繁琐性。这种方法的信息整理工作量大，归纳工作繁琐。

6. 主题专家会议法

主题专家会议法原则上是指选定一定数量的专家，集思广益，分析具体问题的方法。职位分析层面的主题专家会议法是指熟悉目标职位的内部人和外部人，包括任职者、直接上司、内部客户及外部熟悉该目标职位的咨询专家共同分析得出结论的方法。

主题专家会议法有以下三种方法：

①头脑风暴法。头脑风暴法也称非交锋式会议。会议不带任何限制条件，鼓励与会专家独立、任意地发表意见，没有批评或评论，以激发灵感，产生创造性思维。

②交锋式会议法。交锋式会议法是指专家们围绕一个主题，各自发表意见，并进行充分讨论，最后达成共识，取得比较一致的预测结论。

③混合式会议法。混合式会议法也称质疑头脑风暴法，是对头脑风暴法的改进。它将会议分为两个阶段，第一阶段是非交锋式会议，产生各种思路和预测方案；第二阶段是交锋式会议，是对上一阶段提出的各种设想进行质疑和讨论，也可提出新的设想，相互不断启发，最后取得一致的预测结论。

主题专家会议有助于专家们相互启发，可以弥补个人意见的不足，是一个集思广益的过程，得出的结论信度较高。但是，专家会议也有不足之处，有权威的专家会影响相对弱势的专家，或者有权威的专家不愿意轻易地改变自己已经发表过的意见。

二、职位描述

利用各种职位分析方法收集到的有关工作的相关信息，并不能够直接形成工作描述。在进行工作描述之前，还需要对收集所得的信息进行理解、分析与综合，再得出分析成果。具体来说，职位分析的成果包括职位说明书，职位说明书的一项核心内容包含职位描述，主要是对职位本身的工作内容进行规范的描述性的文件，包括职位设置的目的、职责权限、组织图、业绩标准等内容。

职位描述包括核心内容和选择性内容，如表 9-3 所示。核心内容是任何一份职业都必须包含的部分，包括工作标识、工作概要等。这些内容的缺失，会导致我们无法对本项工作和其他工作进行区分。后者则是根据职位分析人员和具体要求有选择性地进行安排，比如工作权限、工作范围等。

表 9–3　职位描述的项目分类

分类	内容项目	项目内涵	应用目标
核心内容	工作标识	工作名称、所在部门、直接上级部门、薪点范围等	—
	工作概要	关于该职位的主要目标与工作内容的概要性陈述	—
	工作职责	该职位必须完成的任务和责任	—
	工作关系	该职位在组织中的位置	—
选择性内容	工作权限	该职位在人事、财务和业务上做出决策的范围和层级	组织优化、职位评价
	工作程序	对该项工作职责的完成方式的详细分解	绩效评估、上岗引导
	工作范围	该职位能够直接控制的资源的数量和质量	管理人员的职位评价、上岗引导
	职责量化信息	职责的评价性和描述性量化的信息	职位评价、绩效评估
	工作条件	职位存在的物理环境	职位评价
	工作负荷	职位对任职者造成的工作压力	职位评价
	工作领域特点	—	上岗引导、职位评价

（资料来源：彭剑锋，《人力资源管理概论》，复旦大学出版社，2004 年版）

（一）工作标识

工作标识是关于工作的基本信息，用以区别该工作与组织中其他的工作，通过工作标识，能够获得对该工作的基本认识。工作标识一般包括工作基本信息和职位分析基本信息。工作基本信息有工作名称、所在部门、直接上级、任职者姓名、薪资范围等；职位分析基本信息有职位分析的时间、工作说明书的有效期和职位分析人员姓名和代码。

工作名称。工作名称是工作标识中最重要的项目，一个好的工作名称往往很接近工作内容，并能和其他职位区别开来，尤其直接显示职位等级和工作内容的职位名称。

职位薪点。职位薪点是职位评价所得的结果，反映该职位在组织内部的相对重要性，是确定该职位基本的有力依据。

（二）工作概要

工作概要是指用非常简洁和明确的一句话来表述该职位存在的价值和理由，是对工作内容的简要概括，也是对工作的内容和目的进行归纳。表9-4中给出了几种跨境电商相关专业的工作概要示例。

表9-4 工作概要示例

职位名称	工作内容
外贸员	完成公司下达的销售目标，开发新客户，维护核心客户，为公司创造最大的销售业绩
跨境电商专员	负责店铺日常运营、店铺流量引入、销售转化率的提升
移动端开发工程师	负责 iOS App 开发工作，负责系统、子系统和模块级的架构设计、概要设计工作
人力资源经理	负责公司员工的招聘、培训、个人资料录入、档案管理及考核评定
物流部经理	负责营销系统产品的计划、采购、配送、储运、售后服务等方面的工作，确保营销系统物流畅通

（三）工作职责

工作职责就是指为了实现组织目标，该职位任职者应承担的责任和需要完成的任务。它是在工作标识和工作概要的基础上，进一步对职位内容加以细化。

工作说明书中的工作职责具有成果导向性、完备性、稳定性、独立性、系统性的特点；工作职责应该包含该职位所要取得的所有关键成果，并且应仅仅包含该职位的稳定性的工作内容，不应该包括上级临时授予的、动态性的工作；同一职位的若干项工作职责之间存在着某种逻辑关系，而不是简单的任务拼凑与组合。

（四）工作关系

1. 工作关系的含义

工作关系是指一职位在正常的工作情况下，主要与组织内部哪些部门和哪些职位有关系，以及需要与组织外部哪些部门和人员有关系，偶尔发生联系的部门和职位一般不列入工作关系的范围。

2. 工作描述中的工作关系

工作描述中涉及的工作关系包括该职位在组织中的位置和任职者在工作中形成的关系两个部分。

该职位在组织中的位置。这部分工作关系是工作描述的核心部分，它反映该职位在组织中上下左右的关系。

任职者在工作中形成的关系。这部分工作关系是该职位的任职者在工作的过程中与组织内部、外部的部门、人员之间形成的。包括联系的对象、联系的内容、联系的方式、联系所采用的工具和联系的频次等多项内容。但在职位分析的实际操作中，主要关注的只有联系的对象和联系的内容两项内容。这部分工作关系反映在工作说明书中。

(五) 工作权限

1. 工作权限的含义

工作权限，是指根据该职位的工作目标和工作职责，组织、赋予该职位的决策范围、层级与控制力度。该项目主要应用于管理人员的工作描述和职位评价，以确定职位对组织的影响大小和损害程度；另外，通过在工作说明书中对该职位拥有的工作权限的明确表达，可以进一步强化组织的规范化，提升任职者的职业化意识，并有助于其职业化能力的培养。

2. 工作权限的内容

工作描述中的工作权限往往并非来自对工作本身的分析，而是来自“分权手册”赋予该职位的权限。需要注意的是，工作描述中的权限并非涵盖“分权手册”中所有相关内容，而是要选择有用的信息。在实际的职位分析操作中，工作权限一般包括人事权限、财务权限、业务权限三个部分。这三个部分分别与“分权手册”中的人事管理分权、财务管理分权、业务与技术管理分权等不同版本相对应。

(六) 工作程序

1. 工作程序的含义

工作程序就是工作职责的履行程序，也被称为职责细分或工作任务，它是对工作职责的进一步分解，是针对每项工作职责如何具体完成的过程性描述。工作职责关注的是该职位“主要做什么”及“为什么要做”。而工作职责的履行程序在职位描述中并非必要内容，而是对职责描述的进一步拓展和细化，主要用于绩效标准的提取和新员工的上岗引导，同时它对于职业规范的建立也具有十分重要的作用。

2. 工作职责履行程序的形成

工作职责履行程序的形成主要有两种方法：一种是自上而下的“职责分解法”，这种方法是建立在工作职责已经明确的基础之上，通过对每一项工作职责的完成进行流程分析，找到完成这项职责所需要的主要环节和步骤，从而形成责任细分的描述。一种是自下而上的“归纳法”，这种方法是从“履行程序”中的最小的工作要素出发，通过对这些基础性的工作活动进行逻辑上的归类，形成职责细分，并进一步根据履行程序的归类，得到职位描述。

（七）工作范围

1. 工作范围的含义

工作范围，是指该职位的任职者所能掌控的资源的数量和质量，以及该职位的活动范围。它代表了该职位能够在多大程度上对组织产生影响，在多大程度上能够给组织带来损失。该部分信息并非所有职位描述中的必备内容，往往用于管理职位、以职位评价为目标的工作描述中。

2. 工作范围的内容

工作范围的内容主要包括人力资源、财务资源和活动范围三个部分。人力资源，包括直接下级的人数与级别、间接下级的人数与级别等。财务资源，包括年度预算、项目成本、年度收入（营业额）、年度利润、销售回款等。活动范围，根据职位不同存在着较大的差异，例如，销售职位的“每星期接待客户的人数”；人事经理的“每星期进行内部沟通的次数”等。

（八）业绩标准

1. 业绩标准的含义

业绩标准，是在明确界定工作职责的基础上，对如何衡量每项职责完成情况的规定。它包括衡量要素和衡量标准两个方面。衡量要素，是指对于每项职责，应该从哪些要素进行衡量；衡量标准，是指这些要素必须达到的最低要求，标准可以是具体的数字，也可以是百分比的形式。

2. 业绩标准的类型

业绩标准存在着正向业绩标准与反向业绩标准两种类型。正向的业绩标准，从正面的角度考察该职责是否完成，以及完成的效果，如目标达成率、计划质量、准确性、及时性等；反向业绩标准，是从反面的角度考察职责的完成效果，如差错率、失误率等，适用于那些从正面角度无法衡量工作效果和质量的工作职责。

（九）工作环境

工作环境是指工作的物理环境和心理环境。一般情况下，工作描述中所讨论的工作环境主要是指工作的物理环境。例如，针对操作工人的职位描述，其目标是界定工作的物理环境在多大程度上会对工人造成身体上的不适或者影响其身体健康。

三、任职资格

任职资格，主要对职位任职人员的标准和规范进行概括。包括该职位的行为标准，胜任职位所需的知识、技能、能力、个性特征及对人员的培训需求等内容。任职资格侧重关注“看得见”的知识技能，区分候选人是否符合职位要求。

1. 教育程度

度量教育程度有两种方法，一种是通过正规教育的学历水平和专业，另一种是任职者通过职业培训实际达到的教育水平。不同的职位对任职者有不同的学历水平和专业的要求，在跨境电商领域，对于翻译人员可能会要求本科以上学历和英语专业或小语种专业。

2. 工作经验

对于工作经验一般使用社会工作经验进行测量，包括任职者的管理经验、专业工作经验和一般工作经验。管理经验就是指任职者在组织承担管理职位的经验，对于某些要求比较高的职位会对专业工作经验做出要求。

3. 工作技能

工作技能，是指对与工作相关的工具、技术和方法的运用。不同的岗位，有不同的工作技能要求。事实上，职位所要求的工作技能会随着职位的不同存在很大差异，但在工作说明书中，将不同职位的技能要求进行比较，人们往往只关注其中少数几项对所有职位均通用的技能，一般包括：计算机技能、外语技能与公文处理技能、营销技能等。外贸员是跨境电商行业的密集从业人员，工作技能展示如表 9-5 所示。

表 9-5　外贸员工作技能示例

技能板块	主要项目要求或等级
外语	国家英语四级以上，良好的口语和书写表达能力
计算机	熟练操作办公软件（Word、Excel 等基本加工软件）
公文处理	1. 能看懂一般公文。 2. 能熟悉一般公文写作格式，能够起草基本的公文，且行文符合要求。 3. 能抓住公文要点，并加以归纳整理。 4. 具有较强的文字表达能力，言简意赅，行文流畅

（资料来源：高艳，《职位分析与职位评价》，西安：西安交通大学出版社，2012 年版）

4. 培训需求

培训需求主要指作为该职位的一般任职者的培训需求，即每年需要多长时间的工作培训、培训内容与培训的方式等。企业的培训活动往往需要和企业整体的培训需求体系设计衔接，以整个企业的培训开发的政策、制度和模块为基础。有三种主要形式：在岗培训、脱岗培训和自我培训。

拓展阅读

跨境电商专员职位介绍

职位职责：

1. 负责速卖通 Aliexpress、亚马逊 Amazon 国际平台店铺运营维护。包括：新产品编辑和刊登上线，在线产品的优化，以提升店铺产品的曝光度和转化率、增加访客数和浏览量、最终达到促进销量的目的。

2. 负责从产品发布、报价、到客户下单、收款、出货和售后服务等整个流程。

3. 通过邮件、即时聊天工具、电话等接待客户、解答疑问、网上销售服务，促成交易，获取订单。

4. 跟踪客户产品使用情况，维护客户关系；负责平台疑难订单及投诉订单的处理，保持店铺的好评和信用。

5. 了解和搜集网络上各同行及竞争产品的动态信息，制订推广与销售计划。

任职要求：

1. 一年以上阿里国际站，Amazon 平台等相关跨境电子商务运营管理经验。

2. 英语听、说、读、写佳，能轻松与国外客户以书面、电话及面对面的形式沟通。

3. 有较强的数据分析能力，善于思考和总结，具有敏锐的市场洞察力。能够准确切中用户需求，把握产品核心。

4. 熟悉销售平台和流程，熟悉各种规则及推广工具的使用。

5. 电子商务、国贸、英语等相关专业毕业。

——资料来源：http：//jobs. zhaopin. com/hangzhou/sj1036/ju_ kjdzsw.

亚马逊总监职位介绍

职位职责：

1. 负责组建 Amazon 销售团队，提供团队支持与培训，建立、补充、发展、培养销售队伍，促使所属部门及同事业绩同步，打造一支高效协作、充满激情的专业化销售团队。

2. 负责 Amazon 平台热销产品的分析和开发，关注市场动态，评估市场容量，分析产品前景。

3. 负责通过空、海运及海外仓调拨，制订 FBA 库存计划，负责制订品牌营销策略及广告投放计划。

4. 负责组建基于客户需求及市场数据分析的产品开发团队。

5. 有效地利用运营数据，监督营销战略进度、达成率，及时做出相应策略总结和调整。

任职要求：

1. 两年以上国外亚马逊销售经验，至少 1 年以上亚马逊销售团队管理经验。

2. 了解 Amazon 政策和规定，熟悉 Amazon 市场上产品开发方法及销售策略。

3. 热爱电子商务行业，熟悉互联网流量引入渠道及 B2C 独立站运营经验者优先。

4. 丰富的团队管理经验，善于构建人才梯队建设。

——资料来源：http：//jobs. zhaopin. com/CZ414324680J00108160805. html.

四、职位评价

职位评价，又称为工作评价，是建立在职位分析基础上的人力资源管理活动，其主要服务对象是建立企业职位价值序列和设计企业薪酬体系。就是根据各职位对组织目标的贡献，主要以工作内容、技能要求、对组织的贡献、组织文化及外部市场等为依据，通过专门的技术和程序对组织中的各个职位的价值进行综合比较，确定组织中各个职位的相对价值。职位评价是职位分析的逻辑结果，其目的是提供工资结构调整的标准程序，是薪酬设计的基础。

职位评价方法可以从定性和定量两个角度进行分析。定性评价方法有两种：职位分级法和职位分类法。定量评价方法有因素比较法和要素计点法。

（一）职位分级法

职位分级法又称为职位排序法。职位分级法是最简单的一种评价方法，它是从总体上来判断各个职位价值的相对大小，是指由经过培训的有经验的测评人员依据对职位所承担责任、困难程度等基本情况，通过比较每两个职位之间的级别关系，来确定所有职位序列的一种方法。这种方法主要根据职位评价人员的工作经验进行分析判断，将各工作职位的相对价值按高低次序进行排列。在运用此方法时，要求评价者对需要评价的职位内容相当熟悉，否则就不能做出准确的判断。这种评价工作通常由人力资源管理人员或组成职位评价委员会来完成。职位分级法有两种比较常见的类型：交替排序法及配对比较排列表法。

交替排序法：在这种方法中，先把所有的职位列在一张纸上，选出职位价值最高的写在另一张纸的最上面，同时选出职位价值最低的写在最下面，以此类推，直至将所有的职位排序完毕。这种方法比较容易了解，但实施起来比较烦琐，尤其是职位数量比较多的时候。

配对比较排列表法：配对比较排列表法通过建立一个职位比较矩阵，将所有的职位分别进行两两比较，职位价值大、频数最多的职位便是最高等级的职位。

（二）职位分类法

职位分类法又称归级法，是对排列法的改进。分类法是在职位分析基础上，通过建立明确的职位等级标准将各个职位划入相应等级的一种方法，职位分类通常根据职位的工作性质、责任轻重、难易程度和所需资格条件等进行分类，划分为若干种类和等级。其工作步骤为：①职位分析；②职位分类；③建立等级结构和标准；④划分职位等级。

（三）因素比较法

因素比较法是一种比较计量性的职位评价方法，与职位排序法比较相似，两者的主要区别表现在两个方面：一是排序法仅仅从一个综合的角度比较职位之间的差异，而因素比较法是选择多种报酬要素进行比较排列；二是因素比较法是根据各种报酬要素得到的评价结果设置一个具体的报酬金额，然后汇总得到职位的报酬总额。因素比较法选择多种报酬因素，如工作责任、工作强度、任职要求、工作环境等方面，并按照各种因素分别进行排序。因素比较法主要包括以下实施步骤：确定关键职位、选择比较要素、编制因素比较尺度表，最后进行职位比较。

（四）要素计点法

在排序法、分类法、因素比较法以及要素计点法四种常见的职位评价方法中，要素计点法是应用最为广泛的一种定量的职位评价方法。是指通过对特定职位特征的分析，选择和定义一组通用性评价指标并详细定义其等级作为衡量一般职位的标尺，将所评价职位依据各个指标打分、评级后，汇总得出职位总分，以这种标准来衡量职位的相对价值。

要素计点法是先选定部分关键性职位评价要素，作为报酬要素，并确定各要素的权数大小，并对每个要素分成若干不同的等级，然后给各要素的各等级赋予一定分值，这个分值也称为点数，最后按照要素对岗位进行评估，算出每个岗位的加权总点数，从而确定各报酬要素的每一个等级所对应的点值。

通过一系列职位分析和评价，可以获得该职位需要的知识、技能和能力以及职位价值。职位分析为招聘提供依据，通过职位说明书，可以知道该职位所需人员的基本素质要求，职位不同要求的侧重点不同。外贸员需要英语口语流利，有一定的沟通能力和人际交往能力；程序员可以不擅长语言表达，但需要有一定的编程能力。通过职位分析工作，可以更好地实现任职匹配，减少招聘误区。

拓展阅读

职位分析结果的四维判断

职位分析的信度（Reliability）：是指对不同分析者、不同测量方法、不同数据来源、跨时测量等测量结果的一致性的度量。通过信度的分析，减少因参与者绩效、理解、表述的差异性。

职位分析的效度（Validity），即：职位分析结果的有效性。可通过对大量的测试结果汇总后，对参与者的认同焦点进行判断。若参与者对职位问题的答案给出的结果一致性较高则说明有效性较高，分析结果可以采信。若一致性较低，分歧较大，说明分析结果有待进一步改善。

职位分析的有用性（Usefulness），即：职位分析结果对人力资源管理其他要素是否提供了有使用价值的信息。如人员的甄选，可根据职位说明书描述的人员应具备的资质。人员晋升，可将人员的实际绩效与职位分析中确定的职位目标绩效比照。

职位分析结果的可接受程度（Acceptance），在职位分析过程中应积极邀请职位人员的参与，并将分析结果进行有效沟通，提高参与者的职位分析认同度，更有利于组织战略目标的实现。

第二节 跨境电商求职与招聘途径

员工招聘是一个有目的、有计划的企业行为。指企业为了生存和发展的需要，根据职位分析和工作评价的结果，通过多种方法、多种渠道，吸引、识别和甄选符合组织需要的，具有一定知识、技能、能力和某种特征潜质的候选人。

招聘计划的设计包括招聘需求的调查和招聘预测、选择招聘渠道和信息发布渠道及招聘成本分析等。企业应该事先规划好各个阶段人力资源的需求状况，由人力资源部门定期做好人员需求调查，保证招聘工作有的放矢、有条不紊地按计划实施。企业人力资源部门能否招聘到高质量的合格员工，是关系到整个企业员工队伍素质高低的关键。

选择合适的招聘渠道和信息发布渠道，可以吸引更多的人员前来应聘，使企业有更大的选择余地，并且直接影响到所招收员工的素质与企业的经营效益。招聘流程主要包括发现和吸引应聘者、收集和审核求职者资料、面试及考核、报批审批、反馈和录用等程序。

一、人力资源获取方法与途径

人力资源获取的渠道多种多样，根据人力资源获取的来源可以分为内部渠道和外部渠道。外部渠道指组织主要从外部劳动力市场获取组织需要的人力资源；内部渠道指组织除了内部的公开招聘以外，还包括工作轮换、职位升降及人员返聘等方式获取人力资源。

然而，内部招聘渠道和外部招聘渠道各有优劣，企业应该根据组织内部具体情况选择合适的招聘渠道（详见表9-6）。发布招聘信息应选择最有效的消息发布渠道。目前，企业发布招聘信息的渠道主要包括招聘会、报刊广告、职业介绍机构、人才机构、校园招聘、员工推荐、网络招聘、内部招聘和岗位轮换等。企业根据招聘规模和所需人员的性质及以前的招聘经验等状况，选择某种单一渠道，也可同时选择多个渠道。招聘渠道的选择不仅要考虑信息发布的费用成本，而且还要考虑招聘信息覆盖的范围，更要考虑招聘信息能否及时准确地吸引目标人群。

表 9-6 内部招聘和外部招聘渠道优缺点

招聘	内部招聘	外部招聘
优点	组织对候选人的能力有清晰的认识； 候选人了解工作要求和组织； 鼓励高绩效、有利于鼓舞员工士气； 组织仅仅需要在基本水平上雇佣； 更低的成本	更大的候选人选择空间； 会把新的技能和想法带入组织； 比培训内部员工成本低； 降低徇私的可能性； 激励老员工保持竞争力，发展技能
缺点	会导致“近亲繁殖”状态； 会导致为了提升的“政治性行为”； 需要有效地培训和评估系统； 可能会因为操作不公平或心理因素导致内部矛盾	增加与招聘和甄选相关的难度和风险； 需要更长的培训和适应阶段； 内部的员工可能感到自己被忽略； 新的候选人可能并不适应企业文化； 增加搜寻成本

（资料来源：Australian Master Human Resource Guide 2002，the global law firm，p. 198.）

（一）网络招聘

随着网络的快速发展，传统的招聘方式已经发生改变，网络招聘成为主流趋势。网络招聘是企业通过网络平台发布职位需求与招聘信息，吸引求职者进行投递简历的过程。在网络招聘流程中，招聘人员要经过简历收集、简历筛选和候选人面试等多个步骤开展招聘工作。

网络招聘又分为职业招聘网站和公司招聘网站。不同的职业招聘网站有不同的侧重点，职业招聘行业有五大典型模式，分别为综合网络招聘模式、社交招聘模式、垂直招聘模式、分类信息模式和新兴招聘模式。

①综合网络招聘模式。代表性企业有“前程无忧”“智联招聘”等，综合招聘模式发展较早，这类企业目前是网络招聘的领军企业，市场份额超过 60%。

②社交招聘模式。该模式是基于社交圈子和职业人脉的招聘方式，代表企业有“大街网”“领英”等网站。

③垂直招聘模式。该模式是指专注于某个行业、特定人群或是某个特定区域的招聘服务，代表企业有“拉勾网”“猎聘网”“南方人才网”等网站。

④分类信息模式。代表性企业有“58 同城”“赶集网”等网站，这类网站主要发布蓝领人群的招聘信息，招聘业务只是这类网站的一部分业务。

⑤新兴招聘模式。是指近些年兴起的新的招聘模式，如以 100offer 为代表的拍卖模式；以内推网为代表的内推模式；以兼职猫为代表的兼职招聘模式等。

拓展阅读

常见的职业招聘网站

智联招聘	http：//ts. zhaopin. com/
前程无忧（51Job）	https：//www. 51job. com/
领英（Linkedin）	https：//www. linkedin. com/
猎聘	https：//www. liepin. com/
赶集网	http：//sh. ganji. com/
中华英才网	http：//www. chinahr. com/

公司招聘网站是指利用公司官网进行招聘，这种方法对人员的甄选更有针对性，更容易吸引行业内人士。这些人员对企业有一定的了解，更容易认同企业文化。在用公司官网进行招聘时需要特别注意招聘信息面向的群体，招聘实习生、应届生或是有工作的经验人员；其次，要树立公司的正面形象，宣传企业文化，可以在官网多做一些正面宣传。

网络招聘有如下优点：

网络招聘信息覆盖面广。网络招聘依托于互联网（流程见表 9-7），达到了传统招聘难以获得的效果。成本低。网络招聘相较于其他方式具有成本优势，对于求职者来说，轻点鼠标即可完成个人简历投递。还具有快速筛选功能。各类人才招聘网站都对求职者的专业、受教育程度以及从事的行业等个人信息进行了细化，因此用人单位可以针对自己的用人标准进行简历的快速筛选。

表 9-7　网络招聘流程

步骤	流程	流程具体内容
步骤一	招聘信息发布	人事专员在招聘网站或者在公司主页发布招聘信息
步骤二	简历收集	根据职位不同进行分类收集，并初步筛选掉不符合硬性要求的求职者，主要是学历要求
步骤三	简历筛选	由人力资源部门负责简历筛选，主要从工作经验、工作知识和技能进行筛选
步骤四	面试	电话面试：主要考察求职者的沟通能力和思维能力
		公司面试：对候选人进行综合考察
步骤五	录用	录用考核合格的候选人

拓展阅读

中国网络招聘市场

艾瑞数据显示，中国网络招聘市场稳定增长：2016 年中国网络招聘行业雇主规模达到 428.2 万，增长率为 29.1%。艾瑞分析认为：（1）中国整体国民经济稳步增长，网络招聘行业雇主招聘需求也随之增长；（2）中国企业，尤其是中小企业、微型企业招聘需求持续旺盛，供需量大且匹配难度依然比较大；（3）网络招聘企业拓展其他人力资源服务，网络招聘提供诸如人才测评、人力资源外包等更多的人力资源服务，雇主规模随之增长。

2016 年，中国网络招聘行业求职者规模达到 14449.5 万人，增长率为 12.1%。互联网的普及进一步推动了在线求职者数量的增加。由于求职者数量体量已经非常庞大，因此增速逐步减缓，2019 年预计突破 1.9 亿人。据艾瑞监测数据显示，中国网络招聘求职者中，大学本科以上学历人群占比为 57.4%。从整体趋势来看，高学历群体（大学本科以上学历）占比呈下降趋势，由 2009 年的 66.4%下降至 2017 年的 57.4%，而低学历群体占比则呈现上升趋势。

现阶段，网络招聘行业求职者学历结构已基本稳定，高学历人群占比已基本稳定在 60%左右，低学历人群占比稳定在 40%左右。2017 年上半年中国网络招聘市场中，前程无忧和智联招聘仍然领跑行业份额，其中前程无忧营收份额最高，占比 31.8%；智联招聘紧随其后，占比 30.7%。

——资料来源：http：//www.sohu.com/a/204222840_ 445326.

（二）猎头公司

猎头公司是沟通公司和候选人的中间桥梁，主要是猎头顾问为客户公司提供中、高端职位、特殊职位人才招聘及相关咨询服务（招聘流程见表 9-8）。猎头公司都拥有自己的人才库，通晓各个行业、各个企业的人才数据，同时会根据市场变动及时收集大量的人才信息。这种招聘方式具有成功率相对较高、人员质量有保证等优点，但也有不足之处：客户公司必须向猎头公司缴纳高昂的费用，一般为候选人基本年薪的 20%~30%。

表 9-8 猎头公司招聘流程

流程 1	接受客户申请	公司出现中、高级人才职位空缺
流程 2	商定候选人任职要求	包括学历、背景、工作年限
流程 3	寻找合适的候选人	1. 选定满足任职资格的候选人； 2. 面试候选人； 3. 将候选人推荐给客户公司； 4. 客户公司对候选人进行面试； 5. 决定是否录用

外资高端专业路线的猎头公司：光辉国际、海德思哲、亿康先达国际咨询公司、雷诺仕国际猎头。国内领先的民营猎头公司：科锐国际、肯耐珂萨、Mango。不同猎头公司侧重的行业不同，包括互联网、地产、化工、机械等多个行业。

拓展阅读

猎聘数据

猎聘抽取 32 万个猎头、71 万个猎头职位样本，针对 1 万多名猎头，5 万多名求职者进行问卷调研后，发布了《全国猎头猎取人才行为大数据报告》。此大数据报告主要从猎头行业、猎头从业者和被猎取对象的数据及行为深入挖掘。

据猎聘大数据报告显示，猎头发布职位所在的行业并非平均分配。相比较而言，互联网、房地产和机械制造名列猎头出没最多的行业 top 榜前三名，分别占比 27.57%、21.09%和 12.43%。这是因为猎头发布职位，直接反映了市场对于人才的需求，而人才需求与经济发展趋势息息相关。近年来，人工智能大热，各地房地产发展势头良好，使得互联网、房地产行业受到市场的极力追捧，因此，这三个行业出没的猎头也就更多。

——资料来源：http：//news. ifeng. com/a/20171208/53989242_ 0. shtml.

（三）校园招聘

校园招聘是一种特殊的外部招聘途径。企业直接从学校招聘各类、各层次的应届毕业生。常见的有校园宣讲会，在进行宣讲前需要进行周密的准备，包括发布校招宣传片、校招主题曲、公布校招行程、提前进行报名预约等(详见表 9-9)。目前的华为、中兴、小米、百度、搜狐等知名企业都陆续走进校园招聘毕业生，尤其是华为，在全国多个高校举行大规模宣讲会活动。此外，还有人才交流机构或政府举办的毕业生招聘活动、企业委托高校或中等专业学校培养、邀请学生到企业实习并选拔留用，企业在学校设立奖学金并在享受者中选拔录用以及校园招聘专业网站等方式。

表 9-9　校园招聘流程

流程 1	前期准备	联系各院校的就业负责人，确定招聘时间和地点
流程 2	招聘实施	安排教室会场；准备好招聘横幅、海报；将在该校需要招的专业需求和岗位发布公告
流程 3	招聘宣讲	对企业进行宣传，最后要向学生说明此次招聘的进程安排：面试、笔试的安排，签约的地点、时间
流程 4	面试笔试	对学生进行面试和笔试，根据公司要求进行考核
流程 5	录用签约	通过面试和笔试的综合筛选，确认录用名单

由于应届毕业生在知识结构、心理特征、技能水平等方面与具备工作经验的社会人才有较大差异，因此，企业通过校园招聘获取人才主要基于以下两个原因：

(1) 大学毕业生具有与企业文化相融合的易塑性。在校的学生由于相对较少地接触社会和企业，因此在职业化行为、职业理念、价值观等方面尚未成形，相对容易接受组织文化，在与组织文化相融合的过程中，阻力相对较少。

(2) 大学毕业生是具有发展潜质的群体，对组织来说通过校园招聘获得的、用于评价其潜质的信息相对完整、可信度较高。

(四) 媒体、报纸杂志招聘

企业在媒体、报纸杂志上刊登招聘广告是企业广泛应用发布招聘信息的方式之一。通常的做法是在传播媒介上面向大众发布职位需求信息，具体信息还应包括公司名称、地址、职位及任职资格，以吸引候选人。不同职业的人关注的领域不同，计算机行业的多关注计算机方面的报纸、杂志和相关媒体，因此在进行选择时，应该最大限度地接触候选人，尽可能地吸引候选人前来面试。企业在进行广告招聘时，需要考虑媒体本身承载的信息传播的能力，因为不同的传播媒体有不同的优缺点和适用范围。

内部招聘，指当公司出现职位空缺后，从公司内部选择合适的人选来填补位置。内部招聘有提拔晋升、内部公开招聘和人员重聘等几种方法。

1. 内部晋升

内部晋升是指从组织内部提升员工来填补较高一级的职位空缺。由于员工对组织内的各岗位的任职要求和工作内容较为熟悉，通过内部员工晋升可以缩短上岗前期的时间，直接进入工作岗位。内部晋升能鼓舞员工士气，激发其工作积极性，提高工作效率，但也有一定的缺点，内部提拔受工作性质的制约。内部提拔只适用在工作性质对员工能力要求类似的岗位之间进行；内部提拔容易加剧企业内部的权力斗争，他们可能会把更多的时间和精力用在表现个人能力上，而不是用在互相合作上。

2. 内部公开招聘

内部公开招聘是指在组织内部传达关于目前空缺职位信息和任职资格条件，使全体员工都能公平地获取职位信息，并且不论职位高低都根据个人实际情况进行参与。这种招聘方式能够最大限度地利用企业内部的人力资源，激发员工的积极性和主动性。

3. 人员重聘

对于那些技术水平要求比较高的岗位，企业希望重新聘用以前下岗的，或者由于非主观原因离职的老员工。如果重新招聘新员工，企业要投入人力和物力进行新员工培训。相对于新员工，老员工更了解组织结构、适应企业文化，也有相应较高的组织承诺和组织忠诚度。

二、人员甄选方法与技术

人员甄选是运用各种评价方法和手段，测量和评价候选人的任职资格和他所掌握的与工作相关的知识、技能等易于观察的要素，还包括个人的个性特征、行为动机和个人价值观等潜在要素。人员甄选方式主要有心理测验、笔试、面试、评价中心技术等。

（一）心理测验

心理测验（Mental Test）是根据一定的法则和心理学原理，使用一定的操作程序给人的认知、行为、情感的心理活动予以量化。心理测验是心理测量的工具，心理测量在心理咨询中能帮助当事人了解自己的情绪、行为模式和人格特点。心理测验是根据心理学原理、设计程序，对心理因素进行测量。心理测验一般测量比较有代表性的问题，类似心理测验问卷，不同之处是心理测验要求被试者以最好的状态完成测验，而问卷则只要求被试者平常发挥就行。一个实用的心理测验必须要具备信度和效度。

心理测试很多，但测试的结果仅供参考。心理测试不是心理健康的唯一标准，心理测试细节应由专家再分析，因为心理测试是以心理健康社会常规模式为标准测试。心理测试的常模标准是动态的，比如国外的测试常模和过去的测试常模不一定符合当代社会的普遍现象；另一方面，当事人在心理测试的时候是一种心态，测试以后可能又是一种心态；还有心理测试题是否恰当、是否有暗示性、当事人对心理测试的态度、测试答案怎么分析等都是影响心理测试的因素，心理测试在专业领域叫心理测量，网络上的心理测试多是娱乐游戏性质。

常见的心理测验有以下几种：

（1）能力测验：包括智力测验和特殊能力测验。前者主要测量人的智力水平，后者多用于升学、职业指导服务（如绘画、音乐、手工技巧、文书才能、空间知觉能力等）。

（2）人格测验：主要测量人的性格、气质、兴趣、态度等个性特征和各种病理个性特征，常见的人格测验有明尼苏达多项人格调查（MMPI）、艾森克人格问卷（EPQ）、卡特尔 16 种人格因素问卷（16PF）、Myers-Briggs Type Indicator（MBTI）、加利福尼亚心理学调查表（CPI）等。

（3）记忆测验：包括短时间记忆测验和长时间记忆测验，主要用于外伤引起的记忆损害和老年人记忆减退，常见的有韦氏记忆测验。

（4）适应行为评定：评估人们的社会适应技能，包括智慧、情感、动机、社交、运动等因素。

（5）职业咨询测验：是近年来发展迅速的心理测验，由于许多年轻人希望在未来竞争中既能发挥自己的潜能、气质，又能适应自己的兴趣、爱好，因此在择业前往往求助心理学家，如霍兰德职业兴趣测试。

（二）笔试

笔试就是以试卷形式考察候选人，面试官根据应聘者的答案评定成绩。通过笔试，可以测量求职者的专业知识、管理知识、逻辑思维能力及文字表达能力等素质。

命题是笔试的首要问题，命题要和招聘职位密切相关，要体现出招聘职位的工作特点和特殊性。同时，命题要有适当的难度，可以区分出不同素质水平的候选人。一般大型公司，如 IBM、Microsoft、Oracle 等在招聘 R&D（研究与开发）职位时都会进行这样的笔试。例如，微软工程院在 2004 年安排的笔试，都是关于 C、C++语言的题目，对应聘者的编程经验要求非常高。最后经过笔试筛选，淘汰了 90%的候选者，由此可见笔试对技术性职位的重要性。

笔试的最大优点就是成本低、效率高，可以同时对多个应聘者进行笔试，成绩评定有依据，可以比较客观、公正地评价应聘者，但由于不能和应聘者直接见面交谈，不能全面地考察应聘者的工作态度、品德修养，以及组织管理能力、口头表达能力和操作技能等，因此，笔试虽然有效，但还必须采用其他测评方法，如面试、评价中心技术、心理测验法等，以补其短。一般来说，在企业组织的招聘中，笔试只作为应聘者的初次竞争的考察方式，成绩合格者才能继续参加面试或下一轮测试。

（三）面试

按面试问题的结构化或标准化程度分类，可以分为结构化面试和非结构化面试。还可分为情景面试、行为面试、小组面试、压力面试等。

1. 结构化面试

结构化面试是事先准备好各种问题和提问的顺序，对每个面试者进行相同顺序、相同问题的测试。采用结构化面试，所有的应考者在几乎完全相同的条件下接受面试，保证面试过程的公正、公平，便于候选人之间的横向比较，选出适合企业的优秀候选人。其缺点是题目内容固定，面试官不能根据每个候选人的实际情况进行自由询问，考察内容就会受限。并且在候选人之间会造成题目泄露，部分候选人如果事先准备好答案进行回答的话，就不能有效考察候选人实际能力，也会造成候选人之间的不公平。

2. 非结构化面试

非结构化面试是和结构化面试相对的一种面试方法。面试题目并不固定，是面试官和候选人之间开放的、任意的谈话。非结构化面试就是没有既定的模式、框架和程序，依据主考官的经验来进行，关注特定的、感兴趣的问题，对各个应聘者的提问及评分标准都不必相同。面试官可以根据具体交谈情况，也可以依据具体职位进行即兴提问，并且没有标准的答案。非结构化面试比结构化面试更能考察应聘者逻辑思维能力、反应能力和处理压力的能力。但非结构化面试对面试官的要求比较高，面试结果的好坏与面试官的经验和技术水平有一定的关系。

3. 情景面试

情景面试又叫情景模拟面试或情景性面试等，是面试的一种类型，也是目前最流行的面试方法之一。情景面试的理论依据是动机理论中的目标设置理论。目标设置理论认为一个人的未来行为在很大程度上受到其目标或行为意向的影响。在情景性面试中，面试题目主要是一些情景性的问题，即给定一个情景，看应聘者在特定的情景中是如何反应的。情景面试主要考察候选人的语言表达能力、沟通技能、组织协调和思维逻辑等能力。

4. 行为面试

行为面试主要通过对候选人具体行为的考察，判断候选人是否符合职位的需求。面试官可以询问面试者在过去的工作经历中遇到的最棘手的事情和最有成就感的事情，通过这些关键事件的描述，判断事件的真伪以及候选人处理具体问题的能力（详见表9-10）。通过候选人自述事件过程中透露出来的信息，判断该候选人的特征是否符合组织需求。

表9-10　行为面试提纲示例

序号	面试提纲
1	自我评价一下你自己。最大的优点及最大的缺点是什么？另外你的人生规划是什么？
2	看你的简历中得知你有在大公司实习的经历，为什么你在找正式工作的时候来我们这样一家小公司？
3	当你的客户很明显地在刁难你的时候，你是如何应付的？
4	如果有一个比你学历低的同事和你拿到的起薪是相同的，你如何看待这件事情？
5	你以前最大的成就是什么，如何实现的？
6	可以告诉我你的一次失败经历吗？

在开展行为面试中，企业方都会采用"STAR法则"与应聘者展开面谈，以便更全面地收集面试者与工作相关的具体信息和能力。"STAR法则"比起传统的面试方法来说，可以更精确地预测面试者未来的工作表现（详见表9-11）。

表9-11　STAR原则

STAR法则	字母代表的定义
S（Situation）	事情是在什么情况下发生的？
T（Task）	如何明确自己任务的？
A（Action）	采用了哪些行动？
R（Result）	结果如何？

5. 小组面试

小组面试是由一群面试官对候选人进行的面试。小组面试与无领导小组讨论不同，无领导小组讨论是评价中心技术的一种方法，没有面试官的参与。而小组面试主要就是由多个面试官对候选人进行提问的方法。每个面试官考察的维度不同，因此，在面试过程中，面试官可以从不同的侧面对候选人进行综合面试。小组面试可以得到一个更全面的测试结果，包括语言表达能力、应变能力、思维能力等，但这种方法会给候选人带来额外的压力。

6. 压力面试

压力面试指有意制造紧张氛围，以了解求职者将如何面对工作压力。面试人通过提出生硬的、不礼貌的问题故意使候选人感到不舒服，针对某一事项或问题做一连串的发问，打破砂锅问到底，直至无法回答。其目的是确定求职者对压力的承受能力，在压力前的应变能力和处理人际关系的能力。面对咄咄逼人的问题，候选人仍然能做出清晰的说明，则说明承受压力的能力比较强。

面试是相对主观性的过程，即面试官通过候选人的表现进行主观评价，因此，面试中不可避免会存在误区和错误，主要有以下几个方面。

①晕轮效应。晕轮效应最大的特点就是以偏概全。当候选人表现出好的一面时，面试官可能会无限放大该光环，即使候选人表现得不如意，也会因为晕轮效应得到高的评价。

②第一印象。面试官容易在面试初始对候选人形成第一印象，通过第一印象对候选人做出初步判断，在其后的面试过程中往往不容易改变。

③对比效应。面试次序的差异也会影响面试官的评价。如前面候选人都表现得比较差，排在其后面的候选人表现如果相对好一点，因为有对比效应的存在，候选人就很可能会得到高的评价；相反，先前的候选人都表现得比较优秀，表现一般的候选人可能会得到更差的评价。

④刻板效应。指对某个群体产生一种固定的看法和评价，并对属于该群体的个人也给予这样的看法和评价，这就会造成评价误差。

⑤类我效应。如果候选人某些方面的表现和面试官相同或相似，会容易得到面试官的好感和同情，从而得到高的评价，以致面试结果有失公允。

（四）评价中心技术

1. 无领导小组讨论

无领导小组讨论（Leaderless Group Discussion）是评价中心技术中经常使用的一种测评技术，采用情景模拟的方式对考生进行集体面试。一定数目的考生组成一组（8~10 人），给定讨论题目，讨论过程中不指定谁是领导，也不指定受测者应坐的位置，让受测者自行安排组织。评价者来观测考生的组织协调能力、口头表达能力、辩论的说服能力等各方面的能力和素质是否达到拟任岗位的要求，以及自信程度、进取心、情绪稳定性、反应灵活性等个性特点是否符合拟任岗位的团体气氛，由此来综合评价考生之间的差别。

无领导小组讨论是一项技术性较强的人员测评技术，为确保其具有较高的信度和效度，在进行无领导小组讨论时有以下关键思考点：

（1）论题的内容：无领导小组讨论的问题应与目标岗位将面临的问题具有高度的相似性，即要求问题的现实性和典型性都要好，以达到最大限度的情景模拟，不但能够检测应试者对目标岗位的了解状况，而且能够检测应试者从事目标岗位的适合度。

（2）论题的难度：讨论的问题一定要一题多议、一题多解，有适当的难度。无领导小组这种测试方式，重在“讨论”。通过讨论，来观察和评价应试者的各项能力胜任力，这种讨论不在于阐明、捍卫某种观点思想的对错，而在于在讨论过程中表现出的个人特质。

（3）角色平等：无领导小组讨论最大的特点在于没有明确指定小组讨论中的领导，只有候选人之间的地位平等了，才能有发挥自己才能和潜质的同等机会，评价结果才有可比性。

（4）考官参与度：考官在给候选人提供了必要的材料、交代问题背景和讨论要求后，一定不要参加提问、讨论或回答问题，以免给应试者暗示。

2. 公文筐测验

公文筐测验是在假设的测验环境下实施，假定的情景模拟某个公司所发生的实际业务、管理环境、企业文化，并为候选人提供一批该岗位经常需要处理的文件，如财务报表、市场战略、公共关系和客户关系等材料，要求被评价者以管理者的身份，在一定的时间和规定的条件下处理完毕，并且还要以书面或口头的方式解释说明这样处理的原则和理由。面试官通过候选人面试时的表现和书面表达评估候选人的计划、组织、沟通和决策的能力。

公文筐测验是评价中心中最常用和最核心的技术之一。具有以下优点：

（1）应用范围广。考察内容范围的广泛使得公文处理测试具有广泛的实用性。公文处理测试是在众多公选考试测试中普遍使用的一种。

（2）高度似真性。公文处理测试完全模拟现实中真实发生的经营、管理情景，对实际操作有高度似真性，因而预测效度高。

（3）具有灵活性。可以根据不同的工作岗位、不同的工作性质和所要评估的能力而设计题目。

3. 角色扮演

角色扮演是情景模拟中的一个重要方法。先给候选人一个角色脚本，并设置一定的障碍或困难，要求候选人扮演该特定管理角色来处理日常的管理事务。主要考察候选人人际关系处理能力。角色扮演能够更好地再现组织中的真实情况，能够获得关于被试者更加真实的信息，对将来的工作表现有更好的预测效果。该测试方法可以单个人测试，也可以同时多人进行测试。主要考察候选人的沟通能力、判断决策能力、人际理解力、人际影响力、角色适应力等。

4. 演讲

演讲就是给候选人一定的主题和准备时间，表达自己观点和理由，面试官在候选人演讲结束后，可以根据候选人的演讲内容进行询问和评价。主要测试候选人的语言表达能力、逻辑思维能力、反应能力和处理问题的能力。演讲是候选人展示自己、推销自己的方式，同时也是面试官与候选人交流思想、阐述观点的重要手段。

三、人员录用与招聘评估

通过层层选拔后的候选人，在进入公司前的最后一步是接到公司录用通知，而公司通过面试、评价中心技术等多种方法对候选人进行测评后，得到候选人的能力和胜任力等多种信息，根据收集到的信息可以做出初步的录用决策。在做出录用决策时，可以由人力资源专业人员和用人部门共同讨论做出最终结论。

（一）录用决策

在实际招聘选拔中，面试官往往会根据第一印象对候选人进行判断，并且在接下来的面试程序中不会轻易改变观点。因此，在进行招聘选拔时，应该把决策阶段和选拔阶段分开进行。管理者不应该在进行面试时，同时衡量应聘者或者当场做出招聘决定，在进行招聘面谈时，管理者必须努力地去通过提问来挖掘应聘者的应变能力、逻辑思维能力、沟通能力、语言表达能力、人际关系敏感度等，并详细做好记录，让每一位面试者都尽可能在面试中发挥出自己的优点。

录用决策阶段的主要任务就是通过甄选评价过程中产生的信息进行综合评估和分析，根据事前确定的任职资格、胜任力模型以及招聘计划进行录用决策，系统化地对候选人的胜任能力进行评估和比较，对照每个候选人的能力和潜质特征等特点，结合各部门主管的意见来最终确定录用人员，同时结合定性和定量的方法来进行评估。定性评估就是对候选人的各方面进行描述性评价，分别列举出其优点和不足，并在不同应聘者之间进行横向比较；定量评估即对应聘者的各项能力特征进行打分评定，赋予面试者认为比较重要的特征一定的分值，分别给每个应聘者进行打分，最终进行加权评分，得分最高的则往往是选择的对象。

如果各部门在录用人选问题上有冲突，就应该尊重用人部门的意见。因为人事部门是从应聘者综合素质的角度来选拔，而用人部门对任职要求的认识比人事部门更全面，他们清楚本部门所要招聘的应聘者应具备的技能。

目前，大部分企业会选择对候选人的背景进行调查，证实应聘者所提供的信息真实有效。调查信息主要核实应聘者的简历信息是否真实，包括工作经历、学历、不良记录等，可以通过电话、暗访、邮件等形式进行。大企业一般选择第三方专业机构对候选人进行背景调查。此外，应聘者需要提交个人体检报告，体检医院一般由公司指定。

在面试结束后，人事部门应该尽早和拟录用的候选人取得联系。录用决策就是对面试者面试表现的反馈，不管被录取还是未被录取的面试者都渴望得到应聘单位的反馈。因此，企业在进行录用决策后，不仅要通知拟录取的应聘者，还应该通知未被录取的应聘者，这样可以在众多未被录取的应聘者中树立企业的良好形象。

一切录用工作都结束后，就是新员工的入职。新员工要与公司签订劳动合同，并办理人事档案的转移，完成员工正式入职。人力资源部门将新入职的员工的个人信息录入到员工信息管理系统，财务部、行政部和管理信息系统将为新员工的入职做好准备。

（二）招聘工作的评估

在员工入职之后，人力资源部门需要对此次招聘活动进行评估。招聘评估可以帮助企业发现招聘过程中的缺陷和遗漏，以便下次招聘时避免此类问题的发生。评估的内容主要是招聘结果的评估、录用人员的评估和甄选方法的评估。

1. 招聘结果的评估

招聘结果评估主要以招聘成本为考量指标。招聘成本是指对招聘过程中发生的费用进行调查、核实，并对照招聘预算进行评价。招聘成本包括招聘总成本和招聘平均成本。总成本由直接成本和间接成本组成，直接成本指招聘过程中的招募费用、选拔费用、安置费用以及招聘人员的车旅费、招待费等；间接成本指内部提升费用和工作流动费用。

招聘平均成本=招聘总成本/录用人数

如果招聘成本少，录用人数多，则招聘平均成本较低，招聘效率相应较高；反之，招聘总成本高，而招聘人数又少，则招聘效率就低。

2. 录用人员的评估

录用人员评估包括录用人数数量和质量评估，人员数量的评估主要从录用比和应聘比来评估。

录用比=（录用人数/应聘人数）×100%

应聘比=（应聘人数/计划招聘人数）×100%

录用比越高，说明录用人数占应聘人数比例越大，这样录用者的素质会相对较低；如果应聘比高，说明招聘信息发布后产生的影响力大。

录用质量评估就是对新员工的工作绩效、人际关系和个人品质等进行综合评价。企业为了保证录用质量，必须控制招聘人数，保持企业的核心人力资源的竞争优势。

3. 甄选方法的效果评估

甄选方法的效果评估主要评估是否尽可能地选择了符合组织要求的人，并尽可能排除不符合要求的人。甄选方法可以从以下几个维度进行评估：

（1）规范性。对一场规范化的考量，受测试者考核结果应该服从正态分布，这样就可以作为给受测试者评分的一个标准。

（2）可靠性。可靠性指甄选中所采用的测试方法的可信程度，可以用信度来衡量该面试方法所提供的决策依据是否可靠，通过该测试方法得到的应聘者具备的能力是否符合职位描述中的任职要求。

（3）有效性。有效性是指进行测评时要保证测评工具的准确性和有效性，即测评能够测量出其欲测量的被试者的能力水平。不同的测评方法有不同的侧重点，例如，当需要测出一个人的逻辑思维能力时，该方法能测量出其逻辑思维能力水平，则说明该甄选方法是行之有效的。

拓展阅读

亚马逊招聘

亚马逊公司（Amazon），是美国最大的一家网络电子商务公司，位于美国华盛顿州的西雅图。是网络上最早开始经营电子商务的公司之一，也是目前规模最大的跨境电商公司之一。

亚马逊成立于1995年，一开始只经营书籍的网络销售业务，现在则扩及了范围相当广的其他产品，已成为全球商品品种最多的网上零售商和全球第二大互联网企业。亚马逊及其他销售商为客户提供数百万种独特的全新、翻新及二手商品，如图书、影视作品、家居园艺用品、体育及户外用品、汽车及工业产品等。

2014年10月29日，亚马逊中国宣布开通海外六大站点直邮中国的服务，消费者可享受到来自亚马逊美国、德国、西班牙、法国、英国和意大利在内的共计8000多万种国际商品。

一、亚马逊招聘渠道

1. 内部推荐

人力资源部门每周都会将近期需要招聘的职位以电子邮件的形式发给全体员工，将最为需要的职位列在前面，同时还会详细标注员工推荐成功后所获得的奖金。在这种高频度的内部推荐宣传下，员工推荐成功率达到了20%。

2. 电子商务竞赛

区别于传统的招聘渠道，以及目前流行的网络招聘和猎头招聘，亚马逊中国的招聘方式更显示出开放的态度。亚马逊曾联手劳动保障部推出系列活动，其中包括“全国百强电子商务实践教学竞赛”活动，此项活动覆盖全国300所高校，受到广大学生的关注。此项活动在完全真实的环境中进行，这种方式能将参赛团队的创意性发挥得淋漓尽致，同时还能最大限度地满足大学生消费者的网络购物需求。

亚马逊中国还联合国家劳动和社会保障部筹划了“卓越亚马逊2008大学生特训营”，由卓越亚马逊高层管理团队、电子商务行业资深专家组成强大师资阵容，为将来中国电子商务行业的精英人才提供生动的社会实践课，为其将来的就业和创业之路指引方向。

亚马逊举办系列活动，除提供奖金之外，还会举办获奖者夏令营，让表现优异者和卓越亚马逊的精英在一起交流，沟通实战中遇到的问题和困惑。该系列活动非常有助于发现学校内的未来优秀电子商务人才，有助于构建电子商务社会环境，与此同时，最重要的是可以让优秀人才了解亚马逊，为亚马逊的未来人才招聘打下基础。

3. 猎头公司

在招聘高级岗位时，亚马逊中国会选择和猎头公司合作。猎头公司在搜索高层管理人员和专门技术人才方面具有更强的实力，他们通晓整个行业的人才现状，并和许多高级人才保持着联系。

4. 校园招募

亚马逊中国会根据需要每年在相关大学召开校园招聘会，招募管理培训生，为培养未来的高级经理人才做好准备。主要招聘重点大学管理类、计算机科学工程专业、其他技术或科学类相关专业的应届毕业生，有中国人民大学、上海交通大学、南开大学等知名高校。校园招聘流程依次为网上申请—笔试—面试—发放录用通知。

5. MBA招聘

MBA作为通过系统、专业的训练培养高素质的人才的途径已成为亚马逊招聘的重点方向之一。亚马逊每年招聘1000名MBA毕业生，这是历史上

MBA 雇主的最高纪录。相比之下，麦肯锡每年招聘大约 550 名 MBA 毕业生，而贝恩公司每年招聘大约 500 名。

二、招聘策略

1. Bar raisers 招聘团

Bar raisers 是一群在各个岗位都是精英的评估人，对应聘者录用与否拥有表决权，且拥有一票否决权。Bar raiser 每周大约要面试 10 个人，每个人需要 2~3 小时，包括笔试和面试等。即使应聘者应聘的岗位不是他们所擅长的领域，也不影响他们对应聘者的表决权。他们在亚马逊的招聘环节中扮演重要角色，同时也在其他部门做全职工作，可能是财务、营销或者开发等工作岗位上的员工。他们唯一的目标就是维护招聘质量，提高招聘标准，并找到符合要求的高素质人才。

2. 全面招募

亚马逊的招募方式是全面撒网，招聘网站、猎头公司、内部推荐、校园招募及各种电子商务竞赛等。通过高频度在员工中推广“内荐”，快速满足人才需求；通过校园招聘吸纳优秀的管培生，培养未来的公司领导人；通过猎头公司招聘优秀高级管理人才，为公司带来新鲜血液和优秀技能。

三、招聘流程

亚马逊的招聘流程一般从两轮电话面试开始，其间求职者会接受某个团队的面试。在电话面试中，面试官通常会要求应聘者通过共享文档工具写些简单的代码。他们问的技术问题五花八门，意在探测应聘者究竟熟悉哪些领域。如果通过电话面试，就需要应聘者飞到西雅图接受接下来的两轮面试。每一轮面试官都会侧重不同的领域，所以他们的提问会大相径庭。

以技术类职位面试题目为例：

亚马逊网页有哪些地方可以改进？你如何改善亚马逊网页的用户体验？你将如何开展一个用于改善亚马逊图书板块的用户研究？当用户穿梭于亚马逊网站时，会出现各种操作，你认为什么是预测他们下一步行动是否购买商品的最好方法？在你的研究项目中，你认为最具挑战的是哪一部分？你浏览亚马逊网站的时候有过什么体验？你如何改进它？有什么挑战性的问题是你要解决的？如何解决？

Bar raisers 主要负责把控面试质量。他们受过专门训练，并且是从其他团队抽调来的，以减少面试中的主观倾向。在面试中，如果有位面试官风格迥异且要求格外严格，那他可能就是所说的 Bar raisers。这种人不仅面试经验丰富，而且和招聘经理一样，拥有“生杀大权”。等到所有面试官提交评价报告后，他们会在一起进行小组讨论，并做录用决定。一般来说，亚马逊的招聘团队都会很快给出录用结果。

【思考题】

1. 职位分析方法有哪些？
2. 职位评价方法有哪些？
3. 如何在跨境电商领域选择人力资源获取渠道？
4. 常见的招聘方法中，有哪些更适用于跨境电商领域？
5. 跨境电商领域有哪些特殊职位的人才招聘？
6. 如何评估招聘工作？

第十章　跨境电商创新创业

【学习目标】

本章旨在让学习者了解什么是跨境电商创新创业。完成本章的学习后，学习者应了解什么是创新原理，如何具备创新思维和创新能力；如何制订创业计划、如何寻找合适的创业伙伴和如何进行创业融资。

【本章重点】

本章的重点是跨境电商创新创业。包括创新原理、思维及能力；如何制订创业计划；如何寻找创业伙伴及如何进行创业融资。

第一节 跨境电商创新

一、创新原理

（一）跨境电商创新的概念

创新，是事物发展的必要环节，它是指在经济和社会领域生产或开发一种增值新产品，更新和扩大产品、服务和市场，发展新的生产方法，建立新的管理制度。它既是一个过程，也是一个结果。人们利用现有的思维模式提出有别于常规的见解，在特定的环境中，本着理想需要或为满足社会需求，而改进或创造新的事物、方法等，以此来获得一定的有益效果。创新是人类特有的认识能力和实践能力，凭借不断创新能够推动社会进步与发展。目前，创新在经济、技术、社会学及建筑学等多个领域有着举足轻重的地位。

跨境电商，作为对外贸易门类中的新名词，在媒体上正式出现也不过十余年的时间。在这十余年期间，跨境电商从初步形成到蓬勃发展，从少数企业加入到竞争愈发激烈，从政策法规空缺到获得国家重视和扶持，一步一步地达到了目前稳定的发展阶段。这其中离不开内外各类驱动力所诱导出的创新力量，帮助跨境电商不断发现问题、分析问题、解决问题。

跨境电商创新，是本着追求贸易的高效高速，从多个角度入手，将跨境电商的模式、机制等进行修改、转化，或是添加全新的角色，使其更为完善，从而使交易中的各个环节能够紧密相扣，使交易过程更为高效地完成，达到当代消费者对高品质、高速率、低价格的多重要求。这就需要运营者懂得创新的原理，打破传统跨境贸易的做法，顺应新时代、新趋势，才能在跨境电商领域成为赢家。接下来，我们将从以下几个方面论述创新的理念。

1. 产品创新

在瞬息万变的市场中，产品需要做到不断推陈出新，才能在竞争激烈的市场中存活下来。作为从事跨境电商的运营者，他首先需要了解目标国家的风俗习惯，知晓客户的喜好和禁忌，尽量避免因文化差异而错失合作良机；其次，运营者需要了解目标客户的偏好和消费习惯，制定个性化的产品来迎合不同层次、不同年龄段消费者的不同需求。最后，也是更为关键的一点，便是运营者需要创新产品的质量和技术，提高产品品质，这能帮助企业建立品牌形象，也能帮助提高我国跨境电商出口的产品形象。

在具体实施过程中，运营者可以参考我国跨境电商的相关扶持政策来决

定创新产品的方向；也可以根据消费者反馈和市场调研情况对创新方案进行及时的修改，使产品更具价值，更能迎合消费者的需求。

2. 技术创新

目前，我国消费者进行跨境购物主要依靠跨境电商平台。平台操作的便捷性、安全性在较大的程度上影响着消费者对该平台的喜爱度和信任度，因而对于平台运营者来说，技术创新尤为重要。在提升平台操作便捷性方面，运营者可以聘请相关研发团队进行平台多功能的开发，例如，商品搜索筛选功能、智能推送商品信息功能、商铺评分机制等。通过平台不断地升级，能够为消费者在网购过程中带来更好的用户体验，也能为初来乍到的新手用户带来良好的第一印象，从而提高使用平台进行跨境网购的频率。

另一方面，提升平台的安全性。支付是否安全、个人信息泄露等问题一直都是消费者极为关心的焦点，平台需要做的便是消除消费者在这方面的顾虑，赢得消费者的信任。这就要求平台创新支付功能，通过数据加密、设置网络防火墙、多重身份识别等技术手段为消费者打造一个安全支付的环境，保证消费者的资金安全，防止隐私信息的泄露。

3. 服务创新

运营者需建立平台服务特色，与其他同类平台形成不同的特色风格，从而脱颖而出。针对消费者不同的购物习惯和需求，平台可以设计多种增值服务，如在线咨询、网上下单、售后跟进等。除了销售阶段，消费者也十分关心物流环节，因此，平台也需要创新物流模式。平台可以选择与第三方物流公司达成合作，委托其运输货物；也可以创立自己的物流品牌，例如京东物流。但不管平台选择何种方式，都需要追求较低的物流成本与最快捷、最实惠的运输方式，将产品送到境外消费者手中。

近年来，我国为了迎合跨境电商的发展，建立了许多自贸区或保税仓库，实施集中发货、分别配送，发挥了规模化、集中化的优势。同时，我国也与“一带一路”沿线的国家达成合作，在当地建立仓库，实现在目的地本国发货缩短物流周期。在物流信息实时查询方面，平台需要将物流的每一个环节都信息化，比如发货、揽件、运输、到达集散地等。在支付环节，平台需要简化支付过程，方便消费者对购买的商品进行结算，确认收货和配送方式，并且进行付款。

4. 管理创新

平台运营者需要在管理上具有创新精神，懂得如何吸引消费者，懂得整个交易过程是如何完成的。在生产环节，运营者需要不断调整和比较原材料，在成本和品质之间找到平衡点，打造实惠的产品。同时需要提高生产效率，保持较强的市场竞争力。在运营部分，运营者需要拥有一双慧眼，选拔优秀的电商人才，组成专业化的电商研究团队，熟悉各种跨境电商规则、管理平台。在掌握市场动态方面，运营者可以利用大数据分析和市场调研，在此基础上制订营销方案和推广计划，这样才能更有机会受到消费者的青睐。对于平台本身，运营者也需要在制图美化方面有所学习。运营者需要对网页进行合理布局，适当搭配视频和图片介绍商品，再对网页进行一定的美化和装饰，力求以亮点吸引客户眼球。

以上是跨境电商创新理念，对于该领域运营者具有借鉴和启发的意义，注重每一环节的创新，能够帮助跨境电商平台发展得更高速。懂得创新原理是实施创新的基础，多方面的创新能为消费者带来更好的购物体验，享受购物的整个过程。

（二）我国跨境电商传统模式问题分析

跨境电商创新的动力来源于问题的产生。跨境电商在中国发展的十余年间，确实出现了不少的问题，比如跨境物流发展落后导致境外消费者需要数月才能收到产品；又例如，国内跨境电商企业的门户网站制作不够精良，导致操作繁琐、信息化程度较低。诸如此类的问题还有很多，它们最终都会阻碍我国跨境电商的发展，放缓我国追随全球电子商务大趋势的脚步。因此，解决这些问题成为我国发展跨境电商的当务之急，创新刻不容缓。许多相关的经济学家、科学家不断推陈出新，在已有的跨境电商模式的基础上再研发全新的模式；政府也出台了许多扶持政策来降低税率，减少货物通关时间；许多高校也开设相关课程，为该行业输送更多的专业化人才。于是，一些问题被逐渐缓解甚至解决，但同时新的问题又会产生，因而跨境电商的发展必须与创新紧密联系。

案例分析

B2B 跨境电商平台——星谷公司海外营销模式分析

1. 上海星谷公司简介及服务对象

上海星谷信息科技有限公司（SINGOO）成立于2010年初，是在外贸大环境不景气的背景下诞生的一家致力于为中国外贸型企业提供海外跨境电商本土化网络营销渠道的专业性、高成长型的公司，其服务对象是拥有外贸业务的成长型企业，星谷为其提供专业的外贸本土化营销服务。星谷自成立以来，为许多企业提供了海外营销的解决方案和作品，备受好评。

2. 星谷公司海外营销模式

(1) 创建S云平台，大数据智能营销

S云平台是星谷七年多外贸营销数据及海外营销经验的积累与总结，是历时近三年的技术攻关研发而成的，是专为制造型外贸企业打造的整合营销管理与推广的SaaS级云平台，致力于为每一家出口企业建立专属的外贸智能精准营销大数据体系。其宗旨是让营销不止走到找到客户这一步，而是真正达到外贸成交的目的。

星谷S云台的推出，取得的成果有目共睹。首先，快速低成本的询盘转化，这主要表现在精准定位海外买家，基于大数据的客户广告直达，名单客户海外社交营销、邮件营销、搜索营销；其次，整合全生命周期的客户跟踪，外贸客户谈判是一个长期的，复杂的销售过程，全生命周期的客户跟踪能够有效提高外贸销售效率；最后，形成外贸整合营销体系——ALL-IN-ONE外贸整合营销体系，即建立企业的专属网站，将企业的内容曝光到指定的客户面前，增加着陆页的流量，获取目标客户的需求，需求的全生命周期追踪，仅由客户的管理分析一个平台就能完成。

(2) 推出海外多元精准营销渠道

首先，上海星谷为中国制造业企业量身打造了外贸多语多屏响应式营销网站——多媒体品牌网站。该网站集文本、音频、图像、图形、动画、视频为一体。为了适应新媒体发展趋势，网站具有快速响应、承载量大、提升企业品牌、做资源整合等鲜明特点，可以将企业及产品迅速传播至广阔的海外市场。

其次，上海星谷借助海外社会化媒体，如Twitter、Facebook等，来建立自己的推广渠道，并能够与海外客户开展网上互动、对话。它还在海外社媒上进行活动营销策划等，快速吸引大量粉丝，促进品牌的传播。

最后，上海星谷建立自己的品牌搜索营销服务团队，该团队服务300多家制造业外贸企业，致力于为中小制造企业提供领先的搜索引擎营销策略及服务。该团队以精准、塑造品牌形象、高效低成本的服务特点著称。

3. 星谷公司营销模式的成功之处

社交化的大数据营销渠道是外贸出口企业渠道转型升级的重要方向，谁掌握了移动互联网社交化的时代，谁就掌握了源源不断的商机。星谷抓住了"互联网+外贸"的机遇，成为制造业跨境营销的开拓者。作为中小型外贸企业，应该吸取星谷的成功经验，利用互联网进行精准营销，寻找和激活潜在客户，做好客户维护和跟踪服务，形成自己的大数据库。

中小企业在人力、物力、财力有限的情况下，利用网络销售不失为拓宽销售渠道的好方法。他们会选择具有较高知名度、点击率和流量的第三方平台作为网上销售渠道。如表 10-1 所示，列举了一些知名的第三方平台。企业管理者需要专门聘请懂得网络营销、熟悉网络应用的网店管理人员，并且以全局的视野审视网店的产品类别、仓储系统、物流配送体系等。

表 10-1　知名 B2C 型电商平台分类表

分类	知名品牌		
综合型	天猫商城：最大的 B2C 商城平台，数万家品牌旗舰店入驻	京东商城：配送及时、正品低价的专业综合网上购物商城	当当网：卖书起家的综合网上商城
垂直型	梦芭莎：2006 年成立的品质全球购物时尚女装商城	万表网：2011 年正式运营的全球名表跨境电商	迪卡侬：来自欧洲的专业综合性体育用品品牌
传统生产企业网络直销型	李宁官方商城：李宁公司官方购物网站	优购时尚商城：百丽旗下鞋包商城	韩都衣舍：互联网时尚品牌运营集团

拓展阅读

创新 B2C 跨境电商平台——小红书

小红书，于 2014 年 10 月正式升级为社区型电商，是广大用户利用文字、图片、视频等分享自己产品使用体验的平台。用户将自己吃、喝、玩、乐、买的生活方式分享在平台上，小红书利用大数据和人工智能，将社区中的内容精准匹配给对它感兴趣的其他用户，从而形成专门化的分享社区。2017 年 12 月 24 日，小红书商城被《人民日报》评为代表中国消费科技产业的“中国品牌奖”。截至 2018 年 4 月 15 日，全球有超过 9600 多万年轻用户在小红书 App 上进行生活方式的分享。

小红书的推出，旨在解决用户海外购物的一大难题：买不到。小红书利用用户发表在社区里的海淘购物数据和海淘经历，分析出最受欢迎的商品和全球购物趋势，在此基础上，以最短的路径、最简洁的方式展示给用户。

小红书的创新之处：

1. 社区模式电商平台

小红书依靠社区起家。起初，用户注重于在社区里分享海外购物经验，真实用户的反馈帮助小红书逐渐建立起自己的品牌、口碑和特色。越来越多的用户使这个社区变得越发庞大，所积累的海外购物相关数据也越来越多，这些数据能够为感兴趣的用户提供更多相关信息，为其提供更多的选择。同时，点赞、收藏机制的存在能够帮助平台更快地推送出更有用、更受欢迎的笔记，从而呈现给相关的用户。小红书也可以利用这些数据，精准地分析出用户的需求，保证其自营的商品是深受用户推崇的。

2. 采用保税仓储货的模式

保税仓储备货物，使得发货速度得到有效提高，能缩短物流时间，使货物能够更快地到达消费者手中，提高客户体验。并且，小红书推出的集运模式节约了运输成本。保税仓储物又取消了部分传统销售仓库的环节，从而节省了仓库的人力、物力成本。同时，自保税区缴税制度规范化以来，保税仓储货避免了漏税的法律成本，为小红书此类电商平台降低了部分风险。

3. 准确切入跨境电商痛点——信息不对称性

小红书通过社区模式进行网站内容的生产，打破了跨境消费商品信息的不对称性，帮助“国外好物”能够在平台内口耳相传，并在潜在用户之间建立起强纽带，配合小红书的自营模式，使用户能够随手便买到自己感兴趣的产品。传统的淘宝或京东模式，用户习惯先购买后晒单，更注重用户的购物体验，但小红书这类的跨境电商更注重消费者在对产品有了较为详细的了解和较为客观的多方使用印象之后，再购买正品产品。

小红书作为新型 B2C 跨境电商平台，通过挖掘该市场存在的缺陷，直击痛点，打造真正迎合消费者需求的电商平台，引领该行业继续发展。

（三）跨境电商存在的问题

1. 通关问题严峻

随着我国跨境电商的迅速发展，越来越多的货物需要经过我国海关来完成出入境的各项手续。由于海关必须对出入境的货物进行严格的监督、管理、审查和征税，所以，当大量的货物集中在海关时就会使得海关工作人员的工作量急剧增加；此外，跨境电商货物交易还存在更换或退货的情况，这也为海关的工作提出了新的难题。一旦货物出现了问题，便会卡在海关部门，这不但会影响货物的交运效率，更会引发社会各界对海关工作效率的不满。

2. 跨境物流体系不完善

跨境物流，作为发展跨境电子商务的关键环节，涉及海关、商检、报验等多方面事务，因此面临的情况相较于国内电商也更为复杂。首先，随着国际支付的迅猛发展，消费者对跨境物流的时间、价格、安全和服务提出了更高的要求，但跨境物流的发展速度却没有能够及时赶上，因此容易拉低物流行业的整体服务水平，进而为消费者带去不佳的跨境购体验。比如，在 2016 年的“双 11”期间，部分俄罗斯用户购买的天猫商品历经较长的配送时间才达到消费者手中，导致消费者的差评。

3. 交易信用机制不健全

由于跨境电商平台上的全球货物交易往来密切，因而对跨境电商支付的安全性提出了更高的要求。但随着网络传销、网络诈骗案件的屡见不鲜，在对消费者和企业造成严重经济损失的同时，也不禁让人对跨境电商支付产生了质疑。与此同时，电子商务存在信息不对称问题，而跨境电商由于买卖双方身处不同的国家，就更难对对方的信用做出准确的判断。信用问题已经成为制约我国发展跨境电商的巨大问题。

（四）我国跨境电商创新战略

1. 跨境电商进口保税制度

进口保税制度，是指经海关批准的境内企业所进口的货物，在海关监管下在境内指定的场所储存、加工、装配，并暂缓交纳各种进口税费的一种海关监管业务制度，运行该制度的主要形式有：一是为国际商品贸易服务的保税仓库、保税区、免税品商店等；二是为加工制造服务的进来料加工、保税工厂、保税集团。

2. 跨境电商海外仓储

海外仓储（Overseas Storage），是指在除本国地区的其他国家或地区建立仓库来储存货物。货物从本国出口通过海运、货运、空运的形式运输到他国的仓库，海外的买家通过网上下单商品，卖家只需在网上操作，对海外的仓库下达指令完成订单履行。货物从买家所在国发出，极大地缩短了从本国发货物流所需的时间。

海外仓储以国内商品供应商——海外仓储——海外消费者为主线，由国内外从事零售、信息技术、报关检验、金融支付等各行各业的人才共同参与，高效整合，致力于为跨境电商提供种类多样、一体化的综合跨境物流增值服务方案，提升海外消费者的购物体验。

案例分析

跨境电商海外仓储——广东卓志

1. 卓志简介

广东卓志供应链科技有限公司（以下简称“卓志供应链”）成立于1997年，总部位于广州。是一家以信息化为特征，以现代服务业为核心，集跨境电商、物流供应链、国际贸易、信息服务、码头仓配及供应链金融六大业务板块于一体的外贸综合服务企业集团。目前，卓志供应链拥有58家海内外分子公司，逾6000个合作伙伴。集团公司在“精准整合营销、实现商务同步”的战略指引下，专业提供通关、国际物流、融资、信保、结汇、退税，以及包括市场采购出口和跨境贸易电子商务在内的供应链综合服务。以准时、高效、安全、低成本为特点，为客户创造最大的附加价值。

2. 卓志海外仓——溯源认证仓，布局五大洲，支撑新零售

卓志的海外仓布局设点在海外的主要枢纽城市，可以为跨境电商企业提供仓储、集拼、分拣、打包等物流服务以及溯源等增值服务。其优势在于一秒钟极速响应，24小时快速出仓。卓志的海外仓主要有五种业务类型，如表10-2所示。

表 10-2　卓志海外仓的五种业务类型

溯源理货	支持跨境保税进口
海外分拣打包	支持 BC 和行邮进口
集拼中转	支持一般贸易
国际物流订舱	支持各种贸易
一件代发	支持一般跨境电商

3. 卓志海外仓的主要特点

网点遍布全球：卓志速运已经在北美、澳洲、欧洲、日本等多地建立了海外仓，转运集结点已经遍布主流国家和地区。

一站式仓储服务：海外的专业团队，依据国际物流和航空物流的打包标准，为客户分拣和打包包裹。

海外仓储管理：建立了完善的仓储体系，支持整进整出、整进散出、分拣打包、溯源理货等，实现了先进先出管理、效期管理，可按指定关区进行货品或包裹配载出仓。

4. 卓志海外仓的优势

以卓志海外仓为重要节点，卓志能够较为高效地完成国际包裹转运服务，为客户提供“一站式”的解决方案。遍布全球的海外仓储使卓志能够满足多国消费者的物流需求，达成客户对物流速度的高要求。现代化的海外仓储管理，使包裹能够系统性地进出仓库并保管在仓库中，降低丢件、派错件的概率，进一步保障消费者的购物体验。

二、创新思维

（一）推进市场细分，提供核心产品与服务

1. 市场细分的概念

市场细分（Market Segmentation），就是指企业按照某种标准将市场上的顾客分成若干个顾客群，每一个顾客群构成一个子市场。不同的市场之间，需求存在着明显差别。市场细分是选择目标市场的基础，能够帮助企业针对不同的子市场提供相应的核心产品与服务。市场细分的概念最早是美国市场学家温德尔·史密斯（Wendell R. Smith）于 1956 年提出的，它是二战后美国众多产品市场由卖方市场转化为买方市场这一新的市场形势下企业营销思想和营销战略的新发展，更是企业贯彻以消费者为中心的现代市场营销观念的必

然产物。

2. 市场细分的过程

跨境电商平台在进行市场细分时，首先需要对市场中的消费人群进行分析。数据显示，2016 年中国海淘用户规模达到 0.41 亿，其中 76.3%的用户是女性，84.0%的海淘用户为 19~40 岁人群，30.9%的海淘用户月收入为 5001~8000 元，45.2%的海淘用户位居江浙沪等东部地区（详见图 10-1）。从性别角度来看，对跨境电商平台需求更大的是女性。而从年龄角度来看，参与跨境购物的人群中年轻人占据更大比重。海淘用户的月收入处于我国的中上水平，多数的海淘用户居住在我国一线或二线城市。

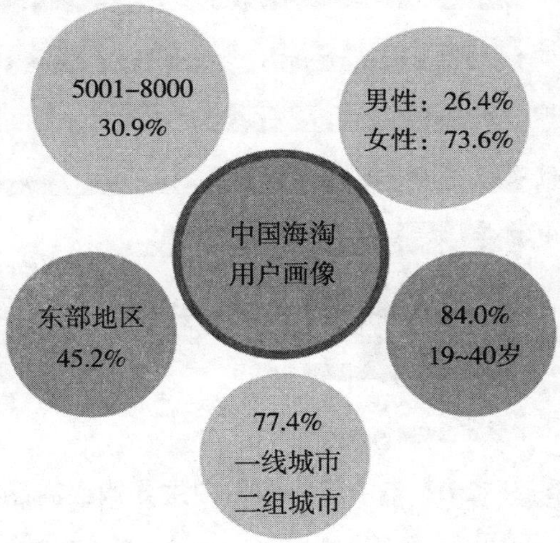

图 10-1　中国海淘用户占比分析

因此，跨境电商平台运营者可借助此类数据来确定平台最主要的目标消费人群，推出特色化的产品，制定个性化的营销策略，从而能够直击大多数海淘用户的需求。目前，国内就有多家针对年轻女性打造的跨境美妆电商平台，例如聚美极速免税店、小红书等。此类平台看准年轻女性的爱美心理以及她们愿意以更低价购买正品海外美妆产品的迫切心理，不仅帮助年轻女性在无须出国的情况下买到心仪的化妆品，更让她们了解到更多优秀的国际美妆品牌。完善的产品信息、更低的产品价格、他人分享的使用体验等都为年轻女性带来了良好的购物体验，使她们对这类电商平台产生依赖性，进而成为稳定存在的消费者群体，这将保证该类跨境电商平台的稳固发展。

除此之外，运营者还需要对海淘用户主要购买的商品进行分析。数据显示，2016 年，中国手机海淘用户主要购买商品类别分布中，美容彩妆类以

43.2%位居第一（详见图 10-2）。超过 30.0%手机海淘用户主要购买商品类别为母婴用品、服饰、鞋靴和箱包配饰。希望尝试或增加购买的商品类别中，38.2%用户会增加服饰、鞋靴的购买；37.2%的用户表示会尝试或增加营养保健品的购买。从多年前因“三聚氰胺”事件而掀起的海淘奶粉热潮到如今多家跨境电商平台专做母婴用品，这便是根据消费者消费偏好细分市场的结果。

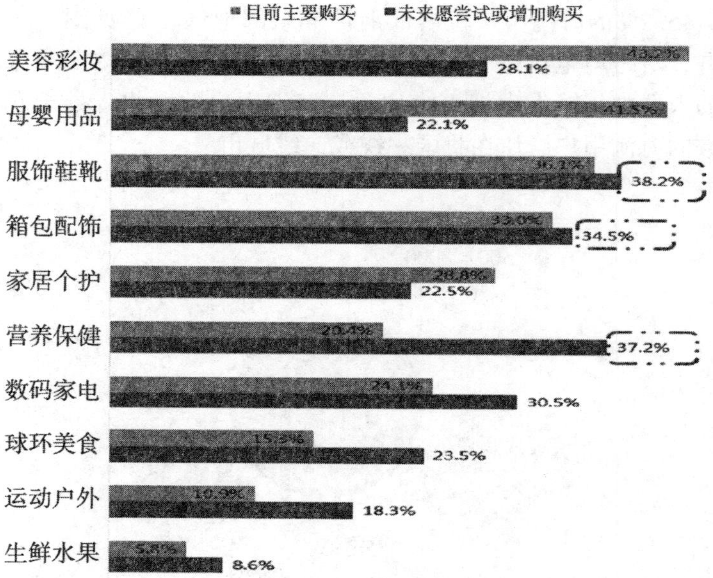

图 10-2　2016 年中国海淘用户主要购买商品类别分布

目前跨境电商平台中已经存在多家满足大多数消费需求的网站，因而对于新进入该行业的运营者来说，关注海淘用户想要尝试或增加购买的商品可能会为自己带来更大的商机。比如，运营者可以专门打造购买营养保健品的网站，为消费者提供在国内难以买到、或因进口而价格上涨的保健品。随着人们对健康的重视度逐渐上升，对各类保健品的需求也有所增长。不妨以该点为基础形成市场细分，从而迎合消费者在这方面的需求。运营者还可以聘请专业人士进行平台简易化操作设计，繁复的操作界面对于保健品的一大需求者——中老年人来说，可能为他们的网上购物带来了难度。

3. 市场细分的作用

跨境电商平台上的消费者由于年龄不用、地域不同、收入水平的不同等，需求也会是千差万别的。在如此巨大而又复杂的市场中，想要满足所有消费者的需求几乎是不可能的。因而运营者应该以大数据分析为基础，结合自身优势，确定自己的目标市场和消费人群，从而形成精细化的市场，提供核心的商品和服务。

市场细分之后可以帮助运营者将庞大的市场变得更为具体，便于买卖双方了解彼此。平台可以根据自己的优势及特点确定目标市场，从而帮助该平台在市场竞争中找准自己的定位和发展方向。在明确市场定位之后，平台能够有针对性地打造差异化的商品，形成独特的品牌形象，从而占领市场。

市场细分之后消费者群体的需求将被更为明确地了解和衡量。平台可以根据自身的经营理念、销售能力以及产品特点等，挖掘适合平台的消费者群体，选择有效的目标市场进行平台推广，进而逐步占领市场。

市场细分后将多元化的电子商务市场分成不同的细小市场，并通过了解各大电商平台消费者的消费习惯、消费水平等来窥知不同消费群体的需求及需求满足程度。运营者可以从细分中寻找未被满足的需求或缺失充分差异化的市场，进而发现更适合发展的市场机会。

市场细分之后，企业对目标消费者的需求更为关注，推出的商品将能更好地迎合消费者的需求，需求的满足将会提高销量，销量的提升将会加快商品流转，从而带来更快的资金周转。运营者将加大产量，产量的增加将帮助提高生产熟练度，产品的品质也将得到提升。如此的良性循环将帮助平台全面提升经济效益。

市场细分后，运营者将更容易发现自己的竞争对手和合作伙伴，这将有利于运营者制定合适的营销策略。此外，如果细小的市场中出现需求变化，运营者也能较快地发现并且做出策略上的调整，从而在市场中占领先机，提升平台竞争力。

（二）加强人民币跨境结算服务

人民币跨境结算是商业银行在央行规定的政策范围内，为进出口企业提供的使用人民币作为结算货币的一种国际结算方式。向有跨境结算业务需求的企业及个人推出的网上贸易及人民币跨境结算平台，实现了线上交易，并且实时完成跨境首付款，这是人民币走向国际化的重要一步，有利于人民币国际地位的逐步提升。

商业银行开展跨境贸易人民币结算业务有两种操作模式，即代理模式和清算模式。所谓代理模式，主要是指中资行委托外资行作为其海外的代理行，境外企业在中资企业的委托行开设人民币账户的模式；而清算模式主要是指在中资行境内总行和境外分支行之间进行的业务，即境外企业在中资行境外分行开设人民币账户。

在正式将人民币确立为跨境结算货币之后，商业银行需要通过逐步规范制度来将该新业务发展为一种常态化业务。并且，该业务作为具有巨大发展潜力的重要业务，其涉及的业务范围将会越来越广。面对这种迅猛的发展势头，我国商业银行现行的制度和管理方式也将迎来更大的挑战。商业银行需要不断加强制度的修订、政策的学习以及业务程序的调整，从而使人民币跨境结算业务达到新的高度。

在人民币跨境结算业务大类之下，企业可能提出个性化的业务需求及多样的服务要求，商业银行需要在这方面尽可能地满足其要求。商业银行可以站在客户的角度上为其推出更多量身定制的服务方案，以人性化的服务吸引更多的企业或个人办理人民币跨境结算业务。

人民币跨境结算业务作为一项国际结算业务，同样也面临着其他国际结算业务需要承担的风险。对于这种情况，商业银行需要完善自身跨境结算业务系统，关注并学习各类政策，思考不同政策存在的风险，从而采取不同的操作方法，有效降低业务风险。

（三）“一带一路”倡议推动跨境电商发展

2015 年 3 月 28 日，国家发展改革委、外交部、商务部联合发布了《推动共建丝绸之路经济带和 21 世纪海上丝绸之路的愿景与行动》。这便是我们俗话称的“一带一路”倡议，其战略思想，旨在通过基础设施、投资贸易等方面的深度合作，促进沿线国家和地区的经济发展，相互扶持，加快经济共同体的建设。“一带一路”倡议的实施，使跨境电商的发展道路变得更为宽广。相关部门针对跨境电商的通关、检查、税收等监管政策，仓储、物流及支付等相关配套服务都给予了许多便利，为跨境电商的发展和突破奠定了基础。

近几年，随着跨境电商的迅猛发展，对关键环节——物流提出了新的要求，各电商平台或是个体商家都需要尽快解决物流相关问题。与“一带一路”沿线国家的合作，为跨境电商物流带来了新的机遇，为其带来了更好的发展前景。

中国与沿线国家和地区相互合作，共同构建物流相关的基础设施，大量投资建设铁路、高铁、机场、港口等设施。例如，中国和哈萨克斯坦合作，在 2013 年共同投资建设了连云港物流基地。中哈货运铁路专线从连云港到哈萨克斯坦的阿拉木图市只需要 10 至 15 天的时间，货物还可以途径阿拉木图市转运至欧洲。此外，在 2013 年 2 月，时任巴基斯坦总统的扎尔达里宣布将瓜达尔港的全部经营权移交给中国海外港口控股有限公司，这使得相关运输环节的操作时间得到缩短，业务运行也更为简便。不断完善物流基础设施，将为“一带一路”沿线相关国家和地区提供更好更快的物流服务。

基于“一带一路”创新倡议，我国在清关、报关、报检等方面不断革新，进一步简化通关的手续，大大缩短了通关的时间。我国对一些来自“一带一路”沿线国家和地区的特定货物给予先入境后报关、关税优惠等政策。在2015年5月发布的《海关总署关于调整跨境贸易电子商务监管作业时间和通关时限要求有关事宜的通知》中指出，从2015年5月15日起，各地海关必须保持365天的工作时间。随着工作时间的增加，能够有效提高货物的通关速度，从而节省了时间成本，效率的提高就代表着收益的提高。在如此政策利好的大环境下，我国跨境电商物流会迎来新的希望。

2015年11月11日，我国与巴基斯坦正式签署了合作协议，巴基斯坦向我国企业中海港控移交了瓜达尔港自贸区300公顷的土地，并且转交了43年的开发和使用权限。并且，珠海华发集团和中海港控集团在当地合作建设了中国商品展示交易中心，该交易中心集合了展销配送、中转通关、保税仓储等功能。这将帮助中国以瓜达尔港自贸区为契机走向海外。

三、创新能力

创新能力是指在技术和各种实践活动领域中不断提供具有经济价值、社会价值、生态价值的新思想、新理论、新方法和新发明的能力。随着我国跨境电商的持续发展，需要运营者具有在该领域持续开发出新思想、新模式的能力，才能保证自身在激烈的跨境电商竞争中存活下来。本小节将主要从三方面论述如何有效提高创新能力。

（一）建立跨境电商人才培养机制

在我国全面铺开各类经济战略之后，跨境电商产业迎来了新市场和新机遇，各地跨境电商企业加大了对跨境电商人才的需求。此类人才相较于传统电商人才，需要具备更多元化的能力：懂专业、精技能、具有较高的外语水平和较好的跨文化交际能力等。为了迎合市场对此类人才的高需求，建立相应的人才培养机制成为关键。

跨境电商人才培养工作与我国的外贸经济的发展息息相关，因此，这不仅仅是相关企业和高校的任务，也需要政府部门和行业协会发挥其重要作用，通过政府部门的支持和行业协会的约束促进跨境电商人才培养工作能够顺利推进。具体来说，政府部门应当积极出台一系列优惠政策，以支持和鼓励高校开设跨境电商专业，对相关人才加以培养。

高校和企业协同培养相关人才，需要充分发挥跨境电商企业的重要主体作用，高校培养的学生的职业素质和技能素养直接关系到跨境电商企业未来的发展，因此相关企业有责任也有义务与高校合作，共同设立人才培养目标，推动人才培养模式的改革，使人才的培养和行业需求相结合、相匹配。另一方面，高校也应当与企业积极联动，在课程的开设和教学内容的编排上，要符合企业相关岗位的职业能力要求，要紧跟跨境电商瞬息万变的市场走势，做到课程开设和教学内容企业化，比如，校企合作共同编写所需的教材。此外，高校还可以与合适的跨境电商企业搭建实践训练平台，让学生提早适应跨境电商岗位的工作模式，了解跨境电商平台规则、运营管理等各方面知识。

培养跨境电商人才所需的配套的培训体系能帮助他们对该职业有更清晰的认识，提高他们对相关技能的掌握。首先，该体系的完善需要政府投放相应的建设资金，建立跨境电商人才培养基地，成立跨境电商学院，并引导有条件的高校开始跨境电商专业或方向，鼓励相关专业转型；其次，高校应当鼓励学生积极参与跨境电商技能竞赛，在情景模拟中培养学生的专业核心能力、自主学习能力等等。高校也能够以此类大赛为契机，促成高校与跨境电商企业的深度合作，解决跨境电商企业用人难、大学生就业创业难的矛盾；最后，高校可以与海外高校尝试建立双向留学生培养工程，通过将我国学生“送出去”，将海外学生“引进来”，互相学习彼此的长处，帮助学生开阔视野，建立与国际接轨的价值观。

老师作为培养跨境电商人才的一线人物，对人才质量的影响不言而喻，因而打造专业化的师资团队应当受到足够的重视。目前，我国跨境电商师资仍然不足，因此急需聘用一批相关专家和精英担任导师。在 2016 年的跨境电商推进大会上，就聘任了 21 位首批跨境电商就业创业导师成员，他们中既有亚马逊、大龙网、敦煌网等跨境电商企业负责人，也有各大高校跨境电商研究学者，还有海关、检验检疫等国家职能部门负责人，以及涉外法务、税务专家等。除了聘任导师之外，还需要增设“高校教师培训”项目。

（二）打造仓储配送一体化服务

仓储配送一体化，是指跨境电商建立集储备货物和发货配送服务为一体的仓库作业平台。该平台将实现与上游电商客户系统无缝对接，打破传统国际快递“收寄”的内部作业流程，优化作业处理流程，进而提高作业效率，为跨境电商客户提供一套全新的物流解决方案。跨境电商仓储配送平台主要包括：订单管理、仓储管理、配送管理、业务监控、绩效考核五个系统，通过这五个系统之间的紧密连接，有效提高仓储和配送的作业效率和准确率，促进我国跨境电商仓储配送一体化的进一步发展。

国际转运模式是指客户将在境外网站购买的商品统一寄往该网站所在地的某一转运中心，由那里的工作人员将快递重新打包，统一寄往客户所在国。该模式的缺点在于物流收费极高，等待收货时间普遍较长。而通过建立仓储配送一体化的跨境电商仓库，就使得配货、发货能够在同一地点完成，免去复杂的第三方收寄环节，大大缩短了物流时间，提高了作业效率，同时也降低了整个配送过程中错误发生的可能性。

仓储平台需要实现与客户上游ERP系统的对接。ERP系统，是建立在信息技术基础上，集信息与先进管理思想于一身，以系统化的管理思想，为企业提供决策手段的管理平台。在仓储平台中利用ERP系统能够使得客户订单实时下达到仓储系统中，平台也会将订单处理情况实时反馈给客户；同时，仓储平台信息还将与配送系统对接，从而实现仓储配送信息的共享。由此，三平台的信息系统对接，实现了供应链的高效协同。

PDA，又称为掌上电脑，可以帮助我们在移动中完成工作、学习、娱乐等，是个人数字助手。在仓储配送一体化服务中加入PDA终端设备，能够有效提高作业环节的灵活性，避免了电脑网页操作的繁复，同时提高系统的适用性和适应范围，从而建立自动化、智能化的仓储配送平台。全面优化作业流程，优化仓储和配送衔接环节，从而提升仓储、配送服务水平。

（三）开发人工智能

人工智能（Artificial Intelligence），英文缩写为AI。它是研究、开发用于模拟、延伸和扩展人的智能的理论、方法、技术及应用系统的一门新的技术科学。人工智能是计算机科学的一个分支，它通过了解智能的实质，产生出一种新的能以人类智能相似的方式做出反应的智能机器。在跨境电商领域引入人工智能，能够有效提高该领域的智能化程度，加强跨境电商相关工作的工作效率，提高相关工作的准确率，从而为各方带来更好的跨境电商服务。

人工智能在跨境领域的应用广泛，包括计划管理中的销售预测、品类布局和差异化定价；营销管理中的精准营销、信息推送和营销效果预测；供应链管理中的仓库选址、库存管理和运输网络优化；客户服务中的用户自助、智能客服和智能售后管理等。

拓展阅读

技术赋能让跨境电商更“智能”

经常跨境网购的消费者可能遇到过这样的烦恼：有时候在线下实体店或者浏览网页时看到感兴趣的进口商品或者图片，想上购物网站去找，却由于语言不通或者图片缺乏有效信息，无法获取品牌、型号等搜索关键词，因而陷入“大海捞针”的窘境。

由杭州市跨境电商综试办发起的“E揽全球”跨境电商百万创新服务行动的博云视觉（京）科技有限公司，推出博云图搜项目，让这个问题有了解决的途径。作为一家专注于视觉搜与分析技术研究与应用的人工智能公司，博云视觉的创始团队由北大、清华博士等“高精尖”人才组成，具有非常专业、强大的学术和技术背景。他们将拥有自主知识产权的视觉搜索技术应用于各类跨境电商平台，采用“以图搜图”方式，实现在海量图片数据中迅速查找和匹配，帮助消费者找到目标商品，实现“所见即所买”。

“E 揽全球”跨境电商百万创新服务行动前期征集的技术及数据服务项目中，像博云图搜这样专注细分功能研发，解决跨境电商行业各类技术性难题、痛点的项目还有不少。这些项目通过“黑科技”和大数据赋能，以智能化操作解放人力，大大提高了跨境电商企业的运营效率。

都说“人靠衣装”，在这个看“颜值”的消费时代，网店的视觉系统能否抓住消费者的眼球往往是决定产品销量的重要因素，而这也是卖家上新时最费脑力和体力的工作之一。由杭州深绘智能科技有限公司开发的深绘数据开放平台和深绘美工机器人，让这件事变得简单起来。

成立于 2015 年的深绘智能，通过人工智能识图、数据挖掘、语义分析等技术，实现由系统、软件代替设计运营人员完成电商商品的页面设计、排版、上新及数据互通工作。也就是说，卖家只要上传拍好的产品图片，就能“一键”完成网页编辑和批量上新。这不仅简化了上新环节，减少了以往采用人工上新所需的大量人力成本，同时通过由深绘智能提供的专业设计服务，还能提升页面整体视觉观感。

除解决企业端的问题外，这些“黑科技”的应用还升级了消费者的购物体验。如天猫国际报名的 VR 虚拟现实购物项目，通过应用阿里巴巴集团研发的“Buy+”技术，开创性地首次打通 VR 购物全链路，让消费者足不出户就可以在海外门店的场景内自由走动，逛店、浏览商品以及下单、支付都可在同一场景下快速完成。

技术赋能商业，这既是跨境电商作为新经济方式产生的基础，也是使之不断完善发展的动力。“除平台、生产以及贸易企业外，我们也希望有更多具有创新思维和核心技术的企业、服务商能够聚集在杭州，实现跨境电商生态圈的精耕细作，让每个细化的需求在杭州都能找到精准匹配和满足。这也是我们开展‘E 揽全球’百万创新服务行动的初衷。”杭州市跨境电商综试办相关负责人表示。

——摘自《杭州日报》2017 年 7 月 18 日第 014 版

第二节 跨境电商创业

近年来，随着互联网的快速发展，为响应政府对创业的号召，创业已经在全国成为热潮。广大互联网用户对创业的热情以及关注度都大大增加，这一现象体现在“创业”一词以及相关词搜索量的成倍增加。其中，跨境电商也因网络信息技术的发展逐渐吸引了更多的创业者。那么，本节将从创业计划、创业伙伴以及创业融资方面来介绍跨境电商创业。

一、创业计划

创业是指创业者对其拥有的资源或者通过努力对能拥有的资源进行整合优化，从而创造出更大的社会或者经济价值的过程。创业计划能使创业者梳理自己的创业思路、明确创业理念。创业者在创业之初，会对企业形成一个大致设想。而创业计划能够更加客观地、全面地审核创业者的创业想法，因此，创业计划不可或缺。

创业计划书主要包含三大部分：第一部分是事业本体的部分，即事业的主要内容；第二部分是财务相关数据，比如预计营业额、成本、利润、资金周转等方面的数据；第三部分是补充文件，例如专利证明、执照或证书，或者推荐函等。若按照这三部分展开，一份创业计划书的具体内容如表 10–3 所示：

表 10–3 创业计划书具体内容

内容	要点
封面介绍	封面设计要有艺术性和审美观。一个好的封面能够吸引阅读者，使之产生好感，形成良好的第一印象
概要	概要用简明的话概括创业计划书的重点，是整个创业计划书的浓缩和精华，是创业计划书最重要的部分
企业介绍	包括公司的业务、背景、目标、成功的关键因素和战略。这部分是对新创立的企业做出介绍，要突出企业的理念和战略目标
行业分析	包括行业概况；行业形成背景、过程及发展速度；现有规模和特点；行业发展背景和动力；用户群的特点以及目标用户群的需求及发展变化预测等。要充分利用信息资源，对公司即将要进入的行业进行分析，估计出产品具有的真正潜力

续表

内容	要点
产品介绍	包括产品描述；产品价格、定价依据和预期获利；分析影响价格的因素并对每种情况尽可能做出全面解释；产品的专利权、商标权以及版权；竞争对手的产品特点、整个市场状况以及发展趋势；自身产品的竞争优势等。创业计划书中提到的产品必须有创新性，在某些细节上要做出较为详细的解释。除此之外，要体现出产品的优点与价值，与竞争对手进行比较后进行分析
组织结构	这一部分要介绍在创业过程中起重要作用的董事会成员、关键管理人员及关键咨询人员，并且简要介绍他们的背景、个人经历、职能等
市场预测	包括对市场需求进行预测；市场现状综述以及对未来趋势预测；竞争厂商概览，以及新创立企业在市场上的地位。这一部分不仅要对整个市场进行宏观分析及预测，还需要了解竞争企业的市场份额，以及对可能影响需求和策略的因素做出分析，使潜在投资者能判断企业目标的合理性，以及承担相应风险
制造计划	包括生产和服务；生产类型、设备；原材料供应；合作生产商以及技术人员等。在创业计划书中要介绍生产过程中所需的人员和基本设备，以及生产流程图。如果生产过程中包括新技术，要做出介绍。并且预估出产品的生产成本
财务规划	包括现金流量表、损益表和资产负债表；预计财务状况等。这一部分需反映出企业对流动资金的详细计划、企业的盈利状况，供投资者来衡量企业可能的投资回报率。在制作试算报表时，要实事求是地对企业未来 3~5 年的状况做出预测
风险管理	包括技术风险、市场风险、财务风险、管理风险和行业风险。在创业计划书中要对各类风险做出预测，并且要针对性地提出有效对策

一份优质的创业计划书为了能够给新创立的企业得到投资人的青睐，在撰写创业计划书的过程中，需遵循以下几个基本准则。

1. 言简意赅，思路清晰

通常，创业计划书的阅览者要在较短的时间内通过计划书中的概要部分对新创立的企业形成大概印象，并且大致判断出企业计划的可行性和可拓展性。因此，在概要部分要语言精练，用较少的文字介绍概况。同时，所用的语言要有吸引力，这样一来才能激发起阅览者的阅读兴致，让投资者看到新创立企业的未来发展前景。除此之外，撰写创业计划书时要论述清晰，有逻辑性，使阅览者看到创业计划的合理性和可实现性。如此，能增加获得投资的可能性。

2. 排版整洁美观

创业计划书中的目录、图标等部分需要编排整洁、美观。一份创业计划书的排版可能会影响阅览者对计划书的评价。排版体现了撰写者对细节部分的注意，体现出撰写者对创业计划书的重视。反之，零乱的排版可能会给阅览者留下负面的印象，体现出撰写者的随意性，从而影响阅览者对整个创业计划书的看法。

3. 语言切合实际

创业计划书应该用客观事实引领投资者，使其了解创业团队的想法。在撰写创业计划书时，切忌使用天马行空的语言，要贴近企业发展现实。如果创业计划书中的内容过于乐观或者预期目标过大，难以实现的话，将会降低企业的可信度。在撰写收入预估、发展潜力等部分时应与现实相符。不要为了获得投资者的青睐而夸大企业发展前途。最优和最劣的方案均应被呈现在创业计划书中，相关人员在撰写过程中应实事求是、脚踏实地。

4. 呈现关键风险因素

在撰写创业计划书的过程中，阐述新创立企业可能在发展过程中遇到的风险，是计划书中不可或缺的一部分，也是投资者着重关注的内容。预测和辨识新创立企业将遇到的风险，能够间接体现出创业者的素质和能力，加强投资者对创业团队的信任。除此之外，创业者要证明其有能力来管控风险、处理危机。只有在创业计划书中清晰地阐述企业将来的发展问题及应对危机的规划，才能够得到投资者的信任和肯定。

5. 突显优秀的团队能力

在撰写管理一部分时，撰写者要突显创业团队有一定的管理能力和资源整合能力，并将其清楚地传递给阅览者。投资者在做投资抉择时，存在一种共识，即宁愿选择创意较弱、创业团队能力强的项目，也不愿意选择创意较强但团队较弱的项目。因此，创业者在组建创业团队时，要分析各成员的能力、教育背景、生活经历、个人素质等因素，使投资者感受到创业团队的创业热情足、创业能力强、人脉广等创业优势。

6. 数据精确，可行性高

创业计划书中无须用过多的形容词来表达企业未来发展的好坏，使用量化的数据，比如预计销量、预计成本等，能够让阅览者更加清晰、更加客观地分析创业计划书的价值以及判断创业计划的可实现性。精确的数据应深入到创业计划书的每一个细节，如人员安排、设备数量等，才能使计划书的可行性有保证，得到投资者的青睐。

总之，创业计划书要有一定的吸引力，并且能使阅览者对企业有清晰的认识，对创业团队产生信任感，才能够激发投资欲望，帮助创业团队达到预期目标。

二、创业伙伴

在创业过程中，每个人的资源和能力总是有限的。寻找合适的创业伙伴，能够优势互补，发挥各自的专长，实现创业目标。创业伙伴共同创业的具体意义在于：

1. 树立了互相信任、共同承担责任的观念

创业伙伴间能够共同遵守商业道德规范，在内部能够平等相处，互相尊重，形成一个和谐的创业氛围。同时，由于创业伙伴之间分享企业利润，维护了个人利益，创业伙伴能够更加积极高效地完成项目，提高项目满意度和企业竞争力。

2. 增强企业凝聚力，起到协同作用

单凭一人很难兼顾企业的方方面面，而有了创业伙伴后，多人共同运营一个企业，每人负责不同方面的事务。这样一来，企业就能够快速应对外部环境的变化，上下呼应，节省了时间和精力，从而更加高效地达成目标。

3. 创业伙伴间优势互补、资源共享

在创业的过程中，要对创立企业的每个细节都清晰了解，例如产品、财务、风险、人力资源等。仅仅一位创业者很难兼顾所有内容或者精通所有相关知识，因此，寻找合适的创业伙伴能够实现人才以及信息的共享，发挥各自优势，在每处创业细节都详细并合理地规划，从而增强创业计划的可行性。除此之外，甚至还能够通过创业伙伴获得更多的创业资金，相应地减少了成本，增加了利润。

案例分析

小红书发展史

2013 年 6 月 6 日，小红书在上海成立。同年 12 月，小红书推出了海外购物分享社区，旨在提供海外购物的信息。2014 年，小红书以“福利社”为名，正式上线电商平台，从社区上升为电商，目的是解决没有海外购物渠道的难题。在之后的半年中，小红书销售额破 2 亿，在苹果应用商店总榜上名列前十名，受到了广大用户的喜爱。2015 年，时任上海市委书记的韩正及国务院总理李克强也曾到访小红书，肯定小红书的成功。

小红书的成功离不开创始人的努力。作为好友，毛文超和瞿芳共同创立了小红书。2013 年，毛文超在美国留学时，父母来游玩，他在网上为父母找来了旅游攻略，却发现几乎找不到购物攻略。此时，毛文超就意识到网上关于出境游购物的信息十分零散、稀少。毛文超的好友瞿芳也对境外旅游购物怀着同样的困惑。因此，同年，瞿芳辞去了高薪的工作，与毛文超一起投身移动互联网创业中，创业方向相同的两人共同创立了行吟信息科技公司。

在公司创立之后，两人对市场不同方面的敏感程度，促进了小红书更好的发展。在初次试水时，毛文超仅仅是将一份购物攻略投放到互联网上供网友下载，结果也是令人满意，但投资人给毛文超的建议，让他深刻意识到了 PC 端与移动端的差异。如今，大部分互联网用户通过移动端上网，这就使毛文超意识到移动端更适合购物信息的分享。因此，海外购物分享平台“小红书”正式被推出。而就在企业慢慢起步时，瞿芳意识到了，很大一部分境外购物需求可能被旅行社占据甚至被误导，这将会给企业带来瓶颈。因此，瞿芳与旅行社洽谈，希望达成合作。起初，她被旅行社拒绝。但在这之后，当她再次找到旅行社时，《中华人民共和国旅行法》关于旅行社不得指定具体购物场所的法律的实施，给小红书与旅行社的合作带来了契机，也为小红书带来了更广的平台、更多的用户。

在小红书成立后的很长一段时间里，采用的是人工编辑推荐的形式，使小红书的内容还局限在美妆和个人护理的推荐。但瞿芳认为，想要得到更多的用户，必须要满足多维度的需求。因此，2016 年初，小红书 CTO 郄小虎将系统进行升级，将人工运营内容改成机器分发的形式，为小红书带来了更好的发展。

通过以上案例，我们可以看到，小红书的成功一部分要归功于创业伙伴。首先，创业伙伴之间创业方向和目的相同。创始人毛文超与瞿芳均对境外购物感兴趣，并且想提供更多的境外购物信息，这就促成了两人的创业契机。创业伙伴之间的优势互补在小红书的案例中得到了体现。在创业初期，两位创始人凭借自己对不同方面的敏感度，将小红书一步步改进，例如毛文超对移动端的现状分析以及瞿芳对于境外购物市场份额的分析，都给小红书带去了全新的未来。除此之外，郄小虎的加入，无疑为小红书的技术方面带来了新想法，使小红书更加多元化，扩大了用户群以及销售额。

然而，不是所有人都能够成为创业伙伴。如果选择了不合适的创业伙伴，可能使创业过程更加艰辛，反之，合适的创业伙伴能够使创业过程事半功倍。因此，我们需要了解如何选择适合自己的创业伙伴。

1. 互相信任、不背信弃义

对于创业伙伴来说，最重要的就是信任。共同创业是建立在信任的基础上进行的，在这之后才涉及具体的合作模式。如果团队内部没有信任，整个企业没有凝聚力，就不能发挥出集体协作效应，达到企业利益最大化目标。

2. 价值观一致、志同道合

寻找创业伙伴时，应选择价值观一致的伙伴，这样才能在遇到困难时一起渡过难关。如果团队之间价值观差异较大，在处理企业问题和规划时就难免会有不同想法，甚至可能产生争论，导致最后不欢而散。除此之外，创业伙伴应该有确认一致的创业目的及发展目标。如果创业伙伴间向着不同的方向奋斗，那样创业也就离失败不远了。

3. 能力互补、发挥优势

在创业初期，应当分工明确。选择创业伙伴时，至少团队之间能够掌管企业不同领域的事务，如此，才能起到事半功倍的效果。例如，美国Fortisphere公司的创始人约翰·休特就曾提到过，他擅长于技术，但他并没有成为公司的CEO，而是找到了迈克·哈珀来管理公司。因为迈克具有丰富的市场营销经验，两人互相配合，才能把公司做好。每个创业伙伴的优势不同，互相配合起来才能发挥集体的智慧，达到创业目标。

4. 行事风格互补

创业的办事风格应该互补，比如智慧型、实干型等风格之间相结合。如果创业团队的成员属于智慧型，在将想法落实到实际方面就会比较薄弱；反之，如果创业过程中一味苦干，伙伴间没有智慧火花的碰撞，那么创业时的创意方面就比较局限。创立企业时，只有企业各方面都得到了强化，才能将企业做大做好。

三、创业融资

融资，从狭义上讲，是企业筹集资金的过程，即企业根据自身情况以及未来发展需要，采用一定的方式向企业的投资者或债权人筹集资金，来保证公司正常的生产需求。从广义上来说，融资就是资金货币的融通。对于一个创业型企业来说，融资并不仅仅是资金缺乏的表现，融资是为了企业发展，而不是为了企业生存。融资对处于创业阶段的企业来说，有着具体意义。

（一）通过创业融资获取指导

有些投资方往往是行业中成功的先行创业者，他们具有丰富的商界经验，独具慧眼，以及拥有培植企业的能力。投资方能够为企业提供产品，以及技术方面的指导，或者对公司的管理制度、运营模式、战略方向提供建议，这对创业公司来说，是无价之宝。

（二）通过创业融资获取资源

有些投资人除了能够向企业提供资金之外，还能够为创业者提供对企业发展相关的渠道，如市场、人才、媒体渠道，甚至是下一轮融资渠道等，这无疑为企业的发展提供了更多的途径。

（三）通过创业融资达到宣传效果

如果一位广为人知的投资人投资了一家创业公司，这说明投资人对企业的认可，这无疑会给公司带来更多的关注、达到了宣传的效果，创业公司或许能够获得更多的创业支持。

（四）通过创业融资加快发展速度

创业公司有了投资人的资助或者建议，能够更快地投入产品生产或服务提供中，因此，公司能够更快地获取利润，推动企业发展。融资对创业企业是重要的一个环节。在创业企业进行到融资环节时，企业首先可以采取内部融资的方式，即使用本身原有的资金创业。除此之外，企业还可以采取多种外部融资方式（具体见表 10–4）。

表 10–4　企业外部融资方式

融资方式	具体内容
银行贷款	银行往往是企业主要的融资渠道。根据资金的性质，银行贷款可分为专项贷款、流动资金贷款以及固定资产贷款。其中适合创业者的有信用贷款、抵押贷款、担保贷款以及票据贴现。 信用贷款：指银行根据借款人的信用发放贷款。但通常来说，对于缺乏经营历史的创业者来说，信用积累较少，因此，较难获得信用贷款。 抵押贷款：指借款人以拥有的财产作为抵押，获得银行贷款。抵押期间，借款人依然可以使用其抵押的财产。但若借款人不按时还款，贷款方有权将该财产拍卖、折价或者变卖，并用所得的钱款偿还。 担保贷款：指借款人向银行提供满足法定条件的第三方担保人作为还款保证。如果借款方不能根据合约按时还款，银行有权利按照约定要求担保人承担连带还款责任。 票据贴现：指票据持有人将未到期的票据转让给银行，扣除贴现利息后得到资金，票据到期时再向出票人收款

续表1

融资方式	具体内容
股权融资	指融资方让出部分股权，通过企业增资的方式引进新股东。股权融资所得资金，无须还本付息。创业者在选择这种融资方式时，需注意股权让出的比例。如果让出股权比例较大，可能失去企业的控制权；让出比例较小，可能无法满足资金提供方，使融资失败
债权融资	指企业按法定程序发放在一定期限内还本付息的有价证券，表明企业与投资人之间的债权、债务关系。债权持有人不参与企业的经营，但有权利按约定期限收回约定的本息。当企业破产清算时，债券持有人优于企业股东，拥有对剩余财产的索取权
融资租赁	出租方按照承租方对租赁物及供货商的选择，向供货商购买租赁物，供承租方使用。承租方需在合约规定的时间内分期支付租金。租赁期满后，承租方可选择留购、续租或者退回租赁物。对于缺乏资金的新创立企业来说，融资租赁中较为灵活的付款方式能够减轻企业压力
国际融资	指通过国际金融市场，筹集企业发展所需要的资金。主要方式有国际股票融资、国际债券融资、海外投资基金融资等
典当融资	指以实物作为抵押，用实物所有权转移的方式获得临时性贷款。与银行贷款相比，典当融资的成本较高、贷款的规模较小。但典当融资对贷款人的信用要求较低，对实物的要求比较低，手续简便。此外，典当对贷款的用途不会过问，提高了资金使用率
P2C 互联网小微金融融资平台	P2C 即 people to company，要求企业信息以及运营相对固定，并且有稳定的现金流以及还款来源，有担保、有抵押
基金组织	采取假股暗贷的方式。假股暗贷指投资方以入股的方式进行投资，但实际上不参与管理，一段时间后，投资方就撤股。这种融资方式多为国外基金所采用，操作周期长，要改变股东结构甚至公司的性质。由于国外基金较多，因此采用这种方式投资，公司的性质需改为中外合资
银行承兑	企业为达成交易，可以向银行申请银行承兑汇票。银行承兑汇票可简单解释为银行替买方担保，卖方无须担心收不到货款，因为担保银行必定会支付货款
直存款	指投资人按资金需求方和资金需求方所在银行的要求，将资金存入需求方指定的账户，并带走存单、大额存款证实书或其保管单。到期后，投资人凭借手中的凭据无条件提取本息

续表2

融资方式	具体内容
银行信用证	指银行根据买方要求及指示向卖方开立的在一定期限内、凭符合银行信用证条款单据即期或在一个可确定的将来日期兑换一定金额的书面承诺。银行信用证的开出视同于企业账户上已有了同等金额的存款。但由于国家政策的变动，只有国外独资和中外合资企业才可以使用这种融资方式
委托贷款	指投资方为项目方在银行设立专款账户，将资金存入这个专款账户中，委托银行放款给项目方。这种融资方式通常对项目的审查不是非常严格，要求银行给出的替项目方负责每年代收利息和追还本金的承诺书
直通款	即直接投资。这种融资方式对项目的审查较为严格，通常要求固定资产的抵押或银行担保
国家性基金	主要来源于中央外贸发展基金。企业如果想通过这种方式融资，需注意市场开拓资金是否支持企业的项目内容

企业创业融资的过程并不是纯粹的获得资金的过程，企业还需支付一定的成本来获得融资。融资成本是资金使用权与所有权分离的产物，其实质为资金的使用者支付给资金所有者的报酬。企业的融资成本可分为以下五种。

（一）融资费用：企业在筹集资金的过程中所产生的各种费用，如创业者在融资时所支付的交通费、餐费等。

（二）资金使用费：企业因为使用资金而向资金提供者支付的报酬，如股票融资时，企业向股东支付的红利、股息，发行债券和借款需支付的利息，借用资产的租金等。

（三）机会成本：将某种资源用于特定用途而放弃在其他用途中所产生的最高收益。对企业内部融资而言，机会成本较为关键。因为自有资金一般无须对外支付融资成本。而自有资金投资于不同的项目时，产生的收益不同，因此，创业者应考虑到机会成本。

（四）风险成本：企业在融资时的风险成本包括破产成本及财务困境成本。破产风险是企业融资的主要风险，与企业破产相关的企业价值的损失，即破产成本。而财务困境成本主要包括法律、咨询以及管理费用。除此之外，还包括因财务困境而影响到企业经营能力所产生的成本。

（五）代理成本：在融资过程中，资金使用者与提供者之间可能产生委托—代理关系，要求委托人进行监督及激励，从中产生的监督成本及约束成本，即代理成本。

对于企业来说，在融资过程中，所产生的成本可能影响到企业未来的利润。所以，在此之前，企业应分析可能面对的融资成本，再决定可行的融资方式。

近年来，我国融资环境随着经济的发展在不断改进。但是，我国的资本市场仍不够完善，根据企业的性质，可选择的融资方式有限。此外，企业所选的融资方式并不能保证完全成功。投资者在做出最终的投资决定之前，会考虑到多方面因素，并对创业企业进行全方面分析，从而得出结论。在融资过程中，可能影响企业融资的内部因素如下：

（一）盈利能力。对于投资者来说，一个企业的盈利能力越强，就越能吸引到更多的投资者。如果盈利能力较弱，就意味着投资者可能面对更多的风险，特别是对于采用股权融资的投资者来说，可能带来亏损。因此，在做出融资决定之前，投资者根据企业的创业计划书，分析企业未来的能力及其发展，从而作出最终的投资决定。

（二）企业发展性。对于创业企业来说，在融资过程中，投资者较为看中新兴企业的可发展性，一家在未来可以持续发展的企业自然更受投资者的青睐。如果约定的资金使用时间较长，而企业在中途不能继续发展下去，这对于部分投资者来说存在着风险。因此，投资者在投资过程中，较为注重企业的可发展性。

（三）企业信誉。对于银行贷款等对企业信誉有要求的融资方式来说，信用的缺失可能会造成融资的失败。而良好的信誉有助于资金发放速度以及资金量。

（四）企业波动性。如果一个企业的效益波动性较大，说明经营的稳定性较差，投资风险较为明显，投资人对这类企业的投资会更加谨慎，对于企业来说，相应的融资难度就会更大。

（五）创业团队。创业团队的专业知识及能力技术在企业融资过程中也起到了举足轻重的作用。创业团队的综合能力越强，表明能使企业持续发展的能力就越强，从而吸引到投资人的目光。因此，与创业团队相关的内容，应清晰地在创业计划书中说明。

除了以上能够影响融资的内部因素外，还包括了一些外部因素，包括供应商、消费者以及竞争对手等。内外因素都可能会对企业的发展产生影响，从而影响到投资者对企业状况的分析，进而可能会左右企业融资的成败。因此，企业在融资之前，应全面分析企业内外环境，选择适合企业的融资方式，提高融资成功率。

案例分析

Wish 是目前北美和欧洲最大的移动电商平台，总部位于美国硅谷。它使用优化算法，能在短时间内为客户提供最相关产品的信息，使消费者在购物的同时享受购物的乐趣，因此，它曾被评为硅谷最佳创新平台及欧美最受欢迎的购物类 APP。

2011 年，Wish 的母公司 ContextLogic 在美国硅谷成立。创始人分别是出生于欧洲的 Peter Szulczewski 和来自广州的 Danny Zhang。起初，这家公司专注于信息关联领域，主要是一家技术服务商。然而，创始人注意到仅仅专注于技术并不能成就一家巨型公司。2013 年，Danny 在听取了从事跨境电商的朋友的意见后，将业务转型到跨境电商，并推出了 Wish。至今，Wish 作为一家跨境电商平台，服务已覆盖了近 80 个国家，获得了国际上的认可。

早在 Wish 成立前，创始人 Peter 就凭借着其技术背景获得了 170 万美元的天使投资。2012 年 5 月，Wish 获得了 A 轮 800 万美元的风投，并且获得了著名投资人杨致远及 Formation 8 的赏识。2013 年，在 Wish 转型为跨境电商后，同年 11 月，B 轮融资正式启动，GGV Capital、Formation 8 以及杨致远的合计投资达 1900 万美元。在这之后，Wish 发展迅速，在 2014 年 7 月完成了高达 5000 万美元的巨额融资，投资者包括一些顶级的风投机构。当时，Wish 的估值已达 4 亿美元。

2016 年 5 月，Wish 完成了共计 5 亿美元的 D 轮融资，此轮融资由 DST Global 领投，GGV、Founders Fund 以及京东跟投。Wish 估值达 30 亿美元。同年 11 月，Wish 获得了由新加坡国家主权基金淡马锡领投的 5 亿美元的 E 轮融资，此时，其估值升至 45 亿美元。2017 年 5 月，Wish 宣布完成 F 轮融资。此次融资吸引了包括唯一的中资投资方——光际资本，以及 Third Point Ventures 等。

Wish 在不断融资和发展的过程中，市值快速增长。而 Wish 之所以能够获得如此多投资方的青睐，在一众电商企业中迅速崛起，很大程度上依靠着平台本身的竞争优势。首先，Wish 凭借着移动化的普及和跨境电商的模式，赢得了众多移动端用户的喜爱。除此之外，Wish 有自身的技术优势。Wish 采用了智能推荐算法技术，注重消费者体验，使用户能够获得更愉快、便捷的购物体验。Wish 的竞争优势和拥有技术背景的创业团队，为 Wish 的可发展性带来了保证。此外，一些顶级投资人的投资为 Wish 带来了更多的关注度。因此，Wish 能够获得众多投资方的投资，使企业不断完善，得到了迅速的发展。

【思考题】

1. 跨境电商企业应秉持哪些创新理念？

2. 目前我国跨境电商运营模式主要存在哪些问题？存在哪些可行的创新战略？

3. “一带一路”对推进我国跨境电商的发展起到了什么作用？请具体分析。

4. 如何高效培养跨境电商创新人才？

5. 人工智能如何帮助跨境电商进行创新发展？

6. 创业计划书的重要价值有哪些方面？

7. 在撰写创业计划书时，除了对内部环境进行详细的描述之外，还涉及哪些外部环境分析？

8. 在寻找创业伙伴时，是否只要是有意愿合作的伙伴都应选择？为什么？

9. 通过哪些渠道可以寻找合适的创业伙伴？

10. 在创业过程中，并不是所有融资方式都适合创业公司，应如何选择最适合的融资方式？应考虑哪些因素？

附录

考试大纲

（一）跨境电子商务员

（1）基础知识

电子商务基础知识	电子商务定义
	电子商务种类
网络浏览与搜索	Internet Explorer 浏览器的使用
	网络搜索及常用搜索网站
网页及编写工具	HTML 语言基础
	常用 HTML 和图片编辑软件
电子商务的网络安全	电子商务安全管理
消费者权益保护	消费者权益法律知识

（2）操作技能

网店开设与维护	理论知识	在第三方平台上开设网店	典型电子商务平台
			开设网店前期准备
			获得图片的存储空间
			店标设计
			网店公告
			店铺类目和商品描述模板
		网店开设和网店功能	网店开设的步骤
			网店功能（前台）
			网店功能（后台）

续表1

网店开设与维护	技能实训	在第三方电子商务平台上开设网店	网店开设申请
			配置网店布局
			配置网店功能模块
			商品和信息录入
			配置支付方式
		网店维护	调整网店布局
			增删网店功能模块
			修改网店风格
商务信息处理	理论知识	商品信息操作	网络商务信息的采集方法
			网络商务信息的分类整理方法
		网络广告与网络广告的发布	网络广告知识
			网络广告发布
		商品分类	商品分类知识
			商品分类方法
			商品编码
			商品目录
		电子邮件列表与群发邮件的应用	电子邮件列表
			群发邮件的应用
		网络问答、论坛、RSS、邮件订阅等工具的使用方法	RSS 的运用
			博客的运用
		网络营销基本概念	市场营销
			网络营销基础知识
			网络市场调研
			网上销售产品策略
			网络成交技巧

续表2

商务信息处理	技能实训	网络信息收集整理	使用网络检索工具采集信息
			使用网络问答、论坛、RSS、邮件订阅等信息交流工具搜索信息
			搜索符合要求的相关网站、论坛、博客
			网络信息分类整理
		商品信息操作	进行商品信息的发布
			进行商品信息的撤销
			商品信息的更新和维护
		商务信息发布	在网站上发布、维护和撤销商务信息
			在外部网站、论坛、博客、SNS 上发布商务信息
客户服务	理论知识	物流基础知识	物流的基本概念
			生产企业物流
			商业物流
			第三方物流
		仓储与配送	仓储
			配送功能要素
			配送合理化的判断标志
		售前咨询	电话营销
			短信营销
			即时通信工具营销
			电话咨询服务
			售前咨询
		售后服务	售后服务规范
			售后服务技巧
		订单操作	网上单证知识
			订单处理流程
		网上支付	传统支付
			网上支付基础知识
			常用网上支付工具
			网上银行

续表3

客户服务	技能实训	售前咨询	商品信息、价格方面的售前咨询
			商品交付方面的售前咨询
			商品服务保障方面的售前咨询
			支付方面的售前咨询
		订单操作	录入和生成订单
			订单信息的审核
			订单信息的变更
			订单状态查询
		支付操作	使用电子支付工具或第三方支付平台完成电子支付
			指导客户完成支付
			使用网上支付平台、网上银行等进行网店账务查询
		配送操作	商品配送方式的选择
			填写、打印出货单、配货单、快递单等
			商品配送状态查询
		售后服务	在线进行客户常见问题的解答
			记录和整理客服相关信息
			客户回访
跨境作业操作	理论知识	贸易术语	有关贸易术语的国际贸易惯例 a）《国际贸易术语解释通则© 2010》； b）《1932 年华沙-牛津规则》； c）《1990 年美国对外贸易定义修订本》
			Incoterms2010 概述 a）国际贸易术语解释通则 2010 中 11 个术语的分类； b）国际贸易术语的使用； c）国内贸易与国际贸易术语的关系； d）电子信息； e）链式销售

续表4

跨境作业操作	理论知识	贸易术语	对各种贸易术语的解释 a）EXW（EX WORKS 工厂交货）； b）FCA（FREE CARRIER 货交承运人）； c）CPT（CARRIAGE PAID TO 运费付至）； d）CIP（CARRIAGE AND INSURANCE PAID TO 运费和保险费付至）； e）DAT（DELIVERED AT TERMINAL 运输终端交货）； f）DAP（DELIVERED AT PLACE 目的地交货）； g）DDP（DELIVERED DUTY PAID 完税后交货）； h）FAS（FREE ALONGSIDE SHIP 船边交货）； i）FOB（FREE ON BOARD 船上交货）； j）CFR（COST AND FREIGHT 成本加运费）； k）CIF（COST INSURANCE AND FREIGHT 成本、保险费加运费）
		报关管理及对外贸易管制	报关管理制度
			报关作业流程
			一般进出口货物的报关
			保税货物报关
			减免税货物的报关程序
			暂准进出境货物的报关程序
			过境、转运、通运货物的报关程序
			其他进出境货物的报关程序
			海关监管货物的特殊申报程序
		出入境货物检验检疫	入境货物报检的一般规定
			入境动物及动物产品的报检
			入境植物及植物产品的报检
			其他有特殊要求入境货物的报检
			出境货物报检的一般规定
			出境动物及其产品的报检
			出境植物及其产品的报检
			其他有特殊要求出境货物的报检
		外汇管理	外汇管理基本规定
			出口退税知识

续表5

跨境作业操作	技能实训	报关作业流程	一般进出口货物的报关操作
			出入境货物检验检疫报检操作
			出口退税知识操作

（二）助理电子商务师

①基础知识

商品学知识	商品的基本概念
	商品质量
	商品标准
	商品分类
	商品保管
	商品包装
电子商务相关法律法规	电子商务交易安全的法律保护
	电子商务参与各方的法律关系
	电子商务主要法律机制的构建与完善
	合同法
	广告法

②操作技能

网店搭建与管理	理论知识	网店搭建基础知识	电子商务网站知识
			网店建立
		网店日常管理	网站信息安全管理
			网站数据库管理
			网站经营数据分析

续表1

网店搭建与管理	理论知识	顾客消费心理	消费心理学基础知识
			消费动机
			消费者态度
			消费者行为
			网络消费者特征
		库存控制与配送	库存控制
			配送管理
		客户服务	客户服务基础知识
			客户服务工作的内容
			客户服务人员的职责
			客户服务数据
			客户投诉处理
	技能实训	店铺管理	使用网上商店生成工具开设网上商店
			网店信息内容的撰写和维护
			网店信息的存储和管理
			网站经营数据的统计
		商品信息管理	编辑商品信息
			配置商品的属性、类别及附加信息
			使用商品发布模板进行商品陈列
		配送管理	在库商品信息查询
			商品出入库、电子配货、电子检货、发货、交付操作
		客户服务管理	处理客户投诉反馈
			异常订单（退换货等）的处理
			整理客户常见问题解答
			客户服务信息数据的统计整理

续表2

网络营销	理论知识	网络市场调研	网络市场调研知识
			用 EXCEL 统计调研问卷
			统计分析知识
			统计指标
			统计调查的方法
		网络广告	网络广告知识
			网络广告类别
		网站推广	网站推广基础知识
			网站推广的基本方法
			交换链接
			搜索引擎优化（SEO）基础
		站内营销	站内营销基础知识
			网络促销
			电子邮件群发
			短信群发
			软文推广
			新闻及广告的撰写
	技能实训	网络市场调研	制作、发布、回收网络调研问卷
			回收问卷的统计整理
		网络广告的发布与管理	在目标网站、网站联盟上发布网络广告
			交换链接
			将网站或商品信息登录到搜索引擎上
			跟踪和统计网络推广给网站带来的流量和销量
		网络促销	设置赠品和礼品
			组合捆绑销售的商品
			设置限时优惠活动
			发起团购优惠活动
			配置积分规则

续表3

网络营销	技能实训	群发推广	群发电子邮件
			群发短信
			客户数据的基本处理
		网络软文推广	撰写简单的软文
			在论坛、博客和SNS等上发布、管理软文
			及时回复访客留言
网上交易	理论知识	网络采购	网络采购知识
			采购合同知识
			招投标知识
			网络商务沟通
		电子合同	电子合同知识
			电子合同的操作
		电子签名及身份认证	身份认证
			电子签名基础知识
		电子支付	电子支付工具知识
			电子支付操作
	技能实训	网上采购	在网上收集商品信息
			在网上发布商品采购信息
			对采购信息进行分类处理
			编制网上采购合同的主要条款
		电子合同处理	按照电子合同操作流程进行操作
			电子合同的身份认证和电子签名的操作
		网上支付	网上支付工具
			网上支付操作

续表4

跨境作业运营	理论知识	贸易术语	有关贸易术语的国际贸易惯例 a）《国际贸易术语解释通则© 2010》； b）《1932 年华沙-牛津规则》； c）《1990 年美国对外贸易定义修订本》
			Incoterms2010 概述 a）国际贸易术语解释通则 2010 中 11 个术语的分类； b）国际贸易术语的使用； c）国内贸易与国际贸易术语的关系； d）电子信息； e）链式销售
			对各种贸易术语的解释 a）EXW（EX WORKS 工厂交货）； b）FCA（FREE CARRIER 货交承运人）； c）CPT（CARRIAGE PAID TO 运费付至）； d）CIP（CARRIAGE AND INSURANCE PAID TO 运费和保险费付至）； e）DAT（DELIVERED AT TERMINAL 运输终端交货）； f）DAP（DELIVERED AT PLACE 目的地交货）； g）DDP（DELIVERED DUTY PAID 完税后交货）； h）FAS（FREE ALONGSIDE SHIP 船边交货）； i）FOB（FREE ON BOARD 船上交货）； j）CFR（COST AND FREIGHT 成本加运费）； k）CIF（COST INSURANCE AND FREIGHT 成本、保险费加运费）
		报关管理及对外贸易管制	报关管理制度
			报关作业流程
			一般进出口货物的报关
			保税货物报关
			减免税货物的报关程序
			暂准进出境货物的报关程序
			过境、转运、通运货物的报关程序
			其他进出境货物的报关程序
			海关监管货物的特殊申报程序

续表5

跨境作业运营	理论知识	出入境货物检验检疫	入境货物报检的一般规定
			入境动物及动物产品的报检
			入境植物及植物产品的报检
			其他有特殊要求入境货物的报检
			出境货物报检的一般规定
			出境动物及其产品的报检
			出境植物及其产品的报检
			其他有特殊要求出境货物的报检
		外汇管理	外汇管理基本规定
			出口退税知识
	技能实训	报关作业流程	—
		一般进出口货物的报关操作	—
		出入境货物检验检疫报检操作	—
		出口退税知识操作	—

（三）跨境电子商务师

①操作技能

电子商务网站功能内容设计	理论知识	网站功能设计
		网站内容设计
	技能实训	网站栏目、布局、交易流程设计
		制定信息管理方法、网站内容的组织

续表1

网络营销	理论知识	网络推广
		网络促销
		产品策划
	技能实训	营销文案、短信、促销邮件撰写
		制订网络广告投放、网络社区营销方案
		经营数据分析
		制订网络促销方案
		制订产品策划方案
电子商务网站运营管理	理论知识	经营数据分析
		会员推广
		客户服务管理
		物流管理
		网站安全管理
	技能实训	访问行为数据、消费者数据、消费行为数据、进行商品数据的整理和分析
		制订网站会员管理制度和积分奖励计划
		制订网站客户服务工作流程、客户营销计划、设计和执行客户服务满意度调查
		库存管理、物流配送的流程设计
		制订网站安全管理、运营数据安全、交易安全管理策略
		制订信息内容的审核和筛选规范
跨境作业管理与策划	贸易术语	有关贸易术语的国际贸易惯例 (1)《国际贸易术语解释通则© 2010》; (2)《1932 年华沙-牛津规则》; (3)《1990 年美国对外贸易定义修订本》
		Incoterms2010 概述 (1) 国际贸易术语解释通则 2010 中 11 个术语的分类; (2) 国际贸易术语的使用; (3) 国内贸易与国际贸易术语的关系; (4) 电子信息; (5) 链式销售

续表2

跨境作业管理与策划	贸易术语	对各种贸易术语的解释 （1）EXW（EX WORKS 工厂交货）； （2）FCA（FREE CARRIER 货交承运人）； （3）CPT（CARRIAGE PAID TO 运费付至）； （4）CIP（CARRIAGE AND INSURANCE PAID TO 运费和保险费付至）； （5）DAT（DELIVERED AT TERMINAL 运输终端交货）； （6）DAP（DELIVERED AT PLACE 目的地交货）； （7）DDP（DELIVERED DUTY PAID 完税后交货）； （8）FAS（FREE ALONGSIDE SHIP 船边交货）； （9）FOB（FREE ON BOARD 船上交货）； （10）CFR（COST AND FREIGHT 成本加运费）； （11）CIF（COST INSURANCE AND FREIGHT 成本、保险费加运费）
	报关管理及对外贸易管制	报关管理制度 （1）报关作业流程； （2）一般进出口货物的报关； （3）保税货物报关； （4）减免税货物的报关程序； （5）暂准进出境货物的报关程序； （6）过境、转运、通运货物的报关程序； （7）其他进出境货物的报关程序； （8）海关监管货物的特殊申报程序
	出入境货物检验检疫	入境货物报检的一般规定
		入境动物及动物产品的报检
		入境植物及植物产品的报检
		其他有特殊要求入境货物的报检
		出境货物报检的一般规定
		出境动物及其产品的报检
		出境植物及其产品的报检
		其他有特殊要求出境货物的报检
	外汇管理	外汇管理基本规定
		出口退税知识

参考文献

［1］张卉．跨境电商发展的SWOT分析及对策［J］．山东工商学院学报，2015，29（3）：88-93.

［2］董荟琪．我国跨境电子商务进口平台发展研究［D］．天津商业大学．2016.

［3］何江，钱慧敏．我国跨境电子商务发展研究：回顾与展望［J］．科技管理研究，2017，37（17）：213-220.

［4］胡玥等．跨境电商出口模式发展研究［J］．全国商情，2016.

［5］李泽东．电子商务发展对我国国际贸易影响的实证研究［D］．浙江理工大学，2016.

［6］罗健萍．跨境电商的市场分析与发展趋势前瞻［J］．商业经济研究，2018（10）：64-67.

［7］于文菁．跨境电子商务对我国国际贸易的影响及对策研究［J］．山东师范大学，2016

［8］朱洁．我国跨境电子商务模式及发展方向［J］．经贸实践，2018（03）：207-208.

［9］鲍小雄．出口跨境电子商务B2C模式的优劣势分析［J］．中国经贸，2012（20）：19-20.

［10］刘志伟．eWTP写入G20公报全球跨境电商大融合时代将到来［J］．计算机与网络，2016.

［11］李海菊．基于产教融合的跨境电商岗位群人才需求分析［J］．管理观察，2017（16）．

［12］李学斌，许金波．基于跨境电商岗位群分析的高职跨境电商人才培养对策探索［J］．产业与科技论坛，2017（16）．

［13］苏曼．跨境电商专业人才胜任素质模型研究［J］．高等工程教育研究，2016（3）．

［14］夏泳．基于跨境电商岗位需求的高职商务英语专业学生核心能力培养［J］．丝路视野，2016（2）．

［15］于洋．杭州区域经济特征下跨境电商英语人才培养研究［J］．黑龙江畜牧兽医，2017（11）．

[16] 彭剑锋. 人力资源管理概论 [M]. 第二版. 上海：复旦大学出版社，2014：146-343.

[17] 赵曙明. 人力资源管理研究 [M]. 第一版. 北京：中国人民大学出版社，2001.

[18] 程中海，袁凯彬. 中国-欧亚经济联盟 FTA 的经贸效应模拟分析——基于 GTAP 模型及偏效应分解 [J]. 世界经济研究，2017（01）：96-108+137.

[19] 甘雨娇. 杭州跨境电商综合试验区的发展效应——基于对上海自贸区的效应分析 [J]. 郑州航空工业管理学院学报，2016，34（04）：139-144.

[20] 何其生. 美国自由贸易协定中数字产品贸易的规制研究 [J]. 河南财经政法大学学报，2012 年第 5 期.

[21] 李墨丝，沈玉良.（2015）从中美 BIT 谈判看自由贸易试验区负面清单管理制度的完善 [J]. 国际贸易问题，2015（11）.

[22] 沈玉良. 多边贸易体制与我国经济制度变迁 [M]. 上海社会科学院出版社，2003 年.

[23] 石敏俊，美丽古丽，黄文，李娜. 丝绸之路经济带背景下上海合作组织国家贸易自由化的经济效应——基于 GTAP 模型的政策模拟分析 [J]. 管理评论，2018，30（02）：3-12.

[24] 祝梦瑶. 我国跨境电子商务法律制度的困境及完善 [D]. 浙江大学，2017.

[25] 创想外语研发团队. 商务精英：跨境电商英语必会口语表达 [M]. 北京：水利水电出版社，2018.

[26] 冯媛媛. 跨境电子商务英语 [M]. 北京：人民邮电出版社，2018.

[27] 林逸，周银新，董秀菊. 跨境电商实物英语 [M]. 北京：中国人民大学出版社，2017.

[28] 汪东亮，胡世伟. 商务礼仪 [M]. 桂林：广西师范大学出版社，2014.

[29] 袁涤非. 商务礼仪实用教程 [M]. 北京：高等教育出版社，2016.

[30] Alan Tapp 著，黄静等译. 数据库营销 [M]. 北京：机械工业出版社. 2011.

[31] Jeanniey Mullen，David Daniels 著，薛剑韬译. 电子邮件营销密码 [M]. 北京：人民邮电出版社. 2012.

[32] Judy Strauss，Raymond Frost 著，时启亮等译. 网络营销（第 5 版）[M]. 北京：中国人民大学出版社. 2011.

[33] Lon Safko，David K. Brake 著，王正林等译．社会媒体营销宝典［M］. 北京：电子工业出版社．2012.

[34] Mike Moran，Bill Hunt 著．董金伟等译．搜索引擎营销——网站流量大提速［M］. 北京：电子工业出版社．2013.

[35] 江礼坤．网络营销推广实战宝典［M］. 北京：电子工业出版社．2012.

[36] 孙锐，周宁．网络营销——网商成功之道（第三版）［M］. 北京：电子工业出版社．2011.

[37] 昝辉．网络营销实战密码：策略、技巧、案例［M］. 北京：电子工业出版社. 2013.

[38] 白琳，王翕彤．国际贸易中商务英语谈判技巧提升策略研究［J］. 特区经济，2016（12）：125-126.

[39] 陈文静．国际商务谈判中促使对方让步的策略［J］. 对外经贸实务，2015（03）：57-59.

[40] 郭璇．吉利汽车收购沃尔沃的成功案例及其启示［J］. 对外经贸实务，2010，（12）：72-74.

[41] 黄宁，蒙英华．跨境交付与商业存在的互补性研究——基于美国双边服务贸易出口数据的考察［J］. 国际贸易问题，2010（10）：72-80.

[42] 贾玉新．跨文化交际学［M］. 上海：上海外语教育出版社，1997：255-278.

[43] 蒋丽婷．浅析商务礼仪在商务谈判中的应用［J］. 知识经济，2012（22）：91-92.

[44] 田苗．中美商务谈判中文化冲突和应对策略解析［J］. 经济研究导刊，2016（32）：145-146.

[45] 王便芳．国际商务谈判中的文化因素研究［D］. 华东师范大学商学院．2006：4-32.

[46] 王莉．从跨文化角度谈中美商务谈判风格的差异［D］. 西安外国语大学，2013.

[47] 吴百福．进出口贸易实务教程［M］. 第七版．上海：格致出版社，2015：57-67.

[48] 郗轶君．多元化的国际商务谈判技巧及顺应策略研究［J］. 理论观察，2017（08）：174-176.

[49] 杨伶俐、张焊．从跨文化视角分析中美商务谈判风格差异［J］. 国际商务（对外经济贸易大学学报），2012（04）：15-22.

[50] 赵伟晶．文化差异对中美商务谈判风格的影响 [J]．学术问题研究．2009，(02)：35-38.

[51] 朱慧萍．国际贸易英语谈判 [M]．第三版．上海科学技术出版社，2016.

[52] 陈静．我国电子商务职业资格认证现状分析 [J]．重庆第二师范学院学报，2016，29 (06)：151-154.

[53] 电子商务师职业资格证书——E时代的敲门砖 [J]．电脑知识与技术，2003 (20)：4.

[54] 好孩子．带你走近国际电子商务师认证 [J]．网络与信息，2005 (06)：34-35.

[55] 赵莎．解读"电子商务师"资格认证 [J]．电子商务世界，2005 (11)：90-91.

[56] 姚若辉．浅析电子商务职业资格认证 [J]．电脑知识与技术，2003 (11)：17-22.

[57] 姚歆．商业电子商务师执业资格认证考试 [J]．中国考试，2006 (04)：50-52.

[58] 王冠来．基于职业生涯管理的企业员工培训开发体系构建 [J]．管理观察，2016 (12)：60-63，67.

[59] 张力元．"互联网+"电子商务发展浅析 [J/OL]．现代营销（下旬刊)，2018 (03)：164.

[60] 张圆媛．传统外贸在跨境电商趋势下的变化 [J]．中国市场，2018 (14)：81-86.

[61] 金碚，李钢，陈志．加入WTO以来中国制造业国际竞争力的实证分析 [J]．中国工业经济，2006 (10)：5-14.

[62] 王琇媚．跨境电子商务在我国国际贸易中的现状及发展 [J]．中国商论，2018 (14)：77-78.

[63] 袁杨钦，鲍正德，刘怡亨．浅谈未来电子商务的发展 [J]．电脑迷，2018 (03)：87.

[64] 高艳．职位分析与职位评价 [M]．第二版．西安：西安交通大学出版社，2012.

[65] 顾英伟．人力资源规划 [M]．北京：电子工业出版社，2006：202-203.

[66] 刘丽．基于战略性人力资源规划分析 [J]．人口与经济，2009 (1)：46-47.

[67] 刘思亚．企业招聘体系设计研究［D］．重庆大学，2011.

[68] 赵永乐．招聘与面试［M］．第一版．上海：上海交通大学出版社，2016.

[69] 郑晓明．职位分析手册［M］．第三版．机械工业出版社，2006.

[70] 陈桂兰．人民币跨境结算业务发展中的机遇与挑战［J］．现代经济信息，2013（15）：322.

[71] 创富大讲堂．如何寻找创业伙伴［J］．西部大开发，2011（09）：110-113.

[72] 邓小怡，邢元志．我国跨境电商物流中的海外仓储建设研究［J］．物流科技，2017，40（03）：130-133.

[73] 房京臣．试析“一带一路”背景下跨境电子商务的现状及发展［J/OL］．现代营销（下旬刊），2018（03）：165.

[74] 郭子成．综合保税区的功能解析及空间组织模式［J］．规划师，2012，28（S1）：75-79.

[75] 郝延威．跨境电商保税物流运营模式探索［J］．物流科技，2016，39（04）：128-130.

[76] 何成伟．仓储配送在跨境电子商务中的应用［J］．通信管理与技术，2016（04）：48-51.

[77] 贺尊．创业计划书的撰写价值及基本准则［J］．创新与创业教育，2012，3（05）：77-79.

[78] 蒋传红．创业计划书的写作［J］．应用写作，2006（10）：18-20.

[79] 金贵朝，黄玉峰，刘作和．基于校政企合作的杭州跨境电商人才培养模式研究［J］．电子商务，2016（10）：73-75.

[80] 蓝翔．我国企业融资方式影响因素的实证分析［J］．商场现代化，2018（03）：164-166.

[81] 李雪．跨境电商 B2B 商业模式与 B2C 商业模式比较分析［D］．辽宁大学，2017.

[82] 梁娟娟．经济全球化视角下 B2C 跨境电子商务创新发展探析［J］．电子商务，2017（02）：15-16.

[83] 廖蓁，王明宇．跨境电商现状分析及趋势探讨［J］．电子商务，2014（02）：9-10.

[84] 刘小军，张滨．我国与“一带一路”沿线国家跨境电商物流的协作发展［J］．中国流通经济，2016，30（05）：115-120.

[85] 罗钧．创业计划书的撰写价值与撰写准则分析［J］．现代国企研究，

2017（16）：206-207.

［86］庞燕．跨境电商环境下国际物流模式研究［J］．中国流通经济，2015，29（10）：15-20.

［87］申静，耿瑞利、谷明．中国 B2B 电子商务业的服务创新能力评价［J］．情报科学，2016，34（02）：3-8+14.

［88］王君毅．“互联网+”背景下跨境电商人才培养策略［J］．知识经济，2017（01）：172+174.

［89］王莉莉．技术赋能让跨境电商更“智能”［N］．杭州日报，2017-07-18（014）.

［90］王琼．新形势下高校跨境电商人才培养路径研究［J］．温州大学学报（社会科学版），2016，29（05）：93-98.

［91］王琇媚．跨境电子商务在我国国际贸易中的现状及发展［J］．中国商论，2018（14）：77-78.

［92］韦大宇．跨境电商背景下中小企业商业模式转型创新研究［J］．南宁职业技术学院学报，2017，22（06）：73-76.

［93］徐锦波．校企协同模式下创业型跨境电商人才的培养机制研究［J］．商业经济，2018（02）：66-68.

［94］杨茜．时尚配饰跨境电商项目商业计划书［D］．兰州大学，2016.

［95］张夏恒，马天山．中国跨境电商物流困境及对策建议［J］．当代经济管理，2015，37（05）：51-54.

［96］张夏恒．跨境电商类型与运作模式［J］．中国流通经济，2017，31（01）：76-83.

［97］郑称德，王倩，刘沵潇，倪亮亮，吴宜真．电子商务市场特征对产品创新影响的实证研究［J］．管理科学，2014，27（06）：90-102.

［98］周焕月．跨境电子商务运营的创新理念［J］．统计与管理，2017（09）：83-84.